Passione Teatrale

Il positivo

Prosterniamoci quando sorge il sole
e si volga ciascuno alla sua Mecca
Se qualcosa ci resta, appena un sì
diciamolo, anche se con occhi chiusi.

Werfen wir uns zu Boden, wenn die Sonne aufgeht,
und ein jeder wende sich seinem Mekka zu.
Wenn etwas uns bleibt, vielleicht nur ein Ja,
sprechen wir es aus, auch mit geschlossenen Augen.

EUGENIO MONTALE

Cordelia Dvořák

PASSIONE TEATRALE

GIORGIO STREHLER
und das Theater

Henschel

ISBN 3-89487-197-0
© Henschel Verlag GmbH, Berlin 1994
Übersetzung der ital. und franzӧs. Texte: Cordelia Dvořák, Andrea Levi
Gestaltung und Umbruch: Linde und Michael de Maizière, Berlin
(in Zusammenarbeit mit Cordelia Dvořák)
Titelfoto: Tommaso La Pera, Rom
Lektorat: Mechthild Frick
Druck und buchbinderische Verarbeitung:
Offizin Andersen Nexö GmbH, Leipzig
Printed in Germany

Die Deutsche Bibliothek – CIP-Einheitsaufnahme
DVOŘAK, CORDELIA:
Passione teatrale: Giorgio Strehler und das Theater / Cordelia Dvořák.
1. Aufl. – Berlin: Henschel, 1994
ISBN 3-89487-197-0

INHALT

„MUSIK IST MEINE LIEBSTE GEFÄHRTIN"
Operninszenierungen und Zusammenarbeit mit Musikern *167*

„ICH BIN EIN MENSCH DER STRUKTUR"
Strehler als Theaterleiter *189*

„SOZIALISMUS ALS LEBENSHALTUNG"
Strehlers politisches Engagement *201*

ANHANG:

THEATER ALS „HANDWERK DER SEELE"

GIORGIO STREHLER
UND
DAS THEATER

„Sento il coraggio di affrontare/il Mondo/
di sopportare le pene della Terra/e della Terra le goie/
Di affrontare le tempeste/
e nello schianto del naufragio/non tremare."

„Ich fühle Mut, mich in die Welt zu wagen,
Der Erde Weh, der Erde Glück zu tragen,
Mit Stürmen mich herumzuschlagen
Und in des Schiffsbruchs Knirschen nicht zu zagen."

Eben noch sah man ihn in der Anrufung des Erdgeistes auf blanken Bühnen-Bretterbohlen vor sich – *„Ich fühl's, Du schwebst um mich, erflehter Geist. Enthülle Dich! [...] – Du mußt, Du mußt, – und kostet' es mein Leben!"*
Ein alter Magier ruft seine Geister, ein Theatermann beschwört sein Lebenswerk: Das ist nicht Prospero, nicht Marvuglia, nicht Cotrone, nicht Matamore... – das ist Faust, und das ist Giorgio Strehler, 1990 in seinem Mailänder Teatro Studio.
Lange hat er nicht mehr als Schauspieler auf der Bühne gestanden. Nun, im Zenit seines langen Bühnenlebens bedarf es anscheinend noch einmal zwingend dieser Begegnung.
Doch was treibt den über Siebzigjährigen, plötzlich noch einmal selbst die Theaterbühne zu besteigen, um ausgerechnet mit Faust dramatische Stationen eines Menschheitsschicksals zu durchleiden und zu durchleben? Ein Stück Selbstbiographie? Ausdruck eigener Lebensmetapher?
Ihre Seele haben sie verpfändet, der eine wie der andere – Faust seinem sophistischen, verneinenden alter ego und der Theatermann einer lebenslangen Passion: dem Theater. *„Teatro è un mestiere d'anima – Theater ist ein Handwerk der Seele"*, lautet Strehlers Losung, Programm dieses seines Lebens-Pakts.
Der Einsatz ist hoch, das Spiel ernst, eine Alternative scheint es nicht zu geben – für keinen der beiden: Das vermittelt dieser Bühnen-Augenblick, wo Rolle und Darsteller mit einemmal zu verschmelzen

beginnen. Für einen Moment scheint alles in dieser einen Haltung zusammengefaßt: die Intensität, die Unerbittlichkeit, die Leidenschaftlichkeit in der totalen, verzweifelten Auslieferung beider Gestalten an die magischen Gewalten...
Noch einmal sich aufbäumen, gegen Alter, gegen Vergänglichkeit, gegen die menschliche Begrenztheit im Sein: *„Ich fühle Mut, mich in die Welt zu wagen, der Erde Weh, der Erde Glück zu tragen, mit Stürmen mich herumzuschlagen und in des Schiffsbruchs Knirschen nicht zu zagen."* – Diese Worte hatte Strehler wie eine Beschwörung (vielleicht auch der eigenen Kräfte) seinem *Faust*-Programmheft vorangestellt.
Beinahe fünfzig Jahre, fast ein halbes Jahrhundert, läßt Giorgio Strehler nun schon seine Geister auf den Bühnen Europas erscheinen und hat dabei im Laufe der Jahrzehnte einen einzigartigen Theater-Kosmos geschaffen.
„Mein Beruf ist, anderen Geschichten zu erzählen. Ich muß sie erzählen. Ich kann es nicht lassen, sie zu erzählen. [...] Ich erzähle sie mit anderen menschlichen Wesen auf einer Bühne [...]. Wenn es diese Bühne [...] nicht gäbe, würde ich sie auf dem Fußboden erzählen, auf einem Platz, auf einer Straße, in einer Ecke, auf einem Balkon, hinter einem Fenster. Wenn keine menschlichen Wesen um mich wären, würde ich sie mit Holzstücken, Stoffetzen, ausgeschnittenen Papierfiguren, Blech oder mit jeder anderen Materie erzählen. Wenn nichts von dem da wäre, würde ich mit lauter Stimme

erzählen, und wenn ich keine Stimme hätte, würde ich mit den Händen, mit den Fingern erzählen [...]. Ich würde stumm erzählen. Ich würde auf jede erdenkliche Art erzählen, denn für mich ist das wichtigste, anderen, die zuhören, zu erzählen.“ – Dieses Bekenntnis glaubt man Strehler, sobald man ihn nur einmal bei seinem „*Erzählen*“ erlebt:

Mailand, eine Nachmittagsprobe zu Pirandellos *Come tu mi vuoi*: Das Bühenbild von Ezio Frigerio – ein eleganter Art-Déco-Salon, bereits komplett aufgebaut und „spielbereit“ – verströmt sich in poetischer Verheißung... Dazwischen ein ständiges Hin- und Herlaufen, lautstarkes Sich-Begrüßen quer durch den Zuschauersaal, Flaxen, Witzereißen der langsam eintrudelnden Compagnie – „in somma“: heiter ausgelassene Langeweile vor Probenbeginn. Es ist bereits eine Stunde über die Zeit, alle sind pünktlich, jederzeit startbereit und doch... – anscheinend hat es niemand wirklich eilig anzufangen, denn etwas fehlt, die „Zündung“ sozusagen, wie sich bald herausstellen wird.

Strehlers Assistent taucht auf. Auch er setzt sich erst einmal plaudernd in den Zuschauerraum. Irgendwie scheint bisher niemand so recht zu wissen, was heute passieren soll. Kommt er heute, kommt er heute nicht? Niemand weiß es. So ist das eben, ohne daß sich daran irgend jemand stören würde.

Doch plötzlich geht es wie ein Lauffeuer durch das Haus. „*Er kommt*“, ruft jemand von draußen, gebieterisch. Beschwörend trägt es der Portier weiter in den Vorraum und postiert sich vorsichtshalber gleich neben dem Eingang. „*Er kommt*“, hallt es nun von überall durch das Haus. Allgemeine Unruhe, Aufbruch, Tempobeschleunigung... Der ganze Stab von „Personal“ kommt plötzlich in Bewegung – wie ein gut eingespieltes Uhrwerk, das mit der Ankündigung „*seiner*“ Ankunft sich zu drehen anfängt und mit einemmal startbereit ist für den Augenblick, wo er eintreten wird.

Denn proben, das heißt bei Strehler immer: die vollkommene Verfügbarkeit der Mittel (was nicht heißt Luxus, sondern eher Werkzeug – im Sinne einer ganz handwerklichen Vorgehensweise bei der Erfindung von Bühnenelementen), von Zeit (kaum jemand probt so zeitintensiv und verschiebt auch mal Premierentermine), vor allem aber von einem unverzichtbaren Stab auf ihn eingeschworener Mitarbeiter.

Das ist seine Arbeitsbasis vom ersten Augenblick der Bühnenproben an: wie in einer magischen Versuchsanordnung größtmögliche atmosphärische Suggestionen zu erzeugen, um die angestrebte poetische Verzauberung schon von Anfang an in einer kreativen Grundspannung erahnbar werden zu lassen. Denn, so Strehler, *„alles muß direkt auf der Bühne entstehen, auf der Bühne geboren werden, im Spielen, – wie ein immer wiederkehrendes Geheimnis...“* Inzwischen ist wieder einmal die schwarze Limousine des Piccolo Teatro von irgendwoher aufgetaucht, hat der Chauffeur den Wagenschlag mit der immer gleichen, natürlichen Ehrerbietung geöff-

net, ist die dunkelgekleidete Gestalt wortlos und wie getarnt mit schwarzer Sonnenbrille (wegen der an die Dunkelheit der Theatersäle gewöhnten, tageslichtempfindlichen Augen) sofort mit energischen Schritten im Eingang verschwunden: Das ewig gleiche Ritual des plötzlichen Auftauchens Strehlers aus dem Ungewissen, allgemein wenig bekannten Privaten, hinein ins Rampenlicht der Arbeitsatmosphäre.

Mit Strehlers Auftauchen im Theater ist nun tatsächlich merklich alles wie auf einen Schlag verwandelt – ein magischer Zirkel ist gezogen, der Bann gelegt, dem sich nun während der folgenden Stunden niemand mehr zu entziehen vermag, denn mit dem Auftritt der Schauspieler hat auch Strehler seinen Auftritt, ist er in seinem ureigensten Element: Als sein erster Schauspieler, maître de plaisir, Pädagoge und deus ex machina in einem, laufen von nun an alle Fäden bei ihm zusammen.

Mailand im Juni 1992, kurz vor Mitternacht, Teatro Studio: Seit über fünf Stunden „skizziert“ Giorgio Strehler, allein mit dem gerade neuübersetzten *Faust*-Text und mehr als zweihundert hypnotisierten Augenpaaren, in einer öffentlichen „Leseprobe“, zu der er die „Bürger Mailands“ eingeladen hat, in einem einzigen großen Bogen seine „ersten Gedanken“ zu Goethes Großwerk. Und das nun, wie gesagt, schon über viele Stunden, ohne daß die Intensität seiner Bannkraft im mindesten nachgelassen hätte.

„Ricerca: Suche – Forschung“ nennt sich sein großangelegtes *Faust*-Projekt, doch wird hier nicht doziert oder im Trocknen analysiert. Gleich szenisch angespielten Randbemerkungen oder gestischen Fußnoten, läßt Strehler nun, wie immer in seinen Leseproben, den gewaltigen Text in einem einzigen großen Monolog vor aller Augen bereits ganz plastisch wie in Filmsequenzen über den mit Papieren und Skizzen übersäten Probentisch laufen. Seine unübertreffliche theatralische Modulationsskala reicht an diesem Abend von überschwenglich-teutonischem Pathos *(Faust geht zu den Müttern)* über die große verzweifelt-tragische Geste *(Faust beweint untröstlich den Verlust Helenas),* von clownesker Komödianterie *(Mephisto verliebt sich in den anläßlich Fausts Tod singenden Engelschor)* bis zu poetischer dolcezza als Knabe Wagenlenker: *„Bin die Verschwendung, bin die Poesie...“,* flötet er jetzt mit süßer hoher Stimme und tänzelt als blauer Picassoscher Knabe in imaginiertem Harlekinskostüm durch die Zuschauerreihen.

Wenige Monate vorher, kurz vor der Premiere der *Faust-Fragmente, I. Teil:* Wieder eine öffentliche Probe. Allgemein gespannte Probenatmosphäre. Auch einige Journalisten sitzen im Saal, mit ungeduldigen Fragen in angestrengten Gesichtern. Strehler selbst – diesmal im weiten weißen Bademantel, da er ständig neue Kostüme für seine Faust-Auftritte probiert, bedient sie – dompteurgleich – von Zeit zu Zeit mit lässig in den Raum geworfenen Anmerkungen zum Probengeschehen. Dabei kämmt er sich mit dem stets paraten Kamm seine weiße Schlohmähne (und irgendwann auch plötzlich ganz selbstvergessen seine Brusthaare). Immer wieder springt er auf die Bühne, um lauthals einzugreifen, wenn – „Cristo! porca miseria..." – die Schauspieler einfach nicht verstehen wollen, worauf es ihm ankommt; oder läßt wenig später, ebenso selbstverständlich ungeniert, vor aller Welt die Hose herunter, als ihm die Garderobiere die schwarze, enganliegende Gymnastikhose für Fausts Auftritt als Junker bringt. Sich der Komik seiner untersetzten Figur in diesem Aufzug sofort bewußt werdend, versucht er daraufhin ein paar anmutige Tanzschritte und konterkariert die eigene Erscheinung voller Selbstironie: *adesso facciamo Giselle..."*

EIN LEBENSWERK: DAS PICCOLO TEATRO

„Strehler ist so etwas wie ein Monarch, ein König. Wie alle Monarchen ist er selbst Zentrum der Welt, des Universums", beschreibt Walter Pagliaro, einer der ehemaligen Assistenten, Strehlers Selbstverständnis im alltäglichen Kontakt. Dieses Universum ist ihm sein eigenes Theater, das Piccolo Teatro in Mailand, mit dem sich Strehler 1947 zusammen mit Paolo Grassi ein vollkommen neuartiges, über die Jahre hinweg inzwischen ganz auf ihn zugeschnittenes „Reich" geschaffen hat. Mit diesem ersten italienischen „teatro stabile" gelang es Strehler und Grassi nach dem Krieg, die entscheidenden Weichen für die grundlegende Erneuerung des zu Provinzialität und Bedeutungslosigkeit verkommenen italienischen Theaters zu stellen.

„Mein Land brauchte mich vielleicht, dachte ich, aber ich brauchte auch mein Land. Dort war alles neu zu tun; mir war, als trüge ich die Welt auf meinen Schultern", lautet Strehlers aus der damaligen Aufbruchstimmung der fünfziger Jahre ebenso selbstbewußt wie pathetisch ergriffener „Auftrag", der ihn, trotz nicht ausgebliebener vehementer Angriffe und desillusionierender Auseinandersetzungen, mit seinem Land und seiner Stadt – Mailand – verbunden hat und sein großes Engagement für die Kultur- und Theaterlandschaft seines Landes prägt.

Strehlers und Grassis gemeinsamer Ansatz war von Anfang an ein ausgesprochen ganzheitlicher, das heißt künstlerisch ebenso revolutionierender wie sozial und politisch engagierter, denn Theater-Machen sollte an den kontinuierlichen „menschlichen" und dialektischen Austausch mit dem Umfeld seiner Entstehung, das heißt vor allem mit dem Publikum, gebunden sein.

Das erklärt auch, warum Strehler, trotz verlockender Angebote aus dem Ausland, bis heute so unbeirrbar an der Führung seines Theaters festgehalten hat. *„Für mich ist ein echter Theater-Dialog nur in einer Umgebung, einer Gesellschaft möglich, in der ich lebe und* *arbeite."* Und: *„Für mich sind 'ein Stück inszenieren' und 'gutes Theater machen' zwei sehr verschiedene Dinge"*, lautet sein unbeirrbares Bekenntnis zu der Untrennbarkeit von Regie und Theaterintendanz.

Weit über tausend Schauspieler sind seit der Eröffnung des Piccolo Teatro über seine Bühne gewandert, viele Regisseure aus dem In- und Ausland haben hier inszeniert. In unzähligen Städten und Ländern hat dieses „kleine" Theater gastiert und ist unter diesem einfachen, aber programmatischen Namen längst international bekannt und groß geworden. Mittlerweile gehört es zu den höchstsubventionierten Theaterhäusern Italiens (was aber nicht viel heißt, betragen doch die staatlichen Theatersubventionen in Italien nicht viel mehr als die eines mittleren Stadttheaters in Deutschland).

Schon seit Jahren allerdings wartet Strehler auf ein neues, seinem Anspruch und seinen gewachsenen Kapazitäten gemäßes Gebäude, das nach dem jahrzehntelangen räumlichen Provisorium des Piccolo Teatro (eines ehemaligen Kinosaals in einem alten Palazzo des 15. Jahrhunderts mit kaum 600 Plätzen) neue Erweiterungsmöglichkeiten bieten soll.

ANNÄHERUNGSFORMEN AN STREHLERS KOSMOS

Obwohl Strehler, als vielgepriesene wie ebenso immer wieder heftig angegriffene Kult(ur)-Figur, von diesem seinem Piccolo Teatro aus einen wesentlichen Abschnitt europäischer Theatergeschichte begründete und obwohl seine Theaterarbeit weit über Italiens Grenzen hinaus von Anfang an auch im Ausland mit großem Interesse verfolgt wurde, gibt es erstaunlicher- (und unverzeihlicher)weise, abgesehen von der Übersetzung seiner Textsammlung aus den siebziger Jahren – *'Per un teatro umano' ('Für ein menschlicheres Theater')* – bis heute keine wirklich umfassende Dokumentation und angemessene Würdigung seiner Arbeit – und das bei einem „Kulturschaffenden", der sich so nachdrücklich für einen die nationalen Grenzen sprengenden Theater-Dialog und für eine vermittelnde europäische Kulturpolitik und -praxis eingesetzt hat.

Vor einigen Jahren ergab sich für mich unerwartet und beglückend die Gelegenheit, Strehler persönlich kennenzulernen und seine Theaterarbeit über längere Zeiträume aus nächster Nähe zu verfolgen. In dieser intensiven Konfrontation entstand, zunächst ganz intuitiv-instinktiv, die Anregung und Herausforderung zu dieser Publikation, im Sinne einer „Spuren-Suche, -Annäherung, -Sicherung" seiner kreativen Welten.

Natürlich die erste, naheliegende Frage: Wie sich angemessen und weitgehend retrospektiv einer über Jahrzehnte gewachsenen lebendigen Geschichte nähern, und vor allem: Welche vitale Darstellungsform für einen Lebensentwurf finden, um dabei möglichst viel von der Authentizität eines Menschen in seinem schöpferischen Umfeld vermittelbar werden zu lassen?

Am ehesten, wie sich für mich bald (bei der Strehler-eigenen Wesensart) herauskristallisierte, in dem ihm ganz eigenen Arbeits-, das heißt Seins-Raum, in Mitschnitten und Einblicken in seine Schöpfungsprozesse, den Momenten seiner unmittelbarsten Selbstentäußerung. Diese ließen sich wohl am unverstelltesten aus den Blickwinkeln der vielen „Protagonisten", die seine Arbeit als Weggefährten, Berater, Ausführende begleitet haben, darstellen; um so gemeinsam durchlebte Stationen, Klippen, Hürden und Gipfel schöpferischer Arbeit nachvollziehbar werden zu lassen.

Gedacht war also bei diesem Buch ausdrücklich von vornherein weder an eine wissenschaftliche Analyse seiner interpretatorischen Theaterarbeit noch an biographische Berichterstattung, sondern vielmehr bewußt an eine ganz persönliche, facettenreiche Annäherung an Strehler in seinen unterschiedlichen „Rollen": als Mensch, Regisseur, Theaterleiter, Schauspieler, Lehrer und Theaterpädagoge, Politiker und Europäer, und an eine anschauliche Dokumentation seiner Arbeit im Spiegel von Selbstzeugnissen sowie Erlebnissen, Begegnungen, Briefen und Gesprächen mit Schauspielern, Schülern, Assistenten, Bühnen- und Kostümbildnern, Dramaturgen, Musikern, Sängern, Dirigenten und Freunden.

Die Bereitschaft der von mir ausgewählten Beteiligten, eigene Mosaiksteine zu diesem kaleidoskopisch gebrochenen Porträt beizutragen, war spontan bei allen überraschend groß, so als wäre die Konfrontation mit dem Gegenüber – Strehler – immer auch wichtiger Bestandteil eigener künstlerischer oder persönlicher Genese – bis hin zur Herausforderung extremer Grenzerfahrungen.

Das „Erlebnis-Spektrum Strehler" reicht tatsächlich – wie sich nun im Überblick der vielen Stimmen zeigt – in einem weiten Bogen von naivem Sich-Anheimstellen, bereitwilliger Unterordnung unter den „Meister", vertrauensvoller Adoration, ungeteilter Ehrfurcht und differenziert formulierter Bewunderung, liebevollem Freundschaftsbekenntnis, über Verunsicherung und Aufbegehren gegenüber seiner autoritären Selbstherrlichkeit, bis zu subtiler Selbstabgrenzung, kritischer Reflexion oder demonstrativer Selbstbehauptung. Und dennoch hat Strehlers vulkanisches Temperament eigentlich bei niemandem nicht doch irgendeinen Funken zu entflammen vermocht. *„Ich war [...] sofort von ihm wie gefangen – ja ich gestehe, daß ich diesen ersten Eindruck [...] nur mit Attributen aus der Sprache der Liebe oder Erotik beschreiben kann. Er setzt spontan in einem etwas frei, was einen einfach nur verführen kann"*, formuliert Didier Sandre dieses Erleben sehr bezeichnend.

Da sich Strehlers Arbeit in ihrem Selbstverständnis aber vor allem in der Intensität der kollektiven Zusammenarbeit – im Dialog – vollzieht und erfüllt, lag es für mich nahe, dieser Realität seiner Kunstpraxis auch meinerseits im Dialog nachzuspüren. Die vorliegenden Texte sind deswegen zum überwiegenden Teil aus Gesprächen entstanden, die ich im Laufe der Jahre 1992/93 mit seinen wichtigsten Mitarbeitern der letzten Jahrzehnte (soweit noch verfügbar) führte. Sie sind hier zusammengefaßt und größtenteils (um des natürlichen Sprachflusses willen) ohne meine Fragestellungen wiedergegeben (wobei es mir vor allem wichtig war, auch in der schriftlichen Fixierung und Übersetzung der meist sehr spontanen Aussagen möglichst viel des persönlichen Sprachduktus jedes einzelnen beizubehalten).

Diesem bewußt gesetzten Perspektivwechsel von emotional-aufgeladenen wie kritisch-reflektierenden Berichten über die gemeinsame Arbeit sind Strehlers eigene Texte gegenübergestellt: Die ungewöhnliche Vielfalt seines kulturellen, sozialen und politischen Engagements legte auch hier den thematischen Wechsel zwischen Aussagen zum Theater, zur Musik und Oper, zur Politik und zur Theaterstruktur nahe und zeigt die verschiedenen Perspektiven, unter denen Strehlers Aktivitäten sich in ihrer gleichzeitigen Vielschichtigkeit wie in ihrem übergeordneten Gesamtanliegen darstellen lassen: als ganzheitlicher, in Theater- und Kulturpraxis leidenschaftlich vollzogener Lebensentwurf.

Um einen möglichst weitreichenden, prägnanten Einblick in seine Selbstaussagen zu ermöglichen, ohne natürlich – angesichts einer über fünfzigjährigen Theaterpraxis und über 150 Inszenierungen – den Anspruch auf Vollständigkeit zu erheben (und um Überschneidungen mit der erwähnten Textsammlung *'Für ein menschlicheres Theater'* zu vermeiden), sind Strehlers Texte in einer weitgehenden Beschränkung auf den Zeitraum zwischen 1972 und 1993 ausgewählt.

Andererseits können die zahlreichen verbalen Aussagen bestenfalls andeuten, was allein in der Authentizität „eingefangener Augenblicke", im Foto, zu vermitteln ist: die eminente Wichtigkeit des Außersprachlichen bei Strehler, die Bedeutung seiner Gestik und Mimik als Körpervollzug seiner Sprachaussage in der scheinbar unerschöpflichen Vitalität, Spannkraft und elementaren Theatralik seines Auftretens. Denn Strehler ist zunächst und in erster Linie selbst Darsteller, Komödiant. Scheinbar alles wird ihm dabei zur Bühne. *„Selbst wenn er krank ist, schon halb tot – sobald er eine Bühne betritt, ist er wieder zwanzig."* – So Didier Sandre.

Gerade diesen Selbstinszenierungs-Gestus seiner Person, in dem das Sprachliche in seiner theatralischen, raumgreifenden, vereinnahmenden Körper-Präsenz Ausdruck findet, galt es, hier auch zu vermitteln, um so die Voraussetzung für das Verständnis seiner Theaterarbeit (als eines rückhaltlosen Einsatzes seiner ganzen Person) erfahrbar zu machen. Und um so schließlich eine ganz menschliche Figur aus ihrem menschlichem Umfeld heraus lebendig werden zu lassen.

„KOMÖDIANT UNTER KOMÖDIANTEN": WAS ES HEISST, SCHAUSPIELER ZU SEIN BEI STREHLER

Erlebt man Strehler beim Proben, ist man unwillkürlich an Szenen aus seinen Inszenierungen erinnert, an die Schlußszene in *L'Illusion* etwa oder an die Anfangsszene zu *Arlecchino:* Die „Schauspieltruppe", die sich um ihren Regisseur wie um ihren ersten „Hauptdarsteller" formiert, der, sozusagen zum „Aufwärmen", erst einmal aus seinem reichen Fundus ein paar Theater-Geschichtchen erzählt, der nach den Leseproben (in denen er zum größten Teil selbst den Text laut deklamierend vorträgt) sofort auf einer möglichst weitgehend eingerichteten Bühne zu proben anfängt – „in Szene setzt" im wörtlichen Sinne, das heißt, einen großen Teil der Regiearbeit direkt auf der Bühne vollzieht.

Das Zentrum der Probe ist unübersehbar er selbst. Um sich herum hat er wie ein patriarchalischer capo comico seine Truppe versammelt: *„Meine Vorstellung vom Theater ist sehr mit der Idee der Familie verbunden: Theater als Kollektiv, als Zuhause, als gemeinsamer Ausgangsort – die Theaterfamilie, die über Jahre hinweg zusammen Theater macht, und dabei zusammen älter wird…, ähnlich wie in einer Art der Liebe…"*

Der Ursprung der italienischen Schauspieltradition, auf deren Spuren sich Strehler mit verschiedenen Stücken, vor allem mit seiner Commedia-dell'arte-Wiederbelebung begeben hat, ist damit in seinem Probenprozeß selbst ganz greifbar: in seiner ungebrochenen „Spiel-Lust" etwa, aber auch der großen Selbstinszenierung, in der er alle Schauspieler und Mitarbeiter in die eigenen Visionen zu bannen, sie über Tage, Wochen, Monate langer, unerbittlicher Probenarbeit (wie in einem unsichtbar gewobenen Netz an Marionettenfäden) zu motivieren, zu inspirieren und (alleinherrschaftlich) zu dirigieren versteht.

Strehler als Puppenspieler, der seine Figuren auf ihre Bahn geleitet und bei der Premiere verschwindet, wenn die Bahnen von ihm vorgezeichnet sind und die Figuren nun ihre Selbstentfaltung als eigenes Spiel vollführen können? Das Phänomen der „maestà", wie es hier ganz selbstverständlich praktiziert wird, ist vor allem aus dem deutschen Autoritätsverständnis heraus oft nicht nachvollziehbar gewesen. Als altmodischer Regie-Diktator oder unerträgliche Theater-Bestie wird Strehler deswegen nicht selten mißverstanden und abgetan. Daß es Strehler aber gelingt, gerade in dieser seiner ständigen unerbittlichen (Heraus-)Forderung ungeahnte Kräfte und Fähigkeiten zu mobilisieren, wurde von vielen Seiten immer wieder bestätigt.

Die ungeheure Großzügigkeit *„in dem Verschwenden seiner eigenen Person"* betont zum Beispiel Michael Heltau; als einen *„unausgesprochenen Liebeskontrakt"* bezeichnet es Didier Sandre, und

Andrea Jonasson spricht von der *„absoluten, bedingungslosen Liebe"* Strehlers im gemeinsamen Arbeiten: *„Dieses Öffnen der Phantasie nach allen Seiten, in alle Richtungen […], diese Art Führung […], und dabei gleichzeitig dieses Dich-Beflügeln, Dich-über-deine-Grenzen-hinauswachsen-Lassen…"*

Daß sich hinter der oft so selbstherrlich erscheinenden Geste aber auch größte Sensibilität und eine immer wieder überwältigende Intuition in dem Aufspüren und blitzschnellen Erfassen seines Gegenübers verbirgt, wird zu leicht übersehen, wenn man nicht bereit ist, sich Strehler zunächst einmal vorbehaltlos zu nähern und sich seiner theatralischen Vitalität „auszusetzen".

Strehler fordert tatsächlich ununterbrochen, fordert das vollkommene Sich-Einlassen, von sich selbst ebenso schonungslos wie von den Schauspielern. *„Er ist ständig mit dem Schauspieler, warm und intensiv, ist unaufhörlich neben ihm, um ihn, in ihm, verschlingt ihn förmlich – wie bei einem vampirischen Austausch",* beschreibt der Franzose Gerard Désarthe sehr plastisch seine ersten Probenerfahrungen mit Strehler. In seinem ständigen Dazwischenrufen, Aufspringen, Eingreifen, Vorspielen und Wieder-Zurücklaufen, Sich-Hinsetzen, Abwarten, Beobachten, Prüfen, in seiner Art, den Probenzuschauern dann plötzlich etwas erklären zu wollen, dazu schnell einen Witz zu erzählen, dann aber wieder ganz unvermittelt auf die Bühne zu stürmen und alle Rollen noch einmal selbst zu skizzieren, äußert sich seine vollkommene Auslieferung und Preisgabe an den Probenmoment. Selbst vom Zuschauersaal spricht er fast ununterbrochen den Text mit.

Also eine ganz andere Form der Regieführung, als man sie im deutschsprachigen und auch französischen Theater heute größtenteils gewohnt ist; unmittelbarer vielleicht, intuitiver, und zunächst immer ganz aus dem Spielerischen geboren, aber sicherlich auch wesentlich direktiver und autoritärer.

Um so interessanter war es für mich, die unterschiedlichen Reaktionen auf Strehlers Arbeitsweise auch aus dem national geprägten Theaterkontext heraus zu betrachten – bewußt also die Wahl italienischer wie französischer und deutscher Schauspieler in der Gegenüberstellung: Überraschend war, wie sehr Strehlers Eigenart doch überwiegend als typisch italienisch empfunden wurde, so, als gäbe es jenen Einklang von Sprache und Körperlichkeit in einem intuitiven, impliziten Gesamthabitus nur als ein romanisches Ideal von Körperunmittelbarkeit. Hierin zeigt sich natürlich Strehlers große Fähigkeit der natürlichen, weitgehend ungeteilten Einheit von Körperführung und Sprachartikulation, das Prinzip der „sprechenden Geste" und der ausgeprägt „gestischen Sprache", das ihm vor allem bei der Rollen-Entwicklung seiner Figuren besonders entgegenkommt.

Strehler wird dabei in seiner körperlichen Präsenz zum direkten, unmittelbaren Ausdruck seiner Kommentare: Unwillkürlich gewinnt man in diesen Proben-Momenten den Eindruck, als „denke" er nie anders als laut, im Sprechen, Spielen, Improvisieren; als verlaufe seine Form des Be-Greifens, Er-Fassens und damit Analysierens einer Rolle oder Textpassage (wie *„das allmähliche Verfertigen der Rollen im Mit-Spielen"*) ganz über die eigene körperliche, das heißt mimische, gestische und verbale Empfindung und Expression.

Gleich dem ständigen „Mitvibrieren" eines Resonanzbodens setzen sich dabei die auf der Bühne geprobten Emotionen bei ihm sofort in spontan artikulierten Ausdruck, in Laute, Schreie, Murren usw. um. Wie ein lautstarkes, verläßliches „Echo" spiegelt Strehler im Zuschauersaal das Bühnengeschehen – so, als spielte sich das Darzustellende immer auch parallel direkt in ihm ab.

Immer wirkt er dabei aufs äußerste gespannt, jederzeit sprungbereit. *„Ich bin wie ein Hund, der läuft und schnappt, apportiert, zurückläuft, schnappt, apportiert, zurückläuft... – unaufhörlich"*, beschreibt er selbst sein *„dauerndes erschöpfendes Hin und Her zwischen Bühne und Zuschauerraum"*; wie die *„Mimesis eines inneren Vorgangs, den niemand sieht..."*, nämlich als die *„gewagte Reise des Suchenden auf der Schneide zwischen Intuition und Ratio"*.

Probenarbeit also bereits als Teil des Strehlerschen „Spektakels", als authentischstes Zeugnis seiner Theaterpraxis. Nicht zuletzt aber durch seine publikumsoffenen Proben hat er dabei immer Publikum, das natürlich auch sein eigenes Publikum ist: Rückhalt, Selbst-Vergewisserung und Ansprachemöglichkeit in einem.

Denn mit der gleichen Abruptheit, mit der er immer wieder auf die Bühne springt, kehrt er auch in den Zuschauerraum zurück, verstummt plötzlich, überläßt die Schauspieler mit einem Mal sich selbst und wendet sich dann an seine Zuhörerschaft im dunklen Zuschauerraum. Hier wechselt er nun ganz die Tonart zum kommentierenden Theaterpädagogen. Denn immer verlangt es ihn – und da kommt sein ganz ursprünglicher aufklärerischer Eros zum Tragen –, sein Wissen auch weiterzugeben, immer möchte er Anteil nehmen lassen an dem, was auf der Bühne geschieht, möchte er Hintergründe und Zusammenhänge aufzeigen.

„LEHREN UND LERNEN":
STREHLERS TRADITION – GEISTIGE VORFAHREN
UND NACHKOMMEN

„Wir leben noch im Sinne von Brechts Laotse-Legende, in der Hoffnung, Wissen weitergeben zu können, damit der Strom des Wissens nicht versiege", hatte Strehler einmal im Zusammenhang der Kulturdiskussion Anfang der siebziger Jahre in einem Interview bekannt und damit die unterschiedlichen, ja konträren Standpunkte seiner Generation von 1945 und der achtundsechziger Generation markiert. *„Wir litten unter dem Mangel an Bezugspunkten; wir wollten 'Meister' haben, fabrizierten sie uns, wenn es nicht anders ging. Die heutigen jungen Menschen zerstören sie"*, beschreibt er das kulturelle Bezugsvakuum seiner Kriegsgeneration, das unter anderem auch zentrale Motivation für seine Gründung des Piccolo Teatro war. Daß diese „Hoffnung auf Weitertragen des Wissensstroms" bei ihm elementares pädagogisches Bedürfnis bis heute geblieben ist, davon zeugt seine ganze Arbeit.

Und unbestreitbar hat er mit diesem seinem Wissen Schule gemacht und „geistige Nachkommenschaft" (vielleicht auch gerade anstelle leiblicher Kinder) herangezogen. Zunächst in seinen vielen ehemaligen Assistenten, deren Regie-Laufbahn im Piccolo bei Strehler ihren (direkten oder indirekten) Anfang nahm, darunter inzwischen längst eigenständige, bekannte Regisseure wie Klaus Michael Grüber, Lluis Pasqual, Eberhard Fechner, Patrice Chéreau, Henning Brockhaus, Puecher, La Reta, Walter Pagliaro und viele andere. Dann aber auch in den zahlreichen Schauspielern, die entweder durch langjährige Probenarbeit mit Strehler entscheidend geprägt wurden, oder aber unmittelbar aus seinen Schauspielschulen hervorgegangen sind.

Daß er sich dabei aber niemals von einer theoretisierbaren Methodik leiten ließ, ja diese sogar entschieden ablehnt, *„denn Theater gestaltet und verbrennt gleichzeitig sofort an sich selbst. Theater theoretisiert man nicht anders als durch Theater. Wesentlich erklärt man es nirgendwo anders als im Theater"*, zeigt seine Lehr-Praxis: *„Die Jungen von heute sind die Menschen von morgen. Mit ihnen tragen wir unsere eigene Theatertradition weiter. Das Theater ist ein handwerklicher Beruf, der nur von einem zum anderen weitergegeben werden kann – wie eine Fackel, von Hand zu Hand, um immer weiterzubrennen."* – Von Mund zu Mund, von Proben-Augenblick zu Proben-Augenblick, möchte man ergänzen, denn auch hier wieder wird Strehlers ganz natürliche Verwurzelung in der (weitgehend mündlichen) Tradition der italienischen Wandertheater spürbar.

Mit einem *„Schuhmacher, der von seinen Schuhen spricht"*, vergleicht ihn Didier Sandre wieder sehr anschaulich: *„Strehler theoretisiert wenig; er spricht zwar sehr viel, aber [...] gar nicht abstrakt. Er ist immer sehr konkret."*

Podium für diese Lehrstunden sind bei Strehler, wie bei allen großen Theaterleuten, seine Proben: *„Lui è nato per essere maestro – er ist ein geborener Lehrer"*, kommentiert Giulia Lazzarini, eine der Hausschauspielerinnen des Piccolo, diese seine Fähigkeit, und Didier Sandre erzählt, daß er während der Proben immer den Eindruck gehabt habe, *„an einem Theatergedächtnis"* teilzuhaben, denn Strehler sei für sie als nachfolgende, jüngere Generation *„Verkörperung eines historischen Theatermoments, für das es kaum ein Äquivalent gibt"*.

Deswegen ist der Vorwurf, der ihn in dem allgemeinen politischen und moralischen Autodafé des Italiens der neunziger Jahre angelastet wurde, EG-Subventionen für seine neugegründete europäische

Theaterschule in Mailand nicht zweckgemäß verwendet zu haben, doppelter Hohn des Schicksals.

„Meine Schüler und meine Schule sind eines der mir wichtigsten Anliegen heute. Müßte ich wählen zwischen Inszenieren und meiner Schule, ich glaube, ich würde meine Schule wählen. Das ist eine Wegbereitung für die Zukunft, etwas, was für die Nachwelt bleibt, was lebendig weiterlebt und weitergetragen wird. Inszenierungen dagegen sind vergänglich", sagte er mir in einem Gespräch anläßlich der gegen ihn erhobenen Anklage.

Daß es ihm in seiner „Mission", die er in seiner Schulung vermitteln möchte, jenseits bestimmter Schauspieltechniken zunächst und vor allem um die Verantwortlichkeit des eigenen Berufes, das heißt die soziale und politische Verantwortung des Theaters in der Gesellschaft geht, versucht er immer wieder deutlich zu machen: *„Das wichtigste scheint mir auch die menschliche Lektion, die diese jungen Menschen mitbekommen, die ihnen eine Idee von der Verantwortung ihres Berufes gibt: der Anspruch an Qualität, an Strenge mit sich selbst und Ehrlichkeit – das Ziel eines menschlicheren Theaters. Alles Dinge, die das Leben nicht leichter machen, die einen oft leiden lassen"*, formulierte er in demselben Gespräch sein Anliegen einer ethischen Grundhaltung des Theatermenschen.

Seine eigene „formazione" erhielt Strehler zwischen 1938 und 1940 in einer Schauspielausbildung an der *Accademia dei Filodrammatici* in Mailand. Tatsächlich sammelte er bei herumziehenden Theater-Compagnien sogar auch über einige Jahre lehrreiche Erfahrungen als freier Schauspieler in der eher desillusionierenden Theaterlandschaft des Vorkriegs-Italiens. Als Regisseur dagegen begann er als vollkommener Autodidakt, und das bedeutete im Italien der vierziger Jahre, wo Regieführung weder als Beruf noch als Theaterpraxis etabliert war, noch etwas völlig anderes als etwa zur gleichen Zeit in Deutschland.

Wie er heute durch Praxis lehrt, hat er auch selbst nur durch die Praxis gelernt, indem er ein eigenes Theater nach seinen Vorstellungen gründete, Schauspieler um sich versammelte und einfach anfing, Theater zu machen.

Zu seinen Leitfiguren und Vorbildern auf diesem pragmatischen Weg gehört Jacques Copeau, den er zwar nie persönlich kennenlernte, an dem ihn aber ein fast *„religiöser, schmerzlicher Sinn für Theater"* faszinierte. Mit dessen *„hartnäckiger ausschließlicher Liebe"* für das Theater identifizierte er sich, und sein Theater als Arbeitsgemeinschaft wurde für ihn zum Vorbild einer Theaterpraxis, *„wo jeder die Arbeit des anderen machen kann, machen können muß und machen muß"*.

Louis Jouvet ist der zweite in der Reihe seiner geistigen Väter. Ihn, den *„Patron"*, hat er als Inbegriff des Meisters in einer seiner Schlüssel-Inszenierungen (*Elvira o la passione teatrale*) verewigt. Von Jouvet hat er das „handwerkliche" Verständnis von Theater-

arbeit, hat er gelernt, *„Theater auch in seinen elenden Aspekten, als 'tägliche Arbeit' und nicht nur als 'göttliche Kunst'"* zu akzeptieren.

Schließlich, gleich einem „Hafen": Bertolt Brecht, der wohl die durchschlagendste Wirkung als Leitbild für Strehler bekommen hat und bis heute als ein solches lebendig in ihm weiterlebt. Anfang der fünfziger Jahre hatte er ihn oft in Berlin besucht und als erster italienischer Regisseur durch herausragende, modellhafte italienische Brecht-Erstaufführungen die aktive Brecht-Rezeption in Italien initiiert.

Für seine erste Brecht-Inszenierung (*Die Dreigroschenoper*) war er eigens mit *„27 exakt formulierten* (sehr aufschlußreichen) *Fragen"* (die in dieses Buch aufgenommen wurden) nach Berlin gekommen, um mit Brecht persönlich zu diskutieren, wie man dem „italienischen Temperament" wohl am besten die epische Dramaturgie nahebringe. Brecht selbst reiste daraufhin kurz vor seinem Tod noch nach Mailand, um die italienische Erstaufführung der *Dreigroschenoper* zu erleben, und zeigte sich dann außerordentlich begeistert über die *„excellente aufführung"* Strehlers: *„sie verschafften dem werk eine echte wiedergeburt."*

Als Zeichen seiner Anerkennung übertrug er Strehler, den er in einem Brief an Ruth Berlau als den *„vermutlich besten regissör europas"* bezeichnete, daraufhin die Position des „moralischen Brecht-Erben" in Italien. (Konkret bedeutet das für Strehler das italienische Erstaufführungsrecht der meisten Brecht-Stücke, die Teilnahme an allen wichtigen Brecht-Kongressen in Italien sowie das Eintreten für die Wahrung seiner Rechte in Italien.)

Daß Strehler sich diesem seinem wichtigsten Lehrer bis heute uneingeschränkt verbunden fühlt, zeigt seine sehr eigene, aber konsequente Weiterentwicklung der Brechtschen Theaterästhetik, die selbst bei Goethes *Faust* ein ebenso ungewohntes wie überzeugendes Podium fand.

Aber auch als Theoretiker und dialektischer Donker wurde ihm Brecht zur wesentlichen Orientierung für die analytischen und politischen Komponenten seiner Theaterarbeit: *„Brecht lehrte mich ein 'menschliches Theater', das aber nicht 'Theater als Selbstzweck und ausschließlich Theater' sei, [sondern] Geschichte und Theater, Leben und Welt in ununterbrochener, schwieriger, oft schmerzlicher dialektischer Wechselbeziehung, aber immer aktiv, auf das allgemeine Werden gerichtet."*

MUSIKALISCHE GRUNDGESTIMMTHEIT

„Daß ich nicht Kapellmeister geworden bin, ist der Ruin meines Lebens", bekannte Strehler erst 1989 wieder in einem Interview mit dem SPIEGEL; und es ist nicht das einzige Mal, daß er es zutiefst bereut, kein Musiker geworden zu sein. *„Alle meine Arbeit hat im wesentlichen mit Musik zu tun"*, und: *„Ich bin im Grunde meines Wesens rhythmisch-musikalisch"*, charakterisiert er sich selbst an anderer Stelle.

Doch gerade diese unerfüllte Sehnsucht nach der Musik hat ihm in seiner Inszenierungsarbeit eine Annäherung an szenische Gestaltungsräume ermöglicht, die ihn auch als Regisseur scheinbar zum Musiker, Komponisten und Dirigenten seines „Bühnen-Orchesters" werden lassen. Neben den Schauspielern und dem Text werden so auch Bühnenbilder und Kostüme, Requisiten, Beleuchtung und Bühnenmusik zu einzelnen, gleichberechtigten „Instrumenten", die in jeder seiner Inszenierungen in neuer Besetzung, wie in einer Partitur von dramatischen Elementen, gleichsam zum Klingen gebracht werden. Er kennt den „Klang" jedes einzelnen genau, versteht ihn mit seinem unvergleichlichen musikalischen Gespür für Struktur, Kontrapunktik und Rhythmus intuitiv zu erfassen und zu gewichten – siehe etwa seine große Meisterschaft im Aufbau von Massenszenen, seine wunderbar ausbalancierte Ensembleführung, seine immer rhythmisch orientierten Auf- und Abgänge und Bewegungsabfolgen auf der Bühne, seine ausgezirkelte Nuancenabstimmung zwischen Bewegung, Raum und Beleuchtung, seine einzigartigen Licht-Atmosphären-Räume, die in ihrer Suggestivität mit den Jahren nach und nach fast jedes Bühnenbild überflüssig machten, sowie allgemein seine äußerste Perfektion in der Koordinierung von szenischem Spiel und technischem Ablauf.

„[Strehlers] Inszenierungen haben alle eigene Tempi, wie in einer Symphonie. Sie verlieren nie den Rhythmus, jede Szene hat ihren eigenen Rhythmus. Das Musikalische ist ein wichtiges Band, das jede seiner Inszenierungen unsichtbar zusammenhält und auf diese einmalige Art pulsieren läßt", begründet Giulia Lazzarini ihre große Bewunderung für die untrügliche Musikalität Strehlerscher Inszenierungen.

Auch Claudio Abbado bestätigt Strehlers unglaubliche Musikalität – „man sieht sofort: Alles kommt bei ihm aus der Musik, ist aus Musik entstanden" – und berichtet aus der gemeinsamen intensiven Opernarbeit, daß Strehler auch bei musikalischen Proben meistens laut mitsingt, alle Partien auswendig kennt und oft vom Zuschauersaal aus mitdirigiert.

In der Entwicklung einer Text-Umsetzung geht Strehler, neben dieser rhythmisch-musikalischen Komponente, dann zunächst ganz von der Gestalt, der Erscheinung einer Figur im Raum, der Wirkung einer Silhouette in einer bestimmten Beleuchtung, von Bewegungen und Haltungen aus. Seine „sensibilità pittorica" nennt das Luisa Spinatelli, seine langjährige Kostümbildnerin.

Und nicht umsonst grenzt sich gerade Bernhard Minetti als deutscher (der deutschen Theatertradition sehr verpflichteter) Schauspieler von dieser Vorgehensweise sehr entschieden ab: „Strehler arbeitet immer von außen nach innen; ich dagegen suche bei einer Rolle den Weg von innen nach außen." Ausführlich berichtet er über die Irritation in den ersten Proben mit Strehler: „... da begann für mich das Wunderliche: Strehler sprach immer wieder von 'lirik' und

meinte damit die Poesie des Textes, an der ihm viel lag. Sie war für ihn das Fundament der Inszenierung. Grundlage vorerst also: Musik, Melodie. Es ging ihm ganz um den Rhythmus einer Szene. Und bereits in diesem Stadium versuchte er, eine gewisse Dynamik festzulegen."

Es scheint immer wieder, als hätte Strehler von Anfang an unmerklich, fast unbewußt bereits alles innerlich visualisiert und rhythmisiert, wie eine skizzenhafte Partitur, die es nun nur noch auszuführen gilt. Der von ihm in den Leseproben entwickelte überreiche Ideen- und Assoziationsfundus wird auf der Bühne von ihm in (parallelem) Wechselspiel von Bühnenbild, Kostümen und Beleuchtung und szenischem Spiel der Schauspieler wie aufeinander „eingestimmt", wobei er in größter schöpferischer Ungeduld nun alles am liebsten gleichzeitig entstehen und sich entwickeln sehen möchte. Deswegen sei die Arbeit mit ihm ebenso „irritierend" wie „leidenschaftlich", gesteht Gerard Désarthe, denn Strehler wolle „immer sofort eine möglichst weitreichende, umfassende Vorstellung vom Ganzen haben, vor allem visuell-ästhetisch." – „Auf der Bühne macht er alles zur gleichen Zeit, dirigiert alles und alle, [...] ganz wie ein Dirigent."

„THEATER ALS LIEBESAKT": STREHLERS TEXT-UMGANG

So mag es nicht verwundern, daß einen Strehlers Textauslegung bei der ersten Betrachtung in seinen Selbstaussagen – in dem vorrangigen Bemühen um „Werktreue" in „respektvoller, bescheidener und liebevoller" Annäherung (wie er es in seinem Mozart-Aufsatz als die für ihn „fundamentalen, notwendigen Eigenschaften, um Kunst überhaupt zu begreifen", beschreibt) – an eine Art musikalische Interpretation, ja fast an das Lesen von Partituren erinnert.

„Ich aber, als Theatermann, bin kein Künstler, sondern nur ein Handwerker. Das hat nichts mit Säge, Nägeln oder Zange zu tun, sondern bedeutet nur, daß ich nicht Shakespeare bin, sondern sein Diener", erklärt er sehr markant seine Rolle als Interpret. Eindeutig stellt er sich hier, als Interpretierender, ganz hinter den schöpferischen Akt des Dramatikers. Demut und Bescheidenheit sind Stichworte, die hier plötzlich ganz unvermutet immer wieder auftauchen, auch Selbstzweifel und sogar Angst vor dem Eingeständnis eigenen Ungenügens, der „Wahrheit eines Textes" gerecht werden zu können.

Als große Fähigkeit Strehlers betont Michael Heltau gerade diese „Seriosität einem Stück, einem Autor gegenüber": „Es gibt bei ihm nicht diesen Egoismus des Interpreten, der jeden Künstler kleiner macht."

Auffallend in Strehlers Aussagen zu Dramatikern, vor allem zu denjenigen, denen er sich „freundschaftlich" verbunden fühlt, ist, anstelle überlegener intellektueller Betrachtung aus rationaler Distanz, der

zunächst ganz sinnliche, ja erotische Zugang eines emotionalen „Gespanntseins" auf den Text: *„Theater ist immer ein Liebesakt (Teatro è sempre un'atto d'amore). Immer habe ich mich einem Stück wie einer neuen Liebe genähert, mit dem immer gleichen Zittern, wie bei der ersten Liebe, bei der wunderbaren Entdeckung der Leidenschaft... Und letztendlich ist doch jede genaue Kenntnis eines Kunstwerks immer etwas ganz Gefühlsmäßiges, Emotionales."*
Sein Text-Umgang vermittelt so ganz den Eindruck des liebenden Sich-Annäherns, des werbenden, der Unerreichbarkeit des Werkes Sich-Aussetzens (und gerade deswegen auch immer wieder Sich-aussetzen-Müssens, um den „Anlauf" zur Begegnung noch einmal – anders – zu nehmen. Dies zum Verständnis seiner häufig mehrmaligen Inszenierungen desselben Stückes.)

Seine Aussagen sind überwiegend von einer ganz persönlichen, fast zärtlichen Bezugnahme auf den Text oder Autor – anstelle des distanzierten Rückgriffs auf das instrumentelle Moment des Intellekts – geprägt, haben immer etwas (manchmal ganz und gar pathetisch anmutendes) Bekenntnishaftes anstelle eines theoretisch-analytischen Diskurses.
„Zum Leben erwecken" oder *„verlebendigen"* sind häufige, immer wiederkehrende Wendungen in seinen Werkanalysen, die meistens bei den Rollen, den „Menschen" im Stück ansetzen. Wie eine persönliche, intuitive „Re-Animation", eine Form der Beseelung wirkt seine Figurenbetrachtung deswegen, und gerade aus diesem „Ins-Leben-Zurückholen" der Rollen, scheint mir, gewinnen Strehlers Inszenierungen ihre oft so überwältigende vitale Präsenz und poetische „Nachbrennkraft". Er „verkauft" seine Figuren, wenn er sich ihnen interpretierend nähert, nicht von vornherein einer abstrakten These oder Argumentation, sondern versucht ihnen ganz real, als menschliche Gegenüber, zu begegnen – und auch das wird schließlich bei ihm zum Liebesbekenntnis: *„Die einzige Art, [eine Rolle] zu verstehen, sie zu interpretieren, zu erkennen, ist, sie zu lieben."*
Sicherlich resultiert auch daraus sein wirklich auffallender Mut zu (heute so ungewohnter) großer Einfachheit, ja manchmal auch überraschender Naivität (im Sinne einer scheinbaren Ungebrochenheit), sowie seine mit zunehmendem Alter immer größere Reduktion und Konzentration in der Darstellung.
Und auch die Verständlichkeit und Unmittelbarkeit seiner Bühnensprache (trotz der großen formalen Stilisierung und ästhetischen Perfektion) ist sicherlich hierin begründet.
„Was ich am meisten liebe in Strehlers Inszenierungen, in seiner Ästhetik, in seiner Poesie, ist zum einen sein Sinn für das Wegnehmen, das Reduzieren, das Leichter-und-leichter-werden-Lassen. Er liebt die Luft, er liebt es, nur mit Licht und Luft, das heißt: verdichteter Leichtigkeit, Atmosphären zu kreieren." *„Die Dinge sprechen für sich: Das ist die Klarheit des Essentiellen"*, skizziert Giulia Lazzarini das für sie Wesentliche in dieser Theaterästhetik.

„PRAKTIZIERTE MENSCHLICHKEIT": WO SICH BEI STREHLER THEATER UND POLITIK TREFFEN

Ein *„teatro d'arte per tutti"* sollte das Piccolo Teatro einmal werden – so das programmatische Leitmotiv, wie es Grassi und Strehler bei der Gründung ihres Theaters formuliert hatten: ein Theater, das von seinem Anliegen her grundsätzlich alle Menschen anzusprechen vermag. Daß sich dieser Anspruch in der Praxis nur bedingt umsetzen ließ, mußten beide bald einsehen, denn *„niemand* (so Strehler im Rückblick) *kann sich anmaßen, das ganze Volk anzusprechen".*
Daß Strehler dennoch oft dort, *„wo andere Regisseure immer die komplizierteste Lösung suchten, intuitiv und genial die einfachste"* fand, bekräftigt nicht nur der Schauspieler Feruccio Soleri im Rückblick auf die für ihn überzeugendste Qualität des Strehlerschen Theaters: *„ 'Teatro popolare', das meint im Grunde, daß jeder, vom Kind bis zum Intellektuellen, vom Arbeiter bis zum Rentner, Strehlers Theater verstehen kann."*

Trotz der präzisen, kritisch-dialektischen Einordnung in gesellschaftliche und geschichtliche Zusammenhänge überwiegt deswegen in Strehlers Inszenierungen im Laufe der Jahre mehr und mehr das Moment des Überzeitlichen, allgemein-menschlich Gültigen. *„Ich muß sagen – und das ist ein großes Wort –, bei Strehler hat für mich jede Inszenierung immer etwas mit der gesamten Welt, in der wir leben, mit dem Ganzen zu tun"*, bekennt Michael Heltau anerkennend. Auffallend ist, daß trotz der großen, fast unüberschaubaren Vielfalt von Dramatikern, Stilen und Epochen, die Strehlers Theater vor allem in den Anfangsjahren prägten, sich mit der Zeit so etwas wie eine übergeordnete Gesamt-Dramaturgie abzuzeichnen begann, so als läge Strehlers Interessenschwerpunkt weniger auf der gezielten Auswahl einzelner Stücke oder Dramatiker, sondern vielmehr in einer konsequenten Auseinandersetzung und Weiterentwicklung bestimmter humaner Grundkonstellationen (in unterschiedlicher historischer Aufmachung), die bis in seine politischen Reflexionen hineinreichen.
Themen wie die immer wiederkehrende Frage nach der menschlichen Bestimmung (*„Das Abenteuer Mensch-Sein"*, wie er es immer nennt), die historisch wie individuell-psychologisch bedingten Beziehungen des Menschen in seinem gesellschaftlichen Umfeld, Vereinzelung, Vereinsamung und Kommunikationsverlust als Folgen mißlungener Integration, das *„Mysterium Liebe"* als geglückter oder verfehlter Ausgleich zwischen Rationalität und Emotionalität, das Wechselspiel von Illusion und Desillusion, Macht und Identifikation sind charakteristische Koordinaten seiner Stückeauswahl.
Sein ständig wiederkehrender Begriff des „Menschlichen" basiert dabei elementar auf seinem doch unerschütterlichen Glauben an die Wandelbarkeit des Menschen und die Veränderbarkeit der Welt, aus

einer letztlich abendländisch-europäischen Humanitäts-Vorstellung. (Auch sein pathetischer Sprachgestus hat hier, in dieser visionären, programmatischen Utopie-Setzung, seinen Ursprung.)

Nicht zuletzt deswegen durchzieht die „Vision Europa" als *„Geisteszustand und gemeinsames Gedankengut"* wie ein motivischer Leitfaden seine politischen Äußerungen ebenso wie seine Bemühungen um europäische Kulturinstitutionen und findet auch in der Auswahl von bestimmten Dramatikern (etwa in dem Aufklärer Lessing, im Goethe des *Faust*, aber auch in Goldoni, Corneille, ja sogar Pirandello) ihren konkreten Niederschlag.

„Man muß den Menschen helfen, sich in dem, was menschlich ist, zu erkennen, nicht in dem, was unmenschlich ist", lautet sein Credo, und das gilt für ihn im Theater ebenso wie im Leben, in der Kunst und in der Politik. Denn daß sowohl hinter seinem künstlerischen Anliegen als auch seinem politischen Engagement im Grunde die gleiche menschliche Grundüberzeugung steht, zeigt sich schon in den ganz ähnlichen Begrifflichkeiten seiner Wertvorstellungen in den theaterbezogenen wie in den politischen Texten. Daß ihm dabei die Theaterpraxis als alleinige „Aktionsbühne" für seine menschliche Mission nicht ausreicht und – vice versa – seine politischen Überzeugungen in erster Linie für eine humanistische Lebenspraxis und weniger für das politische Alltagsgeschäft entworfen sind, ist unübersehbar.

Sein politisches Bekenntnis zum Sozialismus *(„Sozialismus als Lebenshaltung")* begreift man im Umkehrschluß aus der ernüchterten Absage an die sozialistische Partei Italiens schon Ende der achtziger Jahre, deren überzeugtes Mitglied er jahrzehntelang gewesen war. Ihre *„Menschlichkeit und humane Identität"* habe sie mehr und mehr verloren und politischem Pragmatismus preisgegeben, beklagt er in öffentlichen Stellungnahmen erschüttert den Verrat politischer Ideale. Deswegen wollte er einer Partei, die nicht *„Geradlinigkeit, Brüderlichkeit und Güte als Grundlagen"* ihrer Umgangsformen hat, fortan nicht mehr angehören.

Mit *„Mut zur Naivität"* hatte er programmatisch seinen Artikel anläßlich dieses Abschieds von der Partei 1987 überschrieben und seinen aufsehenerregenden Schritt (überraschender-, aber auch wieder bezeichnenderweise) in Berufung auf Mozart, den „Europäer", und dessen humanistische Botschaft als *„Treue zu sich selbst"* begründet: als *„Mut"*, angesichts der gängigen politischen Praxis des *„allgemeinen Verfalls fundamentaler gesellschaftlicher Werte"*, noch die *„Naivität"* zu wirklichen Überzeugungen zu besitzen und sie, jenseits aller zynischen (Politiker-)Moral, öffentlich zu vertreten: *„Vierzig Jahre Treue zu einer Partei will schließlich etwas heißen. Aber den eigenen Ideen ideologisch und gefühlsmäßig treu zu bleiben, bedeutet auch etwas. Und es ist diese Form der Treue, die heute in mir siegt. [...] Diese Treue zu sich selbst, von der Mozart immer sprach, die mit äußerster Kraft in jenem Kämmerchen des Herzens*

erlitten wird, das das Eigenste, Wertvollste von einem selbst, auch die eigenen Träume und Illusionen, bewahren soll. [...] Meine Sicht ist vielleicht vereinfachend oder naiv, ich weiß. Sie ist nicht unbedingt politisch. Ich spreche von Dingen, die von den Wissenden, den Politik-Spezialisten, belächelt werden. Gut, gerade denen aber sage ich: Erst sollen sie wieder die Fähigkeit zur Naivität entwickeln, nämlich die Fähigkeit, wirklich an etwas zu glauben, an einige absolute, vielleicht sehr hohe und vielleicht auch in Bezug auf das Glück der Menschen utopische Werte. Dann werden auch sie mich nicht mehr belächeln."

Daß Kunst *„die wirklich aktive Seite des Menschen"* sei, hatte Strehler in der Konfrontation mit dem großen Nihilisten Beckett proklamiert, den er deswegen auch ungewohnt optimistisch interpretierte: Denn, so Strehler in einer Stellungnahme (die durchaus als eigenes künstlerisches Glaubensbekenntnis betrachtet werden kann) anläßlich seiner Beckett-Inszenierung *Glückliche Tage, „in dem Moment, in dem sich ein Künstler aufrafft, ein Werk zu verfassen, bekennt er sich zum Leben: Noch in der scheinbar pessimistischsten Form der Kunst ist der Widerschein von ursprünglichem Glück da, die Sehnsucht nach der Schönheit des Lebens, des Universums mit seinen Planeten..."*

Vielleicht deswegen wirken Strehlers Inszenierungen im „Nachhall" – darin vergleichbar Winnies Überlebenskampf ihrer „glücklichen Tage" – wie das unerschütterliche Bemühen um die ständige (Wieder-)Eroberung der Welt. *„Und doch das verzweifelte Bemühen des Menschen, sich dem Nichts zu widersetzen."* (Strehler über *Glückliche Tage*)

Wie Winnies endloses inneres Ringen gegen das endgültige Resignieren und die Desillusion erinnert auch Strehlers Theater (angesichts seiner Arlecchini und Ariels etwa) an die unermüdliche Suche, ja Beschwörung des – wenigstens auf dem Theater, in der Kunst – noch möglichen Konstruktiven, Hoffnung-Verheißenden, Affirmativen im Leben, in der Welt.

„Ob er denn nun eigentlich Pessimist oder Optimist sei", versteht selbst Strehlers alter ego im Selbstgespräch (das hier an Stelle eines Strehler-eigenen Vorwortes dem Buch von seiner Seite vorangestellt ist) nicht genau zu orten.

Und er kann diesem anderen Selbst nur in Berufung auf seinen großen *„Theaterbruder" („Mein lieber alter Goldoni hat das wunderbar verstanden")* antworten: daß im Endeffekt doch immer *„das Herz, die Einfachheit und die Menschlichkeit siegen..."*

„Wir leben in dunklen Zeiten, in denen – wie Brecht sagte – schon das Preisen eines Baumes ein Vergehen scheint. Zeiten, in denen das bloße Leben, Sein und Lieben zum Delikt wird. Uns bleibt nur der magische Zauberring des Theaters für das Erfinden einer Welt, einer Parabel als Symbol einer besseren Welt...", umschreibt Strehler

seinen Spielraum als Theaterschaffender zum Abschluß seines Goldoni-Kapitels.

Die von ihm formulierte, *„ja, nicht gerade Lektion, aber doch Botschaft"* Goldonis an das Publikum klingt dabei ganz wie eine Paraphrase seiner eigenen, impliziten Theaterbotschaft, nämlich der Glaube an *„das unzerstörbar Gute, das der Mensch in sich trägt und das ihn [...] letztendlich doch [...] zur Liebe fähig macht"*.

In diesem Sinne sind auch Strehlers Inszenierungen immer wieder eine große Liebeserklärung an das Theater und sein Publikum.

„Wenn man aus einem Stück von Strehler kommt, glaubt man wieder an den Menschen, an die Menschlichkeit in der Welt, und man fühlt sich besser", beschreibt Didier Sandre dieses Strehler-eigene Theatererleben und charakterisiert dieses Gefühl als *„etwas Lyrisches, Poetisches"*. *„Strehler [...] ist so sonnig. [...] ist licht, ist hell."*

Auch Walter Pagliaro findet ein ähnlich poetisches Bild für diese Strehlersche Wesenheit: *„Strehler ist ein Sonnenmensch, ein Mensch, der das Licht sucht, nicht das Dunkel – auch und vor allem im Theater. Er geht durch das Dunkel, um im Licht anzukommen – immer! Und auf diesem Weg zum Licht bleibt er nie stehen."*

Vielleicht macht gerade diese Form der Lebens-Affirmation, die Strehler selbst „Naivität" nennt (und die ihn von so vielen, vor allem deutschen Regie-Kollegen unterscheidet), die Vitalität seiner schöpferischen Existenz aus. Und vielleicht liegt gerade auch darin die Kraft und Verheißung seines Theaters.

Auch wenn Claudio Abbado in größter Bewunderung *„das geniale Kind"* in Strehler mit seinem so verehrten Pianisten Rudolf Serkin vergleicht, spielt er vielleicht auf ein ähnliches Wesensmerkmal an: nämlich das Sich-bewahren-Können der kindlichen, das heißt

„naiven" Begeisterungs- und Glaubensfähigkeit über und an die Phänomene des Mensch-Seins.

„In der heutigen Theaterwelt gibt es so viel Zynismus und Niedergeschlagenheit. Strehler dagegen hat, trotz seines Alters und seiner Geschichte, immer wieder noch die Aufrichtigkeit, das Erstaunen und die Begeisterung eines Kindes für das, was auf einer Bühne geschaffen werden kann, [...] All das ist für ihn immer wieder von neuem wie die Bestätigung der eigenen Existenz. Das hat mich immer wieder ganz fassungslos gemacht," gestand mir Didier Sandre zum Schluß unseres Gespräches seine Verwunderung angesichts Strehlers scheinbar auch nach so vielen Jahren noch ungebrochener „Theater-Lust"!

Dieser zu begegnen, ist der Leser nun in den folgenden Kapiteln eingeladen. In acht Stationen wird er, Kapitel um Kapitel, die verschiedenen Bühnen der Strehlerschen Rollen selbst betreten und die Kulissen seiner Theaterwelten erkunden können.

Dabei wird er in Strehler dem Magier wie dem Missionar, dem Spieler wie dem Bekennenden, dem Komödianten wie dem Dialektiker, dem Liebenden wie dem Verführer, dem Italiener wie dem Europäer und Humanisten begegnen. Kurz: einem Künstler, der mit der Inbrunst und Ausschließlichkeit eines Predigers *(„il teatro: la mia religione")*, der heiteren Verspieltheit eines Gauklers und der pathetischen Egozentrik eines Monarchen seinen über ein ganzes Leben geschaffenen Kosmos propagiert und inszeniert.

Die in diesem Text verwendeten Zitate Strehlers sind persönlichen Gesprächen mit ihm sowie seinem Textbuch „Für ein menschlicheres Theater", Frankfurt am Main, 1975, und einem Interview von H. Mainusch: „Regie und Interpretation, Gespräche mit Regisseuren", München 1985, entnommen.

„Er und Ich"

Nachdenken über die eigene Welt

STREHLER

SPRICHT

ER: *Mai 1947: Eröffnung des Piccolo Teatro. Was bedeutet dieses Datum für Dich heute, nach über vierzig Jahren?*

ICH: Im Mai 1947 haben wir das Piccolo Teatro mit Gorkis *Nachtasyl* eröffnet. Mein Gott, waren das schöne Zeiten, harte Zeiten! Wir glaubten noch vollkommen an das, was wir machten, waren voller Idealismus. Wie Maulwürfe verbrachten wir unsere Tage in der Dunkelheit der Theatersäle und waren glücklich, wenn abends die Leute kamen, um unsere Geschichten zu hören. Mir reichte ihr Beifall, um jedesmal wieder die Energie für ein neues Stück zu finden. Sonst könnte ich mir auch nicht erklären, wie ich tatsächlich in diesen letzten vierzig Jahren über zweihundert Inszenierungen machen konnte.

Mein Leben und das Leben des Piccolo Teatro sind bis heute untrennbar miteinander verbunden. Bis auf wenige Ausnahmen, wie Inszenierungen im Ausland oder an verschiedenen Opernhäusern, habe ich mein ganzes Leben am Piccolo Teatro verbracht.Obwohl ich mir eingestehen muß, daß meine Theaterleidenschaft mir das Leben verbrannt hat – mir, der das Leben doch wie ein Verrückter liebt –, fühle ich mich in meinem inzwischen wirklich fast ehrwürdigen Alter noch ziemlich lebendig und vital. Denn ich gehöre nicht zu jenen Intellektuellen, zu jener Sorte von bleichen, abgemagerten Menschen, die den Großteil ihrer Zeit mit Lesen, Denken und Studieren verbringen und sich nur von Gedanken ernähren. Ich bin verrückt nach dem Meer, nach der Sonne, nach den Frauen. Ich brauche die Liebe, brauche Sport, liebe Essen und Wein, die Erde und ihre Gerüche, Tiere... Aber von all dem habe ich immer nur winzige Portionen genießen können. Denn mein ganzes Leben lang habe ich fast nichts anderes gemacht als Theater. Meine ganze Leidenschaft und Seele habe ich ihm gewidmet – fast wie ein Mönch, dem das Theater zur Religion geworden ist. Nicht einmal ein Kind habe ich gezeugt – es hätte wie eine Waise aufwachsen

müssen. Natürlich kommen dann manchmal die Depressionen, Theaterübelkeit. Dann würde ich am liebsten schreien und den Kopf gegen die Wand schlagen, wenn mich dieses Gefühl beschleicht, mein ganzes Leben nur mit dem Aufspüren von Phantasmen verbracht zu haben...

Doch am Ende siegt immer das Theater. Immer wieder von neuem verschluckt mich das Dunkel der Probenräume, und ich vergesse alles um mich herum – die Zeit, die vergeht, und meine Lungen, von denen durch meine Sprechwut und mein vieles Schreien langsam nur noch Fetzen übrigbleiben.

Ich müßte über dieses Abenteuer wirklich ausführlich nachdenken.

ER: *Dazu hast Du ja nun Gelegenheit!*

ICH: Ich müßte ein ganzes Buch schreiben... ich weiß gar nicht, wo anfangen?

ER: *Versuche einfach das in Worte zu fassen, was Dir spontan in den Sinn kommt!*

ICH: Erstaunen...! Große Verwunderung...! Ja, manchmal kann ich es heute noch nicht fassen, wie es in einem historisch so brisanten, der Kunst so wenig geneigten Moment möglich war, ein öffentliches Theater zu gründen und es bis heute unter den gegebenen Bedingungen weiterzuentwickeln.

In unserem heutigen Massenzeitalter der allgemeinen Indifferenz, mit unserer immer größeren Sprachverrohung, unseren schrecklichen Konsumkrankheiten, der nuklearen und vielen anderen unabsehbaren Bedrohungen wird Theater doch immer fragiler. Manchmal scheint es so künstlich, so unnötig angesichts der wirklich großen Probleme der Welt.

Ist Theater heute vielleicht nur noch Illusion? Aber hätte ich denn ohne diese Illusion, diese tiefe Überzeugung von der Notwendigkeit des Theaters im allgemeinen und des Piccolo Teatro im besonderen, das machen und erreichen können, was ich bis heute geschaffen habe?

ER: Du kennst den Max-Reinhardt-Satz, er habe, um Theater zu machen, seine Kindheit heimlich in die Tasche gesteckt, um sein Leben lang weiterspielen zu können – ist das auch Teil der Illusion?

ICH: Unsere Kindheit ist etwas sehr Kostbares, eine unwiederbringliche Kraft. Kinder glauben noch an die Formbarkeit der Zukunft und können deswegen mit sich selbst und der Umwelt ganz spielerisch umgehen. Das innere Kind in uns darf uns nicht verlorengehen, wenn wir erwachsen werden, auch wenn es uns manchmal verletzlicher macht... Ohne Zweifel ist auch für mich das Theater der Ort, wo die Kindheit noch am stärksten spürbar ist. Deswegen ist Theater für mich immer auch Ausdruck einer bestimmten Form von kindlicher Zartheit und Naivität.

ER: Was für konkrete Erinnerungen hast Du an Deine eigene Kindheit, welche Assoziationen kommen Dir, wenn Du jetzt zurückdenkst?

ICH: Mmmh... vielleicht spontan zwei Dinge, die mir sehr prägend erscheinen: die Welt der Frauen und die Welt der Musik.
Mein Vater starb, als ich drei Jahre alt war. Danach lebte ich überwiegend in einer weiblichen Welt: meine Mutter, meine Großmutter, die Freundinnen der beiden, das Kindermädchen, die Haushilfen – alles ausnahmslos Frauen. Es gab nur eine einzige männliche Person: meinen Großvater. Ich glaube, daß er die Dinge in meiner

kindlichen Psyche zurechtgerückt hat. Er hatte etwas ganz Majestätisches, Olympisches. Übrigens hieß er auch Olympio. Er war mir Vater-Ersatz, was absolut wichtig war, denn sonst bestand meine ganze vertraute Umgebung wirklich nur aus weiblichen Wesen. Vielleicht kommt daher auch mein großes Verständnis und meine Liebe für weibliche Figuren im Theater.
Meine zweite Welt war die Musik: Von Kindheit an habe ich Musik geatmet. Meine Mutter war Geigerin, gab viele Konzerte, und auch bei uns zu Hause wurde viel Hausmusik gemacht. Mein Großvater war Hornist und Intendant des Verdi-Theaters in Triest. Er war ein Musikfanatiker. Bei ihm hatte ich Klavierunterricht, er zwang mich zum regelmäßigen Üben, obwohl ich immer lieber nach draußen zum Spielen gelaufen wäre.

ER: Was bedeutet Dir Triest als Stadt Deiner Kindheit?

ICH: Triest, das ist für mich der große Tisch im ruhigen Eßzimmer mit den dunklen, einfachen Hoffmann-Möbeln, wo meine italienische, slawische, österreichische und französische, katholische und agnostische Familie so oft mit Freunden aß: ungarische, polnische und wer weiß was noch alles für ethnische Minderheiten; alle Sprachen mischten sich da; das, was uns vereinte, war mein Triester Dialekt, den alle verstanden und den ich auch heute noch manchmal spreche – als Sprache meines Herzens.
Und dann die Triester Luft, der möderisch kalte Wind, das mit weißen Segeln überzogene Meer, der Geruch der Magazine nach Teer, Seilen und Gewürzen... Die ansteigenden Straßen, die Kuppeln der katholischen oder orthodoxen Kirchen, die jüdischen Friedhöfe auf dem Berg... Das Schlüsselblumenfest jeden Frühling, wie ein Initiationsritual, wenn die Kinder auf den Waldwiesen Sträuße pflückten, um damit das Haus zu schmücken... Die Rauch-

schwaden der Schornsteine der Fabriken von San Servola in der Gewitterluft... Die langen Pfiffe der Güterzüge in der Nacht, die in ihrer gewaltigen Länge Richtung Mitteleuropa fuhren, während die majestätischen transatlantischen Schiffe gen Orient zogen...

Aber Triest war für mich auch immer Klein-Europa, ein lebendes Vorbild von Toleranz und der Fähigkeit der unterschiedlichsten Menschen, friedlich miteinander zu leben. Deswegen fühlte ich mich vielleicht schon immer als Europäer, liebe das Europäische so sehr, obwohl ich an unser Europa von heute schon kaum mehr glauben kann. Damals in Triest war Europa keine bloße Vision oder Utopie, es war so greifbar: Überall lag es in der Luft, im Klang der so unterschiedlichen Sprachen und Gebräuche in diesem meinem windigen Triest mit seinen Griechen und Juden, seinen Slawen und Italienern, seinen Schweden und Österreichern. Wenn ich dagegen dieses problematische Europa von heute betrachte, das so langsam vorankommt und dabei so wenig Enthusiasmus verbreitet...

ER: *Warum bist Du nicht Musiker geworden, wenn Dir gerade Musik von Kindheit an so vertraut war?*

ICH: Mein absoluter Traum war ja, Musiker zu werden, genauer: Dirigent. Ich glaube, daß ich im Grunde meines Wesen rhythmisch-musikalisch bin. Musik ist auch heute noch meine liebste Gefährtin, und meine ganze Arbeit hat im Grunde wesentlich mit Musik zu tun. Das Theater dagegen war mir lange Zeit vollkommen fremd. Als Kind war ich mit meinen Freunden immer wie besessen ins Kino gegangen. In meine erste Theatervorstellung geriet ich eigentlich eher zufällig: ein Goldoni-Stück: *Una delle ultime sere di carnevale.* Anfangs war ich ziemlich mißtrauisch. Im ersten Akt kam ich mir vor wie in einer lächerlichen Vorstellung mit vollkommen überschminkten Schauspielern, die mich eher an Schweinchen erinner-

ten. Im zweiten Akt wurde ich aufmerksamer, und im dritten schwamm ich in Tränen und änderte meine Meinung grundlegend: Nun war ich vollkommen begeistert. Danach wollte ich ohne Theater nicht mehr leben. Und anstatt in die Sommerferien zu fahren, blieb ich in der Stadt, um einmal, zehnmal, zwanzigmal die wenigen Stücke, die es zu der Zeit in Mailand gab, anzuschauen. Natürlich habe ich mich gleich als Claqueur eingeführt, um keinen Eintritt bezahlen zu müssen.

Mit der Zeit lernte ich auch Unterschiede zu machen und zu differenzieren. Bald begriff ich, wie schlecht diese Stücke eigentlich aufgeführt wurden. Aber mein Weg war eingeschlagen – ich beschloß, Schauspieler zu werden und schrieb mich kurze Zeit später auf der Schauspiel-Akademie ein. Nach dieser Schule trat ich einer Theater-Compagnie bei und spielte drei, vier Jahre lang überall in Italien auf den verschiedensten Bühnen.

ER: *Vielleicht wärst Du ohne den Krieg niemals Regisseur geworden, sondern spieltest immer noch als Schauspieler in der italienischen Provinz...*

ICH: Ich erinnere mich noch wie heute: Ich saß mit blondgefärbten Haaren, denn ich spielte gerade einen jungen norwegischen Künstler, nach einer Vorstellung in einem Restaurant in Genua und hielt fassungslos das Telegramm meiner Mutter in den Händen, das mir mitteilte, daß ich eingezogen worden war. Nun folgten drei Jahre absoluter Tortur, erst in Griechenland, später in Jugoslawien... Aber was macht ein Schauspieler, wenn er nicht spielen kann? Wenigstens an das Theater denken. Wie Texte lesen, wie sie interpretieren, wie sie aufführen?

ER: *Wie war es möglich, diese Ideen in die Tat umzusetzen – es war ja immer noch Krieg?*

ICH: Zunächst in Mürren in der Schweiz, einem Lager, wo ich als Mitglied der Resistenza interniert war und mit anderen Gefangenen anfing, Theater zu spielen. Dann in Genf mit ein paar jungen französischen Schauspielern, mit denen ich die Welturaufführung von Camus *Caligula* inszenierte. Ich zeichnete damals mit Georges Firmy, dem Nachnamen meiner französischen Großmutter.

Ich erinnere mich noch, daß ich dieses kleine Theaterchen, das mir damals wie die Scala erschien, mit der Sicherheit eines routinierten Regisseurs betrat. Ich wußte nichts, aber es wehte mich der aufregende Wind der ersten eigenen Erfahrung an. Das war nun etwas ganz anderes als alles, was ich bisher als Schauspieler erfahren hatte.

Die Inszenierung wurde tatsächlich ein Erfolg, und man schlug mir zu Kriegsende vor, nach Paris zu gehen.

liche Milchzentrale oder ähnliches. Aber uns war klar, daß die italienische Theaterdekadenz nicht nur künstlerisch, sondern vor allem auch organisatorisch, administrativ und sozial bedingt war.

Natürlich gab es zu der Zeit kein Geld für Theater. Aber wir hatten die Unterstützung des damaligen Bürgermeisters von Mailand, Antonio Greppi, ein Gentleman, der eine Schwäche für Theater hatte und selbst Komödien schrieb (die wir

Aber ich fühlte mich nach Italien hingezogen: Das war meine Sprache, dort lebte meine Mutter. Mein Land brauchte mich vielleicht, dachte ich, und ich brauchte auch mein Land. Dort war alles neu zu tun; mir war, als trüge ich die Welt auf meinen Schultern. Also kehrte ich nach Italien zurück und versuchte, sofort als Regisseur weiterzuarbeiten. Aber niemand wollte mich engagieren, denn sobald ich von der Schweiz erzählte, dachten alle immer, ich hätte Operette gemacht.

Die Theater in Italien hatten zwar nach dem Krieg sofort wieder zu spielen begonnen, aber der Schein war trügerisch. In den Nachkriegsjahren konnte sich nur eine ganz bestimmte Schicht leisten, ins Theater zu gehen. Das Repertoire war hoffnungslos veraltet, provinziell und durch die zwei Jahrzehnte Faschismus vollkommen von der europäischen Dramen-Moderne abgeschnitten. Außerdem kann sich niemand heute mehr vorstellen, was es damals in Italien bedeutete, im Theater auch nur Grundzüge einer regielichen Konzeption zu entwickeln. Kein Schauspieler in Italien war gewohnt, von einem Regisseur geführt zu werden.

ER: Warum bist Du nicht einfach freier Regisseur geblieben, was war der Impuls, ein eigenes Theater zu gründen?

ICH: Ich bin auch ein Mensch der Struktur. Für mich sind ein „Stück inszenieren" und „gutes Theater machen" zwei sehr verschiedene Dinge. Paolo Grassi, mit dem ich schon seit 1939 befreundet war, und ich hatten schon lange davon geträumt, ein revolutionäres, junges, modernes Theater nach unseren Vorstellungen zu machen. Dafür gab es aber damals in Italien keine Möglichkeiten, keine Strukturen; wir brauchten ein *teatro stabile*, ein festes, eigenes Theaterhaus. Grassi bezeichnete das als die Notwendigkeit einer „öffentlichen Dienstleistung" – mich erinnerte das eher an die öffent-

allerdings nie aufführten). Wir sahen uns überall nach Räumlichkeiten um und landeten schließlich in dem winzigen dunklen Kinochen in der via Rovello, in das ich als Kind immer gegangen war. Während des Krieges hatten die Faschisten es als Versammlungsort benutzt. An den Wänden standen noch die Botschaften der Partisanen, die hier gefoltert worden waren. Es gab kein Licht, die Sitze waren zerstört, und der Vorhang hing in Fetzen herunter, aber es war wenigstens ein festes Haus.

An einem kalten, sonnigen Februarnachmittag bat ich Paolo Grassi, mich dort für eine Weile allein zu lassen. Ich setzte mich irgendwo in die Zuschauerreihen und blieb viele Stunden dort in der Stille sitzen.

Vor meinen Augen ließ ich imaginäre Stücke defilieren... Und als ich wieder nach draußen ans Licht trat, war ich mir sicher, daß hier wirklich Theater für lange Zeit gemacht werden würde.

ER: Wie kam es, daß ausgerechnet zwei solche Theaterfanatiker wie Du und Grassi zusammentrafen?

ICH: Ganz zufällig: Es war irgendwann 1939 an der Trambahnhaltestelle vom Corso Buenos Aires in Mailand – die Ecke berührt mich noch heute in Erinnerung an unsere erste Begegnung. Eines Tages sprach mich dort jemand mit einer für damalige Zeiten ungeheuren Direktheit an: *„Entschuldigen Sie, ich sehe Sie immer mit Theaterbüchern unter dem Arm, interessieren Sie sich vielleicht für Theater? Ich bin der Vizekritiker des „Sole", ich würde Sie gerne kennenlernen. Wir nehmen ja immer die gleiche Straßenbahn..."* Von dem Tag an haben wir angefangen, in der Straßenbahn über Theater zu diskutieren. Unsere Freundschaft entwickelte sich erst mit der Zeit, aber die Liebe für das Theater hat uns unausweichlich sofort verbunden.

Dann kam der Krieg, wir wurden getrennt, aber als ich nach dem Krieg wieder nach Mailand zurückkam, beschlossen wir, unser Theater zu gründen. Im übrigen Europa waren solche Institutionen eine Selbstverständlichkeit, nur in Italien nicht. Für uns war das ein politischer Akt, Ausdruck einer bürgerlich-europäischen Existenzform.

ER: Verstehst Du Theater auch heute noch als moralische Institution, als geschichtliches Ereignis, als etwas, was die Welt verändern kann? Hast Du nicht den Eindruck, daß dieser Gedanke inzwischen überholt ist? Daß diese moralistischen, populistischen Konzepte vollkommen altmodisch sind?

ICH: Ich kann mir trotz allem Theater nicht anders vorstellen. Wie oft habe ich zu erklären versucht, was auch Brecht immer vermitteln wollte, daß Kunst eine Verantwortung hat, daß sie immer vom Menschen handelt und daß es deswegen auch möglich ist, diesen zu verändern, ihn wenigstens seiner selbst bewußter zu machen. Warum also sollte das nicht auch für das Theater gelten? Für mich ist das immer noch unwiderlegbare Realität. Theater ist für mich Bewußtseinsbildung, Bewußtmachen von Poesie als Wahrheit, die im Theater von uns nicht kreiert wird, sondern der man so gut wie möglich dienen muß: Bewußtmachen des Theaters nicht als ungeschichtlicher Ort, als Flucht aus der Wirklichkeit, sondern als eine Möglichkeit des intensiveren Lebens in der Geschichte und in der eigenen Wirklichkeit.

ER: Glaubst Du, daß das Piccolo Teatro diesem Entwurf, dieser Vision entspricht, entsprechen kann – auch heute noch?

ICH: Für mich ja. Sicherlich nicht für jeden. Jeder muß das tun, wozu er fähig ist und wovon er etwas versteht. Die einzige Sache, derer ich mir ganz sicher bin, ist, daß Theater Kommunikation, Austausch ist. Ich kann mir kein Theater der Nicht-Verständigung vorstellen. Theatermachen, Theaterleben ist für mich der kontinuierliche Versuch, die Einsamkeit des Menschen zu durchbrechen.

ER: Also ist das Manifest, das ihr, Du und Paolo Grassi, zur Gründung des Piccolo Teatro geschrieben habt, für Dich auch heute,

nach vierzig Jahren, immer noch gültig?

ICH: Ich denke, im großen und ganzen haben wir das, was wir dachten und tun wollten, auch verwirklicht. Dennoch sind natürlich auch viele Ideen auf der Strecke geblieben.

ER: Inwiefern?

ICH: Wir waren jung, unerfahren, voller Ideale. Die Realität erwies sich als viel komplexer, als wir gedacht hatten. Unser Ziel eines *„teatro d'arte per tutti"*, eines „Theaters für alle", war eine Utopie. Niemand kann sich anmaßen, alle Menschen anzusprechen.

Aber es gibt auch ganz objektive Gründe, politische, strukturbedingte: Als öffentliche Institution – und das war das Piccolo Teatro von Anfang an – hat man eine sehr große Verantwortung. Unser Leben war ein tagtäglicher Kampf mit den offiziellen, uns immer wieder boykottierenden Mächten aus Politik und Verwaltung. Eins ist sicher: Wir haben unendlich viel weniger erreicht, als wir unter günstigeren und gesünderen Umständen hätten erreichen können.

ER: Was bedauerst Du vor allem, mit dem Piccolo nicht erreicht zu haben?

ICH: Ich müßte ein ganzes Buch schreiben, um eine wirkliche Bilanz zu ziehen, ein anderes voller Selbstkritik und ein drittes über das gegenwärtige Theater, über unsere heutige Gesellschaft, über die Entwicklung der Welt, über den Menschen. Das ist viel zu viel, ich weiß.

Aber wenn ich darüber nachdenke, was ich gemacht habe, wenn ich an die Texte, die ich inszeniert habe, denke, an die Dichter, die ich analysiert und geliebt habe – denn inszenieren heißt für mich immer vor allem anderen lieben und verstehen –, sehe ich mit Schrecken unglaubliche Lücken, die ich nicht mehr schließen werde. Nehmen wir Molière: Ich habe den *Misanthropen* und vor Jahrzehnten einmal den *Eingebildeten Kranken* inszeniert, trotzdem gehört Molière mit Shakespeare zu den mir liebsten Dramatikern. Racine habe ich mich nie genähert und bis heute nur einmal Corneille. Ich habe keinen Kleist, keinen Schiller, keinen Ruzzante, keinen einzigen Marivaux inszeniert... – das sind zu viele „Nie" in meinem Theaterleben.

eigenen Produktionen anzuregen, Autoren und Texte von gleichem Niveau wie in der Vergangenheit hervorzubringen.

Tatsächlich ist unsere Theatergeschichte nach Tschechow und Pirandello vor allem eine Aufführungsgeschichte. Vielleicht sind wir Regisseure und unsere vorrangige Suche nach einer Aufführungs-Ästhetik daran schuld, daß das zeitgenössische Theater heute eine bestimmte Sterilität beklagen muß?

ER: Was hat Dich eigentlich immer in Mailand gehalten, trotz der vielen Angriffe und Enttäuschungen – Du hattest doch genügend Angebote, an anderen Theatern, in anderen Städten, in anderen Ländern zu arbeiten?

Oder wenn ich allein nur an Shakespeare denke: Weder *Hamlet* noch *Romeo und Julia*, noch *Othello* habe ich gemacht.

Na ja, man muß dennoch bescheiden bleiben und die eigenen Grenzen akzeptieren. Alle großen Interpreten, selbst die profiliertesten, haben bestimmte Interpretationen versäumt oder auch durch Unvermögen verraten. Aber ich frage mich dennoch manchmal, warum ich gerade diese Textauswahl getroffen habe. Manches habe ich aus dialektischer Notwendigkeit gemacht oder aber um ein Werk zu vertiefen, anstatt mich zu viel Verschiedenem nur oberflächlich zu nähern. Aus diesem Grunde sind bestimmte Autoren wie Shakespeare, Goldoni, Brecht, Pirandello und Tschechow die Säulen unseres Repertoires geworden.

ER: Was hat das Piccolo Teatro denn für zeitgenössische Autoren getan?

ICH: Ein Theater, das in der Zeit bestehen will, muß zeitgemäß sein; wenn es zu seinen Zeitgenossen nicht über zeitgenössische Probleme spricht, kann es sehr leicht in puren Ästhetizismus und Formalismus verfallen. Natürlich ist es möglich, von unserer Gegenwart mit Texten von gestern zu sprechen – Poesie und Wahrheit sind zeitlos. Aber es ist sicher wahr, daß ein Theater sich nicht wirklich den Problemen seiner Zeit verschreiben kann, wenn es nicht auch Werke aus seiner Zeit anregt.

In diesem Kontext bewegt sich meine Auseinandersetzung mit zeitgenössischen Autoren, vor allem in den ersten zwanzig Jahren am Piccolo. Dennoch hat keiner von uns seinen „Tschechow" gefunden, den Tschechow von heute. Das gesamte zeitgenössische Theater lebt heute in einer Dürre dramatischer Produktion. Oft habe ich mich gefragt, warum es uns trotz einer so intensiven Theaterarbeit in Italien nicht gelungen ist, das zeitgenössische Theater mehr zu

ICH: Die Zuschauer, das Publikum, die Leute. Nur sie waren der Grund meines Bleibens. Das Piccolo konnte immer auf ein mehr oder weniger zahlreiches Publikum rechnen. Selten hat uns unser Publikum im Stich gelassen. Wir haben fast immer Erfolg gehabt. Diese dialektische, kontinuierliche Beziehung zum Mailänder Publikum war mir immer das wichtigste. Die Angebote, vom Burgtheater über die Pariser Oper bis zum Broadway nach New York, haben nichts mit meiner wirklichen Überzeugung zu tun: Für mich ist ein echter Theater-Dialog nur in einer Umgebung, einer Gesellschaft möglich, in der ich lebe und arbeite. Ausschließlich freie Regietätigkeit entspricht mir nicht. Theaterarbeit ist für mich immer eine Ganzheit, dazu gehören auch die administrativen, organisatorischen, politischen und sozialen Aufgaben.

ER: Warum seid ihr immer im System geblieben, hast Du niemals an der Institution als solcher gezweifelt?

ICH: Doch: 1968 habe ich, wie Du weißt, das Piccolo Teatro für vier Jahre verlassen und eine eigene freie Theatertruppe gegründet, die *Gruppo Teatro e Azioni*. Nach über zwanzig Jahren erfolgreicher Arbeit waren uns von offizieller Seite, trotz vieler immer wiederholter Versprechungen, immer noch nicht die Mittel, wie etwa endlich ein größeres Theaterhaus oder rechtzeitige und ausreichende Subventionen, zur Verfügung gestellt worden. Für mich war diese Situation nicht mehr tragbar, deswegen trennten wir uns, Grassi, der zu mehr Zugeständnissen bereit war, und ich.

Erst 1972 kehrte ich, nun als alleiniger Direktor – Grassi war inzwischen Intendant der Scala –, an das Piccolo zurück.

ER: Wie ist eigentlich Dein politisches Bewußtsein geweckt worden?

ICH: Ich sprach schon von „Europa" in Triest und von meiner multikulturellen Herkunft. Aber meine Familie war ganz unpolitisch. Mein erster politischer Einfluß war der Friseur meiner Mutter. Ich ging immer in seinen Laden, um meine Mutter nach dem Haareschneiden abzuholen. Dieser kleine, einfache Mann stellte mir die ersten „sozialen Fragen" und gab mir viel zu lesen. Durch seine Fragen fing ich an, mich umzusehen und meine Umwelt bewußter zu betrachten.

Damals, in den Anfangsjahren des Faschismus, gab es unter den Antifaschisten ebenso Kommunisten wie Sozialisten, die aber noch nicht so zersplittert waren wie heute. Trotz unterschiedlicher politischer Ziele waren sie im Grunde alle gute Freunde. Das war noch eine ganz andere Menschlichkeit in der Politik als heute.

ER: Welche sozialistischen Politiker wurden Dir zu Leitfiguren?

ICH: Willy Brandt zum Beispiel war mir sehr nahe – Schmidt dagegen weniger. Brandt war Humanist und gleichzeitig ein Mann ohne Kompromisse. Ein Mann, der auch den Mut hatte, in Polen einen Kniefall zu machen und um Entschuldigung zu bitten. Viele haben ihn damals verurteilt: *„Ein Kanzler macht so etwas nicht!"* Doch gerade ein Kanzler muß auch das können! Aber das war eben das Format von Brandt. Kein anderer hätte ihm das ohne weiteres gleichgetan. Hier hat Politik noch etwas mit Humanismus, mit Menschlichkeit zu tun.

Außerdem gehörte Brandt zu denen, die wissen, daß im Zentrum der Politik auch die Kultur stehen muß. Es gibt ja genug Politiker, die keine Ahnung von Kultur haben.

Auch Mitterrand ist für mich eine große humanistische Persönlichkeit, ein homme de lettres, mit großem Interesse für Kultur. Mit ihm spricht man wie mit einem Intellektuellen, über Literatur, Theater, Film... Auch seine Politik hat deswegen immer einen kulturellen Akzent. Dabei hat er es durchaus nicht einfach in seinem Land, denn Frankreich ist ein bürgerliches, konservatives Land.

In Italien hatten wir für die Kommunisten Enrico Berlinguer, aber er war eigentlich immer alleine, isoliert.

ER: Wie siehst Du im Rückblick euer Publikum – ist es euch tatsächlich so treu geblieben, wie Du immer annahmst?

ICH: Die Zusammensetzung unseres Publikums hat sich seit der Gründung des Piccolo Teatro nicht sehr verändert. Es ist ein Publikum, das arbeitet, eine „aufsteigende Klasse", mit einem bestimmten kulturellen Niveau, großer Menschlichkeit, aber vor allem voller Neugierde. Wir haben einen großen Zuwachs an jungen Leuten registriert – Studenten, auch Arbeiter: Immer schon haben wir auch Vorstellungen für die Gewerkschaften gemacht, die meistens ausverkauft waren. Es gab eine Zeit, wo wir sehr viel darüber nachdachten, wie man gerade die Arbeiter ins Theater holen könnte. Das beschäftigte uns viel mehr als zum Beispiel die Abwesenheit der Mailänder Intellektuellen. Bezeichnenderweise ist sehr wenig über das Piccolo geschrieben worden, mit Ausnahme der Rezensionen und Kritiken – die schreibende italienische Intelligentia hat am Piccolo und an meiner Theaterarbeit nie allzu großes Interesse gezeigt, obwohl das italienische und ausländische Publikum sich immer weiter vermehrt hat, vor allem in Frankreich, Deutschland und Österreich...

ER: Würdest Du es also in erster Linie als ein „populäres" Publikum bezeichnen?

ICH: „Popolare" – was meint das wirklich? Auch ein Begriff, über den wir jahrelang diskutiert haben. Ich habe bereits gesagt, daß ein populäres Publikum nicht ein Theater mit tausend Zuschauern bedeuten muß, statt dessen lieber einige hundert Leute jeden Abend, diese aber über Monate und Jahre hinweg mehr oder weniger kontinuierlich. Ein „Volks"-Theater bemißt sich nicht nach der Zuschauerzahl pro Abend, sondern nach der Zahl der Zuschauer nach Jahrzehnten der Aktivität, nach der Qualität der Resultate, nach der Auswahl und Vertiefung bestimmter Werke, nach dem Einfluß, den es in der Kultur eines Landes ausüben kann.

Das Piccolo wollte von Anbeginn ein „teatro popolare", ein Volkstheater, sein, selbst in seinem kleinen Saal mit nur 600 Plätzen, dafür aber auf Dauer.

ICH: Nein, ich weiß nie im voraus, wie die Regie sein wird. Natürlich habe ich viel über den Autor gelesen und damit versucht, ihn aus seiner Zeit und seinen Beziehungen zu seinen Zeitgenossen zu verstehen sowie ihn in einen dialektischen Zusammenhang mit unserer Zeit und mit mir selbst zu stellen. Aber eigentlich weiß ich, wenn ich anfange, fast gar nichts.

ER: *Warum probst Du immer schon in Kostümen und mit einem fertigen Bühnenbild?*

ICH: Das ist nicht ganz richtig. Das Bühnenbild unserer Stücke entsteht während der Proben in einer fast archäologischen Forschungsarbeit, die mir meistens noch zu

ER: *Idealisierst Du nicht manchmal auch euer „kleines" Theater, den kleinen Saal, eure „Armut"?*

ICH: Aber nein, es war pure Notwendigkeit. Ganz im Gegensatz zum Beispiel zu Villar, der jeden Abend vor 2000 Zuschauern in einem gigantischen Saal Theater machen mußte. Man hat so viel vom Kollektivtheater gesprochen, '68 und danach. Unser Theater ist zunächst einfach aus einer Gruppe von Gleichgesinnten, von Freunden entstanden, zu denen sich mit der Zeit Techniker, Beleuchter, Toningenieure, Bühnendirektoren, Maler und Schauspieler gesellt haben. Unser dringlichstes Problem war: Wie wird es uns möglich sein, eine kontinuierliche Anhängerschaft von Zuschauern mit so wenig Plätzen zu halten. In der technischen Beschränkung und dem Platzmangel waren wir in gewisser Hinsicht auch ein elitäres Theater; aber es sollte auf keinen Fall elitär sein, was die soziale Zusammensetzung des Publikums betraf. Und ich glaube, daß wir wenigstens das bis heute mit sehr viel Ausdauer erreicht haben.

Das Piccolo kann aber auch in ganz anderer Hinsicht als Vorbild dienen: paradoxerweise vielleicht gerade in seiner „Armut". Zu viele öffentliche Theater sind inzwischen monströse Produktionsmaschinen geworden, mit einem Überfluß an Personal, einer regelrechten Bürokratie, immer größerer Anonymität, einem Arbeitstempo, das nichts mehr mit einem schöpferischen Rhythmus zu tun hat, einer schlecht verstandenen Gewerkschaft und immer weniger künstlerischer Qualität.

Ich denke, daß es dem Piccolo dagegen, trotz seiner vielen Schwierigkeiten und Mängel, gelungen ist, seine Menschlichkeit, seine Kreativität und seine Liebe zur Arbeit zu bewahren.

ER: *Wenn Du anfängst zu proben, mal ehrlich: Weißt Du eigentlich immer schon genau, was Du machen wirst?*

schnell geht. Ideal wäre für mich, am Anfang einen Raum zu konstruieren, in dem man nur von „Möglichkeiten" ausgeht, um sie dann mit den Schauspielern während der Arbeit auf der Bühne verändern zu können. Meistens gehen wir von Probenszenerien aus, sozusagen einer bestimmten Grundatmosphäre, manchmal sogar von Musik, damit die Schauspieler, wenn sie den Saal betreten, schon etwas sehen, hören und empfinden können. Wir beginnen also mit einer Simulation – in dem Wissen, daß die Schauspieler sich nun im Spiel den Raum selbst erschaffen und aneignen müssen.

ER: *Dein Theater verlangt einen großen technischen Aufwand, viele Proben und viel Zeit... – gerade Dein ästhetischer Perfektionismus wurde Dir oft vorgeworfen!*

ICH: Ich habe eigentlich nie die Zeit gehabt, wirklich so lange zu proben, wie es mir nötig schien. Ich frage mich noch heute, wie es möglich war, *Arlecchino* zum Beispiel in 25, *Spiel der Mächtigen* in 45 Proben-Tagen auf die Bühne zu bringen. Der Durchschnitt sind 60 bis 70 Tage, bei etwa sechs Stunden Proben pro Tag für die Schauspieler und manchmal das Doppelte für den Regisseur und die Techniker.

Was den technischen Aufwand, den Apparat betrifft, sage ich Dir ganz ehrlich: Ich gehöre nicht zu denjenigen, die auf die Notwendigkeit einer großen Maschinerie schwören. Ich fühle mich immer noch einem sehr handwerklichen Theater verbunden. Für unsere Arbeit und unsere Ideen gehen wir zunächst immer ganz wesentlich von den traditionellen Theatermitteln aus: Holz, Seil und Vorhang. Viele technische Effekte oder Mittel können wir uns mit dem Piccolo auch gar nicht leisten. Aber Theater entsteht für mich auch nicht aus dem technischen Aufwand, den „Wundern der Technik". Wer die Leichtigkeit des Arielschen Schleiers bewundert hat, seine

Bewegungen in der Luft, sein Fliegen, der mag sich fragen, welche Hand wohl im Geheimen diesen Ariel so hat fliegen lassen, wessen Aufmerksamkeit, Verantwortung und Kunstfertigkeit nötig war, um ein menschliches Wesen so schwerelos mehr als zehn Meter in den Bühnenhimmel aufsteigen und wieder auf die Bühne zurückschweben zu lassen.

Ein großer Teil unseres Theaters entspricht dem Arielschen Schleier: Nicht der Technik bedarf es, sondern vor allem der künstlerischen und menschlichen Qualitäten und Fähigkeiten, einen Theaterraum auch mit ganz einfachen Mitteln zum Leben zu erwecken, Materialien, wenn sie nicht vorhanden sind, notfalls zu erfinden, die Beleuch-

tung ideal zu koordinieren und unter Umständen mit Blitzgeschwindigkeit handlungsfähig zu sein… In diesem Sinne ist die Geschichte des Piccolo eine Geschichte von Handwerkskünstlern, deren Zusammensetzung, nicht aber deren Geist, sich im Laufe der Zeit verändert hat.

ER: Glaubst Du, daß Dein Theater Schule gemacht hat? Gibt es für Dich einen bestimmten, Dir eigenen Regie-Stil, eine Methode, die Du weitergegeben hast?

ICH: Das Wort Stil oder Methode gefällt mir gar nicht im Zusammenhang mit Regie; es gibt sicherlich bestimmte „grundsätzliche Dinge", sichtbare Wirkungen, die vielleicht mein persönlicher Beitrag zum Theater sind und die von einigen übernommen und gemocht, von anderen zurückgewiesen und abgelehnt wurden.

Was das Piccolo Teatro als Institution betrifft, so hat seine organisatorische Philosophie sicherlich einen großen Einfluß in Italien gehabt. Nicht nur organisatorisch, sondern auch in einer bestimmten Art, „Theater zu leben", in der Gesinnung aller, eine entstehende Inszenierung als einen Akt der Verantwortung zu betrachten. Daraus entsteht eine große kollektive Arbeitsspannung. Alle fühlen sich verantwortlich für ein gemeinsames Werk. Wenn wir im Piccolo „unser Stück" sagen, so deshalb, weil es wirklich von uns allen ist. Und das ganz natürlich, ganz selbstverständlich, ohne soziologische Diskurse, ohne Manifeste, ohne Theorien eines Kollektivtheaters.

Offene Proben sind ein anderes Charakteristikum des Piccolo Teatro: Außenstehende in den gemeinsamen schöpferischen Prozeß einzubeziehen! Unnötig zu leugnen, daß deren Anwesenheit für Schauspieler, die das erste Mal mit mir arbeiten, oft paralysierend wirkt. Sie verstehen nicht, wie ich ein solches „Sakrileg" erlauben

kann. Ich versuche, ihnen zu erklären, daß ich mich alleine, im Dunkeln nicht wohl fühle, wenn ich nicht umgeben bin von einem kleinen Kreis, von dem ich nichts anderes als Respekt, Disponibilität und eine große Liebe für das, was wir machen, erwarte. Dieser kleine Chor, der meistens überglücklich ist, unseren Anstrengungen beizuwohnen, hat mir immer geholfen. Nur hier kann ich eigentlich etwas über mein Theater sagen, denn ich bin der Überzeugung, daß man Theater nicht anders als im Theater erzählt, es nicht anders lehrt und erklärt als durch Theater: Theater entsteht und verbrennt im Moment seines Entstehens.

ER: Man sagt Dir, wie allen Regisseuren, den Tyrannen nach. Man spricht von Deinen großen Zornausbrüchen…

ICH: Ich glaube nicht an den „Regie-Tyrannen". Das ist ein altes Klischee einer bestimmten Schule, vor allem der deutschen aus den zwanziger, dreißiger Jahren. Heute sprechen viele Regisseure nicht, lassen die Schauspieler auf der Bühne vollkommen alleine und geben dann vor, so deren Persönlichkeit zu respektieren. Ich glaube, die einzige Art, Theater zu machen, ist, in Brüderlichkeit und Wärme. Ich bin vielleicht ein Mensch mit einem zu impulsiven, auch zu cholerischen Charakter. Aber Impulsivität und Cholerik sind Momente kreativer Explosionen und vielleicht auch einer zu großen Sensibilität.

Ich glaube, daß ich im Grunde schrecklich großzügig, bis zum Exzeß großzügig bin. Vielleicht ist das eine meiner größten Qualitäten, aber auch einer meiner schlimmsten Fehler: Ich gebe alles von mir – zuviel, ich halte nichts zurück. Wenn ich erzähle, erzähle ich alles. Wenn ich spreche, spreche ich alles aus, wenn ich etwas gebe, gebe ich mich ganz. Das ist keine leichte Form, zu sein. Aber für mich ist das viel richtiger, als sich aufzusparen.

Ich sage das auch immer meinen Schülern: *„Gebt Euch dem Leben hin! Seid großzügig! Verschließt Euch nicht in Euch selbst! Hingabe und Vertrauen macht verletzbarer, aber im Endeffekt werdet Ihr wirklich gelebt haben. Leben ist Geben, ist Lieben, ist aber auch Leiden. Aber nur darin liegt auch die Intensität des Lebens!"*

ER: *Mir gelingt es, ehrlich gesagt, nicht, zu verstehen, ob Du nun eigentlich Pessimist oder Optimist bist...*

ICH: Wie Gramsci bin ich mit meinem Verstand tief pessimistisch. Ich lebe ganz in den Sorgen und Qualen unserer kleinen historischen Zeitspanne.

Aber in der Tiefe meines Herzens bin ich doch optimistisch. Mein lieber alter Goldoni hat das wunderbar verstanden, als er in einer Widmung schrieb, daß immer das Herz, die Einfachheit und die Menschlichkeit siegen.

Textcollage aus Gesprächen und Interviews mit Giorgio Strehler nach der Vorlage eines „Interview imaginaire de Strehler par Strehler", in: „Théâtre en Europe", Paris 1987

„Ein komödiant,
der andere führt und dirigiert"

Was es heißt, Schauspieler zu sein bei Strehler

„Er ist ein Komödiant,

ein Schauspieler, der andere Schauspieler

führt und dirigiert. Sein Traum ist das Spielen.

Selbst wenn er krank ist, schon halb tot,

sobald er ankommt und die Bühne betritt,

ist er wieder zwanzig."

DIDIER SANDRE

ANDREA JONASSON

„Ich hatte so etwas noch nicht erlebt,
so einen Vulkan am Tisch!
Eine wirkliche Offenbarung!"

Ich erinnere mich noch sehr genau an meine erste, sehr prägnante Begegnung mit Giorgio. Ich war zu der Zeit im Schauspielhaus in Hamburg engagiert und hatte schon viele Inszenierungen von Strehler gesehen, kannte ihn aber noch nicht persönlich. Auf Empfehlung von Michael Heltau, der mich im Fernsehen mit *Trauer muß Elektra tragen* gesehen hatte, bat man mich vom Piccolo aus, Fotos von mir nach Mailand zu schicken. Strehler plante gerade die Inszenierung der Königsdramen von Shakespeare, hatte viele Auditionen gehabt und niemand Geeigneten für die Besetzung der Königin Margarete gefunden.

Ich erfuhr viel später, daß Strehler sich alle meine Fotos in seinem Büro an die Wand gehängt und gesagt hatte: *„Das ist meine Königin! Ich kenne die Frau nicht, ich kenne sie nicht als Schauspielerin, aber das wird meine Königin."*

Im November 1972 hieß es dann, Strehler käme nach Hamburg, um den Goethe-Preis entgegenzunehmen, und würde mich bei dieser Gelegenheit gerne persönlich kennenlernen.

Unsere erste Begegnung von Angesicht zu Angesicht war köstlich: Ich kam eine Treppe herunter, im schwarzen langen Probenrock und schwarzen Rollkragenpullover, und plötzlich stand Strehler da, allein auf dem Flur... Ohne mich anzusehen, sagte er: *„Das ist gut. Ich bin auch für Willy."* Er meinte die weiße Plakette, die wir damals alle angesteckt hatten aus Solidarität mit Willy Brandt, der gerade so abgeschossen wurde. Das waren seine ersten Worte. Dann, mich ansehend: *„Das ist auch gut. Schwarz auf der Probe ist immer gut. Ich liebe es, wenn Schauspieler Schwarz tragen, das ist ganz neutral."* Ich kam gerade von einer Probe und trug zufällig diese Kleidung – das, was Strehler selbst immer trägt. Ich wußte das natürlich nicht. Das war unser erster „Aufeinanderprall".

Dann erst erklärte er mir sehr knapp, wie er sich die Königin Margarete vorstellte. Wir hatten beide nur sehr wenig Zeit. Er malte sie quasi in die Luft, mit Worten und Gesten – eine Königin, eine Löwin, die kämpft, Kriege führt, York tötet. Es waren nur wenige Worte, wenige Gesten, die aber sehr prägnant. Zum Beispiel machte er mir vor, wie sie York aus Papier eine Krone zurechtschneidet und sie ihm schließlich höhnisch aufsetzt. Ich erinnere mich vor allem akustisch an diese Szene, als ich zum ersten Mal sofort mit seiner Fähigkeit, aus dem Stegreif eine Szene mit wenigen Mitteln zu skizzieren, konfrontiert wurde.

Ich war völlig sprachlos, starrte ihn nur mit offenem Mund an. Da unterbrach er sofort sein Spiel: *„Gefällt's Dir nicht?"* – *„Doch, wieso?"* – *„Du sagst ja gar nichts."* – *„Ich bin total... erschlagen."* – *„Also, willst Du die Rolle spielen...?"* – *„Ja natürlich ... Wenn Sie meinen. Aber Sie kennen mich ja gar nicht als Schauspielerin."* – *„Du spielst die Königin. Du bist die Königin. Ciao! Auf Wiedersehen!"* – Das war alles. Das Ganze dauerte keine fünf Minuten. Und ich hatte die Rolle. Er sagte mir später, daß er, wenn er jemanden sehe, sofort wisse, was er ihm zutrauen könne. Und er muß es schon auf den Fotos begriffen haben, daß er mit mir arbeiten konnte.

Ein halbes Jahr später begannen die Proben in Salzburg, im Sommer '73. Ich erinnere mich noch an die ersten gemeinsamen Leseproben: Ich hatte so etwas noch nicht erlebt, so einen Vulkan am Tisch! Und diese Phantasie kannte ich auch von keinem anderen Regisseur. Eine wirkliche Offenbarung! Wir waren immerhin fünfzig Schauspieler bei diesen allerersten Proben. Bevor er uns lesen ließ, hat er selbst alles allein gelesen, jede Rolle skizziert, angedeutet, vorgespielt, und wir alle waren so... verzaubert von dieser Phantasie und dieser Verwandlungsfähigkeit. Es war einfach gigantisch, kaum beschreibbar. Ich könnte bis heute keinen anderen Regisseur nennen, dem es gelingt, einen solchen Kosmos bereits bei den Leseproben entstehen zu lassen.

Doch war ich gleichzeitig gerade dadurch vollkommen eingeschüchtert – brachte kaum einen Ton heraus, konnte nur flüstern. Inzwischen weiß Giorgio, daß ich immer auf Leseproben nicht loslegen kann. Ich bin einfach keine Tisch-Schauspielerin. Man muß mich auf die Bühne stellen, denn ich brauche einen gewissen Raum um mich.

Damals aber, am Tisch, konnte er das ja noch nicht wissen. Einmal schaute er mich ganz direkt an – ich erschrak furchtbar und dachte: *„Jetzt werde ich umbesetzt."* Aber er schaute mich nur an und sagte: *„Na ja, Andrea, wir nehmen dann eine Filmkamera und machen eben immer nur Großaufnahmen, das kommt dann vielleicht über die Rampe..."* Er nahm mich also auf den Arm. Nach dieser Probe ging ich heulend nach Hause und war überzeugt, daß er mich umbesetzen würde.

Dann begannen aber Gott sei Dank die Proben auf der Bühne, und da passierte die absolute Verwandlung. Ich hatte in den Leseproben genau begriffen, worauf es ihm ankam, und konnte das nun auf der Bühne sofort umsetzen. Da begann unsere wirkliche Zusammenarbeit: Und das war nun plötzlich eine solche Harmonie, ein solches Zusammenspiel, eine solche Zweisamkeit – ein Sich-gegenseitig-mehr-und-mehr-Hochsteigern. Ich fühlte mich auf diesen Proben, als wüchsen mir Flügel... Ich entdeckte plötzlich Dinge in meiner Stimme, die ich noch nie bemerkt hatte. Ich kam mir vor, als könnte ich fliegen und entwickelte dank seiner Unterstützung unglaubliche, nie geahnte Kräfte. Er holte Dinge aus mir heraus, die ich alle nie vermutet hätte.

In diesen Proben hat es auch angefangen... – der Funke sprang über. Am Ende der Probenzeit beschlossen wir, miteinander zu leben... *„Spiel der Mächtigen"* – ein Traum, ein Traumspiel. Ich dachte die ganze Zeit über nur: *„Ich träume, ich träume, das kann nicht wahr sein."* Ich bin immer nur so ins Theater geflogen.
Eine wunderbare Zeit! So ging das immer weiter, die ganzen Proben über... Die Probenzeit dauerte im ganzen etwa sechs Wochen, die Aufführung selbst acht Stunden, auf zwei Abende verteilt. Wir waren alle wie in Trance, haben oft bis morgens um drei geprobt. Und alle Schauspieler, von Rolf Boysen über Quadflieg bis zu Heltau und all den anderen, sagten damals, daß sie so etwas noch nie erlebt hätten. Alle dachten wir, daß es so wohl zu Zeiten von Fehling und Max Reinhardt gewesen sein müsse. Das kannte man nicht mehr am Theater. Und auch heute gibt es ja so viel trockenes Theater, so wenig Phantasie. Das aber damals war die reinste Euphorie, von mittags um zwei bis in die frühen Morgenstunden.

Nach den letzten Aufführungen in Salzburg brach ich alle meine Zelte in Deutschland, Österreich und Zürich ab, trennte mich von meinem damaligen Freund und folgte Giorgio nach Mailand. Ich packte einfach meine Koffer und ging nach Italien.
Ich kam mir vor wie eine wirkliche Emigrantin, in einem fremden Land, dessen Sprache ich nicht konnte. Wenn Giorgio nicht gewesen wäre, hätte ich mich auch sehr verloren gefühlt in Mailand, denn Mailand ist auf den ersten Eindruck eine ziemlich brutale Stadt, beherrscht von Industrie, business, Macht. Inzwischen aber lebe ich sehr gerne hier.
Natürlich habe ich damals weiterhin meine Arbeit als deutsche Schauspielerin mit anderen Regisseuren fortgesetzt. Es war ein ewiges Hin und Her zwischen Mailand und meinen Auftritten im Ausland. Zwischen den Vorstellungen flog ich immer wieder nach Mailand; ich saß in dieser Zeit wirklich mehr im Flugzeug als sonstwo. So vergingen die ersten Jahre, in diesem Hin und Her. Immer wieder habe ich auf Verträge verzichtet, um länger in Mailand bleiben zu können.
Erst für die deutsche Version von Goldonis *Trilogie der Sommerfrische* am Burgtheater konnte ich endlich wieder einmal mit Giorgio arbeiten.
Dann schließlich 1979/80 sagte er zu mir: *„Jetzt mußt Du mal anfangen, besser Italienisch zu lernen. Ich will den 'Guten Menschen von Sezuan' mit Dir machen, aber auf italienisch."*
Ich hatte den *Sezuan* 1977 mit ihm am Schauspielhaus in Hamburg gemacht, nun wollte er diese Inszenierung mit italienischen Schauspielern in Mailand aufführen. Von der Aufführung her waren wir sehr gut aufeinander eingespielt. Nur hieß das natürlich nun wirklich arbeiten, denn vier Stunden in einer fremden Sprache spielen, das ist wirklich eine große Herausforderung! Gleichzeitig war das aber auch mein Glück, nur so konnte ich schließlich auch in Italien mit ihm zusammen arbeiten.

Und was hatte er für eine unendliche Geduld, oft noch nachts nach den Proben, während uns beiden schon die Augen zufielen, mit mir auf der Bettkante sitzend, Sprachübungen zu machen!
Italiener sprechen ja mindestens doppelt so schnell wie wir. Natürlich konnte ich in einer italienischen Truppe nicht als einzige ein anderes Tempo haben. Ich mußte mich also in erster Linie diesem Sprachtempo anpassen. Das zeigte sich besonders bei Goldoni,

G. Strehler mit A. Jonasson bei Leseproben

Arlecchino: Da kommt ja alles wie aus der Pistole geschossen. Und das heißt wirklich: üben, üben, üben – wie Fingerübungen, ganz stupide. Commedia dell'arte spielen, das ist wirklich etwas sehr anderes, so etwas gibt es im deutschen Schauspiel einfach nicht. Die Mentalität ist schon eine ganz andere, die Mimik, die Gestik. Als ich hinzukam, war das eine Truppe, die das beinahe schon ein Leben lang gespielt hatte. Da kommst du dann plötzlich als Neuling dazu und sprichst noch dazu die Sprache nicht perfekt...
Allerdings kam mir entgegen, daß dieser Frederico – die Frau, die den Mann spielt, um ihren Geliebten wiederzufinden – fast ein bißchen polternd sein muß, nicht nur körperlich, auch sprachlich, also schwerfälliger: die Frau, die versucht, einen Mann zu spielen.

Wenn ich jetzt auf die über zwanzig Jahre gemeinsamer Arbeit zurückblicke und mir überlege, was das auch für mich als Schauspielerin bedeutet hat, meine ich: eigentlich alles. Schon damals, vor Giorgio, sagte man mir, sei ich bereits eine sehr gute Schauspielerin gewesen – sonst hätte mich Strehler bestimmt auch nicht genommen. Er bezeichnet mich als seine Lieblingsschauspielerin.
Ich hatte also schon vor Giorgio eine ganze Menge gelernt und hatte auch das große Glück, schon mit einer Reihe guter Regisseure gearbeitet zu haben. Bereits als junge Schauspielerin spielte ich

schon große Rollen an den ersten Theatern. Aber von Giorgio habe ich dann das gelernt, was wirklich das wichtigste „Zusätzliche" ist. Das ist diese absolut „andere Dimension", die ich bei niemand anderem kennengelernt und auch nirgendwo anders wieder gefunden habe. Dieses Öffnen der Phantasie nach allen Seiten, in alle Richtungen. Und dazu diese Poesie, so tief... Ich weiß gar nicht, wie ich es beschreiben soll: Die Möglichkeit, die er dir gibt, indem er dich probieren läßt und dich dennoch wie unmerklich führt, diese Art Führung ist so einmalig bei ihm. Und dabei gleichzeitig dieses Dich-Beflügeln, dieses Dich-über-deine-Grenzen-hinauswachsen-Lassen...

Viele sagen, er sei ein Tyrann. Das stimmt nicht: Das ist seine Unerbittlichkeit gegenüber sich selbst wie gegenüber den Schauspielern. Er liebt die Schauspieler, aber es ist eine absolute, bedingungslose Liebe; deswegen fordert er alles. Ein „Sich-ganz-Geben". Viele können das nicht vertragen, werden nur eingeschüchtert. Das sind dann die potentiellen Strehler-Gegner.

Eines aber ist sicher: Phantasie muß man haben bei Giorgio. Und Imaginationskraft. Aber er selbst verströmt sie auch ständig. Er ist ein ständiges Stimulanz. Und wie er einen in ein Gespräch über die Figur verwickeln kann, dieses Über-eine-Rolle-Sprechen, als wäre es das eigene Leben, um dich danach in die Figur wieder ganz körperlich eintauchen zu lassen.

Ich würde seine Arbeitsweise nicht als Methode bezeichnen, denn er bleibt immer offen, immer instinktiv. Ja, das ist das Wort: Meine Arbeit mit Giorgio basiert im wesentlichen auf dem Instinkt; er betont das immer wieder, brüllt es mir oft von unten auf die Bühne zu: „Verlaß Dich auf Deinen Instinkt, der ist immer richtig!"

Wir waren aber eigentlich von Anfang an wunderbar aufeinander eingespielt. Das liegt auch an seinen „Röntgenaugen". Er erkennt einen Schauspieler im ersten Augenblick und sieht sofort, was dieser bringen kann. Sobald er dessen Schwächen entdeckt, macht er diese Schwächen auf der Bühne zu einer Stärke. Das ist eine ganz besondere Gabe bei ihm. Wenn er merkt, daß jemand zu etwas nicht fähig ist, macht er aus diesem Defekt einen Effekt. Dann ist die Figur sofort etwas anderes, eine Figur mit einem Defekt, der aber eine Funktion hat, manchmal auch eine gewisse Komik.

Was mich betrifft, weiß ich gar nicht so genau, wie er das bei mir gemacht hat. Sicherlich hat er gemerkt, daß er mich zunächst in alle Richtungen fordern kann. Wenn er zum Beispiel will, daß ich als Shui Ta im *Guten Menschen von Sezuan* mit dunkler Männerstimme, dicker Havanna-Zigarre im Mundwinkel, mit den Füßen im Wasser stehend, auf eine Stuhllehne springen soll, um dann wie ein Affe dort oben zu sitzen..., dann kippt zwar zunächst der Stuhl jedesmal um, die Zigarre fliegt ins Wasser, du bekommst sowieso einen Hustenanfall vom tiefen Sprechen, bis du schließlich gar keine Stimme mehr hast und nur noch heiser bist – und doch muß er bei mir gemerkt haben, daß er das fordern kann, und daß ich es irgendwann auch schaffen würde. Also hatte ich immer den Eindruck, daß er von mir eigentlich alles verlangte, in jeder Richtung.

Beim *Spiel der Mächtigen* beispielsweise sollte die Königin Margarete am Schluß ihren toten Sohn von der Bühne zerren in ihrer totalen Verzweiflung. Da rief er mir zu: *„Hör mal, Du solltest Deinen Sohn eigentlich (das war ein sechzehnjähriger Junge, der war schwerer als ich damals) in Deiner Verzweiflung wie ein Tiger mit den Zähnen am Genick packen und in die Gasse seitlich wegschleifen – mit dem Mund, so wie es Raubtiere oder Katzen tun mit ihren toten Jungen ..."* Ohne lange nachzudenken, erschien mir das ein großartiges Bild, ich dachte nur: Na ja, früher oder später verlierst du bei dieser Szene all deine Zähne. Und ich habe es tatsächlich versucht. War ganz bei der Sache, sehr konzentriert und packte also diesen Knaben mit meinem Mund – ich war überzeugt, daß er sich bewegt hatte. In dem Moment brüllte Giorgio von unten: *„Bist Du wahnsinnig, Du glaubst wirklich alles. Ich weiß, wenn man Dich um etwas bittet, dann machst Du es tatsächlich."*

A. Jonasson (Shui Ta) in 'Der gute Mensch von Sezuan'

nach einem Gespräch, Mailand, 10. April 1992

GIULIA LAZZARINI

*„Er überzeugt dich, daß du Flügel hast.
Er macht dich fliegen –
das ist die Magie!"*

1962 habe ich angefangen und seitdem bis heute fast ununterbrochen am Piccolo Teatro gearbeitet. Von den fünfundvierzig Jahren, die das Piccolo Teatro besteht, gehören sicherlich zwanzig zu mir...
Indem ich das sage, fühle ich mich plötzlich schon so... alt. Es kommt mir so vor, als hätte ich mein ganzes Leben dort verbracht.
Aber wenn man so lange zusammenbleibt, hat man sich wohl gegenseitig – unbewußt – gesucht und gewählt. Dabei war die Zusammenarbeit mit Strehler für mich durchaus nicht von Anfang an so beglückend und vertraut, wie ich es heute empfinde. In den ersten Jahren sah alles noch ganz anders aus. Natürlich war ich damals selbst noch sehr jung und unerfahren. Strehler gegenüber hatte ich eine schreckliche Scheu. Er war schon damals ein angesehener Mann und bekannter Regisseur. Von der Kameradschaftlichkeit allerdings, mit der er heute mit seinen Schauspielern umgeht, war noch nichts zu spüren. Er blieb viel mehr in der Distanz. Ich kannte im Grunde Paolo Grassi viel besser als Strehler, denn er war es, der den eigentlichen menschlichen Kontakt zu den Schauspielern pflegte. Strehler war für mich in erster Linie eine Stimme irgendwo aus dem Dunkel des Zuschauerraumes – wir auf der Bühne sahen nur dieses gähnende Loch, dieses schwarze Nichts, aus dem dann und wann Anweisungen kamen.
Was ich mit dieser Anfangszeit verbinde, ist meine große Disziplin und gleichzeitig meine große Angst jemandem gegenüber, den ich nicht sah, kaum kannte – nur als „die Stim-

G. Strehler mit G. Lazzarini in 'Elvira o la passione teatrale'

me aus dem Dunkel", die auch Gott hätte sein können –, auf den aber doch meine ganze Aufmerksamkeit gerichtet war, um möglichst alles zu verstehen, was er wollte.
Heute dagegen verstehe ich auch das Schweigen, sein Schweigen. Ich weiß inzwischen, wer da aus dem Dunkel spricht. Ich spüre dabei, wieviel uns verbindet, spüre den gemeinsamen Weg, den wir zurückgelegt haben, den Einblick in das Leben, das Wesen des anderen. Nach so vielen Jahren gemeinsamen Arbeitens, was in gewisser Weise fast etwas von einem gemeinsamen, miteinander geteilten Leben hat, kennt man sich, weiß viel über einander, auch wenn man nicht darüber spricht.
Es ist mir in dieser ganzen Zeit nicht passiert, daß ich unzufrieden mit einem Stück gewesen wäre, das ich mit Strehler gemacht hatte. Doch, vielleicht – wenn es mir nicht gelang, das darzustellen, was ihm vorschwebte. Aber niemals hätte ich sagen können: *„Dieses Stück hätte meiner Meinung nach ganz anders sein müssen."* Es ist immer richtig, wenn es fertig ist – und du fühlst dich selbst ganz beschützt. Das ist sehr wichtig.
Aber ich liebe in unserer Arbeit auch seine großen Zweifel, die ihn immer wieder überkommen, seine Unsicherheiten, sein immer wieder unermüdlich und auch unerbittlich zu bestimmten, noch unklaren Dingen Zurückkehren. Er hat niemals eine arrogante Sicherheit. Selbst wenn er sich sicher ist, hört er dennoch auch auf die anderen, er verteidigt seine eigenen Vorstellungen, aber er nimmt auch den Rat anderer auf. Er bleibt immer offen – eine ihm eigene große geistige Offenheit und Sensibilität.

Wenn ich nachdenke, empfinde ich ihn fast wie einen Vater. Und gleichzeitig wie einen Lehrer. Meiner Ansicht nach ist er ein geborener Lehrer. Sein ganzes Bewußtsein und Sein ist eine unaufhörliche Lektion, immer erklärt er, gibt er sein Wissen weiter, will er sich mitteilen, die anderen Anteil nehmen lassen an seinem großen Theater-Horizont...
Andererseits fühle ich mich aber komischerweise doch nicht wie eine

Tochter. Es ist wirklich eigenartig: Ich fühle mich ihm gegenüber eher wie eine Mutter. Vielleicht ist es diese Form der Nachgiebigkeit, auch der Nachsicht, mit der Mütter ihre Söhne mit sehr viel Liebe betrachten. Ich empfinde dabei die große Freude und Beglückung, mich zu geben, so, wie eine Mutter bereit ist, sich ihrem Sohn zu geben. Das ist ein wichtiger Aspekt unserer Beziehung, die man Freundschaft nennen kann, tiefe Freundschaft.

Und das ist sehr schön. Als ich anfing zu arbeiten, habe ich immer davon geträumt, unter solchen Bedingungen zu arbeiten. Die Arbeit muß für mich immer ein Miteinander, muß konstruktiv sein, niemals ein Gegeneinander. Das heißt nicht, daß man nicht miteinander kämpft oder um eine Lösung ringt. Aber ich muß doch sagen, in der Arbeit mit Strehler finde ich eine Ruhe als Basis, als Ausgangspunkt jeder Arbeit, vergleichbar vielleicht einem Zustand innerer Anmut, der mir hilft, aus einem inneren Gleichgewicht zu schöpfen. Wenn ich diese geistige Ruhe nicht erreiche, gelingt es mir nicht, in die Tiefe einer Rolle zu gehen. Dann bin ich während der Proben nur unruhig, wütend und will fliehen.

Heute, in unserer alltäglichen Welt, ist es so schwierig, diesen Seelenzustand aufrechtzuerhalten. Ich gäbe etwas darum, diese Seinsform auch im Alltagsleben zu finden, doch ich muß zugeben, daß es mir in dieser beglückenden, erfüllenden Form nur in den Momenten auf der Bühne gelingt – Gott sei Dank verbringen wir ja so viel Zeit auf der Bühne.

Das erklärt vielleicht, warum ich diesem einen Ort, dem Piccolo Teatro, so lange treu geblieben bin. Ich fühle mich fast einem Kloster zugehörig – ja, so könnte man es nennen: Ich habe mich freiwillig einem Orden, allerdings mit einer weltlichen Religion, verpflichtet.

Strehler ist ein wirklicher Theatermann, mit dem jede Inszenierung zu einem Abenteuer, zu einer Reise in die Zeit wird. Was er bei seiner Arbeit zu geben versteht, ist immer eine menschliche Ausgangssituation, die über das Theater, über die Arbeit hinausgeht. Mit ihm kommt es einem so vor, als hole er alles, was man tief in sich trägt, aus einem heraus. Er zeigt dir Dinge, die du glaubtest, gar nicht zu haben. Er zeigt dir auch deine Fehler, deine Schwächen, aber anstatt sie abzulehnen oder zu negieren, wertet er sie auf und verleiht ihnen besondere Bedeutung. Er dreht es einfach nur um – und eine Schwäche wird zu einer Stärke. Das ist seine ganz große Fähigkeit im Umgang mit Schauspielern.

Das gelingt ihm mit dieser ungeheuren Beobachtungsgabe, dieser unbewußten, fast psychoanalytischen Beziehung, die er zu Schauspielern haben kann. Wie eine Sonde geht er in dein Inneres und erfaßt intuitiv sofort deine Ängste, deine Sorgen – scheinbar alles Wesentliche deiner Persönlichkeit.

Ich habe mich immer gefragt, wie es ihm gelungen ist, so viel über mich zu erfahren, vor allem über Dinge, über die ich niemals gesprochen habe – meine Melancholie zum Beispiel trotz meiner großen Heiterkeit, meine Kindlichkeit trotz meiner Rauhheit, Sprödigkeit usw. Mein Gott, wie vermag er dich in all diesen Eigenheiten zu bereichern, indem er sie zu Elementen deiner Rolle werden läßt.

Im Gegensatz dazu haben die meisten Regisseure nur eine Vorstellung von einem Stück, von einer Interpretation, nicht vom wirklichen, konkreten, manchmal ganz einfachen Leben in diesem oder hinter diesem Stück. Strehler hingegen hat immer eine Vorstellung vom Leben, er geht immer vom ganz Menschlichen aus. Er macht Theater mit dem Leben. Dein Leben wird bei ihm zum Theater – das ist das Geheimnis, das ihm immer wieder gelingt.

Ich erinnere mich zum Beispiel an unsere Arbeit zu *Glückliche Tage* von Beckett. Das liegt nun zehn Jahre zurück. Dort ging es genau um das, was ich gerade zu beschreiben versuchte: Ich ging ganz auf den Grund dieser Rolle, wie in einer fast spirituellen Vorbereitung. Am Anfang fühlte ich mich innerlich gar nicht bereit für diese Figur. Nicht vom Theatralischen her – ich wiederhole nochmals: Bei Strehler geht es nie um Theater als technisches Können. Ein Schauspieler kann alles machen, aber er muß auch menschlich so weit sein, das darzustellen. In meinem eigenen Leben war ich noch nicht an dem Punkt der Erfahrungen angekommen, die Winnie ausmachen. Ich kannte diesen verzweifelten Existenzschmerz und den gleichzeitigen unbedingten Überlebenswillen trotz vollkommener äußerer Immobilität noch nicht.

Dennoch gab es keine andere Wahl, als mich auch diesem Stück mit meiner ganzen Person zu stellen, trotz unglaublicher, bis dahin kaum gekannter Widerstände. Aber ich spürte in mir nach und nach diese Form menschlichen Leids entstehen, die Winnie prägt. Die Todesnähe, die daraus entstehende ungeheure Sehnsucht nach Leben, die mit aller Gewalt gegen das langsame Sterben hält – diese Erfahrung ging über alles hinaus, was ich bis dahin gemacht hatte, zusätzlich zu der Schwierigkeit des Textes, der ja zu den schwierigsten überhaupt gehört. Gerade dieser Text bedarf im Grunde einer langsamen Reifung über viele Monate, man muß wirklich in ihn hineinwachsen.

Ich habe die Rolle ganz durchlebt, bin mehrere Tode gestorben, fühlte mich wie gelähmt, stillgelegt, stranguliert, eingesargt in meinem Sandhaufen. Es war wie eine Krankheit. Aber ich bin daran gewachsen. Ich kam mir vor wie ein Kind, das sich mit hohem Fieber ins Bett legt, dann wieder aufsteht und plötzlich über Nacht fünf Zentimeter größer geworden ist... Und ich bin nicht nur als Schauspielerin, sondern auch menschlich gewachsen.

Vielleicht hätte ich mit jemand anderem einfach nur *Glückliche Tage*, meine „verzweifelten" *Glücklichen Tage* gemacht. Aber diese ungeheure menschliche Erfahrung, diesen seelischen Reifungsprozeß verdanke ich Strehler. Wie ich ihm auch meine vielen anderen Rollen verdanke. Auch den Ariel im *Sturm* zum Beispiel – Strehler lag unglaublich viel an diesem Ariel.

G. Strehler mit G. Lazzarini in 'Elvira o la passione teatrale', Teatro Studio, Mailand, 1986

Ariel wirklich zum Fliegen zu bringen, bedeutete für mich unglaubliche Anstrengungen, in diesem Falle allerdings in erster Linie physische. Ich war nur an einem einzigen Punkt an meinem Rücken an dem Seil, das mich von oben von der Theaterkuppel viele Meter in den Saal hinunterließ, befestigt. Um im Gleichgewicht zu bleiben und um sich sicherer zu fühlen, braucht man eigentlich zwei Seile, die einen in der Balance halten, aber das hätte niemals diese große, verblüffende Wirkung gehabt. Die Angst vor dem Fall zu überwinden, ganz leicht und heiter hinunterzuschweben in die große Tiefe, war auch wieder ein ganz großes persönliches Experiment für mich.

Aber ich habe mich mit dem gleichen Mut hineinkatapultiert wie bei *Glückliche Tage*. Zwei verschiedene Formen des höchsten Vertrau-ens, sich auf eine Rolle ganz einzulassen. Alleine hätte ich wahrscheinlich bei der ersten Schwierigkeit aufgehört. Aber Strehler überzeugt dich, daß du schwerelos bist, und plötzlich fühlst du deine Körperschwere tatsächlich nicht mehr. Dann beleuchtet er dich, und du kommst in einem Schleier heruntergeschwebt und wirst mit einem Mal ganz transparent, wie ein richtiger Luftgeist. Er scheint dir Flügel zu verleihen! Er überzeugt dich, daß du Flügel hast. Er macht dich fliegen – das ist die Magie. Und mit einem Mal verlierst du jede Anstrengung und Angst und fliegst tatsächlich. Das ist einfach Zauber!

Auch *Elvira o la passione teatrale* war eine außergewöhnliche Theatererfahrung. Es waren Aufzeichnungen aus Proben zu *Don Juan* bei Louis Jouvet in Paris. Sie waren im Krieg verschwunden und danach von irgend jemandem ausgegraben und dramatisiert worden. Eine schöne Idee, so, als würde man Probenszenen von Strehler später einmal als Vorlage für ein Theaterstück nehmen. Strehler hatte von diesem Text gehört und beschlossen, damit das Teatro Studio zu eröffnen. Die Wirkung war großartig, und diese Wahl erwies sich als sehr treffend. Das „Stück" ist ein Text über Theater, über eine bestimmte Form, Theater zu machen, die Entstehung eines Stückes zu verfolgen. Im Kern geht es um das Verhältnis Schüler – Lehrer beziehungsweise Regisseur – Schauspieler. Auf der ersten Ebene gibt es Jouvet und eine seiner Schülerinnen, Claudia, eine Jüdin, die mit ihm zusammen Szenen aus *Don Juan* probt. Auf der zweiten Ebene ist sie die Elvira im *Don Juan.*

Strehler ist ein großer Bewunderer Jouvets, betrachtet ihn in vielem sogar als eines seiner großen Vorbilder und als seinen Lehrer. Er identifizierte sich also sehr stark mit der „Rolle" Jouvet in dem Text und übernahm diesen Part – das erste Mal seit Jahrzehnten, daß er wieder selbst auf der Bühne stand. Ich war Claudia, die Schülerin Jouvets. Es war also, neben einer Hommage Strehlers an seinen verehrten Jouvet, eine vielschichtige Theater-Parabel.

Es wurde eine sehr schöne Inszenierung, sowohl für uns Schauspieler als auch für das Publikum. Es sprang sehr viel an unmittelbarem Theaterfeuer, an ursprünglicher Theaterbegeisterung auf die Zuschauer über, die sehr beeindruckt waren, denn es war nicht nur eine Inszenierung, eine Aufführung eines Stückes. Es war noch mehr: eine anschauliche Darstellung, wie Theater entsteht. Deswegen war dieser Text auch genau richtig, um das gerade fertig renovierte Teatro Studio damit einzuweihen: Diese Inszenierung wurde emblematisch für ein Theater der Forschung, des Studierens, des Unterrichtens, des Lernens und Ausprobierens, der Einfachheit der Mittel – kurz: *des* Experiments, wofür das Teatro Studio gedacht war. Ein Theater, in dem man auch Unfertiges, Fragmentarisches, wie eben jetzt den *Faust,* präsentieren kann und darf, um den Weg zu zeigen, den man zurücklegen muß, um eine Inszenierung entstehen zu lassen.

Strehlers Theater ist auch in diesem Sinne ein menschliches Theater: Theater, das Leben ist. Leben, das Theater wird! Und deswegen muß das Publikum dazugehören, einbezogen sein. Das Theater bietet die Möglichkeit der allgemeinen gegenseitigen, seelischen und emotionalen Vereinigung. Ein Sich-Öffnen, Sich-Geben, Wieder-Zurückbekommen... das Teatro Studio beinhaltet all das. Auch das Publikum muß menschlich sein, nur mit ihm zusammen entsteht die Gemeinschaft, das Verbindende.

Gott sei Dank haben wir im Theater noch dieses kostbare Ritual dieser Form des unmittelbaren Austausches zwischen Darsteller und Zuschauer, den es weder im Kino noch im Fernsehen gibt!

Das Theater sind wir alle. Es besteht aus uns. Das ist es, was Strehler immer zeigen will.

Was ich am meisten liebe in Strehlers Inszenierungen, in seiner Ästhetik, in seiner Poesie, ist zum einen sein Sinn für das Wegnehmen, das Reduzieren, das Leichter-und-leichter-werden-Lassen. Er liebt die Luft, er liebt es, nur mit Licht und Luft, das heißt: verdichteter Leichtigkeit, Atmosphären zu kreieren. Er braucht im Grunde kein Bühnenbild mehr. Seine Bühnenbilder bestehen heute in erster Linie aus Licht und Beleuchtung.

Zum zweiten liebe ich Strehlers Musikalität über alles. Seine Inszenierungen haben alle eigene Tempi, wie in einer Symphonie. Sie verlieren nie den Rhythmus, jede Szene hat ihren eigenen Rhythmus. Das Musikalische ist ein wichtiges Band, das jede seiner Inszenierungen unsichtbar zusammenhält und auf diese einmalige Art pulsieren läßt.

Er bringt alles zum Klingen in der Arbeit mit den Schauspielern – nicht nur, wenn sie singen, auch wenn sie spielen, wenn sie sprechen. Er dirigiert die Stimmen, die Bewegungen, die Mimik, die Gestik, die Worte – die alle aus der Tiefe kommen, aus der Seele, aus dem Herzen. Und du siehst immer das Menschliche in diesem Nichts, in diesem Schatten – und alles ist plötzlich ganz klar und einfach!

nach einem Gespräch, Mailand, 3. März 1992

TINO CARRARO

*„Als ich den Schlußmonolog
im 'Sturm' spielte,
konnte ich nicht anders,
als einfach nur noch weinen vor Freude..."*

Von Strehler sprechen, heißt vom italienischen Theater sprechen, von dem Theater, das man in Italien machen müßte. Für mich ist Strehlers Theater die kohärenteste und ehrlichste Art, Theater zu machen. Von 1947 bis heute hat meiner Meinung nach kein anderer Theatermensch es verstanden, einen solch kontinuierlichen Dialog, eine solche Konsequenz im Bewußtsein, im Stil, in der politischen Einstellung und in der Ehrlichkeit gegenüber dem Publikum aufrechtzuerhalten.

Die ersten zehn Jahre, von 1952 bis 1962 am Piccolo, von Pantalone zu Florindo, von Brutus zu Coriolan, von Lopachin zu Platonow, von Mackie Messer zu Robespierre, von Macro in *El nost Milan* zum *Egoista* von Bertolazzi, sind für mich mit den schönsten Erfahrungen meines Schauspielerlebens verbunden, und ich verdanke sie ihm. Giorgio gewährt niemals etwas aus Freundschaft oder aus Überlegung, wenn dieses Etwas in irgendeiner Weise die Vision seiner Art, Theater zu machen, verraten würde.

Goldoni, Pirandello, Bertolazzi, Zardi, Moravia, Buzzati sind die italienischen Autoren, die ich unter seiner Regie gespielt habe; Sophokles, Shakespeare, Tschechow, Sartre, Brecht die ausländischen, und es ist immer ein Geführtsein, ein Enthusiasmus, ein klares Metier. Mit ihm kann man hervorragend arbeiten. Ich habe über fünfzig Texte mit ihm erarbeitet. Es sind alle sein Verdienst. Er weiß alles über mich, wie ich spiele und was ich machen kann. Er weiß es, weil er alles intuitiv erfaßt. Er hat mir große Befriedigungen gegeben.

Nach zehnjähriger Abwesenheit vom Piccolo Teatro haben wir uns mit dem *Lear* wiedergetroffen – sicherlich die größte Inszenierung, die er jemals gemacht hat. Shakespeare ist für mich der Größte, er ist wirklich universell, universell von Kopf bis Fuß. Er gab mir den größten Erfolg, auf den ein Schauspieler hoffen kann. Als ich den Schlußmonolog im *Sturm* spielte, konnte ich nicht anders, als einfach nur noch weinen vor Freude...

Ich bin nun zu alt, um noch an andere Stücke zu denken. Ich habe alle Rollen gespielt, die ich spielen sollte – die anderen sollte ich nicht spielen, wenn Strehler sie mich nicht spielen ließ.

Giorgio ist einzigartig! Im übrigen ist er mein liebster Freund und mein größter Regisseur. Danke!

nach einem Gespräch, Mailand, 29. Februar 1992

G. Strehler mit T. Carraro in Proben zu 'Wetterleuchten', Piccolo Teatro, Mailand, 1980

VALENTINA CORTESE

„Das Piccolo Teatro ist ein Ort,
wo die Poesie wohnt."

Strehler und ich? Wir beide sind wie mit einem unsichtbaren Band aus Erinnerungen, Nähe, Liebe, Poesie und Theater, so viel Theater, trotz vieler gemeinsamer Stürme, verbunden... Man kann so viele Jahre gemeinsamen Lebens und Arbeitens nicht auslöschen. Strehler ist für mich heute – wie kann ich sagen? – ein Bruder, der liebste Freund, dieses schöne Bild, das dort schon immer hängt, dieser blühende Baum, der jedes Jahr von neuem stirbt und sich wiederbelebt, vielleicht ein Herzschlag...?

Er ist ein großer Künstler mit unglaublichen Höhen und Tiefen und dennoch Momenten so unendlicher Zartheit und Reinheit. Er ist ein Genie und gleichzeitig ein großes Kind mit all den Egoismen eines Kindes. In meinem Aufzug gibt es noch heute eine Stelle, die er in einem seiner Wutanfälle mit seinen Fäusten bearbeitet hat – ich erinnere mich nicht einmal mehr an den Anlaß: ob ich es war oder die Arbeit oder die Steuern oder vielleicht *Inter Mailand,* die verloren hatten – wer weiß?

Die Arbeit mit Giorgio ist immer lebendig, aufregend. Für mich war es wunderbar, Dinge gemeinsam zu erschaffen. Er hält einen in diesem poetischen Rahmen, der unbeschreiblich ist. Mit ihm habe ich sowohl menschlich wie auch professionell unglaublich viel gelernt. Er hat mir vor allem vermittelt, meine Rollen tief zu verstehen, über das Sie-nur-Lieben hinaus. Ich habe gelernt, sie unerbittlich zu erforschen, ohne auf das kleinste Detail zu verzichten, von mir immer hundert Prozent zu verlangen, wie es Strehler von uns allen verlangt. Hundert Prozent von sich verlangen, um wenigstens achtzig Prozent geben zu können, wovon beim Publikum höchstens sechzig wirklich ankommt und bestenfalls dreißig in der Erinnerung haften bleibt.

Unsere Tragödie als Schauspieler ist ja immer unser „Ins-Wasser-Schreiben". Das hat uns Strehler neben so vielem anderen gelehrt, daß wir gerade wegen dieses „Ins-Wasser-Schreibens"

so hart arbeiten und kämpfen müßten, als schrieben wir mit unseren Rollen, mit unserem Spielen in Marmor.

Das Piccolo Teatro ist ein Ort, wo die Poesie wohnt. Schon der Hof des Piccolo, durch den ich über zwanzig Jahre ein und aus gegangen bin, hatte für mich etwas von einem Mutterschoß, von einem Hundelager, in das ich mich immer noch mal zurückzog, bevor ich auf die Bühne trat. Hier habe ich so viele meiner Ängste, Aufregungen, Hoffnungen und Freuden erlebt und ausgestanden – aber auch Triumphe, die ich der Magie und der Poesie Strehlers verdanke.

Dieser Hof, vom Saal des Piccolo nur durch die jahrhundertealte Mauer und einen schmalen Durchgang getrennt, hat für mich etwas von dem Resonanzboden einer Geige: In ihm scheint mir so viel von der Geschichte des Piccolo wie imprägniert, daß es einem jedesmal, wenn man durch ihn hindurchgeht, wie ein Echo entgegenzuhallen scheint. So viele Erinnerungen! So viele erhabene und berührende Momente, so viel Freude und so viele Ängste...

Gleichzeitig die Erinnerungen an die langen, langen Probennächte, in denen Giorgio, unzufrieden mit den nicht endenwollenden Proben, der harten Arbeit, sich plötzlich wie durch ein Wunder aufhellte, wieder strahlte, und mit einem Mal seine ganze unendliche innere Schönheit explosionsartig aus ihm herausbrach, die sich sofort auch auf uns Schauspieler übertrug.

Er, der große Puppenspieler, zog seine geheimnisvollen Fäden, und wir, fast ohne es zu bemerken, ließen uns fallen, fallen, fallen... in die Rolle, in das Theater, wir ließen mit uns Theater machen, mit einem totalen Vertrauen, einer vollkommenen Hingabe... Und nach diesen so intensiven, durchgeprobten Nächten kehrten wir schließlich, oft erst bei Tagesanbruch, nach Hause zurück – heiter und glücklich und wie neugeboren...

Mit großer Sehnsucht denke ich an diese Nächte zurück. Mein Gott, war das schön, Theater so zu leben!

Danke, Giorgio, danke für all das, was Du uns gegeben hast. Es war so unendlich viel!

V. Cortese (Ljubow Andrejewna) im 'Kirschgarten'

nach einem Gespräch, Mailand, 10. April 1992

FERUCCIO SOLERI

*„Commedia dell'arte spielen heißt,
die Stimme, den Körper und den Geist
an eine große Virtuosität und
Phantasie gewöhnen."*

Ich habe nun einen großen Teil meines Schauspielerlebens Arlecchino in Strehlers *Diener zweier Herren* gespielt. Wenn man Soleri hört, denkt man immer gleich an den Arlecchino, obwohl ich auch andere Rollen gespielt und sogar selbst inszeniert habe. Natürlich bin ich im Leben nicht Arlecchino, auch wenn viele das glauben, wenn sie mich auf der Bühne sehen. Sie können sich mich nicht anders als als Arlecchino vorstellen. Natürlich gibt es einige Gemeinsamkeiten zwischen uns, bestimmte Charakteristika Arlecchinos sind teilweise auch die meinen: Ich liebe das Leben, bin lebenslustig wie Arlecchino. Ich mache genauso gern Scherze und Späße wie er, aber ich habe auch traurige Seiten, die Arlecchino nicht hat.

Nach meinen ersten Beschäftigungen mit der commedia dell'arte nach der *Accademia Nazionale d'arte Drammatica* in Rom sah ich 1959 zum ersten Mal den Arlecchino von Marcello Moretti in einer unvergeßlichen, schon damals ganz charakteristischen Inszenierung Strehlers. Das war eine wirkliche Offenbarung für mich. Mit dem Eindruck Morettis verlor Arlecchino für mich all seine stereotypen und konventionellen Charakteristika und wurde mit einem Mal unglaublich menschlich, sinnlich, bäurisch – eine ganz authentische Figur aus dem Volk.

Von da an näherte ich mich dieser Rolle, lebte mit Moretti auf der Bühne und begleitete das Stück auf vielen Inszenierungen. Langsam reifte dabei in mir diese Rolle heran, die dann zu einer Konstante meines Schauspielerlebens werden sollte. Allerdings, die Rolle wirklich gelehrt hat mich Strehler. Moretti war großartig als Schauspieler, aber er konnte mir nichts über die Hintergründe seiner Rolle vermitteln. Er lehrte mich das, was er machte. Damit betrat ich einen fertigen Ablauf, einen Mechanismus, und wäre nur eine Kopie geworden, wenn Strehler mich nicht unterstützt hätte, mehr und mehr meinen eigenen Arlecchino zu entwickeln.

Der große Unterschied zwischen Morettis Arlecchino und meinem ist, daß ich viel akrobatischer und vitaler bin. Moretti war etwas ruhiger und sowieso kein akrobatischer Schauspieler. Er verlieh der Figur zum Beispiel eine leichte Melancholie, die ich gar nicht habe. Dagegen habe ich das Akrobatische wieder eingeführt, denn Arlecchino ist ursprünglich eine ganz agile und bewegliche Rolle. Ich bin Gott sei Dank von Natur aus sehr gelenkig, habe einen gut trainierten Körper – die Akrobatik liegt mir also im Blut.

Eine ganz neue, äußerst interessante Erfahrung war für mich, als Lehrer in Strehlers Theaterschule zum ersten Mal meine langjährige Erfahrung mit der commedia dell'arte an junge Schauspielschüler, *„I giovani del piccolo"*, weiterzugeben. Man muß dazu geschaffen sein, sein Schauspiel-Können weiterzugeben, muß bereit sein, die eigenen Tricks preiszugeben. Das wichtigste zu Beginn ist zum Beispiel immer, eine bestimmte Mechanik, die sich leicht aus Unerfahrenheit mit dem Ablauf der commedia dell'arte einstellt, zu überwinden und die menschlichen Beziehungen der Figuren untereinander lebendig werden zu lassen.

Schließlich begleitete ich die jungen Schauspielschüler auch in ihrer ersten öffentlichen Bühnenerfahrung, das heißt ihrer ersten Präsentation des *Dieners zweier Herren*. Es war Strehlers Idee, den Jungen in dieser Aufführung eine erfahrene, geübte Person zur Seite zu stellen, die ihnen vertraut war und Sicherheit geben konnte. Für mich war das ein Augenblick voller Solidarität und Zärtlichkeit, zugleich aber auch großer Verantwortung, den Jungen in dem Moment beizustehen, wenn sie die beschützte Welt der Schule verlassen und wirklich in ihren Beruf einsteigen.

Die Wahl des Stückes *Arlecchino, Diener zweier Herren* als Debüt der Piccolo-Schüler folgte weniger sentimentalen oder Bequemlichkeitsgründen, sondern beruhte vor allem auf der Bedeutung einer bestimmten, sehr wichtigen Schauspieltechnik. Mit einer Theaterarbeit wie dieser gewöhnt man sich fast zwingend an die Komplementarität von Sprache und Bewegung, an die Wichtigkeit eines Rhythmus im Aufbau einer Interpretation, an den fließenden, sprudelnden Ablauf der Szenen. Wenn diese jungen Schauspieler dann mit anderen Rollen konfrontiert werden, die starke emotionale Spannung erfordern und gleichzeitig große Selbstdisziplin und -kontrolle, wird ihnen die Arbeit mit commedia dell'arte immer zugute kommen.

Strehlers *Arlecchino, Diener zweier Herren*-Interpretation ist relativ jung, gerade etwa vierzig Jahre alt. Strehler hat dieses Stück zum ersten Mal inszeniert, weil wir so gut wie nichts über die Schauspieler der commedia dell'arte wußten. In der commedia dell'arte befinden wir uns nicht, wie so oft fälschlicherweise angenommen wird, einem kodifizierten, festgelegten Schema an Gesten und Bewegungen gegenüber. Hier ist die Gestik fast alltäglich, realistisch, nur ein wenig stilisiert.

Die wirkliche Schwierigkeit besteht darin, mit Masken zu spielen. Die Maske ist magisch und schrecklich zugleich. Sie nimmt einem jegliche Möglichkeit, mit dem Gesicht zu spielen, versteckt einen, schafft große Distanz zu den Mitspielern, aber sie läßt einen auch die Angst verlieren, die Scham, die Schüchternheit. Gerade mit der Maske stößt man auf die Wichtigkeit der Ausdruckskraft der Geste, der Intonation der Stimme, der Beweglichkeit des Körpers als andere, meist viel zu sehr vernachlässigte Mittel der schauspielerischen Darstellung.

Arlecchino, Diener zweier Herren ist sicherlich das Stück, das Strehler am häufigsten inszeniert hat, das über die vierzig Jahre des Bestehens des Piccolo überall auf der Welt immer wieder auf Tournee war und sicherlich die berühmteste Inszenierung Strehlers geworden ist. Natürlich hat sich diese Inszenierung über die Jahrzehnte immer weiter verändert. Jede neue Interpretation hatte ein anderes Gesicht, einen neuen Akzent.

In der ersten Aufführung, 1947, nach der Gründung des Piccolo Teatro, wollte Strehler damit vor allem an eine verschüttete italienische Schauspieltradition anknüpfen. Diese erste Inszenierung war in erster Linie eine Suche nach der authentischen Spieltradition der Schauspieler der commedia dell'arte. Es gab nur wenig Referenzmaterial, fast nichts Geschriebenes – und so waren wir in den ersten Aufführungen ganz darauf angewiesen, über das Spiel diese verschwundene Welt neu zu entdecken und wiederzubeleben. In den nächsten Inszenierungen ging es Strehler darum, auch die Lebensumstände dieser Schauspieltruppen wieder präsent werden zu lassen, das Geschehen vor und nach einem Stück, das Schauspielerleben „hinter den Kulissen". So hat er angefangen, Theater auf dem Theater zu zeigen, die Bühne auf der Bühne, das Vor- und Nachspiel des Stückes – als einen fokussierten Ausschnitt des Schauspieleralltags. Diesen Aspekt hat er fast bis ins Extrem getrieben, er taucht ja selbst in anderen Inszenierungen immer wieder ansatzweise auf.

Und die letzte Inszenierung, die wir „Arlecchino dell'addio" nannten, zeigt das Spiel auf der Bühne wie durch einen Traum, einen Nebel, wie eine etwas melancholische Erinnerung, als wäre es ein Bild aus der Vergangenheit, wie durch einen Filter gesehen – den Filter des Lebens, der Geschichte, der Zeit. Hier hat er ganz auf das Bühnenbild verzichtet, es gibt nur einen Himmel, einen Horizont und eine wunderbare Beleuchtung, in erster Linie Kerzen – das war für mich die allerschönste Version.

Ich habe allerdings, außer Arlecchino, am Piccolo Teatro auch

andere Rollen gespielt. Besonders wichtig für mich als Schauspieler war die Erfahrung mit dem Brechtschen Theater. Brecht war meiner Meinung nach unerläßlich für die Weiterentwicklung der italienischen Theaterkultur nach dem Krieg, wo das Boulevardtheater die einzige noch lebendige Theatertradition war. Was der italienische Schauspieler vom Brechtschen Theater lernen kann, ist unter anderem zum Beispiel die Selbstkontrolle, die ständige Bewußtheit dessen, was man spielt, die Selbstreflexion im Darstellen.

Dennoch haben wir meiner Meinung nach Brecht ganz „italienisch" gespielt, das meint konkret: Italienische Schauspieler haben eine ganz andere Körpersprache, eine andere Betonung des körperlichen Ausdrucks. In Deutschland, das ist mir immer aufgefallen, liegt das Gewicht viel mehr auf der Sprache, auf dem Sprach-Pathos.

Allerdings – und das war natürlich für mich besonders interessant – gibt es auch in der commedia dell'arte eine gewisse Verwandtschaft zu Brecht. Auch bei Brecht sind die Figuren typenhaft angelegt, werden aus einer Distanz heraus gespielt. Doch die commedia-dell'arte-Figuren kommen natürlich aus einer anderen Tradition, haben eine ganz eigene, festgelegte Psychologie. Bei Brecht dagegen hat jede Figur ihren Hintergrund, ihre gesellschaftliche Bedingtheit, ihr politisches Gewicht.

Eine Figur wie Arlecchino dagegen ist heute eigentlich nicht mehr vorstellbar. Er hat doch nichts mit unserer heutigen Welt gemein. Ein

G. Strehler mit den Schülern der Schauspielschule bei Proben zu 'Arlecchino, Diener zweier Herren', Piccolo Teatro, 1992

Pantalone dagegen, der alte, reiche, aber geizige und etwas geile – den könnte es sehr wohl noch geben, ebenso Brighella in seiner Schläue und Cleverness oder den Dottore mit seiner eingebildeten Allerweltsphilosophie – diese Typen findet man doch ebenso auch heute.

Arlecchino dagegen ist so naiv. Er hat die Psyche eines Kindes. Seine Logik ist ganz einfach, er kennt keine gesellschaftlichen Repressalien. Wenn er zum Beispiel plötzlich Hunger hat und irgendwo einen Apfel sieht, ißt er den Apfel einfach. Warum sollte er ihm nicht zustehen? Oder er sieht ein schönes Mädchen und will Liebe mit ihr machen – warum auch nicht? Für ihn gibt es keine Tabus, keine Verbote, keine Konventionen. Er sieht etwas, begehrt es und kann nicht verstehen, warum er es nicht haben soll.

Heute ist es unmöglich, in dieser Naivität zu überleben. Und doch sehnen wir uns nach dieser verlorenen Naivität. Alle wollen wir doch so wahr und unvoreingenommen und ehrlich sein wie Arlecchino.

Das ist schon ein Grund, Arlecchino zu spielen. Aber es gibt auch andere: commedia dell'arte ist voll von Tradition; wie ich schon sagte, ist es eine sehr wichtige Theaterschulung. Commedia dell'arte spielen heißt, die Stimme, den Körper und den Geist an eine große Virtuosität und Phantasie gewöhnen. Das ist für einen Schauspieler sehr wichtig.

Außerdem ist commedia dell'arte immer lustig und komisch. Das Publikum amüsiert sich. Dennoch gibt es durchaus auch im *Diener zweier Herren* Ansätze zur Problematisierung einer gesellschaftlichen Situation beziehungsweise der sozialen Individualisation innerhalb einer Gesellschaft. Arlecchino gerät unfreiwillig in die Pflicht zweier Herren. Er steht zwischen zwei Welten, seine Rolle der doppelten Dienerschaft schließt sich im Grunde ständig selbst aus. Das ganze Stück besteht eigentlich aus seiner ständigen Verteidigung gegenüber der einen beziehungsweise der anderen Welt. Dabei rettet er sich mit allen Arten von Notbehelfen, Kompromissen, Schelmenstreichen und Listen – psychologisch verständliche Rache der Unterdrückten, der Menschen, die gezwungen sind, sich selbst vor unbegreiflichen, aber immer feindlichen Kräften zu retten, die sie zerreiben und auslöschen wollen. Aber sein einfaches Gemüt schafft es irgendwie, heil davonzukommen – dank einer Art angeborenem Selbsterhaltungs-Instinkt, der ihn nie verläßt.

Auch Smeraldina hat einen fast feministischen Monolog. Auch sie begehrt, unvermutet selbstbewußt, plötzlich gegen die Herrschaft, in erster Linie die männliche, auf. Immer gibt es an dieser Stelle großen Applaus. Ein politischer Moment? Kommt er von Goldoni? – Ich denke eher, daß wir ihn etwas akzentuiert haben, weil wir aus unserer heutigen Sicht sensibler darauf reagieren.

Das für mich Faszinierendste in der Zusammenarbeit mit Strehler über die Jahre hinweg war, daß er dort, wo andere Regisseure bei einem Problem immer die komplizierteste Lösung suchen, intuitiv und genial die einfachste findet. Deswegen sind auch seine Inszenierungen immer ganz klar. Man spricht bei Strehler oft vom *teatro popolare*. Das meint im Grunde, daß jeder, vom Kind bis zum Intellektuellen, vom Arbeiter bis zum Rentner, Strehlers Theater verstehen kann. Das ist die große, große Qualität von Strehlers Theater.

Giorgio Strehler mit den Schülern der Schauspielschule bei Proben zu 'Arlecchino, Diener zweier Herren'

nach einem Gespräch, Mailand, 6. April 1992

GERARD DÉSARTHE

„Niemand in der gesamten Theaterwelt
hat es geschafft, Ariel zum Fliegen zu bringen.
Strehler ist der einzige,
bei dem Ariel wirklich fliegt."

Strehler war für mich immer „*der* große Theatermann"; viele andere Große, wie zum Beispiel das Berliner Ensemble, habe ich nie gesehen, da ich noch zu jung war.

Neben Peter Stein ist Strehler für mich derjenige europäische Regisseur, der, wie ich finde, in seiner Arbeit wirklich eine nahezu perfekte Kontinuität repräsentiert. Bei ihm gibt es nicht mal ein gutes und mal ein schlechtes Stück, seine ganze Arbeit steht für mich für eine unendliche innere Weiterentwicklung.

Um mit ihm arbeiten zu können, um seine Arbeitsweise wirklich zu verstehen, muß man, glaube ich, Inszenierungen von ihm gesehen haben, sonst ist man völlig verloren. Die ersten Stücke, die ich als noch ganz junger Schauspieler von ihm gesehen habe, haben mich sehr in Erstaunen gesetzt: Das war visionär! Eine unglaublich raffinierte Ästhetik und gleichzeitig eine sehr entwickelte gedankliche Dramaturgie. Für mich bedeutete das damals einfach: unendliches Staunen, Verzauberung... Strehler war einer meiner ersten wirklichen Theaterschocks. Wenn ich zum Beispiel an den *Sturm* denke: Niemand in der gesamten Theaterwelt hat es geschafft, Ariel zum Fliegen zu bringen. Strehler ist der einzige, bei dem Ariel wirklich fliegt. Oder *Minna von Barnhelm,* eine der letzten Inszenierungen, die ich gesehen habe: Das war unglaublich, was Strehler da mit Andrea Jonasson gemacht hat. Es passiert mir selten, daß ich von anderen Schauspielerkollegen wirklich überwältigt bin, aber ich muß ehrlich sagen, Lawrence Olivier und sie sind die beiden Schauspieler, die mich in meinem Leben am meisten beeindruckt haben.

Ich weiß nicht, wie Giorgio eigentlich auf mich gekommen ist, als er eine Besetzung für die Hauptrolle in Corneilles *L'Illusion* am Théâtre de l'Europe suchte – wahrscheinlich durch meine intensive Arbeit mit Patrice Chéreau, die er gesehen oder von der er gehört hatte (auch wenn er selbst ja kaum ins Theater geht). Ich kam zu ihm, und er schlug mir sofort spontan vor, Alcandre und Matamore als Doppelbesetzung zu spielen.

Es war wirklich spannend zu sehen, was Strehler nun mit „unserem" Corneille vorhatte, wie sich diese klassische französische Tragikomödie unter seinem italienischen Einfluß entfaltete.

Der Originaltitel lautet bei Corneille *L'Illusion comique.* Strehler hat das „comique" weggelassen, nannte es nur *L'Illusion.* Die Komik im Stück war für ihn nicht das Vorrangige. Im Vordergrund stand bei ihm vielmehr der Aspekt der Grotte als Bühne und darin: Theater im Theater, das Spiel mit Illusion und Wirklichkeit, die Überschneidungen von Leben und Theater, Vordergrund und Hintergrund, von Wirklichkeit und Fiktion, Helle, Licht und Dunkel – die Obskurität als Lebenswelt, das war seine große Idee. Die Komik spürte man nur in Matamore, alles andere war sehr ernst.

Ich hatte den Eindruck, daß er mit seiner Arbeit Corneille wirklich sehr nahekam. In Frankreich hat man viel zu sehr vergessen, daß das Theater im 18. Jahrhundert aus Italien nach Frankreich kam, das französische Theater also größtenteils von italienischen Schauspieltruppen gespielt und neu belebt wurde. Strehler ist es gelungen, diese Tradition wieder aufzuspüren. Für mich war es wirklich die französischste und gleichzeitig italienischste Aufführung, die ich je gesehen habe, und dabei dennoch dem Text ganz nahe, „treu".

Daß Strehler wirklich der große Theaterzauberer ist, wie ich nach seinen Inszenierungen immer geglaubt hatte, hat sich für mich in der Arbeit mit ihm bestätigt.

Während der Proben spricht er sehr viel allgemein über Theater. Das macht man in Frankreich selten, man zeigt sein Wissen nicht – aus einer Art Scham. Aber er spricht über alles, über Theatergeschichte, über seine Kontakte mit Brecht, über Probenerfahrungen mit bestimmten Schauspielern... – eine Probe ist immer eine Show.

Dennoch waren die ersten Proben mit ihm für uns alle zunächst eine sehr große Umstellung. Wir französischen Schauspieler gehen normalerweise sehr langsam vor, brauchen viele Erklärungen; Proben entwickeln sich eher gelassen, lässig, manchmal auch ganz chaotisch; wenn etwas heute nicht kommt, dann kommt es eben morgen oder nächste Woche... Man überlegt gemeinsam, macht Vorschläge – alles entsteht gemeinsam. Bei Chéreau zum Beispiel, mit dem ich und auch ein Großteil der anderen Schauspieler sehr viel gearbeitet haben, kann sich eine Probe über Stunden hinziehen, ohne daß sich schon irgend etwas Konkretes herauskristallisiert. Bei Strehler wäre das unmöglich. Von Anfang an wird man von ihm geführt, steht unter seiner Direktion. Wenn etwas nicht konkret wird, bricht er sofort ab.

Ich erinnere mich noch sehr gut an die Leseproben: Normalerweise liest man den Text untereinander; in diesem Fall hat Giorgio die meiste Zeit selbst gelesen. Er versuchte, durch das laute Vorlesen in die Corneillesche Sprache reinzukommen. Gleichzeitig sprach er über das Stück, erzählte aus seinem Leben, von anderen Inszenierungen – kurz: Es war mehr eine Art florilège aus Anekdoten denn reine Textarbeit.

Was wir allerdings nicht bemerkten, war, daß er immer so arbeitet, daß also die Arbeit mit ihm längst begonnen hatte. Als wir dann mit den Bühnenproben anfingen, hatten wir das Stück eigentlich nie untereinander ganz gelesen. Plötzlich befanden wir uns schon mitten

44

auf der Bühne, fertig mit Kostümen und Maske, ohne das Stück selbst gelesen zu haben. Diese Arbeitsweise hat uns zunächst ziemlich aus der Fassung gebracht.

Dann auf der Bühne macht er alles zur gleichen Zeit, dirigiert alles und alle, Schauspieler ebenso wie Maske und Kostüme, Beleuchtung, Ton, Musik, Bühnenbildkorrekturen – ganz wie ein Dirigent. Er will immer sofort eine möglichst weitreichende, umfassende Vorstellung von dem Ganzen haben, vor allem visuell-ästhetisch. Danach erst geht er in die Details, von Moment zu Moment, von Wiederholung zu Wiederholung.

Die Magie, die jede seiner Inszenierungen hat, entsteht, so erscheint es einem dann, eigentlich wie zufällig während des Probierens und hängt immer von der momentanen Eingebung ab. Solange ihm das Licht, der Raum oder die Kostüme noch nicht ganz gefallen, verlangt er unerbittlich Veränderungen, wartet ungeduldig, stampft mit den Füßen – alles muß auf das zulaufen, was er wünscht, und man weiß nie, wann er befriedigt sein wird.

Zu seinen Eigenarten gehört es, niemals Durchläufe zu machen, nicht einmal bei der Generalprobe. Auch am Tag der Premiere ist er nicht dabei. Bei ihm spielt diese Entäußerung, dieses Sich-der-Inszenierung-Entledigen eine große Rolle. Dann ist man plötzlich allein. So stark, wie man vorher seine dauernde Präsenz gespürt hatte, fühlt man nun seine Abwesenheit. Die Aufführung gehört jetzt uns, er ist durch das Publikum ersetzt, aber man bleibt vom Spielen her doch irgendwo zerbrechlich. Ich persönlich war bis zum Ende der Vorstellungen in einer sehr großen inneren Unsicherheit.

Die Aufführung selbst lief sehr sicher – alles ist ja festgelegt, denn er hat eine solch ausgezirkelte Raumarchitektur und Lichtregie, daß man eigentlich nicht von den festgelegten Bewegungen abweichen kann, etwa einen Schritt nach rechts oder links machen, sonst ist man sofort nicht mehr im Licht.

Den Menschen Strehler lernt man allerdings, trotz der so intensiven Arbeit, eigentlich nie kennen. Ich hatte den Eindruck, daß bei ihm sein Theaterleben und sein Privatleben sehr getrennt sind. Er würde zum Beispiel nie nach den Proben noch mitkommen, um etwas zu trinken, oder um nach der Premiere gemeinsam essen zu gehen. Er ist jemand, der jeglichen persönlichen Kontakt verweigert. Es gibt zwar so etwas wie eine Freundschaft, aber implizit, nicht offen gezeigt. Manchmal deutet er etwas während der Proben an, mehr zwischen den Zeilen. Doch er bleibt jemand, dem man sich persönlich kaum nähert, der nach den Proben verschwindet, sich zurückzieht.

In Bezug auf die Arbeit an meiner Rolle fand ich seine dramaturgische Idee sehr überzeugend, daß Alcandre im Grunde Matamore ist, der eine der Magier des Wortes und der andere der Magier der Aktion. Aber ich brauchte doch sehr lange und hatte unendliche Schwierig-

keiten, mich seiner Vision der beiden Figuren anzunähern. Er identifizierte sich sehr stark mit dem Magier, das war für ihn die Hauptfigur in dem Stück, und das war auch er selbst. Sicherlich war es deswegen für mich auch so schwierig, mich in die Rolle zu finden.

Auch mit Matamore hatte ich zunächst so meine Schwierigkeiten. Ein Beispiel: Ich hatte immerhin einiges über die commedia dell'arte gelesen, über die Matamore-Figur, über die Ikonographie, über die Maske und das Kostüm. Dennoch entspricht commedia dell'arte nicht unserer französischen Theatertradition. Aber Strehler kümmerte sich nicht darum, ob ich damit vertraut sei, für ihn war klar,

G. Stehler bei Leseproben

daß ich wußte, was commedia dell'arte war. Als ich irgendwann in den Proben dann nach der Maske Matamores fragte, die ich in der Ikonographie gesehen hatte, entgegnete er nur: *„Warum eine Maske? Vielleicht gibt es gar keine Maske."*

Und ich antwortete: *„Aber ich kann doch nicht ohne Maske arbeiten. Das ist eine Arbeit mit der Maske, die commedia dell'arte fängt doch bei der Maske an..."* Er wurde zornig und verlangte, daß man mir eine Maske brächte. Ich bekam eine Maske, und er sagte: *„Also los!"* Ich, ganz eingeschüchtert, begann mit der Gestik und Mimik, die ich mir vorgestellt hatte. Da unterbrach er die Probe, die ja immer öffentlich ist bei ihm, drehte sich um und sagte zu allen Anwesenden: *„Schaut mal her, hier habt ihr ein Beispiel eines Schauspielers, der sich verstecken möchte..."*

Im Endeffekt hatte ich dann nur eine falsche Nase, aber immerhin etwas. Also, niemals sich etwas konstruieren, denn er ist es, der entscheidet, der eine präzise Vorstellung hat. Er kann dir aber auch am nächsten Tag doch eine Maske geben, dich verändern. Alles hängt vom Moment ab und der augenblicklichen Inspiration. Er ist in dieser Hinsicht wirklich der spontanste und einfallsreichste Regisseur, den ich jemals kennengelernt habe.

Ein anderes Beispiel in diesem Zusammenhang: Während eines langen Monologes hatte er die Idee, mich meinen Säbel schwingen zu lassen, so daß er Funken sprühte. Der Text war an dieser Stelle sehr subtil, und dennoch sollte gleichzeitig mein Säbel Funken sprühen! Auch eine Idee, die ihm ganz zufällig gekommen war, als ich eines Tages, während der Proben, versehentlich mit meinem Stahlsäbel auf den Marmorboden aufschlug und es dabei Funken sprühte. Sofort griff er das begeistert auf und wollte das nun immer an dieser Stelle sehen. Ich dachte mir, das ist absolut verrückt, das funktioniert niemals. Aber er brachte es zum Funktionieren: mit einem Feuerstein und einem Stück Seidenpapier, die beide an meinem Säbel befestigt wurden. So etwas, denkst du dir dann, kann wirklich nur er erreichen: aus irgendeinem zufälligen Detail einen solch raffinierten Effekt machen.

Ebenso war er lange nicht zufrieden mit der Wirkung meines ersten Auftrittes. Ich probierte hintereinander drei verschiedene Kostüme, aber immer war er nicht zufrieden; entweder war es nicht die richtige Farbe oder nicht der richtige Stoff, oder es warf nicht den Lichtschatten, den er wollte. Unglaublich, um was er sich alles kümmert. Dann wollte er schließlich, daß ich, wie eine japanische Puppe nur über den Boden gleitend, plötzlich aus dem Dunkel, aus dem Nichts auftauchen sollte, ganz aus dem „suspens" – daran haben wir unendlich lange gearbeitet. Aber das werden dann auch Momente unwiderstehlichen Zaubers, die ihn ausmachen.

Auch bei mir persönlich, in meinem Selbstverständnis als Schauspieler, hat er vieles erreicht, was ich vorher nie für möglich gehalten hätte. Ich bin normalerweise ein sehr penibler Schauspieler, ich kann nicht gut mit zu starker Führung von außen umgehen. So fühlte ich mich auch mit Giorgio anfangs sehr unwohl. Man ist zunächst so verloren. Ich bin oft gestorben vor Angst auf dem Weg in die Proben zu ihm, kam schon völlig aufgelöst an und war dann während der Proben immer unruhig und blieb sehr lange wie blockiert. Ich hatte meine Charakteristika, meine Stärken ganz verloren, es gelang mir anfangs gar nicht, irgend etwas zu versuchen oder vorzuschlagen; ich hörte immer wieder auf, unterbrach mich beim Probieren. Es entstand eine große Spannung zwischen uns, weil er immer sofort sehen wollte, was er vorgemacht hatte. Er spielt ja immer selbst vor und erwartet dann, daß man seine Skizze ausführt. Er macht es sehr gut vor, aber am Anfang kommt es einem doch wie eine Imitation vor.

Deswegen ist die Arbeit mit ihm oft so irritierend und im gleichen Moment so leidenschaftlich. Es besteht eine solch intensive, dichte Beziehung zwischen ihm im Zuschauersaal und uns auf der Bühne. Er ist ständig mit dem Schauspieler, warm und intensiv, ist unaufhörlich neben ihm, um ihn, in ihm, verschlingt ihn förmlich, wie bei einem vampirischen Austausch. Das ist manchmal nicht einfach zu ertragen. Aber wenn es einem als Schauspieler gelingt, das auszuhalten und den Konflikt, die Reibung zu überwinden, hat man gewonnen. Das ist wie eine Probe für die wirkliche Schauspielerpersönlichkeit. Nur wenn er sich dem stellt, ist er phantastisch, ansonsten wird er zerrieben und geht unter im Stück.

Aber alle sagten mir nachher, auch die italienischen Schauspieler, daß es ihnen genauso ergangen sei. Man muß die Krise überwinden, um weiterzukommen.

Ich habe jedenfalls sehr Wesentliches gelernt. Meiner anfänglich so großen Unsicherheit mit meinen Rollen und meiner mangelnden Erfahrung mit der commedia dell'arte entgegnete Strehler nur: *„Dieser Pulcinell ist in Dir, ich sehe ihn und weiß es. Ganz egal, wie Du es machst, laß ihn heraus, ich will ihn sehen."* Ich mußte in diesen Moment totaler Ratlosigkeit geraten, um mich fallenzulassen, um, wie es mir schien, einfach „irgendwas" zu machen. Von dem Moment an aber, als ich dieses „Irgendwas" aus mir herauskommen ließ, sagte er: *„Das ist es, was ich will!"* Von diesem Moment an tat er nichts anderes, als mich kontinuierlich voranzustoßen zu diesem Zustand des Pulcinell, den ich *„in der Schublade"* hätte, wie er sich ausdrückte.

Das ist etwas sehr Charakteristisches in seinem Umgang mit Schauspielern: einen aus sich herausgehen zu lassen, einem „die Rinde abzuschälen". Das ist seine große Kunst, einen damit der bequemen Gewohnheiten zu entkleiden – fast wie ein Chirurg einem alles zu entreißen, immer in der Intention: *„Ich will das sehen, was darunter ist; geh auf den Kern, auf den Grund, auf die Essenz, bloß nichts Aufgesetztes!"*

Später sagte er mir immer, daß ich einen großartigen Matamore geschaffen hätte. Und selbst in Italien, auf dem Gastspiel mit *L'Illusion,* waren die italienischen Schauspieler ganz erstaunt, daß ein Franzose die traditionelle Matamore-Figur so spielen kann.

Es war eine schwierige, schmerzvolle und gleichzeitig sehr subtile, schöne und unendlich bereichernde Erfahrung, an die ich sehr konkrete Erinnerungen habe, die mir heute immer wieder nützlich ist; wenn ich zum Beispiel selbst inszeniere, merke ich, wie viel ich von Strehlers Arbeitsweise fast unmerklich übernommen habe und inzwischen als fast unerläßlich ansehe.

Ich war von Anfang an sicher, daß dieser Corneille mit Strehler eine wunderbare Inszenierung werden würde, aber ich war nicht sicher, wie wir französischen Schauspieler an der Schönheit der Inszenierung teilhaben könnten. Es wurde eine zwar hart erkämpfte, aber gelungene, wunderschöne Arbeit.

nach einem Gespräch, Paris, 11. Juni 1992

DIDIER SANDRE

*„Eigentlich [ist er]
ganz animalisch –
ich will sagen, kommuniziert
wie die Katzen untereinander:
über die Intuition,
über Gesten, über Laute.“*

Ich habe sehr viele Inszenierungen von Strehler gesehen, seit ich vom Theater träume. Eigentlich waren seine Inszenierungen für mich so etwas wie die ersten wirklichen Theater-Schlüsselerlebnisse: eine überwältigende Magie, ein Zauber, der mich an meine Kindheit erinnerte.

Als Kind mochte ich keine Clowns. Sie machten mir Angst, ich heulte immer, wenn sie kamen und verstand sie nie. Dagegen liebte ich Zauberer über alles, die plötzlich einen Vogel aus ihrem Hut hervorholen konnten oder einfach nur in die Hände klatschten, und die ganze Welt wurde blau oder rot. Strehler hat mir etwas von dieser Verzauberung zurückgegeben.

Dieses Gefühl trug ich, seit ich selbst Theater mache, in mir. Ihm selbst dann plötzlich Jahre später als Schauspieler gegenüberzustehen, ist sehr beeindruckend.

Das erste Mal traf ich ihn in einem Bistro in Paris; er fragte mich, ob ich die Rolle eines anderen, der ausgefallen war, in der Wiederaufnahme seiner Corneille-Inszenierung *L'Illusion* übernehmen wollte. Ich spielte zu diesem Zeitpunkt gerade in Chéreaus *La fausse suivante,* wo er mich wohl gesehen hatte, jedenfalls ließ er mich nicht wie alle anderen vorsprechen, sondern sagte nur: *„Du bist es!"* Das war alles, sehr kurz, sehr einfach. (Erst später werden die Dinge komplizierter mit ihm.)

Ich war vom ersten Moment an sofort von ihm wie gefangen – ja ich gestehe, daß ich diesen ersten Eindruck wirklich nur mit Attributen aus der Sprache der Liebe oder Erotik beschreiben kann. Er setzt spontan in einem etwas frei, was einen einfach nur verführen kann.

Gleichzeitig aber war ich auch erschrocken, weil er sich ständig wie auf der Bühne bewegt, immer dieser große Auftritt. Diese Art der romanischen Selbstdarstellung, dieses Sich-in-Szene-Setzen, kennt man in Frankreich nicht.

Nach einigen Tagen merkte ich aber, daß das alles nichts als ein Spiel ist, nichts als einfach sehr theatralische Umgangsformen, in denen Strehler sich bewegt.

Der Ausgangspunkt unserer Probenarbeit, die Basis, war zunächst ganz die Sprache. Strehler begann mit der Analyse des Corneilleschen Textes, der Worte, des Klangs, der Musikalität der Worte. Im Stück war ich eine dunkle Figur, die er der Nachtwelt zuordnete,

Isabelle dagegen, meine Partnerin, gehörte zur Sonnenwelt. In meiner Figur war alles Destruktive angelegt, der Untergang der Aristokratie, ja sogar der Untergang der Welt, die Dekadenz einer bestimmten Adelsschicht, die in den Revolutionsjahren unweigerlich aufs Schafott gekommen wäre; ein menschliches Ungeheuer, auch vom Psychologischen her, das sich seinen Trieben und seinem Begehren nur ausliefern kann oder zerstören muß; das Isabelle liebt, sie begehrt, sie nicht bekommen kann und deswegen töten muß.

Über all diese Dinge haben wir gesprochen, aber eigentlich erst sehr spät. Auf der Bühne spricht man bei ihm zunächst wenig, die Dinge entstehen relativ handwerklich bei Strehler. Er theoretisiert wenig; er spricht zwar sehr viel, aber immer wie ein Schuhmacher von seinen Schuhen, also gar nicht abstrakt. Er ist immer sehr konkret.

Wir kommunizierten ein bißchen wie über Schwingungen miteinander. Er ist sehr intelligent und hat eine große Kultur; dennoch ist er eigentlich ganz animalisch – ich will sagen, kommuniziert wie die Katzen untereinander: über die Intuition, über Gesten, über Laute. Er ist wirklich sehr animalisch, sehr instinktiv. Das macht seine eigenartige, unvergleichliche Kraft aus.

Das zeigt sich auch in seinem Umgang mit Sprache, vor allem mit dem Corneilleschen Text, der ja doch sehr eigen und schwierig ist. Obwohl eigentlich fast alle italienischen Intellektuellen sehr gut französisch können, war ich wirklich beeindruckt von seiner Vertrautheit mit dem Französischen. Selbst als Italiener konnte er uns Franzosen unsere Sprache in ihrer Musikalität ganz neu eröffnen. Gerade in diesem altmodischen, strengen Französisch des 18. Jahrhunderts, noch dazu in der Versform, liegt eine große Gefahr der Monotonie. Man verfällt sehr leicht dieser fast hypnotischen Sprachmelodie. Strehler dagegen machte uns klar, daß – unabhängig von den Regeln der strengen Diktion – jedes einzelne Wort mit Bildern beladen sei, die man beim Sprechen unbedingt sehen und vermitteln müsse. Wenn ich zum Beispiel *„soleil"* sage, gibt es den Auftakt mit „s", wie ein Angriff; dann den Pfiff auf dem „o", den Schwung mit dem „l" und den hellen Ausklang auf „eil". So oder ähnlich zerlegt er oft ganze Wörter in Bilder und Assoziationen.

Dann gibt es das Wort „soleil" als Ganzes, was in seinem jeweiligen Kontext immer etwas anderes bedeuten kann. Strehler verlangte dieses Sprachbewußtsein für jedes einzelne Wort. Wenn man also an jedem Satz so arbeitet, geht man wirklich in einer Musikalität auf, die eine vollkommen organische ist, denn Strehlers Musikalität ist sehr physisch. Kommt ein Vers, den er besonders liebt, dann tanzt er fast darauf.

Gleichzeitig muß man sich aber erst daran gewöhnen, daß er, aus diesem musikalischen Empfinden für den Text heraus, diesen auch ständig vom Zuschauerraum aus mitspielt und mitspricht wie einen Singsang, während man selbst auf der Bühne spielt. Auf diese Art „begleitet" er die Schauspieler fast ununterbrochen – nicht nur mit Worten: Manchmal sind es auch nur Laute, Schreie, die die jeweilige

Emotion ausdrücken, oder aber er gibt den Rhythmus oder die Stimmlage an. Ich habe zum Beispiel von Natur eine mittlere Stimmlage. Strehler wollte für meine Rolle aber unbedingt eine tiefe Stimme, also gab er mir immer bei meinem Einsatz die Tonhöhe an.

Das Proben von Anfang an in fertigem Bühnenbild und in Kostümen, wie es bei ihm üblich ist, gab mir zunächst ein ganz ungutes Gefühl. Ich kam mir vor wie beim Fernsehen, wo man, kaum angekommen, sofort spielen muß, während doch gerade das Beglückende beim Theater im langsamen Suchen, Nachforschen, Vertiefen liegt.
Mit Strehler kommt man sich manchmal vor, als sei man um einen Teil dieses Suchens und Langsam-für-sich-Findens gebracht worden, als hätte man nicht teilgenommen an der eigentlichen Ausarbeitung einer Rolle. Selbst wenn das vielleicht nicht stimmt, hat man doch oft den Eindruck, daß alles von vornherein schon festgelegt ist.
Ich erinnere mich zum Beispiel: Bei meinem ersten Auftritt mußte ich sieben Schritte machen. Wenn ich siebeneinhalb machte, war ich nicht im Licht. Die Lichtkegel waren sehr sehr tief, sehr seitlich, wenn ich also nicht im Licht erschien, sah man mich vom Saal aus überhaupt nicht.
Außerdem trug ich eine riesige blaue Perücke. Wenn ich mich damit in Lichtrichtung drehte, konnte ich meine Partnerin nicht mehr sehen, also hatte ich die Tendenz, immer den Kopf in die andere Richtung zu drehen, um mein Gegenüber sehen zu können; sofort schrie Strehler, wild gestikulierend: *„Schau in den Saal, ich werde Dir sagen, wo Du hinschauen mußt!"*, und er fixierte einen Punkt im Saal. Ich entgegnete, daß ich so Isabelle nicht mehr sehen könne, aber er rief nur: *„Das ist mir im Moment vollkommen egal, ob Du sie siehst oder nicht, ich habe den Eindruck, daß Du sie siehst. Die Wirkung zählt."*
Das war für mich in diesem Moment sehr unangenehm. Immerhin denkt man, daß inzwischen das moderne Theater doch weitgehend auf realer, authentischer Darstellung beruht. Strehler aber führt einen in vielem wieder sehr weit in die Theater-Künstlichkeit. Einerseits erscheint einem das als überholt, andererseits ist er gerade in dieser Künstlichkeit ein solcher Zauberer, beherrscht er diese Magie so perfekt, so überwältigend, daß es eine unglaubliche Bereicherung ist, sich einfach hineingleiten zu lassen, auch wenn man sich zunächst dazu überwinden muß.
Für mich ist diese Art, Theater zu machen, fast wie eine Wissenschaft. Dieses „théâtre à l'italienne" grenzt an wissenschaftliche Präzision. Er weiß einfach, wie man einen Auftritt und einen Abgang macht, wie einen Umbau, wie man den Rhythmus einer Szene setzt, wie sie eröffnet, sie schließt, wie man eine Rolle aufbaut...

Ich erinnere mich, daß ich ganz verwirrt war, als ich Strehler einmal zufällig auf der Straße traf, ihn grüßte, und er mich nicht sofort erkannte, obwohl wir schon eine ganze Weile tagtäglich zusammen probten. Das heißt, für ihn war ich vollkommen seine Rolle geworden, gekleidet in Blau und Schwarz, mit Perücke. Als Didier Sandre existierte ich in diesem Moment gar nicht mehr, so sehr war er besetzt von seiner Vision des Stückes. Das ist natürlich befremdlich. Man will doch – nicht nur als Schauspieler – immer zunächst um seiner selbst willen geliebt werden.
Man leiht seinen Körper einer bestimmten Erscheinung. Manchmal aber fragt man sich tatsächlich: Ob man selbst oder ein anderer in diesem Kostüm spielt, ist vielleicht gar nicht so entscheidend? Das entscheidende sei, die Perücke und das Kostüm einigermaßen korrekt tragen zu können, auf der Stimmhöhe zu sprechen, die Strehler vorschwebt, und sich ansonsten seinen Vorstellungen unterzuordnen.
In Wirklichkeit ist es allerdings ganz anders: Wenn ein Schauspieler alle diese Punkte erfüllt hat, also alles in allem perfekt scheint, fragt Strehler: *„Und nun, wann fängst Du an zu spielen?"* Das beschreibt genau die Situation. Mit einer Supermarionette könnte Strehler überhaupt nichts anfangen.
Es ist einfach ein Umgewöhnungsprozeß: Normalerweise konstruiert ein Schauspieler das Bild seiner Rolle nach und nach, um zur endgültigen Form in der Inszenierung zu finden. Mit Strehler ist es genau umgekehrt: Man hat bereits die Vorgabe durch ihn und muß sie dann durch die eigene Individualität ausfüllen. Wenn man nichts mitbringt, nichts von sich selbst beiträgt, passiert gar nichts. Im Gegenteil, je stärker jemand ist, desto mehr muß er geben, desto mehr wird er gefordert bei Strehler.
Für mich war diese Erfahrung eine sehr große Bereicherung.

Strehler gehört zu den Regisseuren, die in den Proben unheimlich viel von sich geben. Deswegen sind seine tyrannischen Seiten absolut zweitrangig. In seiner Arbeit hat er eine ganz tiefe Großzügigkeit. Und das ist es doch, was man von einem wirklichen Künstler verlangt: in dem Moment, in dem er etwas von sich gibt oder etwas fordert, wirklich präsent zu sein, ganz zur Verfügung zu stehen.
Gleichzeitig arbeitet Strehler mit sehr emotionalen Beziehungen. Zwischen ihm und den Schauspielern gibt es immer so etwas wie einen unausgesprochenen „Liebes-Kontrakt". Er erwartet, unbewußt, daß man ihn liebt, und wenn man ihn liebt, wie ich es sofort tat, kann man gar nicht anders, als ihm folgen. Damals, in der Zeit der Proben am Corneille, wäre ich ihm, trotz meiner vielen Vorbehalte und Einwände, sofort bis ans Ende der Welt gefolgt, nur um weiter mit ihm Theater machen zu können.
Wenn man ihn allerdings nicht liebt, kann man sicherlich kaum mit ihm arbeiten: Die Arbeit wird zumindest nicht konstruktiv, für keinen von beiden. Und mit „lieben" meine ich nicht einfach mögen oder schätzen oder bewundern, das ist mehr...!

Es gab Kollegen, die sehr darunter litten, daß, wenn die Inszenierung erst einmal stand, er nie mehr kam, um sie anzusehen; es war vorbei für ihn, und er ging zu etwas anderem über. Nicht einmal die Premiere sah er sich an. Aber ich habe sehr gut verstanden, daß er so viel während der Proben von sich gibt, daß die Premiere dann eigentlich die Hölle für ihn sein muß. Nun ist er ausgeschlossen, kann nicht mehr teilnehmen, ist überflüssig geworden. Also verweigert er sich diesem Leiden und verschwindet.

Dennoch blieb der Eindruck, verlassen worden zu sein. Weil er so eine große emotionale Intensität in den Proben erzeugt. Danach

G. Strehler mit G. Lazzarini in Proben zu 'Elvira o la passione teatrale'

fühlt man sich zunächst wie ein verlassenes Kind oder wie Ariel am Ende des *Sturms* – die unsichtbaren Zauberfäden, die einen magisch miteinander verknüpfen, gibt es nicht mehr... Man weiß nicht, was bleibt.

Sehr ungewohnt und unangenehm war es für uns alle am Anfang, öffentlich zu proben. Mit Patrice Chéreau zum Beispiel ist es ganz das Gegenteil, er verbietet Leuten, zu den Proben zu kommen, nicht einmal das Personal des Theaters darf an den Proben teilnehmen. Man arbeitet, man sucht, das heißt man hat das Recht, sich auch zu täuschen, Fehler zu machen, schlecht zu spielen oder auch müde zu sein, Lust oder auch keine zu haben... Die Proben sind viel alltäglicher, menschlicher.

Mit Strehler dagegen ist man sofort auf die Bühne gestellt, mit der ersten Probe wie in einer Vorstellung, denn vom ersten Tag an gibt es Publikum. Diese Leute sind allerdings nicht kontinuierlich dabei

wie Assistenten oder Hospitanten, die immerhin die Entwicklung verfolgen können. Das ist sehr schwierig, gleich wie in einer Vorstellung zu spielen, wenn man eigentlich noch ganz im Stadium der vollkommenen Suche ist und noch gar keine Vorstellung von einer Rolle hat.

Allerdings habe ich auch da durch die Arbeit mit ihm sehr viel gelernt. Inzwischen stören mich Leute im Saal überhaupt nicht mehr. Ich habe gelernt, diese Scheu zu überwinden, jetzt ist es mir eigentlich ziemlich gleichgültig, wenn während der Proben jemand Fremder in den Saal kommt. Und das ist besser so, denn ich denke, man sollte auch die Bescheidenheit besitzen, sich nicht nur glanzvoll zu zeigen. Auch das gehört zum Schauspielerberuf.

Da ich hier in Paris sehr viel mit Patrice Chéreau arbeite und Patrice ja auch aus Strehlers Schule kommt, habe ich die beiden oft verglichen in ihrer Arbeit. Chéreau ist sehr durch Strehlers Theaterästhetik beeinflußt worden, die wiederum von Brecht kommt. Aber sie kommen aus unterschiedlichen Generationen, haben ganz unterschiedliche Sorgen, sowohl politisch wie ästhetisch.

Was die Arbeit mit den Schauspielern betrifft, sind sie fast Gegensätze. Ich glaube zum Beispiel, daß Chéreau, im Gegensatz zu Strehler, den Schauspieler nicht liebt und ihn eigentlich auch nicht führen kann. Er bringt ihn bis zu einem gewissen Punkt, aber er zeigt keinerlei Liebe für seine Schauspieler. Er ist den Schauspielern höchstens dankbar, daß sie seine Regie vervollständigen. Selbst wenn er sich dafür hält, hat er für mich nichts von einem Schauspieldirektor. Dagegen kann Chéreau sehr gut Sänger führen. Wozu er Sänger bringen kann, ist einzigartig in der Musikwelt.

Ich hatte niemals den Eindruck, Strehler fordere für sich selbst wirklich die Rolle des Regisseurs: Er ist ein Komödiant, ein Schauspieler, der andere Schauspieler führt und dirigiert. Sein Traum ist das Spielen. Selbst wenn er krank ist, schon halb tot – sobald er ankommt und die Bühne betritt, ist er wieder zwanzig.

Er bewegt sich auch so wunderbar. Er benutzt die Morphologie eines jeden Schauspielers, eignet sie sich an. Wenn er es mit jemand Kleinem, Dickem zu tun hat, wird er selbst klein und dick und spielt alles wie ein kleiner Dicker.

Das Gegenteil bei Chéreau: Ich halte ihn für einen sehr schlechten Schauspieler. Mit dem, was er einem vormacht, kann man nichts anfangen. Chéreau verwandelt sich nicht physisch, man muß wie er gebaut sein, um das, was er vorgibt, machen zu können.

Schlußszene in Corneilles 'L'Illusion'

Dagegen führt er, wie ich schon sagte, Sänger bewundernswert, weil Sänger das haben, was ihm immer entgleitet: die Musik. Ihre Aufgabe ist es zu singen, und mit Chéreau funktioniert das, wenn man stark in der Reserve der Opposition bleibt. Die Musik ist in diesem Sinne exemplarisch, weil man in die Rollen nicht eingreifen kann.

Ich hatte während der Proben mit Strehler immer den Eindruck, an einem wirklichen Theater-Gedächtnis teilzuhaben, das meine Jugendträume geprägt hat. Für jemanden, der wie ich weder Jouvet noch Villar noch Brecht gekannt hat, ist Strehler Zeuge einer Theatergeschichte und -entwicklung, ist er Verkörperung eines historischen Theatermoments, für das es kaum ein Äquivalent gibt. Strehlers Tradition des „théâtre à l'italienne", verbunden mit seinem politischen Engagement, mit seinem Brecht-Einfluß, mit dem Kommunismus – dieser ganze Teil Kulturgeschichte Europas, dafür ist er einer der wenigen noch lebenden Zeugen.

Von Brecht spricht er viel in den Proben, aber komischerweise mehr von Gedichten Brechts als von seinen Stücken. Ich glaube, Strehler gehört wie Brecht zu den Menschen, für die Theatermachen einer bestimmten Ethik entspricht, einer moralischen Stellungnahme gegenüber der Welt. Das ist nicht Inszenieren für Theaterbesucher, das ist viel mehr: Die Welt verändern. Eine unglaubliche Utopie!
Deswegen spürt man bei Strehler auch heute noch die Kraft und Überzeugung, mit der er in einem historischen Moment sich dem Theater so bedingungslos zu widmen beschlossen hat. Sein Humanismus, seine Menschlichkeit kommt allerdings ganz aus dem Romanischen, Italienischen, weniger dem Deutschen, Germanischen – ist sehr „lyrisch", wenn ich es so nennen darf.

Es ist kein Zufall, daß er ausgerechnet *L'Illusion* zur Eröffnung des Théâtre de l'Europe – des ersten „europäischen Theaters" – inszeniert hat. Die klassische französische Tragödie hat zunächst überhaupt nichts mit commedia dell'arte zu tun, wie man annehmen würde; und dennoch wurde sie auch in dieser Inszenierung wieder spürbar. Zunächst in der Wichtigkeit, die Strehler grundsätzlich dem Körper, dem Sinnlichen beimißt. Hier in Frankreich hat man die Tendenz, Theater nur mit dem Kopf zu machen, den Körper gibt es kaum. Es gab große Veränderungen in dieser Hinsicht seit den siebziger Jahren, aber dennoch besteht unsere Tradition nicht im Körper, sondern im Wort und in der Stimme.

Strehler ist bis in die kleinsten Anweisungen extrem physisch, verwendet viel Aufmerksamkeit auf die Haltung, die Gestik, den Gang usw. Gerade mit den schweren, aufwendigen Kostümen des 18. Jahrhunderts war das sehr schwierig, aber auch besonders wichtig, weil man nur so den „code de comportement", also die richtigen, dieser Sprache angemessenen Verhaltensformen und Bewegungen, realisieren kann.

Ein Franzose hätte diesen Corneille ganz anders behandelt, völlig anders gewichtet, als Strehler es getan hat. Sehr schön fand ich etwa, wie er den letzten Akt ausgearbeitet hat, das entspricht ganz seinem Theaterstil: In dem Moment, in dem das Stück zu Ende war, ließ er uns Schauspieler – wieder ganz als „Theater im Theater" – als Schauspieler auf einer Bühne präsent werden; nun fingen wir an, unsere Kostüme aufzuräumen, uns „nach beendeter Vorstellung" auszuruhen usw. – niemand sonst hätte das so gemacht. Für mich war das ein Moment, in dem wieder ein Stück Theatergeschichte erzählt wird, die er gelebt hat, die er kennt und tief empfindet.

In dieser Szene hat er auch diese Note des „Saltimbanque", des Seiltänzers, Gauklers und Komödianten, heraufbeschworen. Das Stück schließt mit der Demonstration des Gespielten als etwas Gespieltem im Sinne von: *„Seht uns an, wir sind nur einfache Komödianten, aber wir leben dennoch den verrückten Traum, die Welt ändern und sie besser machen zu wollen."*

Was ungewohnt ist für den französischen Geschmack, ist auf der einen Seite dieser hohe ethische Anspruch in Strehlers Theater und gleichzeitig auch das Boulevardhafte. In Italien gibt es allerdings allgemein eine Tradition der Schmierenkomödie, die viel stärker ausgeprägt ist als in Frankreich. Wenn man in Frankreich bei einem Abgang applaudiert, gehört das ins Boulevardtheater. In Italien ist das etwas ganz anderes, man kann sogar *Faust* spielen und Beifall bekommen, was bei uns undenkbar wäre. Strehler versteht es, Auftritte und Abgänge so zu machen, daß applaudiert wird. Für ihn ist dieser Beifall wichtig. Das ist wieder der komödiantische Zug an seinem Theater: Der Komödiant will geliebt werden. Er geht auf die Leute direkt zu und will sie sofort zum Weinen oder Lachen bringen. In der französischen Theaterkultur dagegen gilt Szenenapplaus als vulgär und bürgerlich. Das irritiert unseren Geschmack – man weiß nicht mehr, wo man eigentlich ist, denn für diese Tradition des Komödianten haben wir in Frankreich eigentlich kein Äquivalent. Unsere Theatertradition beruht in erster Linie auf der Tragödie, auf

dem 18. Jahrhundert. Die italienischen Wandertruppen, die in dieser Zeit nach Paris kamen, haben das französische Theater zwar sehr beeinflußt, aber dennoch gibt es bei uns diese Tradition, die aus der commedia dell'arte entstanden ist, kaum mehr. Bei Strehler dagegen ist sie fast immer irgendwo spürbar.

Strehler vermittelt in seinem Theater einen enormen Glauben – wie ein Christ. Natürlich ist er nicht christlich, aber er hat eine gläubige Überzeugung, eine richtige Inbrunst. In der heutigen Theaterwelt gibt es so viel Zynismus und Niedergeschlagenheit. Strehler dagegen hat, trotz seines Alters und seiner Geschichte, immer wieder noch die Aufrichtigkeit, das Erstaunen und die Begeisterung eines Kindes für das, was auf einer Bühne geschaffen werden kann, nicht nur was den Schauspieler betrifft, sondern auch ein Kostüm, einen Stoff, ein Licht, ein Ding, das runterfällt, einen Klang, eine Stimme... All das ist für ihn immer wieder von neuem wie die Bestätigung der eigenen Existenz. Das hat mich immer wieder ganz fassungslos gemacht.

Ich empfand es als unglaubliches Glück, in dieser Inszenierung mit Strehler gearbeitet zu haben, weil ich mich vollkommen aufgehoben und gehalten fühlte. Deswegen war ich auch bereit, viel zu lernen und anzunehmen, nicht zuletzt sogar eine Form von „Gehorchen". Normalerweise habe ich einen geradezu allergischen Reflex gegen jegliche Autorität, und es mußte schon eine solche Persönlichkeit wie Strehler kommen, um mich dazu zu bringen, genau sieben Schritte zu machen, um im Licht zu sein, meine Partnerin nicht anzuschauen, eine Perücke zu tragen, die nichts als meine Nase herausschauen läßt, und so weiter.

Doch manchmal stößt man ja gerade in der Beschränkung auf wichtigere Dinge als in der totalen Freiheit. Das ist meine Erfahrung mit Strehler.

Wenn ich an Strehler denke, taucht etwas Lyrisches, Poetisches auf. Chéreau stößt mich immer wieder in Abgründe größter Verwirrung – Strehler dagegen ist so sonnig. Es war anscheinend nicht zufällig, daß ich vorhin das Beispiel „soleil – Sonne" zur Veranschaulichung seines Vorgehens wählte: Strehler ist licht, ist hell – wenn ich an ihn denke, taucht immer etwas ganz Lyrisches, Poetisches in meiner Erinnerung auf.

Man ist zerrissen und gespalten in unserer Welt heute, aber mit Strehler hat man den Eindruck, als füge sich die Welt um ein Theaterstück wieder harmonisch zusammen.

Wenn man aus einem Stück von Strehler kommt, glaubt man wieder an den Menschen, an die Menschlichkeit in der Welt, und man fühlt sich besser...

nach einem Gespräch, Paris, 2. Juni 1992

BERNHARD MINETTI

„Minetti, bist Du nun Engel oder Teufel?" –
„Beides, Giorgio, beides!"

Was haben Sie vor Ihrem Zusammentreffen 1958 mit Giorgio Streh-
ler von ihm gehört oder gesehen, was für eine Rolle spielte er damals
in der deutschen Theaterszene?

Ich kann mich erinnern: Mein erster Eindruck von Strehler – künstlerisch – war Goldonis *Diener zweier Herren,* auf einer großen Gast-
spieltournee in Deutschland. Ich weiß es noch deutlich, daß ich
mich innerlich vom Publikum, von der Masse, vom Begeisterungs-
sturm trennte. Ich fand es lebendig, ich fand es bunt, ich fand es
lustig. Ich fand es aber gleichzeitig entsetzlich marionettenhaft, entsetzlich studiert, entsetzlich formuliert, so daß ich das Gefühl nicht
loswurde: *„Das ist nicht mein Theater, das ist nie mein Theater! Das*
hat mit mir nichts zu tun. In sich ist es formvollendet, das ist unbe-
zweifelbar. Aber eben doch auf eine ganz andere Art, die nicht die
meine ist."

Erinnern Sie sich noch an Ihre erste persönliche Begegnung mit
Strehler?

Das war in Düsseldorf mit Stroux. Stroux wollte den Düsseldorfern
als Gründgens-Nachfolger „großes Theater" bringen. So hatte er
sich Strehler engagiert, dessen Stern gerade in Deutschland durch
die Tournee von *Diener zweier Herren* aufgegangen war. Sie hatten
sich auf Pirandellos großes Fragment *Die Riesen vom Berge* geeinigt, eines der schönsten Stücke über Schauspieler. Pirandello
war während der Arbeit an diesem Stück gestorben. Stroux sagte
Strehler, er habe für eine der Hauptrollen, für den Cotrone, keine
rechte Besetzung, schlug mich aber dennoch vor. Ich hatte Bedenken, als ich das Stück las, war aber auf die Begegnung mit Strehler
erpicht. Wir trafen uns in Stroux' Büro, sprachen etwa eine Viertel-
stunde nur über das Stück, Stroux redete mir meine Bedenken vor
Strehler aus, dieser hörte nur zu, äußerte sich kaum, wollte dann
nach näherem Kennenlernen entscheiden.

Wie ließen sich dann die gemeinsamen Proben an, wie erlebten Sie
Strehlers Arbeitsweise in den ersten Proben, was war neu, unge-
wohnt für Sie?

Ich bekam schließlich die Rolle des Cotrone. Meine Partnerin war
Maria Wimmer. Wir begannen die Proben, und schon fand ich mich

irritiert. Strehler begann mit Leseproben. Immer wieder haben wir
das Stück zusammen gelesen, mit verteilten Rollen. Wenn ein Regisseur neu zu einem Ensemble kommt beziehungsweise das Ensemble kein richtiges, echtes Ensemble ist – wie in unserem Fall damals –,
lernt man sich untereinander und das Stück so sehr viel besser kennen, als wenn man es alleine liest. Es ist also sehr nützlich. Aber
Strehler hat – glaube ich – das Stück erstmal vier- oder fünfmal nur
gelesen, und da begann schon für mich das Wunderliche: Ihm ging
es ganz um den Fluß des Dialoges. Er sprach immer wieder von
„lirik" und meinte damit die Poesie des Textes, an der ihm viel lag.
Sie war für ihn das Fundament der Inszenierung. Grundlage vorerst
also: Musik, Melodie. Es ging ihm ganz um den Rhythmus einer
Szene. Und bereits in diesem Stadium versuchte er, eine gewisse
Dynamik festzulegen.

Ja, das fand ich an und für sich... spannend, aber in meinem Fall war
es nicht die richtige Annäherung. Meine Fundamente waren – und
sind – andere: Nämlich zunächst das Erlebnis des Autors und seiner
Menschlichkeit, der ich im Text nachzuspüren versuche, um sie der
meinen zu verbinden, um sie auf mich und mich auf sie zu übertragen. Strehlers Vorgehen aber hat mich im Grunde weggeleitet, war
also nicht sehr befruchtend in diesem Stadium.

Es gab unendliche Schwierigkeiten. Strehler verlangte zunächst das
schauspielerische Handwerk als eine Art von Hülle, um dann die
Handlung und erst ganz zuletzt eine Figur, einen Menschen darzustellen. Er geht immer eher von außen nach innen, während ich bei
einer Figur immer von innen langsam nach außen gehe.

Ich möchte fast behaupten... dieses Über-Gefühlsgedöhne, dieser
unendliche Kosmos der menschlichen Gefühle, war immer etwas
pathetisch und allgemein bei Strehler. Während ich vielmehr Akzente suchte und Verhaltensweisen dieser oder jener Figur gegenüber
dieser oder jener Situation. Die Situationen als solche waren mir
wichtiger, wichtiger als ein gefühlsbetonter Dialog. Es ist mir viel
wichtiger, eine Situation herzustellen und Verhaltensweisen einer
Figur. Dadurch erfinde ich auch die Figur, dadurch wird sie körperlich, entsteht aus oder in meinem Körper – so hoffe ich jedenfalls. In
diesem Vorgang war ich gestört, war völlig konträr zum Strehlerschen Arbeitsvorgang.

Ich muß aber betonen, daß alle meine Kollegen, die ich hoch ein-
schätzte, Strehler mühelos folgen konnten. Das hat mir den Konflikt
natürlich nicht erleichtert. Und es gab große Auseinandersetzungen,
mehr mit Kollegen als mit Strehler selbst.

Er entwickelte alles, wie ich schon sagte, aus einem rhythmischen
Ablauf, man kann auch sagen: vom Ganzen her, aus einer Musikalität, für die ich eigentlich sehr empfänglich bin. Strehlers Musikalität
allerdings ist mehr eine allgemeine, sagen wir: ein grundsätzlich
musikalischer Umgang mit einem Text, während ich das Musikalische immer nur in einer ganz bestimmten Poetik empfinde, zum
Beispiel bei der Poetik von Büchner, von Kleist, von Shakespeare...

Ich fand keinen Halt in den Proben, ich begann zu verzweifeln. Und so gab es auch vom Verständnis der Rolle selbst große Schwierigkeiten.

Strehler hat 'Die Riesen vom Berge' im ganzen dreimal inszeniert: 1949 am Schauspielhaus Zürich, dann 1958 mit Ihnen in Düsseldorf (die deutsche Erstaufführung des Stückes) und dann nochmals 1966 in Mailand mit Valentina Cortese am Piccolo Teatro.
Das Stück ist eigentlich eine einzige große Theater-Metapher, Theater-Reflexion, verkörpert in den drei Hauptrollen: Ilse steht für das Theater als Mission, als Aufklärung und damit für sie auch als 'Martyrium' (so Strehler); Cromo steht für Theater als Handwerk, als Beruf, und schließlich Cotrone ist vielleicht so etwas wie Pirandellos Prospero, der Abschied vom Theater wie vom Leben .
Was war für Sie das Wesentliche dieser Figur? Was waren Strehlers Vorstellungen?

Was genau seine Vorstellung war, weiß ich nicht. Ich vermutete, daß man diesen Cotrone als eine Art Zeus des Theaters verstehen könnte, „als Göttliches". Ein Gott wie Zeus hat aber auch körperlich ein gewisses Format, eine gewisse Fülle. Ich dagegen war ja immer schlank und eher steil. Und so hatte ich schon eine Grundhemmung gegenüber der Rolle.
Es gab aber keine eigentlichen Diskussionen oder Auseinandersetzungen zwischen Strehler und mir. Nur auf der Szene das häufige „Unwirschsein" von mir, immer wenn ich für mich nicht weiterkam.
Damals lernte ich Walter Schmidinger kennen – in einem fürchterlichen Krach. Er fand mich zu selbstisch, ich-bezogen, als wolle ich alle Wirkungen für mich. Das ist nie meine Absicht, es ist ein Eindruck, den ich erwecke, wenn eine Sache mich zutiefst fesselt und bestimmt. Wir haben uns aber dann später gut zusammengerauft.
Die Wimmer dagegen hat mir in meinen Schwierigkeiten sehr geholfen. Sie machte mir klar, daß ich es mir viel zu schwer machte, daß ich zu schwerfällig war, mich verweigerte, anstatt mich fallenzulassen und einfach zu folgen. Ich hatte mir schon eingeredet, ich sei wohl für Strehlers Methode durch Fehling verdorben. Denn ein größerer Kontrast als Strehlers commedia-Methode und meine Fehling-Figürlichkeit war gar nicht denkbar.

Ist Strehler Ihnen in Ihren Schwierigkeiten entgegengekommen, hat er Sie unterstützt, was hat er für Hilfestellungen gegeben?

Auf seine Weise freundlich... ja. Ich muß ihm gegenüber wohl Fehling erwähnt haben. Von da an versuchte er, immer mehr über ihn zu erfahren. Er wollte wissen, wer er war, wie er war, wie er was gemacht hat. Ich sagte ihm in diesen Gesprächen, was Fehling einmal über den deutschen Schauspieler gesagt hatte: Der deutsche Schau-

B. Minetti und G. Strehler bei Proben zu 'Die Riesen vom Berge', Düsseldorfer Schauspielhaus, 1958

spieler sei Ritter, Tod und Teufel, wie auf Dürers Grafik. Und er fange mit dem „Ich" an, mit den Fragen: Wie bin ich, was ist los mit meinem „Ich" und der Figur? Strehler fing dann tatsächlich auch bei den Äußerungen der Figuren an zu inszenieren.
Eigentlich haben wir uns dann erst in der letzten Woche gefunden. Da begann ich plötzlich klarer zu sehen, weil alles um mich herum blühte und wuchs. Ich beteiligte mich und war plötzlich dazu fähig.

Zu dem unvollendeten Schluß: Pirandello hat auf dem Totenbett den Schluß des Stückes seinem Sohn skizziert – war das auch die Vorlage für Strehlers Pantomime des Schlußaktes, die Sie spielten?

Ja, da Pirandellos Stück nach dem zweiten Akt abbricht, hat Strehler es mit einer Pantomime zu vollenden versucht. Zum Schluß dieses zweiten Aktes war die Düsseldorfer Aufführung am Kippen, ein Theaterskandal schien auszubrechen. Laute, empörte Unmutsrufe.

Die Pantomime war aber künstlerisch von wirklichem Format, Strehler hatte zum Aktschluß einen surrealen, an sich großartigen Matrosentanz inszeniert, den aber das von viel Schickeria durchsetzte Publikum nicht begriff. Es fühlte sich verhöhnt. Ich hatte von den Vorgängen vor dem Vorhang nichts bemerkt, mußte aber durch den Vorhang in der Mitte hinausgehen und sagen: *„Hier ist das Werk beendet, weil Pirandello starb."* Und: *„Wir versuchen nun, den Autor zu vollenden."* Als ich durch den Vorhangschlitz trat, war ich entsetzt über diese Unruhe und Gestikuliererei im Saal, aber ich muß so in mich versammelt gewesen sein, daß meine Konzentration, meine Haltung vor dem Werk und dem in ihm spürbaren Tod dieses Schriftstellers mir die Fähigkeit gab, auf die Menge zu wirken. Sie wurde sofort still, ich sagte die wenigen, wie uneingeübten Sätze – und die Leute hielten den Atem an. Ich hatte den Eindruck, sie waren alle beschämt. Plötzlich war eine ganz neue Situation hergestellt. Das Publikum war in den Stand versetzt, sich die zwanzig Minuten dauernde Pantomime anzusehen, die das Fragment komplettierte. Und aus dem Abend wurde ein großer Erfolg. Ich war sehr glücklich. Ich habe damals in diesem Moment – wenn man so sagen will – die Aufführung „gerettet", das habe ich auch in meinem Buch geschildert, dazu stehe ich.

Schien Ihnen Strehlers Schluß also gelungen... Hat er sich dem Stück homogen zugefügt?

Ich hatte nichts dagegen. Da bin ich aber eher unkritisch, das weiß ich nicht. Ich überschätze allerdings auch Pirandello nicht...

Wie sind Sie schließlich auseinandergegangen – in Distanziertheit oder im gegenseitigen Einverständnis und in Freundschaft?

Als wir alle nachher bei der Premierenfeier zusammensaßen, fragte mich Strehler plötzlich: *„Minetti, sag' mir, bist Du nun Engel oder Teufel?"* Ich bin nicht oft schlagfertig, diesmal aber sagte ich mühelos und schnell: *„Beides, Giorgio, beides!"* – Ganz klar: beides. Dieser kurze Dialog traf den Kern unserer Begegnung.
Wir hatten uns sehr schön versöhnt. Es ist also keine Künstlerfeindschaft daraus entstanden und eine persönliche schon gar nicht.

Was würden Sie sagen – auch nun im nachhinein vielleicht, mit mehr Distanz: Was hat Ihnen diese Erfahrung mit Strehler gebracht, was haben Sie von ihm gelernt, wo hat Strehler Sie bereichert?

Mich hat die Erfahrung als solche bereichert. Die Art, Theater zu spielen wie bei Strehler, sehe ich – in gewisser Weise – immer im Kontext, im Kontext des Romanischen. Ich habe romanische Kollegen von Strehler gesehen, nicht Italiener, aber Franzosen und Spanier, und war fasziniert, fand ihr Theater – in aller Andersartig-

keit – fruchtbar. Strehlers Art, Theater zu spielen, ist für das deutsche Theater (das ist nicht nationalistisch gemeint) nicht wirklich fruchtbar, nur interessant.
Was kann ich noch sagen... Ich habe großen Respekt vor seiner Persönlichkeit. Ein unheimliches Fluidum übt er aus, auch auf mich, im spontanen und menschlichen Sinne: große Faszination, Lebendigkeit... Bitte nicht vernachlässigen: Seine große Wirkung auf mich, auf das Publikum, auf das weibliche Geschlecht wollen wir ihm gönnen. Ich bin im Grunde, meine ich, bei wirklichen Werten ganz unvoreingenommen. Zum Beispiel bin ich gerade wieder von einem meiner großen Kollegen so hingerissen und fasziniert, daß ich fast hilflos hinterher dachte: *„Mensch, nein, nein, das kannst du nie..."* – Wie man so schön sagt: Mir blieb einfach die Spucke weg.
Strehlers Theorien, wenn ich sie mal lese – ich lese ungern Theorien –, sind in sich begründet, gegründet, aber sie sind mir zu sicher, zu aufschlußreich und in diesem Sinne dann letztlich viel zu brav. Wie überhaupt – er fühlt sich wohl als Brechtianer und als Gesellschaftskritiker, aber ich finde das, was er schreibt, dann doch letztlich viel zu wenig, zu einfach. Daß er den Ehrgeiz hat, für Europa etwas zu tun, das zeichnet ihn aus, da ist er mir sympathisch.
Aber: Hat er eigentlich überhaupt jemals deutsche Klassik inszeniert, hat er einmal Woyzeck gemacht?

Das wollte er immer...

Aber das kann er nicht. Büchner, Kleist... kann er nicht! Wozu auch? Ich erwarte ja nicht von jedem Regisseur, daß er... Ich kann gut verstehen, daß er da ausweicht.
Es ist sein gutes Recht zu zeigen, wie er Theater empfindet und daß er andere eben auch lassen will, weil er großzügig ist und sein will – alles wunderbar! Nur unmittelbar, also künstlerisch, sind wir Gegensätze.
Wobei ich natürlich kein Regisseur bin und es leicht habe zu kritisieren, nichts dagegensetzen kann. Aber von Anfang an, meine ich, hatte ich als Schauspieler, in meiner Eigenart, bei ihm keine wirkliche Stütze oder Förderung – vielleicht eine Anregung, aber...

Haben Sie seit Ihrer gemeinsamen Arbeit nochmals Inszenierungen von ihm gesehen, hatten Sie noch manchmal Kontakt?

Ich muß leider sagen, daß einige seiner großen Erfolge mich gar nicht überzeugt haben. *Das Spiel der Mächtigen* in Salzburg in der Felsenreitschule ließ mich ganz unbeeindruckt. Das war für meine Begriffe ein ganz leeres, pathetisches Theater. Für meine Sicht – und ich will *meine* sagen, damit ich nicht unbescheiden werde oder irgendwo den Richter spiele – ganz verfehlt und von außen gesehen. Die Figuren hatten keine Individualität, sie hatten kein historisch-kritisches Bewußtsein. Die Disharmonie hat sich gar nicht ausgetragen.

Genausowenig begeistert war ich von Strehlers *Lear*. Der Lear war von Anfang über Mitte bis zum Ende immer derselbe und hat gar nichts erfahren oder wirklich durchgemacht, war gar nicht wirklich verloren am Schluß und war im Menschlichen überhaupt nicht... verankert, war nur eine Typus-Figur eines Schauspielers, der sich darbot; der sicherlich sehr schön und gut sprach – was mich aber überhaupt nicht interessiert im Zusammenhang eines Stückes, eines Stückes von Shakespeare.

Die Dreigroschenoper in Paris: beschissen, kann ich da nur sagen. Das dort kann er gar nicht verantworten. Die ganze Aufführung war stadttheaterhaft. Nur routiniert, in einem Sinne, den ich nun schon gar nicht mochte, wenn sein Theater nun noch routiniert wird.

Ich habe nicht allzu viele Stücke von ihm sonst gesehen, aber siehe *King Lear,* siehe *Spiel der Mächtigen,* siehe *Dreigroschenoper*... dazu mag ich weiter gar nichts sagen, es war im ganz normalen, billigen Wort: äußerlich, von außen.

Ach ja, ich habe aber noch – um doch auch etwas Lobendes zu sagen – diese *Streitereien in Chioggia* gesehen, was er jetzt wieder macht (verdächtig nur, daß er immer wieder dasselbe macht). Das war im besten Sinne – meistens nimmt man es ja als Schimpfwort – folkloristisch: italienisch, heiter, bewegt; das hat mich hingerissen, mehr als *Diener zweier Herren.*

Um nochmals auf Ihre Gegensätzlichkeit zu kommen: Am Telefon, als wir sprachen, betonten Sie Strehlers romanischen, italienischen, sagen wir „komödiantischen" Ursprung und dagegen Ihre – Sie nannten es: klassische deutsche „Prägung"...

„Das Deutsche" – sagen wir: das Chaotische, das Suchende, das Die-Utopie-herstellen-Wollende, und das auf dem Grunde eines eigentlich dauerhaft erlebten Chaos – das trifft mich vielleicht. Strehler dagegen findet mir zu viel Form, hat immer schon eine Form. Ich suche jeweils eine andere Form – aber auf meine Weise, suche aber immer auch eine ganz andere Welt als die seine, oder vielleicht kann man so sagen: die Welt immer wieder anders und neu zu formulieren. Das ist der Gegensatz.

Was mich an dieser Stelle sehr interessieren würde: Sie haben ja sehr intensiv und „fruchtbar" (hier darf ich es nun sagen, so würden Sie es sicherlich in diesem Zusammenhang selbst bezeichnen) mit Klaus Michael Grüber zusammengearbeitet. Grüber kommt auch aus Strehlers Schule, auch wenn er sehr anders veranlagt ist und sich in eine ganz andere, sehr eigene Richtung entwickelt hat. Grüber aber bekennt sich dazu, daß er am Piccolo, mit Strehler sein „Handwerk" gelernt hätte. Sind für Sie diese Ursprünge manchmal spürbar gewesen?

Für die Poesie des Autors hat Grüber einen ganz großen Sinn. Das könnte Strehler entsprechen, auch wenn Strehlers Poesie eine an-

dere ist. Doch, eine Ähnlichkeit ist schon zu spüren... gelegentlich, in einer, sagen wir: einer Art „Überglänzung des Poetischen"... ja! Das kann auch bei Grüber etwas Romanisches, Süddeutsch-Alemannisches sein, möchte ich sagen...

In dem Gebrauch, in der „Bekleidung" einer Handlung, eines Vorgangs sind Ähnlichkeiten zu sehen. Doch sie sind nicht, wie ich es bei Strehler eben leider immer beobachtete, bis in die Entpersönlichung des Schauspielers hinein gearbeitet. Die Zerrissenheit ist es vielleicht, das Infragestellen, das ich bei Strehler vermissen würde. Bei Grüber dagegen werde ich ganz in dieser Weise gefordert!

Sie haben mit Grüber unter vielem anderen auch das 'Universum Faust' erarbeitet – haben Sie auch verfolgt, was Strehler mit dem 'Faust' gemacht hat, diese sogenannte Theater-Suche?

Seinen *Faust,* den ich mir ja nicht vorstellen kann (und darf), habe ich nur aus der Presse verfolgt und habe da viel Unentschiedenes und Dummes gelesen. Ich hatte aber selbst den Auftrag, am Piccolo *Faust* zu lesen. Und das war mir für meine Begriffe unheimlich gelungen – wie selten. Ich habe also den ganzen *Faust* in der Bearbeitung Grübers gelesen. Und wenn ich jetzt daran denke, warum es mir gelungen ist (das ist auch irgendwie wieder bezeichnend, wie wir gerade Grüber und Strehler definiert haben), habe ich erlebt, daß dieser *Faust* ganz jenseits von Inszenierung sein kann, dieser Grübersche *Faust.* Also: Er ist eine Lesung, ziemlich frei, weil ich den Text ja fast auswendig kann; und es ist mir im Grüberschen Sinne gelungen – so unbescheiden darf ich immerhin doch sein –, auf die *einfachste Weise,* ohne besondere Akzentuierung und trotz der radikalen Kürzungen, so daß die einzelnen Szenen sich aneinanderfügen konnten.

Der Grübersche *Faust* war dennoch ein großes Wagnis. Grüber war damals der Ansicht – und das war auch meine Meinung –, daß es womöglich das letzte Mal sei, daß wir einen *Faust* versuchen wollten, konnten, sollten, denn die Goethesche, letztlich doch optimistische Poesie und Ausdrucksform schien uns in unserem technisierten und schematisierten Zeitalter immer schwieriger und fragwürdiger. Ich erinnere mich jetzt plötzlich in diesem Zusammenhang wieder an ein wörtliches Zitat von Grüber. Er sagte mehrmals zu mir: *„...'und einen Freund am Busen...' – Bernhard, Du bist der einzige, dem ich zutraue, daß er das noch sagen kann."*

Diese Verkürzung des *Faust,* dieses Mißtrauen in jede Schauspielerei des Gretchen zum Beispiel, dieser ganze Kerker-Monolog – diese berühmte Schauspielerdarbietung, daß die da nun wild und wahnsinnig wird –, solchem allem haben wir mißtraut. Wir haben ihn sehr reduziert; am Schluß zum Beispiel: Er haut ab mit seinem Wanderstab in den zweiten Teil und zeigt nur noch seinen Rücken... Sie verstehen den Zynismus?

Das zum Thema *Faust.* Und ich habe irgendwie den Eindruck, was danach folgte in Deutschland an Annäherungsversuchen an *Faust* – ich habe natürlich nicht alles gesehen oder verfolgt –, aber schicksalsgläubig, wie ich bin – nennt man das mystisch? –, also mystisch wie ich veranlagt bin, scheint es mir bezeichnend, daß es Stein nicht gelingt, *Faust* an der Schaubühne zu inszenieren, daß es Zadek nicht gelingt... das – ohne die geringste Anmaßung, bitte! – empfinde ich fast als eine mystische Entscheidung.

Es war vor uns Peymann noch einmal sehr schön gelungen, in einer sehr wilden und für seine Verhältnisse phantasievollen und ausgreifenden Inszenierung. Aber selbst diese Inszenierung war dann doch sehr theatersinnlich bedingt und hatte letztlich nicht die Konsequenz, mit der Grüber in der Salpêtrière schon angefangen hatte und dann mit mir noch einmal einen Schritt weitergegangen ist.

Es gibt ja Momente, wo Strehler auch die Reduktion, eine vielleicht vergleichbare Reduktion in seiner 'Faust'-Annäherung suchte, die mir sehr gelungen erscheint, dort, wo er sich ganz auf den Monolog oder Dialog an den Stehpulten beschränkt, auf alles Inszenatorische verzichtet. Er hat allerdings diese Momente bisher unter dem Deckmantel des 'Vorläufigen' in den Raum gestellt und betont, daß aus ihnen weiteres entstehen werde.

Jaja, umgekehrt scheint er da vorzugehen. Aber da kann ich nur sagen: Ich traue ihm nicht...

Sie meinen: Er könne doch letztendlich der „Versuchung der Mittel" nicht widerstehen?

Ich denke, er ist im Grunde nicht wirklich imstande, sich der Sache eigentlich zu stellen... Ich möchte wirklich so alt werden und dann seine „Vollendung" sehen, wenn er das jetzt für vorläufig hält.

Warum meinen Sie, daß er nicht imstande sei, „sich der Sache zu stellen"? Hat das etwas zu tun mit dem, worüber wir vorhin sprachen?

Ich habe das Gefühl, daß *Faust* nicht geeignet ist für die romanische Denkanschauung: Schon dieses „Strebend-sich-Bemühen"... und auch diese deutsche Rücksichtslosigkeit, diese Unermeßlichkeit, dieser Größenwahn, diese Raserei... – das ist etwas so Deutsches. Der Italiener hat diese Übersteigerung, diesen Größenwahn nicht. Strehlers Größenwahn ist höchstens sein persönlicher – ich will nicht sagen: seine Eitelkeit. Strehlers *Faust*, sein Faust als Hauptperson, ist im Gegensatz zu Grübers Tendenz eine eigensüchtige... süchtig auch als Wert. Sucht ist vielleicht ein Verhängnis – und das möchte ich hier mit Respekt gesagt haben. Es ist sehr frech, ich darf das gar nicht sagen. Es wäre peinlich, ihm das zu unterstellen.

Trotzdem kann man ja vielleicht die Faszination verstehen, die Strehler für den 'Faust' empfindet, immer schon empfand...

Ja natürlich! Und, das habe ich ja schon gesagt, Strehlers Fluidum, seine Faszination, wenn er bei sich ist und wenn er sich dem Dichter unterordnen und angleichen kann, ist unbestritten. Doch mich hat er zum Kampf verleitet! Wer ihn zum Kampf verleitet, weiß ich nicht.

...Keiner der Irdischen – ich meine: der Lebenden –, keiner, der ihm wirklich begegnen kann, scheint mir...

Sehr charmant gesagt, gut, aber das ist doch kein Zustand? – Eigentlich.

Tja, das ist das Problem aller „Großen"...

nach einem Gespräch, München, 8. Dezember 1992

WILL QUADFLIEG

Hamburg, im November 1992

Lieber Giorgio,

Molière brachte uns am Schauspielhaus in Zürich zusammen (es muß 1950 oder '51 gewesen sein). Du inszeniertest damals mit dem Schwarm der höheren Töchterschülerinnen Zürichs den 'Don Juan'. Dein Deutsch war noch etwas bescheiden und Deine Regieanweisungen dementsprechend kurz und treffend. Entweder: „Bravo, Willi!" oder: „Scheiße, Willi!"

Du hattest den verwegenen Einfall, mich mit einer roten Rose im Mund, auf dem Souffleurkasten hingestreckt, einen Monolog sprechen und danach diese rote Rose, gewissermaßen als Pointe, ins Parkett werfen zu lassen. Diese Rose unter den Stuhlreihen zu erreichen, war das sportliche Klassenziel der jungen Backfische und brachte mir laufend die bestformulierten Verrisse ihrer Deutschlehrerin ein, die zugleich eine gefürchtete Theaterkritikerin war.

Dann begegneten wir uns wieder beim 'Spiel der Mächtigen' in Salzburg. Das wurde eine der Sternstunden für viele deutsche Schauspieler. Jeder der Beteiligten erinnert sich mit respektvollem Enthusiasmus an die wochenlangen Proben in alkoholbeschwingter Intensität und an die beiden Premieren—ohne Generalprobe—, die mit Hilfe des Chefinspizienten Harry und der weißglühenden Konzentration Deiner Schauspieler zu einem großen Erfolg wurden.

Später hast Du mich als Chef des Théâtre de l'Europe eingeladen, mein 'Faust'-Programm in Deinem Pariser Odéon und dann in Deinem Mailänder Theater zu sprechen. Du hattest alles aufnehmen lassen und sagtest am nächsten Tag bei Deinen Wiederaufnahmeproben für den 'Faust' in Deinem schönen Deutsch zu mir: „Willi, den Erdgeist im 'Faust': 'In Lebensfluten, in Tatensturm, wall ich auf und ab, webe hin und her', ver-

steht auch in Deutschland kein Mensch. Darf ich, soll ich Deinen Erdgeist in meine Inszenierung einbauen?" Welche Frage! Seitdem spricht der Erdgeist in Deinem italienischen 'Faust' deutsch.

Über all Deine epochemachende Theaterarbeit hinweg aber bewundere ich Dein politisches Engagement und Deinen Mut, Dich in den schwierigen sozialen Fragen so freimütig zu äußern. Zivilcourage ist eine immer seltener werdende Tugend in unserer Zeit; da können wir in meinem Land viel von Dir lernen, lieber Giorgio, und ich wünsche und hoffe, daß viele deutsche Kollegen den Mut haben, sich ebenso frei zu äußern in den uns bedrängenden und lebensentscheidenden Fragen – gegenwärtig ist das notwendiger denn je. In diesem Sinne laß uns älter, aber nicht alt werden.

WILL

W. Quadflieg in der Titelrolle des 'Don Juan', Zürcher Schauspielhaus, 1950

Michael Heltau

„... der großzügigste Theatermann,
den ich kenne: nämlich
großzügig in dem Verschwenden
seiner eigenen Person an das Theater"

Bereits bevor ich mit Strehler zusammengearbeitet habe, hatte ich schon erste sehr starke Strehler-Eindrücke. Ich war noch am Max-Reinhardt-Seminar in Wien, hatte ein Gastspiel von Strehler in München vom *Diener zweier Herren* gesehen und bin seinem Theater von da an regelrecht nachgereist; und nachreisen bedeutete damals für mich, auf eine ziemlich strapaziöse Weise nach Mailand zu fahren und dort irgendwie zu versuchen, in sein Theater zu kommen. Dieses Theater Strehlers und Grassis war damals schon von seiner ganzen Idee und Struktur her ein offenes und freundliches Theater; tatsächlich war es zum Beispiel für einen Schauspielschüler wie mich mit so gut wie keinem Geld möglich, immer noch kurzfristig eine Karte auf einem sehr schönen Platz zu bekommen, wenn ich mich überwand, zu Grassi oder sonst jemandem in der Direktion zu gehen und zu sagen, ich käme aus Wien und würde Schauspieler. Ich kann mir nicht vorstellen, daß das an irgendeinem Theater sonst möglich gewesen wäre.

Später hat mich Strehler dann einmal als Schauspieler – ich glaube, es war als Hamlet – gesehen. Daraufhin haben mich 1968 die Salzburger Festspiele eingeladen, den Bassa Selim in seiner geplanten *Entführung aus dem Serail* zu spielen. Ich dachte mir, daß es sich nur um einen Irrtum handeln könne, denn den Bassa Selim hatten bis dahin immer nur Sänger gespielt, die stimmlich nicht mehr ganz auf der Höhe waren, oder zumindest wesentlich ältere Schauspieler als ich es damals war – ich war knapp dreißig. Die Festspielleitung versicherte mir aber, daß es kein Irrtum sei, daß Strehler mich kennte und sich etwas mit mir vorgestellt hätte. Nun, von da an ließ ich meiner Freude auf diese Rolle freien Lauf.

Das Überraschende und vielleicht auch Schwierige in der Probenarbeit mit ihm war für mich zunächst, einen Regisseur vor mir zu haben, der alle Schauspieler, das heißt alle Rollen, als gleichberechtigt ansieht. Das ist verblüffend. Gleich bei dieser ersten Arbeit mit ihm habe ich festgestellt, daß für ihn das Große ebenso wichtig ist wie das Kleine.

Neu war auch, daß die Meinung des einzelnen von einem Regisseur so gefragt und gefordert war. Oft fragt Strehler einen am Anfang der Proben *„Was hast Du Dir gedacht, hier...? – Mach mal! Zeig es mir!"* – Dann diese Offenheit, wenn man ihm etwas vorschlug: *„Warum nicht?"* – Und dann – ich versuche, es möglichst wörtlich wiederzu-

geben: *„Ja, warum nicht? Ich habe nicht gedacht das zuerst. Aber warum nicht... Man kann auch machen so. – Du fühlst Dich wohl? Gut, wir machen so!"* Das ist für mich immer wieder unglaublich und dabei so einfach.

Strehler beantwortet nicht nur jede kleinste Frage, die sich in der Probe ergibt, sondern er wartet auf die Fragen. Und, was ihn ebenfalls für mich unvergleichbar mit jedem Regisseur macht, seine nicht seltene Antwort: *„Ich weiß nicht."* Das ist nicht nur souverän, sondern er könnte zwanzig Antworten geben, weiß aber aus seiner Praxis und Erfahrung, daß dieses *„Ich weiß nicht"* eine größere Konzentration und Chance für den Schauspieler birgt, eine gültigere Chiffre für das Gesuchte zu finden, als es eine andere, konkretere Antwort bringen würde.

Er hat mir meinen Schauspielerberuf unendlich erschwert, gerade indem es bei ihm so unendlich leicht war. Wenn ich dann wieder woanders spiele, falle ich immer wieder zurück und denke: *„Gott, ist Theaterspielen schwer."* Ich sehe nur noch die Schwierigkeiten, die Prügel, die einem Stück, dann einem Schauspieler und schließlich dem Publikum in den Weg gelegt werden. Und der Zuschauer sitzt unten und fragt seinen Nachbarn: *„Verstehst Du das? Was kann er gemeint haben?"* und versteht nichts, weil alles so gesucht, so spekulativ ist. Ich sehe das selbst ununterbrochen in Vorstellungen, und das entspricht einer allgemeinen Theatersituation im Moment, daß Schauspieler, ohne ihre eigenen Vorstellungen einzubringen, blind alles mitmachen, was ein Regisseur ihnen verordnet. Ich denke mir dann oft, gibt es denn unter diesen ganzen Mitwirkenden keinen, der gefragt hat: *„Warum? Warum sollen wir das so machen?"* – Es können doch nicht so viele einem Stück Gewalt antun, ohne es zu merken. Das Vokabular, das heute von Theaterleuten gebraucht wird, ist ja auch sehr sprechend: Ein Stück *„aufbrechen"* – *„aufbrechen"* impliziert aber, daß es sich mir nicht von selbst öffnet, erschließt.

Strehler dagegen ist da von einer Seriosität einem Stück, einem Autor gegenüber, der ich selten begegnet bin. Seine Großzügigkeit ist seine zweite Natur. Es gibt bei ihm nicht diesen Egoismus des Interpreten, der jeden Künstler kleiner macht. So leicht verliert man die Zusammenhänge, das Ganze... Ich muß sagen – und das ist ein großes Wort –, bei Strehler hat für mich jede Inszenierung immer etwas mit der gesamten Welt, in der wir leben, mit dem Ganzen zu tun. Was mich vor allem am deutschsprachigen Regietheater so langweilt, daß große Stücke, universelle Stücke nach der Tagespolitik interpretiert werden, das gibt es bei Strehler nie. Nirgendwo, sei es in seinen Goldoni- oder Shakespeare- oder Brecht-Inszenierungen, gibt es diese ängstliche Verkleinerung auf Aktualität oder eine bestimmte eigenwillige Interpretation. Ich bin der Meinung, daß immer – im Theater, aber auch in der Musik –, sobald sich die Interpretation in den Vordergrund stellt, das Werk kleiner wird. Dann stellt sich der Kleinere vor den Größeren. Das ist bei Strehler nie der Fall.

Und wenn ich an seine Geduld beim Proben denke: Ich erinnere mich zum Beispiel, bei den Shakespeareschen Königsdramen, dem *Spiel der Mächtigen* in Salzburg, haben wir in sechs Wochen sicherlich täglich bis zu elf Stunden geprobt; immer wieder und wieder hat er Szenen wiederholt, nochmals geprobt – oft fragte ich mich schon, warum er gerade das so lange probte und nicht die großen, wichtigen Monologe, zum Beispiel meine... Er spürte meine Sorge und fragte dann einen seiner Mitarbeiter: *„Wird Micky nervös?"*, der das bestätigte. Da sagte er dann plötzlich in einer Probe um ein Uhr nachts zu mir: *„So, nun machen wir Deine Monologe."* Und ich habe diese Monologe mit ein paar wenigen Dingen, die er mir dazu sagte, während ich sie ihm vorspielte, gelernt. Danach sagte er: *„Warum hast Du solche Angst? Du hast ja alles geprobt, was für die Entwicklung der Monologe wichtig war."* Er hatte recht, die Schienen, wie es zu diesen Monologen kommt, waren gelegt. Für mich war dieser Rat sehr, sehr wichtig. Strehler sagte auch: *„Sein oder Nicht-Sein – Hamlets Monolog ist nicht schwer, wenn es vorher gestimmt hat, dann ist dieser Monolog eine innere Notwendigkeit."* Das war neu für mich, aber unendlich hilfreich.

Andere Regisseure müssen so viel proben, weil sie ihre eigene Angst loswerden müssen. Strehler gibt einem große Sicherheit. Das ist seine große Kraft und natürlich sein unglaubliches Wissen. Ich frage mich immer, wann er so viel gelesen hat, woher er so viel weiß – er kennt alles... alles ist da; ich frage ihn zum Beispiel nach den *Einsamen Menschen* von Gerhart Hauptmann, ein wirklich nicht geläufiges Stück, und er erzählt mir sofort alles über *Einsame Menschen*. Oder ich erinnere mich, als er mit Frigerio die Kostüme für *Fidelio* durchsprach, hatte er ganz präzise Bilder von Goya im Kopf und konnte ihm sogar die genaue Jahreszahl sagen, aus der ein Kostüm stammen sollte. Das ist... ja, wie soll man es nennen, das ist wahrscheinlich sein so großes Talent.

Er hat damals in der *Entführung aus dem Serail* nur mit dieser einen Sprechrolle und mit den Dialogen innerhalb des Stückes etwas realisiert, was bis dahin anscheinend niemandem so außergewöhnlich gelungen ist, nämlich: schwellenlose Übergänge vom gesprochenen Wort zur Musik und umgekehrt. Mich hat das unendlich fasziniert.
Zu meiner Rolle sagte er mir einmal während der Proben, er stelle sich diesen Bassa Selim als einen Othello auf dem Weg zu einem ganz jungen Nathan vor... nur das. Das war ganz einfach und hat mir sofort sehr viel gesagt. Das war eine gültige Chiffre, und innerhalb dieser Aufführung hatte ich dann eine ganz gleichwertige Rolle zwischen den großen Gesangsrollen in einer wunderbaren Besetzung. Diese Aufführung wurde zu einer Modellinszenierung und war ja dann überall in Europa auf Gastspiel.

Damals begann unsere Freundschaft, die von meiner Seite aus auf einer ungeheuer respektvollen, aber nie kritiklosen Verehrung für Strehler und von seiner Seite auf unegoistischem Interesse beruht. Wir haben wieder in *Trilogie der villeggiatura* von Goldoni am Burgtheater zusammengearbeitet, später in der *Dreigroschenoper* in Paris, ich habe viele Lesungen am Piccolo und auch am Théâtre de l'Europe gemacht... Aber wir sind seit unserer ersten Arbeit in Salzburg 1968 in ständigem Kontakt und Dialog, auch wenn wir nicht zusammen arbeiten.

Was ich unglaublich schätze an ihm: Immer wenn wir telefonieren oder uns sehen, und er ist selbst gerade in einer ganz wichtigen Inszenierungsarbeit wie zum Beispiel *L'Illusion* oder *King Lear*, kommt seine interessierte Frage: *„Und was machst Du gerade?"* Wenn ich dann antworte: *„Ja, ich mache gerade einen Gorki oder einen Hofmannsthal, den 'Schwierigen'"*, dann spricht er mit mir über meine Arbeit mit demselben Wissen und derselben Konzentration, wie er über seine eigene Arbeit spricht. Das ist absolut beispiellos: Ich kann das sagen, ich bin alt genug und hatte das Glück, mit vielen großen Leuten am Theater zu arbeiten.
Es ist überhaupt sehr interessant, mit Strehler über Stücke zu sprechen, die er nicht inszeniert hat. Ich kann mich zum Beispiel erinnern, als ich Hamlet spielte, habe ich mit ihm sehr ausführlich über dieses Stück gesprochen. Und er redete so darüber, daß ich mir dachte: *„Mein Gott, warum nur habe ich seine 'Hamlet'-Inszenierung nie gesehen, das war wahrscheinlich vor meiner Zeit"*, und ich fragte ihn, wann er denn diese Inszenierung gemacht hätte. Da sagte er: *„Micky, man kann nicht 'Hamlet' inszenieren, wenn man nur weiß, was ich jetzt gesagt habe."* – Das muß man sich vorstellen...!

Einmal, an einem 5. Juli, meinem Geburtstag, läutete das Telefon. Es war Strehler, um mir den Mackie Messer in seiner *Dreigroschenoper* in Paris anzubieten. Er hatte auditions gehabt, war ganz unzufrieden und hatte niemand Geeigneten gefunden. Er bat mich, die Rolle zu übernehmen. Ich hielt ihm entgegen, daß ich nicht französisch könne. Er sagte nur – wörtlich: *„Wir machen das!"* Es war Anfang Juli, die Premiere sollte Ende September sein, es blieb kaum Zeit... Und ich muß sagen, dieser Kilimandscharo an Arbeit – nicht mit achtzehn könnte man so blöd sein, sich auf ein solches Himmelfahrtskommando einzulassen. Und doch: Das ist Strehler. Ich habe an seine Seriosität, an sein Abschätzen meiner Fähigkeiten und sein Wissen um seine Möglichkeiten absolut geglaubt und es deswegen gemacht. Er kennt meine Ernsthaftigkeit – er hat mir darüber die schönsten Dinge gesagt, zum Beispiel einmal: Ich sei der einzige Schauspieler in seinem ganzen Leben, der nie etwas von ihm wollte. Das war mir – unter Freunden – das schönste, was er mir sagen konnte. Denn einem Mann wie Strehler kann man nicht mit kleinen egoistischen Wünschen kommen, dann hat man ihn nicht begriffen. Aber das alles, wie auch viele andere ähnliche Dinge, war für mich immer nur in Verbindung mit ihm möglich.

Bei all den Inszenierungen, die ich von ihm im Laufe der Zeit in Mailand, in Wien oder in Paris gesehen habe, bin ich auf etwas Spezifisches bei ihm gekommen: Strehler lebt nicht, wie so viele Theaterleute, von Inszenierung zu Inszenierung. Nicht der einzelne Erfolg einer Inszenierung zählt bei ihm. Ich finde, Strehlers künstlerische Existenz und Potenz hat eine Kontinuität, die ohne Vergleich ist, absolut konkurrenzlos. Das macht ihn für mich zu einer so einzigartigen Erscheinung. Deswegen ist es nicht entscheidend, ob jede seiner Inszenierungen – an ihm selbst gemessen – ein Gipfel ist. Mich interessiert der Weg zu den Gipfeln, wie etwa *König Lear, L'Illusion* oder *La Grande Magia*. Bei ihm geht es um ein Œuvre, ein Lebenswerk.

Ich mache für mich immer den Unterschied zwischen Erfolg und Karriere. Karriere bedeutet für mich wie bei Strehler Kontinuität, Sich-Entwickeln; heißt auch, sich

G. Strehler mit B. Sukowa (Polly) und M. Heltau (Mackie Messer) in einer Probe der 'Dreigroschenoper', Châtelet, Paris, 1986

platt. Man erkennt Strehler wieder, aber es hat niemals seine Dimension, bleibt Versatzstück, zeigt nicht den Weg dorthin, den man in seinen Inszenierungen immer erkennt.

Strehler beklaut sich nie selbst. Er kopiert sich auch nicht. Aber er macht auch nie etwas Spekulativ-Neues, nur damit es neu und schlechter ist. Es gibt nur einfach Dinge, die für ihn immer noch tragen.

Bei den Proben damals zu den Königsdramen lebte die Witwe von Max Reinhardt noch, Helene Thimig. Diese Proben waren, was für Salzburg damals ganz unerhört war, offene Proben, so wie sie bei Brecht üblich waren und wie sie auch Strehler immer praktiziert. Da saßen dann wirklich solche Leute wie Helene Thimig, Paula Wessely, Karajan, auch Musiker wie zum Beispiel Swjatoslaw Richter und viele andere. Wunderschön war, daß sich dadurch

mit Autoren nicht nur einmal, sondern öfter auseinandersetzen. Das ist das große Mißverständnis, wenn man Strehler zum Beispiel vorhält, die *Baruffe* hätte er ja schon vor zwanzig Jahren gemacht. Ich kann darauf nur sagen: Einen Rembrandt schau' ich mir doch auch immer wieder an. Und natürlich ist es auch bei Strehler nicht zweimal das gleiche. Manche Leute bedenken nicht, daß es nicht nur für das Publikum interessant sein kann zu sehen, wie sich eine Inszenierung nach so langer Zeit entwickelt und verändert hat, sondern daß es auch wichtig für die Schauspieler ist, für die Jungen vor allem, diese Erfahrung zu machen. Wenn man bedenkt, was heute noch immer mit Goldoni gemacht wird – diese grotesk-exotische, dumme *italianità*. Strehler geht es um ganz andere Zusammenhänge bei Goldoni. Er will zeigen, daß es Volksstücke von der Qualität und Berechtigung Brechts sind, in denen es in einigen Momenten durchaus shakespearische Situationen gibt, – darum geht es ihm.

Strehler hat Schule gemacht. Sein Licht zum Beispiel hat eindeutig am deutschen Theater Schule gemacht. Allerdings ärgere ich mich immer, wenn etwas Äußerliches von Strehler kopiert wird, wie beispielsweise bei Goldoni-Inszenierungen. Es bleibt immer flach und

in Salzburg in der Festspielatmosphäre zwischen all den Künstlern etwas wie ganz von selbst ergeben hat, was Strehler immer als sein Programm formulierte: *„Wir machen alle dasselbe, und wir gehören zusammen."* Ich habe viele der Künstler damals kennengelernt und alle sagten, auch die Musiker, sie hätten so viel gelernt bei diesen Proben. Das ist etwas sehr Bezeichnendes.

Aber Leute wie die Wessely oder die Thimig kamen auch immer mit dem Vergleich zu Max Reinhardt. Das ist natürlich sehr schön in der zweiten Hälfte dieses Jahrhunderts: Strehler als der einzige Regisseur, der mit Reinhardt zu vergleichen wäre und natürlich weitergegangen ist auf diesem Weg.

Er selbst bezeichnet sich ja immer als Schüler Brechts. Aber ich glaube, im Grunde ist er ein Schüler Brechts im Geiste Brechts. Nicht so sehr in der Praxis, in dem, was wir an Brecht-Inszenierungen kennen.

Mich fasziniert allerdings immer wieder, wenn ich daran denke, daß Brecht damals in Mailand bei der Premiere der *Dreigroschenoper* sofort erkannt hat, daß er diesen Regisseur, genau diesen, für seine Stücke wollte. Strehler – das war sein Modell, versinnlicht.

Ich glaube, Strehler ist ein „Anti-Gesellschaftsmensch". Strehler ver-

G. Stehler mit M. Heltau in einer Probe der 'Dreigroschenoper', Châtelet, Paris, 1986

steht sich nicht gut auf das, das was man heute Öffentlichkeitsarbeit nennt. Beispielsweise in der jetzigen Situation, dieser Anklage wegen seiner Theaterschule: Für so etwas ist er nicht gemacht. Diese Situation, in die er da hineinmanövriert wurde, ist für mich, der ich ihn nun wirklich schon sehr lange kenne, absolut grotesk und absurd. Strehler ist am Leben interessiert, aber nicht am Geld. Das sind wirklich zwei verschiedene Dinge. Und er ist der großzügigste Theatermann, den ich kenne, nämlich: großzügig in seiner Einstellung zum Theater, in dem Verschwenden seiner eigenen Person an das Theater, nicht als Verschwender der Mittel, als der er ständig bezeichnet wird.

Auch sein Lebenswerk, das Piccolo Teatro, ist beispiellos. Für dieses Piccolo Teatro, das weiß ich wirklich, hat er eigentlich alles andere abgesagt. Es heißt dann immer: *„Ich kann mein Theater..."* – oder: *„Ich kann meine Kinder* [das sind seine Schauspieler] *nicht alleine lassen."*

Ich weiß zum Beispiel, daß Agenten aus New York ihn für eine *Dreigroschenoper* am Broadway gewinnen wollten, dabei waren nur Namen im Gespräch wie Rod Steiger, Liza Minnelli, Shirley McLane und andere. Als ich ihn fragte, warum er abgelehnt habe, sagte er: *„Micky, das hat überhaupt nichts mit mir zu tun."* Das ist klar, einfach, weise. Obwohl er Liza Minnelli zum Beispiel sehr mag und auch neugierig war auf die anderen Schauspieler, die vorgesehen waren – wie er grundsätzlich immer neugierig ist auf Schauspieler, die er noch nicht kennt: *„Meine Freunde",* nennt er sie immer. Aber Broadway hatte wirklich nichts mit seinem Theater zu tun.

Bezeichnenderweise sieht sich Strehler nicht eigentlich als Regisseur – obwohl er für mich ohne Zweifel, mit einigen Jüngeren wie Chéreau, Brook und Stein, zu den wichtigsten Regisseuren gehört,

das kann man nun mit dem zu Ende gehenden Jahrhundert sagen. Er sagt immer: *„Wir sind alle Schauspieler."* Wenn er von seinen Anfängen als Schauspieler erzählt, grenzt das nahezu an Edelkomparserie, mit großen Namen und Legenden des damaligen italienischen Theaters. Das sind allerdings nicht nur hinreißende Theateranekdoten, sondern ist auch Ausdruck einer unendlichen Sehnsucht: die Einsamkeit aller Regisseure, am Tag der Premiere nicht mehr dabeizusein, nicht mehr gebraucht zu werden. Strehlers Einsamkeit ist vielleicht deswegen so besonders groß, weil er innerlich, von seiner eigenen Identifikation her, den Schauspielerberuf nie aufgegeben hat. Deswegen ist er auf der Probe den Schauspielern auch so nahe wie kaum ein anderer. Es gibt bei ihm nicht ihn da unten und uns da oben. Er ist ja ständig selbst auf der Bühne.

Aus diesem Grund war schließlich auch der *Faust* für ihn persönlich so wichtig. Er hat sich natürlich unendlich identifiziert mit dieser Figur. Kein anderes Stück hätte es sein können als *Faust*. Und das ist für mich der *Faust* in der Biographie Strehlers.

Strehler hat nicht immer Recht, wenn er nicht auf der Probe ist. Dagegen Strehler bei der Arbeit, auf der Probe, hat immer Recht.

Aber ich habe aufgehört, Strehler zu verteidigen, weil man ihm damit überhaupt nicht gerecht wird. Strehler setzt sich, wenn man so will, ununterbrochen ins Unrecht. Aber nie als Künstler! Und das ist mir das Entscheidende, das alles Entscheidende. Darin ist er für mich, in meiner Idee, die ich von einem Künstler habe, unvergleichlich! Ich habe keinen anderen vergleichbaren kennengelernt.

nach einem Gespräch, München, 16. Juli 1993

„ICH HABE NUR GEISTIGE KINDER"

Strehlers Schüler

„Theater ist ein handwerklicher

Beruf, der nur von einem zum anderen

weitergetragen werden kann –

wie eine Fackel, von Hand zu Hand,

um immer weiterzubrennen."

GIORGIO STREHLER

KLAUS-MICHAEL GRÜBER

ALS THEATERHANDWERK NOCH ERLERNT WERDEN KONNTE

Ich habe das Glück gehabt, am Theater zu einer Zeit anfangen zu dürfen, in der das Theaterhandwerk noch erlernt werden konnte. Heutzutage lernt man nichts mehr, man erfindet nur noch. Als Assistent von Giorgio Strehler habe ich mit der Signora Vinchi, dem wunderbaren Paolo Grassi, dem Technischen Leiter Bruno Colombo, dem Theatermaler Leonardo Ricardelli, dem Beleuchter Guido Baroni, den Bühnenbildnern Luciano Damiani und Ezio Frigerio, dem Komponisten Fiorenzo Carpi zusammenarbeiten dürfen und mit vielen anderen, denen allen ich zu Dank verpflichtet bin. Ich habe auf ganz natürliche Art erfahren, daß im Theater einer ohne den anderen nicht leben, nicht künstlerisch arbeiten kann. Noch heute bin ich davon überzeugt, daß das Theater zu 95 % aus Gesetzen besteht, die man erlernen, wissen muß. Alles, was ich von diesen Gesetzen weiß, habe ich am Piccolo Teatro gelernt. Wenn man diese Gesetze bricht, brechen will, manchmal brechen muß, ist es notwendig, sie zu kennen. Die 5 %, die noch übrig bleiben, verdanke ich dem Vorbild von Giorgio Strehler in seiner Unbedingtheit, seiner Rücksichtslosigkeit, seiner Gefährdung durch sich selbst wie für die anderen, die aber – wie ich es bei Giorgio verstanden habe – immer mit Zuneigung, mit sehr viel Liebe zu tun hat. Der Rest? ...

Klaus Michael Grüber

Lluis Pasqual

NICHT LEHREN, SONDERN VORLEBEN

Die erste Inszenierung, die ich von Strehler gesehen habe, war sein *Kirschgarten*. Ein unglaublicher Eindruck: Ich ging siebenmal hintereinander rein, Abend für Abend. Ich war physisch vollkommen überwältigt, weinte, lachte, war ganz mitgerissen. – Wie kann man das beschreiben? Das war alles, wovon man träumen kann im Theater: Das war Luft, das war Sauerstoff, das war unendliche Leichtigkeit – wunderbar, vollendet! Das ist mir nicht oft passiert in meinem Theaterleben, vielleicht drei- oder viermal.

Strehler selbst kannte ich nur von einem sehr expressiven Foto. Als ich ihn dann das erste Mal in Realität sah, kam es mir vor, als finge dieses Foto nun an, sich zu bewegen, bekäme plötzlich eine Stimme – obwohl alles Wesentliche von ihm schon in dem Foto vorhanden war. Aber hinzu kam seine große Menschlichkeit, seine Großzügigkeit, seine Liebe, seine Kraft... – Das war mein erster Eindruck von ihm.

Ich habe dann einige Zeit am Piccolo in Mailand bei ihm verbracht. Viele halten mich immer für einen seiner zahlreichen Assistenten, was nicht ganz stimmt. Assistent ist etwas Ernsteres, ich war vielmehr so etwas wie einer seiner Lehrlinge. Strehler lehrt eigentlich nicht, er erklärt nicht, übersetzt nicht, sondern lebt vor: Er ist sozusagen selbst Verkörperung eines Höhepunkts der Regie-Kunst. Er demonstriert seine Kunst mit den ihm eigenen Mitteln und das mit dem totalen Einsatz seines ganzen Körpers, Geistes und seiner Seele. Ich habe enorm viel von ihm nur vom Zusehen und Zuhören, ganz einfach, ganz handwerklich gelernt: diesen Geisteszustand, diese Ehrlichkeit mit sich selbst und diese Liebe für das Theater.

Wir haben eine Beziehung von großem Vertrauen zueinander erreicht, eine Art Freundschaft, und irgendwann gehörte ich einfach wie „zur Familie"; auch zur Familie des Piccolo sozusagen, denn das ist das zweite, was ich unendlich bewundere: das Piccolo Teatro als Institution. Ich weiß noch, wie ich das erste Mal das Piccolo betrat, um ihn zu fragen, ob ich seinen Proben beiwohnen dürfe. Damals wurde mir bewußt, was dieses Theater auch als festes Haus, als „Manifestation" von Strehlers Theater-Vision, bedeutet: nämlich eine Ethik, die viele Menschen mit diesem Haus verbindet.

Ein Theater gründen, führen und leiten ist ein Diskurs in der Zeit, eine tagtägliche wichtige, auch soziale Auseinandersetzung: Theater als *„öffentliche Dienstleistung" („Teatro a servizio pubblico")*, wie es ursprünglich in dem Manifest von Grassi und Strehler hieß, das hat das Piccolo Teatro über Jahrzehnte hinweg auf für mich vorbildliche Weise realisiert.

Und dabei hat es sich trotz seines Apparates eine Leichtigkeit und Beweglichkeit zu bewahren vermocht, die im Vergleich zu den großen, unbeweglichen Institutionen der französischen oder deutschen Nationaltheater außergewöhnlich ist.

Ich bin heute als Direktor des Théâtre de l'Europe so etwas wie der Nachfolger einer anderen Theater-Institution, die Strehler gegründet hat. Es war wichtig, vor allem auch politisch, daß Strehler diese Initiative für ein europäisches Theater ergriffen hat, er konnte sozusagen die Grundsteine dafür legen, aber er konnte dieses Projekt nicht konsequent weiterführen. Er hätte sich zwischen Mailand und Paris entscheiden müssen, und das Piccolo Teatro, sein Haus, wollte er doch nicht ganz aufgeben. Er mußte durch die Gründung des Théâtre de l'Europe in erster Linie die Existenzberechtigung einer solchen Kulturinstitution beweisen, aber die Organisation mußte dann jemand anderer übernehmen. Ich hatte damals schon sechs Jahre das Nationaltheater in Madrid geleitet – die Übernahme von Theatern in schwierigen Situationen schien meine Spezialität zu sein.

Wie er gerade auf mich kam? Es passierte ganz einfach. Eines Tages rief er mich an und sagte mir, daß er mich sprechen müsse; wir trafen uns in Paris, und er fragte mich, ob ich das Théâtre de l'Europe übernehmen wolle.

Für mich ging es bei dieser Entscheidung nicht einfach nur darum, ein Nationaltheater in Paris zu übernehmen, selbst eines von emblematischer Bedeutung wie das Odéon. Vielmehr reizte mich die Möglichkeit, mich auf ein wirkliches Theaterabenteuer in einem schwierigen historischen Moment für unsere Gesellschaft und deswegen auch für das Theater einzulassen. Das war es, was mich dieses Angebot hat annehmen lassen.

Was ich heute für Strehler empfinde? Es ist ein bißchen vergleichbar mit der Beziehung zu meiner Schwester: Ich bin hier, er ist woanders. Wir sprechen uns nicht oft, aber wenn er mich morgen vom anderen Ende der Welt anrufen würde, daß er meine Hilfe brauche, würde ich sofort zu ihm kommen. Ich habe eine große, starke Verbindung zu ihm – eine Mischung aus großer Bewunderung und Zärtlichkeit.

nach einem Gespräch, Paris, 13. Oktober 1993

WALTER PAGLIARO

„Strehler ist ein Mensch, der das Licht sucht...
Er geht durch das Dunkel,
um im Licht anzukommen – immer."

Der eigentliche Anfang meines Berufes als Regisseur beginnt bei Strehler. Ich hatte die Theaterschule in Rom beendet und 1973 bei ihm als Assistent angefangen, zunächst als der soundsovielste in einer Reihe vieler anderer „Assistenten". Damit begann das Abenteuer meines Lebens.

Ich habe im ganzen fünf wunderbare Jahre am Piccolo Teatro verbracht. Da ich noch sehr jung war damals, gerade vierundzwanzig, war es möglich, mit Strehler eine schöne, gesunde, ehrliche Beziehung zu festigen – von Lehrer zu Schüler, das war ganz klar und ist immer so geblieben. Er hat mir sehr viel gegeben, ich habe unglaublich viel gelernt, er gab mir auch schon bald Gelegenheit, eigene Sachen zu inszenieren, da er Vertrauen zu mir hatte und an mich glaubte. Bis heute fühle ich mich seiner Arbeit und diesem „Studium" bei ihm essentiell verbunden.

Wenn ich heute hier in das Teatro Studio komme, wo jetzt gerade eine Inszenierung von mir läuft, fühle ich mich einfach gut. Ich spüre, daß dieser Ort einer Theaterseele und -poesie entspricht, die ich immer gesucht und verfolgt habe. Dieses Teatro Studio ist ein „Raum in Bewegung" – man könnte fast sagen, eine dynamische Lektion Strehlers: eine Ankunft nach der jahrelangen Suche nach einem räumlichen Äquivalent seiner poetischen und dialektischen Theaterkonzeption. Denn Strehlers gesamtes Theater war immer auch eine „Raum-Forschung", und im Grunde ist das Teatro Studio heute seine ideale Bühne, sein bestes „Bühnenbild". Hier hat er endlich seine Theorie über die Beziehung zwischen Publikum und Szene verwirklicht. Dieser Raum trifft sowohl räumlich als auch konzeptionell genau die Nahtstelle zwischen Bühne und Zuschauerraum und birgt so viele Möglichkeiten: Er hat etwas von einer Theaterwerkstatt, einem Laboratorium, erinnert aber auch an eine Kirche, an eine romanische Basilika, und vermittelt damit etwas von dem Liturgischen, Sakralen, Rituellen, das Strehlers Theater immer hat.

Strehler ist in gewisser Weise so etwas wie ein Monarch, ein König. Alle Monarchen sind Zentrum ihrer Welt, ihres Universums. So ist auch Strehler in gewisser Weise immer Mittelpunkt der Welt seiner Träume, seiner Visionen. Er hat etwas von einem Menschen, der irgendwo die ganze Welt repräsentiert. (Deswegen hat er übrigens auch Faust gespielt, hat Faust hier im Teatro Studio in seiner idealen Szenografie gespielt und sich damit so etwas wie seine eigene Kosmologie erschaffen.)

Aber Strehler ist eine so starke Persönlichkeit, daß irgendwann der Moment kommt, wo man dieses „Zuhause" verlassen muß, um seine eigenen Erfahrungen zu sammeln. Für mich war das ein sehr schmerzlicher Augenblick. Trotzdem wußte ich, daß ich es tun mußte. Aber ich mußte mit diesem Schritt meine starke Beziehung zu ihm nicht verleugnen, nicht verraten, nicht aufgeben, weil ich niemals seine Schule, seine Theaterästhetik verraten habe. Dennoch ist man plötzlich wie ausgesetzt, muß sich langsam, nach und nach mühsam einen eigenen Weg kreieren, Eigenes formulieren, die eigenen „Geheimnisse" auszusprechen lernen. Um dabei immer strenger und konsequenter zu werden, wird man gleichzeitig immer einsamer. Das ist ein schreckliches Theatergesetz: Je mehr du als Künstler auf dich gestellt bist, autonomer wirst, um so eher gelingt es vielleicht, mit dem Publikum aufrichtig zu sein. Diese Form des eigenen Dialogs mit dem Publikum wird immer dringlicher, ist aber gleichzeitig auch ein immer einsamerer Weg.

Dazu bedarf es an einem gewissen Punkt ganz elementar der Loslösung aus der Sicherheit, der Geborgenheit des Vorbildes, des Geführtwerdens. Aber immer noch spürst du, bei jeder Arbeit, daß „er" es besser gemacht hätte, daß er großartiger ist usw. – das ist einfach so. Für mich ist es so. Nur langsam, langsam gelingt es dann, etwas Eigenes zu schaffen, zu dem man auch steht, das einem gefällt.

Strehler ist im wirklichen Sinne des Wortes ein Meister in der Führung der Schauspieler. Es gelingt ihm, wie einem großen Arzt, sofort zu orten, wo die „Krankheit" eines Schauspielers sitzt und wie er sie kurieren kann. Das ist seine unglaubliche, einzigartige Fähigkeit. Wenige haben diese Fähigkeit. Die Basis seines Theaters ist die Arbeit, die direkte Auseinandersetzung mit dem Schauspieler. Die kreative Freiheit, die er dem Schauspieler dabei zu geben vermag, ist enorm groß – ganz im Gegensatz dazu, was oft über ihn gesagt wird. Er gibt unaufhörlich Impulse, manchmal auch in Form von Provokation, aber der Schauspieler beginnt damit, nach und nach in einem Zustand der Beschwingtheit zu arbeiten, der ein sehr kreativer ist. Darin ist Strehler, ich wiederhole es, wirklich phantastisch. Er hat die Fähigkeit, den Schauspieler ständig zu stimulieren und seine Proben dabei immer auf einer sehr hohen kreativen Temperatur zu halten. So kann der Schauspieler die Selbstzensur überwinden, die eigenen Barrieren fallenlassen und sich seiner dabei trotzdem – im Brechtschen Sinne – als schauspielerisches Instrument bewußt bleiben. Ich weiß nicht, wie Strehler das eigentlich macht, aber es gelingt ihm außerordentlich. Ich habe es so oft beobachtet und erlebt, um sagen zu können: Jetzt habe ich es verstanden! Und wenn ich es dann selbst so machen wollte, gelang es mir nicht.

Er hat schon recht, wenn er sagt, daß seine Methode darin besteht, keine Methode zu haben. Seine Methode ist ganz künstlerisch. Und dennoch, wenn du es selbst nachzuvollziehen, zu analysieren ver-

Das Teatro Studio: „Theaterwerkstatt, Laboratorium, Kirche, romanische Basilika..."

suchst, kommt es dir ganz wissenschaftlich, ganz systematisch vor. Zum Probenbeginn kommt er mit einer großen Textvorbereitung: Er hat alles gelesen, alles gesehen, weiß alles über seine Kollegen, die dieses Stück gemacht haben, auch wenn er selbst nie ins Theater geht. Aber wenn er dann anfängt zu arbeiten, beginnt er wieder ganz von vorne: Er fängt zunächst immer beim Schauspieler an, gut. Aber dann entwirft er das Bühnenbild, konstruiert eine Szene, imaginiert einen Ort, denkt an die Beleuchtung, betrachtet die Probenkostüme..., und alles hat schon einen Zusammenhang, auch wenn es noch ganz vorläufig ist. Wie ein allgemeiner Stimulations-Zustand einer großen atmosphärischen Wärme, in der wirkliche Kreativität entstehen kann. Nun kann sich durch die Arbeit des Schauspielers all dieses Vorläufige verändern, im Spielen erproben.

Er schafft also als Ausgangsbasis immer so etwas wie ein atmosphärisches, stimulierendes Gehäuse, ein Flußbett, nein, besser: eine Art bewegliche, jederzeit veränderbare Materie, Plazenta, die nun vom Spiel des Schauspielers geprägt wird.

Die wunderbarsten Regieeinfälle kommen ihm dabei dann ganz zufällig. Das ist auch eine seiner großen Fähigkeiten, gerade aus dem Zufälligen auf bestimmte, ganz intuitive Lösungen zu kommen.

Und er spricht kontinuierlich, bei den Proben, in Interviews, in Artikeln, über seine Theatervorstellung, seine Lebenserfahrung, seine sozialen und menschlichen Anliegen. Diese ununterbrochene Lektion, dieses Sich-Weitergeben ist ihm elementares Bedürfnis. Ununterbrochen erinnert er mit seiner Vitalität, seiner gedanklichen Klarheit, aber auch mit der Dringlichkeit seiner Gefühle an dieses große, vielvermögende Instrument, das wir mit dem Theater in den Händen halten.

Brecht: Er erzählt immer von seinen Besuchen bei Brecht in Berlin. Er betrachtet sich als seinen Schüler. Ob es tatsächlich so war, wie er es immer darstellt, ist nicht so relevant. Für mich ist das eher eine mentale Beziehung, ein fiktiver Rapport. Er hat sich mit Brecht so etwas wie ein alter ego kreiert, einen Lehrer, mit dem er sich unterhält, diskutiert, mit dem er in eine innere Dialektik eingetreten ist. In diesem inneren Dialog hat er zu der großen Lektion des epischen Theaters gefunden, die das italienische Theater ihm verdankt.

Das war seine Brecht-Aneignung, denn Strehler ist in dem Sinne kein Intellektueller. Er ist ein Mensch, der das Leben liebt. Aber er hat die große „teutonische Lektion" Brechts mit der großen Sensibilität eines sonnigen, südlichen Menschen erspürt und aufgenommen.

Seine Beziehung zu Goldoni ist eine ganz andere. Das sind zwei Weggefährten, Goldoni und Strehler. Mit Goldoni verbindet ihn eine große Vertrautheit, fast Komplizenschaft. Goldoni ist ihm sehr nahe. Mozart – das ist das immer unerreichbare Genie. Goldoni – das ist etwas anderes, mit ihm könnte er zusammen essen, Karten spielen, ein bißchen trinken und dabei über sehr persönliche Dinge sprechen, die er Brecht zum Beispiel nie erzählen würde. Mit dem spricht er über Politik, über soziale Zustände usw. Mit Goldoni dagegen tauscht er Lebensweisheiten, persönliche Geheimnisse, sehr Elementares aus.

Strehlers Theater stellt immer das Individuum, den Menschen zur Diskussion, versucht Menschsein verständlich zu machen, über den Weg seiner Verirrungen und Täuschungen, um am Schluß zur Überwindung dieser Irrtümer zu kommen.

Für mich ist deswegen *König Lear* Strehlers charakteristischstes Stück. Auch wenn er sich selbst wegen Prospero noch mehr mit dem *Sturm* identifiziert, der natürlich auch viel von ihm repräsentiert. Doch ich glaube, daß es ihm im *König Lear* am besten gelungen ist, das Sich-Verirren, aber auch das Daraus-Lernen und Weiser-Werden, als menschliches Grundelement zu zeigen. Er war immer auf der Suche nach dem Prinzip, dem „Funken" im Individuum, der den Menschen ausmacht.

Aber Strehler ist ein Sonnenmensch, ein Mensch, der das Licht sucht, nicht das Dunkel – auch und vor allem im Theater. Er geht durch das Dunkel, um im Licht anzukommen – immer. Und auf diesem Weg zum Licht bleibt er nie stehen.

Wie sich unterscheiden, selbständig, eigen werden? Schwer zu sagen. Ich versuche, seiner Art, Theater zu machen, so nahe wie möglich zu kommen und gleichzeitig so persönlich und authentisch zu sein, wie es meinem Leben entspricht.

Um es in einem Satz zu sagen: Ich versuche, ein Theater wie er zu machen, ohne ihn im mindesten zu kopieren, ohne seine Bilder nachzumachen, sondern mit meinem eigenen Herzen und meiner ganz persönlichen Wahrnehmung Theater zu erzählen.

Das ist mein Traum. Manchmal gelingt es, manchmal auch nicht.

nach einem Gespräch, Mailand, 8. April 1992

„Theater ist immer ein Liebesakt"

Begegnung und Auseinandersetzung
mit Dramatikern und Stücken

„Teatro é sempre un'atto d'amore:

Theater ist immer ein Liebesakt. Immer habe ich mich

einem Stück wie einer neuen Liebe genähert,

mit dem immer gleichen Zittern, wie bei der ersten Liebe,

bei der wunderbaren Entdeckung der Leidenschaft ...

GIORGIO STREHLER

Ettore Gaipa

*„Ich nannte Strehler immer eine Naturerscheinung.
Er ist so ein Mensch, der,
wenn er ein Buch in die Hand nimmt,
es macht wie mein Kater Attila: schnuppert zweimal ...
und weiß schon alles."*

GEMEINSAME GESCHICHTE

Wie hat alles angefangen? Unsere erste Begegnung ist ein Motiv für sich: Es war in den vierziger Jahren. Eines Abends ging ich in Verona nachts spazieren und summte dabei zufällig die Moritat von Mackie Messer. Plötzlich hörte ich Schritte hinter mir. Ein junger Mann holte mich ein und fragte mich ganz elektrisiert, was ich denn summe. Und ich dachte insgeheim: *„Mensch, wie ist das möglich, daß ein Polizist dieses Lied kennt...."* – Aber es war Strehler, was ich damals natürlich noch nicht wußte. Er war nur sehr neugierig auf diesen anderen, fremden Menschen, der dieses Lied und demnach auch Brecht kannte. Zu der Zeit war das eine Sensation, Brecht war ja noch völlig unbekannt in Italien.

Einige Jahre später sind wir uns in Genua wieder begegnet – *„Ach, Du warst das damals..."* – und haben uns angefreundet. Als er das Piccolo eröffnete, fing ich bei ihm als Schauspieler und Dramaturg an. Von da an war ich bis in die sechziger Jahre immer mit ihm, das heißt fast immer – immer wieder mußte ich für eine Weile „verschwinden", wenn ich es nicht mehr aushielt, um aber jedesmal zurückzukommen.

1962 verließ ich das Piccolo Teatro und ging mit großen politischen Erwartungen nach Ostdeutschland. Dort schrieb ich auf Vermittlung der Akademie der Künste der DDR für den Henschelverlag die erste Arbeitsbiografie über Strehler. Aus den ursprünglich geplanten zwei bis drei Monaten wurden dann fünfzehn Jahre, die ich dort verbrachte und intensiv und kontinuierlich arbeitete: in Berlin zunächst als Dozent an der Schauspielschule, dann in Rostock drei Jahre als Spielleiter, später in Magdeburg und Dresden. Zum Schluß wieder in Berlin, beim Rundfunk. Doch irgendwann gab es dort für mich beruflich und persönlich keine Zukunft mehr. So kam ich 1977 mit der großen Hoffnung nach Italien zurück, daß dort inzwischen vielleicht eine politische Wende nach links möglich sei. Nach diesen fünfzehn Jahren in der DDR als überzeugter Kommunist und Parteimitglied wollte ich einfach wieder in Italien leben.

Ich kehrte auch wieder zu Strehler zurück. Mein Entree am Piccolo hatte ich mit *Der Gute Mensch von Sezuan*, wieder als Dramaturg. Ich übersetzte viel, vor allem Brecht – *Die Dreigroschenoper*, den

Schweyk usw. Das war nicht einfach, Brechts Sprache ist so anders als die italienische, aber sicherlich kam mir sehr zu Hilfe, daß ich Brecht persönlich gekannt und ihn auch in Berlin am Theater arbeiten gesehen hatte.

BRECHT-ZEUGENSCHAFT

Tja Brecht! Ich denke, daß er nicht nur der größte, sondern der menschlichste Dichter unserer Zeit ist. Er hat uns allen gezeigt, wie einfach ein Dichter sein kann. Brecht war die Einfachheit selbst! Und diese Einfachheit ist wiederum eines der schwierigsten Dinge überhaupt.

Was ich persönlich als Erfahrung von Brecht mitgebracht habe, als ich aus Berlin zurückkam, war in erster Linie seine Menschlichkeit. Er war ein wunderbarer Mensch, der für mich, weil er ein so großer Mensch war, ein so großer Dichter sein konnte. Was er mit seinem Theater damals gemacht hat, das hat ihm später niemand mehr nachmachen können. Nicht einmal seine Frau, die Weigel, die ich sehr geschätzt habe. Man müßte eigentlich denken, daß sie als Österreicherin weicher gewesen wäre. Aber das Gegenteil war der Fall: Sie war viel härter als Brecht. Na ja, Brecht war aus Augsburg, einer wunderbaren, südlichen Stadt. Alles, was er aus dem Klein- und Mittelbürgertum dort erlebt hatte, konnte er in seinen Stücken verarbeiten.

Später in Mailand nannte man mich dann oft das *„Orakel von Delphi"*, den illegitimen Sohn vom alten Brecht. Denn ich war sehr streng. Ich fühlte mich natürlich in gewisser Weise verantwortlich für Brechts Spieltradition in Italien, denn alles, was dialektisches Theater betrifft, war vollkommenes Neuland in Italien. Man mußte streng sein. Und auch Giorgio war damals noch sehr streng, sehr genau, was die Prinzipien, die Grundfragen des Brechtschen Theaters betraf.

Heute ist er es leider nicht mehr. Jetzt sieht er mehr sich selbst, und das Theater sieht er weniger. Das ist ja auch logisch, im Grunde genommen. Er ist nun dabei, sein eigenes Vermächtnis zu schaffen – vor zwanzig Jahren zum Beispiel hätte er niemals einen *Faust* gemacht.

Aber damals, als Strehler die *Dreigroschenoper* in Italien aufgeführt hat, saß Brecht in den Proben zu meiner Linken und sagte: *„Habe ich das wirklich geschrieben..."*

Es hat ihm sehr gefallen! – Warum? Weil er auch ein Mensch vom Süden war und das Südliche bei Strehler wiederfand. Und Strehler sehnte sich nach dem Nordischen – sicherlich so etwas wie eine unausgesprochene, vielleicht auch beiden nicht bewußte Sehnsucht nach dem jeweiligen Pendant.

Ich hatte damals den Eindruck, als hätte Strehler eigentlich die epische Praxis Brechts seit seinen Anfängen als Regisseur im Blut.

Dennoch war er, als er den ersten Brecht-Text auswählte, um damit Brecht dem italienischen Publikum vorzustellen, sehr besorgt, unruhig, unsicher. Die Wahl fiel auch deshalb schließlich auf die *Dreigroschenoper,* weil Strehler immer gerne auf ein chronologisches Kriterium bei den Autoren zurückgreift. Er versucht immer, von den ersten Werken, gleichsam vom Erstling eines jeden Autors, auszugehen, um dann seine weitere Entwicklung zu verfolgen.

Im Falle Brechts stand er gegenüber dem italienischen Publikum vor einer ähnlichen Aufgabe wie Brecht 1928 seinem Berliner Publikum gegenüber: einem bürgerlichen Publikum eine Art Spiegel vorzuhalten, dabei aber theatralische Mittel und Formen zu wählen, mit denen das Publikum vertraut war. Die *Dreigroschenoper* bot die Möglichkeiten der Verzauberung durch die in Italien noch unverbrauchten Songs von Kurt Weill. Sie war in diesem Sinne wirklich so etwas wie ein Trojanisches Pferd.

Leider hat sich Strehler mit der Zeit ein bißchen „ergeben". Des öfteren hat er Brecht-Stücke nachinszeniert und wiederholt, aber immer war es schlechter. Die *Dreigroschenoper* hat er mindestens viermal gemacht. Aber in Paris zum Beispiel war es einfach nur noch ein mittelmäßiges Musical.

Der Gute Mensch von Sezuan dagegen hatte so viel Poesie in der Aufführung von 1958, war so rein, ganz ohne Äußerlichkeiten und Effekte. Jetzt, mit der Jonasson in der zweiten Inszenierung von 1981, war das Ergebnis zwar frappant, aber dennoch trotz allem nicht mehr so poetisch. Vielleicht weil Strehler nicht mehr wirklich an das Stück glaubte, vermute ich. Er dachte wahrscheinlich mehr an die Möglichkeit, mit der Jonasson zu überraschen, sie herauszubringen. Wer allerdings die erste Aufführung nicht gesehen hat, der muß auch die zweite Version immer noch als überwältigend empfunden haben.

Die Idee Strehlers, Shen Te und Shui Ta nicht als zwei, sondern als eine einzige Person zu sehen und von einer Schauspielerin, Andrea Jonasson, gleichzeitig spielen zu lassen, das hat Brecht eigentlich schon so angelegt – das ist eine Frage der Dramaturgie, nicht der Lesart! Die „gute" (und ohnmächtige) Shen Te muß sich in den zynischen (und mächtigen) Shui Ta verwandeln. In diesem Fall hat Strehler nichts erfunden. Es steht alles im Text geschrieben. Das ist auch eine Variante der „klassischen" Komödie. Denk an die Viola aus *Was ihr wollt,* welche die althergebrachte Gesellschaft von Orsino und Olivia durch ihren „Trick" sprengt! Denk an die Beatrice aus dem *Diener zweier Herren,* die sich als Frederico verkleiden muß, um ihr Glück zu erreichen!

Aber: Das „Spiel" von früher wird bei *Sezuan* zu einer Tragödie. Wer muß „übrigbleiben"? Die machtlose Güte – oder die zynische Macht? Wo die Götter gleichgültig bleiben, was sollen da die Menschen tun?

DER „GROSSE BRUDER" PAOLO GRASSI

Das entscheidende in der Zusammenarbeit zwischen Giorgio und mir war immer, daß wir ganz offen reden konnten. Und wenn ich schwieg, fragte er sofort: *„Warum schweigst Du?"* – und wußte, daß irgend etwas nicht stimmte.

Wir waren ein sehr gutes Arbeitsteam. Vor allem als der *„große Bruder"* noch lebte – Paolo Grassi. Er war, politisch gesehen, ein Sozialist. Aber er hatte ein bißchen mehr Diplomatie als wir anderen, wir waren viel radikaler. Er war, wenn man so will, vielleicht so etwas wie Euer Genscher. Er wollte Liberalismus und Sozialdemokratie in einem Cocktail, was nicht einmal in Italien – im Land der Kompromisse – möglich war. Aber er war trotzdem – oder deshalb? – ein hervorragender Mensch. Jahrelang war er am Piccolo *der* Mann! Jahrelang war er der eigentliche Herr des Piccolo. Ohne ihn, das kann ich wirklich sagen, wäre Strehler nicht der geworden, der er heute ist.

Grassi war nicht einfach nur Administrator des Piccolo Teatro. Er war ein wirklicher Zauberkünstler der Administration, aber er war auch durch und durch Kulturmensch. Er hat sich auch als Regisseur versucht; hat eine Theaterreihe für den Rosa & Ballo-Verlag herausgegeben und war zudem ein sprühender Journalist.

Und er las vielleicht sogar noch mehr als Strehler. Aber: Grassi las jedes Buch – der „Weißkopf" schnüffelte es. Das heißt: Was Grassi las, atmete Strehler nur ein. Paolo mußte alles gründlich beherrschen, Giorgio spürte, fühlte, empfand, und das genügte bei ihm, um etwas innerlich zu besitzen. Ich nannte Strehler immer eine „Naturerscheinung". Er ist so ein Mensch, der, wenn er ein Buch in die Hand nimmt, es macht wie mein Kater Attila: schnuppert zweimal... und weiß schon alles. Er muß es gar nicht ganz lesen. Das ist seine Größe. Für mich ist das eine Frage der Intuition. Strehler hat eine enorme Intuition. Er ist kein Wissenschaftler, er ist ein Poet, ein Dichter. Und er wird immer Dichter sein. Er ist vielleicht wirklich eine ganz und gar einmalige Erscheinung.

Meine Beziehung zu Grassi war sehr eng und tief; er war aber auch ein „Padre Padrone", und damit hatte ich so meine Schwierigkeiten... Na ja, mein ewiges Streben nach der Freiheit der Möwe. (Denn als alter Kroate, der ich trotz meines italienischen Passes bin, heißt Gaipa richtig ausgesprochen „Galeb" – Möwe. Ist das etwa nicht poetisch? – Bezeichnet jedenfalls viel eher meine ewige Zigeunerexistenz.)

STREHLER, DER EUROPÄER

Auch Strehler ist multinational. Triest, wo er geboren ist, war ein Sammelpunkt der Kulturen. Bei ihm ist es das Deutsche, das Slawische und das Italienische, was sich in ihm mischt. Diese drei

Komponenten sind in seiner Theater-Poesie unverkennbar immer spürbar.

Die slawische Komponente, die von seiner Mutter kommt, spürt man in seiner Art, alles vom Gefühl her zu analysieren, ähnlich wie es auch die Russen machen. Diese ewige Auseinandersetzung mit sich selbst. Dieser unendliche Rundgang um die ganze Welt, um irgendeiner Sache auf die Spur zu kommen, um dann schließlich nach diesem langen Umweg wieder am Ausgangspunkt anzukommen.

Die italienisch-romanische Komponente ist sicherlich am deutlichsten spürbar bei ihm. Ich will nicht in die üblichen Klischees verfallen, aber ich würde sie unter anderem in seiner Vorliebe für alles, was „volkstümlich" bedingt ist, sehen. Er liebt alles, was aus dem Volk kommt, auch wenn er selbst nicht aus dem Volk, sondern aus einer gutbürgerlichen Familie kommt. Bei vielen Stücken hat er versucht, die besondere „Volks-Würze" herauszuspüren und deutlich zu machen – so die besondere „Volks-Würze" Mailands und des Lombardischen (siehe Bertolazzi), die Venedigs (siehe Goldoni), und sogar mit dem Neapolitanischen hat er sich versucht, aber das ist ihm ferner. Venedig und Mailand, das entspricht mehr seinen Ursprüngen.

Die deutsche Komponente ist vielleicht am verborgensten, kommt eher aus der Vergangenheit, aus der Kindheit. Es ist wohl in erster Linie der „deutsche Geist", der ihn anzieht, diese Strenge und Disziplin im Denken.

DRAMATURGISCHE STATIONEN

Ich hatte das große Glück, als einer der wenigen Strehlers Arbeit von Anfang an miterlebt zu haben. An vielen geistigen Entstehungsprozessen war ich selbst aktiv beteiligt, deswegen ist es mir heute auch möglich, seine Arbeit in großen Bögen zu sehen und Vergleiche zwischen früher und heute zu ziehen.

Zunächst vielleicht zu Shakespeare: Die größte seiner Shakespeare-Inszenierungen war für mich *König Lear.* Vor allem auch, neben aller ästhetischen Schönheit, „ideologisch" richtig. Auf zwei Komponenten kam es in dieser Inszenierung an: Die erste war die ideologische: die der Macht und die verschiedenen Arten, Macht zu üben oder Macht zu mißbrauchen.

Die zweite Komponente war die wirklich geniale Erfindung, Cordelia und den Narren als Einheit zu sehen. Das stimmte insofern, nicht nur was Shakespeares Gedankengang betrifft, sondern auch in einer inneren Logik: Cordelia erscheint, hat ihren Auftritt, verschwindet wieder... in dem Moment kommt der Narr. Und wenn der Narr wieder weg ist, taucht Cordelia wieder auf. Der Narr verkörperte für Strehler, und das fand ich wirklich genial, die Gedanken und die Freiheit, die Cordelia als Mitglied der königlichen Familie nicht hatte und nur durch ihr Nein hatte ausdrücken können. Cordelia hatte

nur nein gesagt, der Narr sprach dann in verschlüsselter „Narren-Sprache" aus, warum und wieso. Von allen Shakespeare-Stücken, die Strehler inszeniert hat, war dieser *König Lear* wirklich das beste. Im *Sturm* hat er viele schöne, überschöne Dinge gemacht; dennoch war es nicht das gleiche. Strehler sehnte sich selbst nach Prospero. Er hat alles so inszeniert, als ob Prosperos Insel seine Theater-Insel wäre. Er selbst war Prospero, dem sein Theater weggenommen worden war und der versuchte, sich die verlorene Insel durch Magie zurückzuerobern. Diese Inszenierung war in erster Linie eine sehr subjektive, persönlich bedingte.

Seine frühere, erste Inszenierung des *Sturms,* 1948 in den Boboli-Gärten in Florenz, war – wie soll ich sagen? – eine sehr viel „naivere". Aber deswegen auch sehr rein. Mit einigen Konzessionen an ein gewisses Operntheater, aber dennoch eine sehr interessante Erfahrung. Er dachte sich da noch nicht als Prospero und machte nicht dieses Gleichnis zwischen Macht und Theater. Aber er war damals im Grunde selbst noch ganz rein.

Eine weitere Shakespeare-Inszenierung: *Spiel der Mächtigen* – eine Collage aus den verschiedenen Heinrich-Stücken –, war auch sehr anziehend, aber für meine Begriffe gab es da schon eher die „Technik" des Gedankens, der Konstruktion... alles war schon vorgesehen – da bin ich immer skeptisch.

Im *Richard II.*, den er viel früher gemacht hat, eine seiner ersten Shakespeare-Inszenierungen, gelang es ihm sehr gut, das Dramatische, aber auch das unwillkürlich Komische aus dem Richard herauszuholen.

Ich frage mich sowieso, warum er nie Shakespeare-Komödien inszeniert hat? In der Anfangszeit machte er unter anderem sogar einmal *Was ihr wollt,* das blieb aber nur eine Randerscheinung. Schade, weil gerade *Was ihr wollt* eigentlich wirklich etwas für ihn wäre. Diese dem Untergang geweihte Welt! Und Viola, die alles sprengt, im klassischen Komödien-Rahmen, aber dennoch für eine neue Welt. Shakespeare hat das ohne weiteres gedacht. Diese Liebe zwischen Olivia und Viola, oder der Malvolio... alles hat er richtig gedacht. Es gibt eine Gesellschaft, die zum Tode verurteilt ist, und wir müssen sie nicht töten, wir müssen nur zeigen, wie lächerlich sie ist. Das wäre wirklich ein Stück für Strehler, wie er eine ähnliche Thematik ja auch so wunderbar in der *Trilogie* der *Sommerfrische oder* im *Kirschgarten* herausgeholt hat – immer im Hinblick auf den Komödien-Ursprung, das Komische im Tragischen.

Zu Tschechow ist er eigentlich wirklich erst in seiner reiferen Zeit gekommen. Und wie? Gerade in diesem Falle ist ihm seine Intuition und seine „Naivität" sehr zu Hilfe gekommen. Das ist wieder ein Beweis, daß sein Ansatz unter vielem anderen auch ein naiver ist. Er ist und bleibt – hoffentlich – immer ein Kind. Das ist bei anderen seiner Kollegen nicht so stark. Peter Brook zum Beispiel ist kein Kind, Peter Stein ist auch keins.

Auch im *Kirschgarten* hat Strehler doch, ganz nach Tschechows Absicht, die Komödie herausgearbeitet; er hat gezeigt, daß die größten Dramen im Grunde entweder kleinlich sind oder fast lächerlich.

Auch in einem anderen Stück ist Strehler sein Sinn für das Komödiantische, oder besser: für die Nähe von Tragik und Komik, sehr zugute gekommen. In Eduardo de Filippos *La Grande Magia.* Es ist ein sehr apartes Stück, de Filippo geht da weit über Pirandello hinaus. Die Inszenierung war eine der besten Strehlers in den letzten Jahren. Auch wenn er versuchte, so eine Art „Italien-Gulasch" zu machen.

Trotzdem, was für das Durchschnittspublikum geblieben ist, ist vielleicht doch nur das Äußerliche. Obwohl das Drama dieses Menschen, der sich an die Illusion klammert und sich für nichts anderes mehr interessiert, doch ein wirkliches Drama, eine Tragikomödie ist. Aber es ist mehr Strehler als Eduardo de Filippo, vor allem der Schluß. *„Nein ich mache die Schachtel nicht auf, ich liebe weiter meine Schachtel, auch wenn meine Frau inzwischen zu mir zurückgekehrt ist. Ich kann nichts mehr mit ihr anfangen."* Das ist Strehler! Er hat Filippo gesagt, der Schluß müsse so sein, und Eduardo war gleich einverstanden.

Um Wirklichkeitsflucht und diese Art Realitäts-Verleugnung ging es in einem anderen Stück, das Strehler kurz vor *La Grande Magia* gemacht hatte, in *Wetterleuchten* von Strindberg. Es war Strehlers erster und einziger Strindberg, und es ist schon ein ziemlicher Weg von dem nordischen Strindberg bis zu Strehler. Aber ich würde doch sagen, *Wetterleuchten* ist vielleicht die letzte Inszenierung Strehlers, die ich wirklich hundertprozentig akzeptieren würde. Auch hier hat Strehler eine Art „Nachdichtung" gemacht. Große Unterstützung fand er allerdings in seinem Hauptdarsteller Tino Carraro, der wirklich ein Genie ist. Schon seit Jahren sagt Tino, das sei nun wirklich seine letzte Rolle – er ist ja weit über achtzig –, und dann macht er doch noch weiter. Doch in *Wetterleuchten* hatte er sicherlich eine seiner größten Rollen.

Danach: Strehler und Beckett, wieder etwas anderes – auch eine Sache für sich: *Glückliche Tage* war Strehlers erste und einzige, allerdings sehr intensive Auseinandersetzung mit Beckett.
Analyse eines sich immer weitervererbenden Konflikts: der Mensch und das Leben, der Mensch und seine Bestimmung, Mensch und Göttlichkeit.
Dieses Stück, das mit gutem Recht als Tragödie bezeichnet werden kann, als die hartnäckige und paradoxe Lebens-Vergewisserung in der ständigen Wiederholung von bestimmten Gesten, Worten, Handlungen in einer Welt, die fast am Ende, aber noch nicht ganz zerstört ist – niemals ganz zerstörbar, auch wenn sie auf eine banale, fast höhnische Überlebensform reduziert ist.

Aber – so Strehler – über alle Trägheit und Unehrlichkeit hinaus bleibt der Mensch durch sein beständiges Verlangen nach Kontinuität mit seinem Planeten verhaftet. Neben der immerwährenden Tragödie des menschlichen Kampfes mit seinem Schicksal, nach Prometheus und Ödipus, Elektra und Orest, Antigone und Alcestis, erscheint hier Winnies Tragödie: eingegraben bis zur Taille, nur mit einer Einkaufstasche ausgestattet, aus der sie die Gegenstände ihres Alltags hervorkramt, um damit jene Leere zu füllen, die jede einzelne Stunde ihrer „glücklichen Tage" besetzt. Ihre Besessenheit zu sprechen, um dadurch das Schweigen zu besiegen – in ihrer beharrlichen Suche nach ihrem Partner Willie. Dieser, nurmehr Relikt eines Mannes, in der Haltung eines Maulwurfs, auf seine elementarsten Bedürfnisse reduziert. Darüberhinaus ihr mahnender Antrieb zum Dialog, ihre Insistenz, ihn zu besitzen, aus der Distanz und Unerreichbarkeit, und doch immer als ihr Gegenstück und Spiegel. Ein unauslöschlicher Lebenswille, jenseits von allem und trotz allem.
Strehler betonte immer: *„Die Figuren bei Beckett sterben nicht, – sie sind nur fast am Ende, wie eine letzte Umklammerung!"*
Er sprach von der *„Kultur"* der letzten Lebenden: Winnies „Kultur" stammt aus der Erinnerung an Zitate, zum Beispiel Shakespeares und anderer Dichter, die sie noch aus der Schulzeit kennt, sogar bis hin zu einem Verdi-Libretto oder der Aufschrift einer abgenutzten Zahnbürste, die sie kaum mehr entziffern kann, ergänzt durch Wirtschaftsanzeigen aus Zeitungen und eine Pornopostkarte... Und doch ist es keine Parodie, keine Komödie. Vielmehr Angst, erstarrte Menschlichkeit. Diese alltäglichen Gesten – immer eine Flucht vor dem Bewußtwerden der eigenen Tragödie. Sich die Fingernägel feilen, Lippenstift auftragen, Erfrischendes in großen Schlucken trinken... – und damit den Moment der Wahrheit immer wieder aufschieben und tiefergreifenden Fragen immer ausweichen: den Fragen über Leben und Tod. Strehler betonte immer wieder, daß Winnie niemals das Wort „Tod" ausspricht. Bei ihr heißt es dann etwa: *„Der Moment, in dem sich dieses zu weiche Fleisch auflösen wird."* Oder: *„Wie wirst Du mir fehlen, Willie, wenn Du einmal fortgehst".*
Strehlers Bühnenbild: eine „Wüste" aus Sand und Salz. Aber Theatersand und Theatersalz! Die Materialien des Bühnenbildes sollten zu einem lebendigen Protagonisten des dichterischen Geschehens werden. So, wie damals der Schlamm im *Lear*, wie die Kohlenbriketts, die Waschküchen und der Wasserdampf in *El nost Milan*, das Wasser im *Sezuan*, der Schnee im *Campiello* oder wie die marmornen, schwarzweißen Fliesen und die durchsichtigen Hauswände in *Wetterleuchten*.
Strehler sagte immer: *„Niemals eine realistische Wüste oder Himmel! Bloß keine vertrauten, zarten oder raffinierten Töne. Der Anfang ist trügerisch, da es scheinbar um ganz belanglose Themen geht, fast wie bürgerliche Komödie. Aber Beckett will ein 'crescendo',*

die Tragödie darf nicht sofort auf der ersten Seite hervorbrechen. Sie zeigt sich dann, wenn man sich der beklemmenden Suche Winnies nach ihren Habseligkeiten, der Banalität ihrer Gesten und ihrer verzweifelten Rufe nach Willie bewußt wird. Immer, um die Leere und das Schweigen zu besiegen..."

Nun zu einem anderen großen Kosmos, der letzte, bei dem ich noch aktiv dabei war: Strehler, Goethe und *Faust. Faust* ist für Strehler wirklich eine Selbstbiografie. Er *ist* Faust. Und er ist auch irgendwo Goethe...

Vor Jahren, am Anfang, als wir uns noch sehr nahe waren, sagten wir immer: *"Goethe? Ein großer Reaktionär. Ein Genialer, aber eben doch ein Reaktionär."* Heute sieht Strehler es vielleicht anders. Ich bin immer noch dieser Meinung: Ich liebe Schiller, und ich liebe Goethe – etwas weniger!

Wenn man bedenkt, daß ich jahrelang für Strehler genau das gemacht habe, was der *"liebe, gute alte"* Eckermann für Goethe gemacht hat... Man sagte schon immer *"Eckermann – Ettermann"* (von Ettore). Natürlich darf man das nicht zu ernst nehmen, sonst...

Ich habe es getan, weil es sowohl für ihn als auch für mich sehr wichtig war. Jetzt aber habe ich mich doch mehr und mehr distanziert. Es gibt genügend andere... Und allmählich will ich auch den Eckermann nicht mehr spielen, auch wenn Strehler mich immer *"mein Bruder"* nannte.

Zum Stück selbst: Teil drei und vier, also *Faust II,* war für mich wieder mehr der Tr(i)umph der Technik im höchsten Sinne. Dagegen war es sehr richtig, daß Strehler, vor allem aus *Faust I,* verschiedene Passagen nur gelesen hat, das war wie eine „Angel" für das Publikum. Es mußte mitdenken, vor allem an den epischen Stellen. Für mich waren gerade die Teile, in denen die Inszenierung eher episch als dramatisch war, die stärkeren, da wurde er wieder ganz brechtisch.

Im Detail: Diese „Inszenierungs-Suche" war ein Projekt, eine Recherche – und daraus wurde schließlich eine Aufführung. Mit unendlich vielen Hindernissen! Wenn *Faust* für Goethe zeit seines Lebens Tagebuch, Erzählung, biografische Leidensgeschichte war, so ist er das auch für Strehler.

„Ricerca" – Suche – Forschung: Der Strebende – derjenige, der sucht. So Faust – so Goethe –, so Strehler und so auch die Räume des Teatro Studio. Strehlers *Faust* ist elementar aus diesem Raum entstanden und mit ihm verbunden.

Die Übersetzung: Das Problem des dramatischen Verses stellt sich doppelt. Erstens: aus der Übersetzung wieder Dichtung werden zu lassen. Zweitens: diese spielbar, das heißt wieder dramatisch zu machen. In der deutschen Sprache gehört der Vers eines Kleist, eines Grabbe, Hölderlin oder Hebbel zu einer ganz anderen Tradition. Der deutsche dramatische Elf-Silber ist wie ein abschüssiger, steiler Hang, während der unsrige seinen Akzent häufig erst auf der

letzten Silbe hat. Der deutsche Reim eignet sich mehr zur Lesung als zur Skansion des Schauspielers. Häufig sind es auch Halb- oder Stabreime. Was tun? Einfach eine „neue" Prosodie, eine „neue" Metrik einführen? Auf seine Art hat Strehler diesen Versuch gemacht, das heißt, einen Schnittpunkt zwischen „Dichtung" – übertragen auf Papier – und „Wahrheit" – übergeben an einen Schauspieler-Interpreten – gewählt.

Das Bühnenbild: Von der „Szene" oder einem Bühnenbild zu sprechen, ist ein Widerspruch zu dem gerade von mir skizzierten Konzept der allgemeinen „ricerca" – Suche – , also auch der „Raum-Suche". Von allen konstruierten, symbolistischen oder expressionistischen Lösungen haben wir uns ebenso distanziert wie von jeglichen „anspielenden" Momenten. Der *„Faust-*Raum" entstand außerhalb vorherbestimmbarer Szenerien: Lichtkegel und -blitze, Nebel- und Rauchschatten, aus denen Figuren plötzlich auftauchten oder wieder verschwanden. Eine symbolische Umwandlung des „dämonischen Funkens" in ein fließendes Kontinuum, ein (sichtbar „erlittenes") „panta rei"? Warum? Weil von diesem Feuer des „dämonischen Funkens" keine Asche übrigbleibt, sondern eher eine Art Konklusion zwischen Feuer und Wasser – so wie jene postnukleare Wüste in Becketts *Glücklichen Tagen.* Dagegen stehen die blauen Rauchnebel für die Kontinuität der Bewegung im *Faust.*

So, soviel für heute. Ich freue mich ungemein, daß das Buch sich so schön entwickelt. Ich möchte noch mehr dafür tun. Ich denke, der große Gewinn kann nur der sein, eine menschliche Strehler-Figur zu zeichnen.

Es ist doch schön, wenn man fühlt, daß man noch einmal von richtigem Nutzen ist, und das – wie soll ich's sagen – bloß durch die Objektivierung seiner eigenen Erfahrungen oder gar durch sein eigenes Leben... Im Grunde genommen, habe ich einige Fetzen eines inneren Tagebuches „verraten". „Det Janze" war – berlinerisch gesprochen – beinahe wie innerlich von mir begehrt. Indem ich den großen „Weißkopf" lauste, tat ich's gleichzeitig mit meinen fünfzig Jahren Theaterjucken!

Text-Collage aus Briefen und Gesprächen mit Ettore Gaipa zwischen September und Dezember 1992
(Am 8. Januar 1993 ist Ettore Gaipa in Mailand gestorben)

SHAKESPEARE, GOLDONI, BRECHT

DIE WICHTIGSTEN ORIENTIERUNGSPUNKTE
MEINER THEATERARBEIT

Shakespeare, Goldoni, Brecht – drei Namen, drei Autoren, die meinen Weg als Regisseur über all die Jahre meiner Theaterarbeit kontinuierlich und treu begleitet haben. Jeder dieser Autoren steht für bestimmte Zusammenhänge innerhalb meines Repertoires, denen ich mich im Laufe der Zeit gewidmet habe.

Shakespeare ist unter ihnen wie eine Art Vater, „Über-Vater", der immer wieder einschüchtert und doch auch Trost spenden kann. Mir selbst stand er streng und liebevoll zur Seite. Er war für mich immer die Maßgabe aller Grenzen, an die ich stoßen konnte. Ihm gehören meine größten Ängste, aber auch meine wahrhaftigsten und lehrreichsten theatralischen Eroberungen.

Goldoni lehrte mich im Lauf der Jahre eine Form theatralischer Zärtlichkeit in seiner ihm eigenen Art und Weise.
Goldoni: Das war für mich immer das große Leuchten einer (nicht pazifistischen) Güte, dennoch immer kritisch und manchmal auf seine Weise fast mitleidlos. Als Dichter war er niemals bequem, dieser Goldoni! – doch stets unendlich menschlich. Er war mir wie ein älterer Bruder, mit dem ich die Abende plaudernd verbrachte, gemeinsam in einem Raum irgend etwas essend und ein bißchen Wein trinkend; auch Karten haben wir zusammen gespielt – Kartenspielen hat ihm immer gefallen. Dabei hat er mir von den Menschen erzählt, von ihren Leiden – manchmal sprach er mit weicher Stimme, manchmal auch mit angriffslustiger Bosheit von ihren Lastern. Er hat mir stets den Weg gewiesen, der Welt und den Menschen nachzugehen, sie mit Neugier, Liebe und Ironie in all ihrem Kummer und ihren Sorgen zu beobachten. Auch seine unerbittliche Liebe zum Theater hat er mir vermittelt – nicht zu vergessen den Mut, auch ohne Reserven dennoch weiterzuarbeiten. Das heißt, für das Theater bis zum Letzten zu gehen. Kurz: Er hat mich gelehrt, das Leben und das Theater grenzenlos zu lieben.

Brecht verdanke ich die Eroberung des Sozialen, allerdings nicht im Sinne einer doktrinären Pädagogik, vielmehr im Sinne einer „Seinsform". Das Theater als Möglichkeit, aus der Gesellschaft heraus dieser zu helfen und sie zu verändern. Wer glaubt, Brecht habe uns, die wir als seine Schüler mit ihm gelebt und von ihm gelernt haben, Gewißheiten vermittelt, irrt sich. Er hat uns eine Art Schlüssel gegeben, um Theater zugleich kritisch und poetisch zu begegnen, immer mit dem Ziel, die Welt neu zu untersuchen.

Wer nun aber glaubt, Brecht spräche von einem Theater, das die Welt verändern könne, irrt sich ebenfalls. In einer Art Aphorismus beschrieb er die Welt als „auch" durch das Theater veränderbar. In dem Sinne, daß Theater im Zusammenhang mit anderen menschlichen Handlungen dieser Welt helfen könne, sich zu verbessern.

Brecht hat mir immer Mut gemacht, das Alte mit neuen Augen zu sehen und dabei das Neue unter einem „geschichtlichen" Blickwinkel zu betrachten. Unsere Vergangenheit ist etwas Bewegliches an sich. Ja, viele Dinge hat mir dieser große Meister beigebracht, der häufig, wie fast alle großen Lehrer, mißverstanden wurde und dem auch wir manchmal eher mit Verwunderung als mit Überzeugung zuhörten.
Erst gegen Ende haben wir die Größe seiner dialektischen Lehre verstanden, seine Art, niemals in Frieden, dennoch im Bewußtsein absoluter Überzeugungen zu leben.
Seinen Stücken, die ich, so gut es ging, zu interpretieren versuchte, bin ich immer mit Liebe begegnet – mit dem Bangen der allerersten Liebe und jener wunderbaren Entdeckung der Leidenschaft, die blind machen kann, aber dann auch seltsam klarsichtig, in der Sensibilisierung der „Augen des Herzens". Den Mysterien der Dichter ist nur auf diese Art beizukommen, das heißt mit genau diesen Waffen, ohne die jegliche Kultur, Erfahrung und Wissen nichts wert sind.
Letztlich bleibt das wahrhaftige Erfassen eines Kunstwerks immer ein emotionaler Akt: Theateraufführungen, heute nurmehr Asche eines einstmals aufflackernden und wärmenden Feuers, Erinnerungen für den, der sie gesehen hat.
Das ist das wunderbare und zugleich verzweifelte Schicksal des Theaters, immer und über alle Zeiten hinweg. Wie Tod und Leben bleibt auch dies nur zu akzeptieren.

Giorgio Strehler, Vorwort zu der Textsammlung 'Shakespeare, Goldoni, Brecht', Hrsg. und Verleger: Piccolo Teatro, Mailand 1984

Shakespeare

*„Shakespeare, das ist
fast wie ein anderer Stern ...“*

GIORGIO STREHLER

SHAKESPEARE INSZENIEREN

[...] In einer Zeit allgemeiner sprachlicher Verwirrung, wo kulturelle Aggressivität und Einschüchterung, mystifizierende und einseitige Moden und ästhetische Fehlschlüsse die heutigen Bühnen beherrschen, erscheint es mir notwendig, einen Moment bei der Arbeit, die wir „Regie" nennen (ein Begriff übrigens, der heute mit den verschiedensten Mißverständnissen behaftet und mir selbst mittlerweile fast lästig geworden ist), zu verweilen: Es geht nicht nur um Fragen der Methodik, sondern um das, was im Grunde das große Pendel theatralischer Interpretation bewegt. Für mich bedeutet die Interpretation eines Theaterstücks zunächst immer eine ganz kritische Auseinandersetzung – und das Wort „kritisch" sollte hier endlich einen Bedeutungswandel erfahren und nicht mehr nur einer rein „philologischen" Auslegung unterliegen. Der Begriff „kritisch" sollte endlich auch die menschliche Intuition, das Emotionale, die Dimension des Herzens einbeziehen.

Interpretationen oder Inszenierungen entstehen aus Prozessen der kritischen Betrachtung, die mit den Materialien des Theaters auf einer Bühne „nachgeschrieben" wird, die im Grunde überall sein kann – überall dort, wo Leute sind, die Theater anbieten, und ihnen gegenüber Leute, die ihnen dabei zuschauen. All das passiert zu einer bestimmten Zeit, an einem bestimmten Tag, und setzt immer wieder von neuem eine kritische Auseinandersetzung voraus, die sich nach und nach klärend weiterentwickelt, sich in der praktischen Theaterarbeit präzisiert.

Ein Großteil des „kritischen Prozesses" innerhalb der Regie ist, wenn es sich um einen fremdsprachigen Text handelt, an das Problem der Übersetzung gebunden. Über die Wahl einer philologischen Lesart und die Festlegung einer sprachlichen Realität (die manchmal sogar im Gegensatz zum Text stehen kann) hinaus geht es beim Über-

setzen sehr wesentlich auch um die rhythmischen Komponenten, um den eigenen dramatischen Rhythmus. Deswegen beinhaltet die Übersetzung eine Reihe dramaturgischer Entscheidungen, ohne die weder der Zuschauer noch der Übersetzer auskommen. Die Beziehung zwischen Übersetzer und Regisseur ist deshalb extrem komplex und von primärer Wichtigkeit.

Eine andere Art kritischer Übersetzungsarbeit, bei der eben nicht ein Schritt auf den anderen folgt (nichts folgt in der künstlerischen Arbeit aufeinander, alles vollzieht sich gleichzeitig auf verschiedenen Ebenen, die miteinander kommunizieren), ergibt sich aus der unumgänglichen Wahl des „Standpunkts", der – wie Brecht es nannte – Einbeziehung der „historischen Gegebenheiten".

Gemeint ist die Beziehung eines Werks „aus vergangener Zeit" zu unserer Gegenwart. Das setzt allerdings eine dialektische Betrachtung voraus, in der Ideologie und Geschichte gleichsam inbegriffen sind und die den Übersetzer vor Gefahren wie Schematismus und dem Rückzug ins Ideologische schützen. Ich erinnere mich an die Stunden, in denen ich mit Brecht über *Coriolan* vor allem methodologisch diskutiert habe und sich Brecht stets gegen „ideologische Bequemlichkeiten" wehrte. Wir Jungen, alle ernsthaft engagiert, empfanden die Lektionen unseres Lehrers mit dem „chinesischen Lächeln" sogar manchmal als zu „durchlässig" (als „zuviel der Dialektik"). Die Kunst des „aktiven Zweifelns" erreichten wir erst sehr viel später; (und manchen von uns ist diese auch nie zuteil geworden).

Je umfassender die kritische Auseinandersetzung an einem Text vollzogen wird, je stärker Wahrheiten unserer Welt in den Text einbezogen werden, um so mehr wird es diesem Werk auch gelingen, unsere Welt, unsere Zeit zu erobern.

In diesem Sinne ist die Arbeit an den großen Klassikern als lehrreich und letztlich entmystifizierend zu verstehen. Sie stellt uns kontinuierlich vor die Verantwortung der „richtigen" Lesart; besonders angesichts einer Öffentlichkeit, die den Text erst „durch" uns liest. Dem „lesenden Publikum" – als Kritiker, Protagonist und aktives Element in einem – sollte ein möglichst erschöpfendes Bild des Werks, an dem es teilhat, dargeboten werden.

Die Umsetzung dieser Basisarbeit in eine Inszenierungsarbeit, die schließlich zur Aufführung gelangt, ist ein weiteres Moment des theatralischen Prozesses. Das Theater (als Prozeß auf der Bühne) bezieht alles mit ein, verändert, klärt auf oder verdunkelt das, was zuvor „geschrieben" wurde.

Ich möchte allerdings hier weder eine umfassende Lektion über Kunst oder Regiearbeit halten, noch allgemeine Methoden und Prinzipien deklarieren. Ich habe schon lange den Geschmack an der Theoretisierung des Theaters verloren. Dennoch erschien es mir wichtig, zunächst auf einige Bemerkungen über Regiearbeit im allgemeinen zu sprechen zu kommen, bevor ich meine Beziehung zu Shakespeares Theater erläutern kann. Das sind natürlich ganz persönliche Betrachtungen auf der Basis von Erfahrungen aus der Vergangenheit und Erinnerungen – immer gemessen an gegenwärtigen Erfahrungen, wie zum Beispiel mit dem *Sturm,* der mich in diesen Tagen wieder einmal in seiner unermeßliche Weite und Komplexität berührt und aufwühlt. Vor so etwas wie dem *Sturm* wird das Gefühl der Demut, das mich seit Beginn meiner Theaterarbeit begleitet hat, wirklich zum Eingeständnis eigenen Ungenügens.

Vielleicht wurde Shakespeares Theater gerade aus diesem (bewußten oder unbewußten) Eingeständnis immer wieder gedreht und gewendet, mißbraucht und häufig durch die beschränkte Fixierung auf den historischen Zeitraum massakriert.

Shakespeare hat die Geburtswehen des zeitgenössischen Regietheaters in seinen unterschiedlichen stilistischen Ausprägungen von Reinhardt bis Peter Brook begleitet. Den *Sommernachtstraum* hat uns Brook auf wunderbare Weise, wie ein außergewöhnliches Geschenk, wiedergegeben; neu erfunden und doch ganz „treu", steht er ganz im Gegensatz zu einem Haufen von Infamien und Fürchterlichkeiten, gegen Othello-King-Kongs und lesbische Desdemonas und Emilias (wie ich sie so unglücklich vor einiger Zeit in Deutschland gesehen habe): Anhäufungen shakespeareanischen Drecks mit Tänzen und schlechten, vergeudeten Bildern; Lears, Richards, Julias und Prosperos und Mirandas in Unterwäsche.

Auf der anderen Seite dann durch und durch formalistische Shakespeare-Aufführungen, wie es innerhalb der letzten dreißig Jahre viele englische Interpretationen dieser Art gegeben hat, darunter unter anderem auch große Namen der englischen Szene wie Olivier und Gilgud. Shakespeare-Aufführungen werden hier fast als erfrischendes Spiel der Charaktere gesehen: Das sich liebende junge Paar, der alte Vater, von seinen Töchtern hintergangen, am Rande des Wahnsinns, der blonde Prinz voller Zweifel und so weiter.

Und dazwischen gibt es eine kleine Hundertschaft wertvoller, wenn auch in einer exakten historischen Zeitspanne gewissermaßen

beschränkter Inszenierungen, manche in „modernen Kostümen" (wie zum Beispiel der *Julius Cäsar* im schwarzen Hemd von Orson Welles – einzigartig und doch zugleich schrecklich historisierend); weiterhin noch einige Interpretationen oder Neufassungen Bertolt Brechts, darunter der *Coriolan* des Berliner Ensembles, der zwar nicht von Brecht inszeniert wurde, dessen Geburt jedoch unter Brechts direktem geistigen Einfluß stand – vielleicht eine der bedeutendsten Shakespeare-Inszenierungen überhaupt.

Wo meine Arbeit an und mit Shakespeare hier einzuordnen wäre, kann ich nicht sagen. Sicher bin ich mir nur meiner Absicht, mich Shakespeare immer weiter annähern zu wollen, und das in der absoluten Bereitschaft, die Texte in ihrer jeweils eigenen, besonderen Realität zu begreifen. Niemals haben sich die Resultate meiner Arbeit respektlos gegen den Text gerichtet. Eine der ungerechtfertigsten Kritiken, die jemals über meine Arbeit gefällt wurden, ist die eines Kritikers von LE MONDE anläßlich meiner *Lear*-Inszenierung in Paris. Dort wurde meine Lesart des *Lear* als „Einbahnstraße" einfachster Art, „bar jeder Tiefe" und „oberflächlich" kritisiert. Also das konnte es nun wirklich nicht sein: oberflächlich, auf der Suche nach dem einfachsten Weg, dem Bequemen oder der gefälligen Regie-Idee. Immer war es das Ringen um Tiefe, niemals leichtfertiges Spiel oder Zerstreuung...

Ich glaube, daß derjenige, der versucht, Shakespeare mit dem Herzen zu begreifen, die Herausforderung absoluten Engagements auf der Suche nach tieferer Wahrheit innerhalb des Shakespeareschen Beziehungsgeflechts erkennen muß. Diese Welt in ihrem Reichtum und ihrer häufig unvermutet einsetzenden Sogwirkung erfordert vollkommene Meditation. Und somit wird Shakespeare zu einer Art Scheideweg zwischen jenen, die mit dem Theater nur zu spielen gedenken, und den anderen, die das Theater als unveräußerlichen Ort von Wahrheit und Poesie schätzen und bewahren.

Zwischen 1947 und heute habe ich immerhin zwölf Werke von Shakespeare inszeniert, darunter *Richard II., den Sturm, Der Widerspenstigen Zähmung, Richard III., Heinrich IV.* (erster Teil), *Macbeth, Julius Cäsar, Coriolan, Spiel der Mächtigen* (eine Zusammenfassung der beiden Teile *Heinrich VI.)* und *König Lear* (nicht genannt die einzelnen Wiederaufnahmen, die zum Teil von mir in zeitgemäßer Kritik überarbeitet und verändert wurden).

Shakespeare ist der Dramatiker, den ich am häufigsten inszeniert habe. Unter diesem Gesichtspunkt ist es also nicht richtig, mich als einen vornehmlichen Goldoni- und Brecht-Regisseur zu bezeichnen. Wie auch immer, so ganz und gar verachtenswert erscheint mir dieses Shakespearesche „Werkverzeichnis" durchaus nicht. Mir fällt allerdings ein klares Übergewicht der historischen und politischen Dramen auf, weniger stark ist die Komödie vertreten, und Meisterwerke wie *Hamlet, Romeo und Julia* und *Othello* fehlen noch.

Mein erster Shakespeare – *Richard II.* 1947/48 – war gleichzeitig auch eine „italienische Premiere". (Das gilt auch für *Heinrich VI.* und wahrscheinlich für den ersten Teil *Heinrich IV.*) Denn die Bandbreite des Shakespeare-Repertoires in Italien beschränkte sich bis dahin in erster Linie auf die berühmtesten seiner Werke wie *Hamlet, Romeo und Julia, Othello, König Lear* und ein bißchen *Macbeth.* Vielleicht war es damals auch mein Interesse, gerade dieses „kulturelle Vakuum" aufzufüllen, und ich begann deswegen, mich zunächst für Shakespeares historische Dramen zu interessieren. Einer der ersten Beweggründe erklärt sich aus meinem Geschichtsverständnis als einer ständigen Suche nach der Beziehung zwischen Theater und Geschichte. Das ist eines der immer wiederkehrenden Themen in meiner Theaterarbeit: das „Problem der Geschichte" in ihrem fortwährenden Fluß.

Wie wertvoll die sogenannten minderen Geschichtsdramen Shakespeares einzuschätzen sind, erkannte ich noch vor der offiziellen Kritik. Die allgemeine „Aufführungs-Orgie" des historischen Shakespeare kam erst, nachdem 1964 in Italien Jan Kotts Shakespeare-Buch erschienen war.

Natürlich hatte ich mit *Richard II.* einen umwerfenden (aber auch angstvollen) Start in meiner Laufbahn. Dieser mit seinem historischen Untergrund über das bloße Geschichtsdrama weit hinausreichende *Richard II.* ist ein lyrischer Blitzschlag und gleichzeitig Verweis auf die Zerbrechlichkeit des Menschen.

[...] Schon damals stellte sich das Problem der Übersetzung, worauf ich schon eingangs zu sprechen kam. Cesare Vico Lodovici erarbeitete für uns innerhalb kürzester Zeit eine auf Bühne, Schauspieler und Aufführung „maßgeschneiderte" Übersetzung, die ich noch immer für eine der bedeutendsten halte. Ohne Brüche und essentielle Umwälzungen zu forcieren, ist in der Inszenierung lyrische Spannung, Konkretheit der Bilder und der dialektische Bezug zwischen den Figuren und ihren Gesten (in ihrer Intensität, im Brechtschen Sinne) gelungen.

Dank dieses geglückten Startes und der darauf folgenden Inszenierungen entstand die Idee, den gesamten Shakespeare in einer bestimmten Art neu zu übersetzen. Einaudi gab uns schließlich die Möglichkeit zur Realisierung dieser Idee, was beweist, daß das Theater durchaus in der Lage ist, sich mit literarischen Fragen auseinanderzusetzen. Diese Shakespeare-Ausgabe ist eine der ersten (gemeinsamen) konkreten Aktionen des damals „neuen italienischen Theaters". Mit gewissen Einschränkungen ist es auch die erste Shakespeare-Übersetzung, die die Bedingungen des Theaters berücksichtigte und einbezog, das heißt vom Spiel auf der Bühne ausging, und das meinetwegen auch mit diesen manchmal etwas bizarren sprachlichen Wendungen, zu denen Ludovici gelegentlich neigte. Wichtig war allein, durch das Theater zu verführen.

Die Aufführung fand in einem statischen Bühnenbild statt, eine Art Rekonstruktion des elisabethanischen Bühnenraums mit einer „innerstage" und einer „upperstage" und einer Tür. Wir wollten damit die Idee des originalen elisabethanischen Theaters wiedergeben: ein einziger symbolischer Raum, der weit über den eigentlichen Bühnenraum hinausreicht. Die Suche nach einem neuartigen Bühnenraum für Shakespeare war für uns sehr viel notwendiger als für viele andere berühmte Kollegen.

Was es natürlich bereits gab, waren die Ideen Brechts und Piscators. Damals probte Brecht gerade unter anderem *Mutter Courage* auf der Guckkastenbühne mit zwei gigantischen deutschen Adlern im Saal, ganz einfach umrahmt von zwei ebenfalls riesigen schwarzen Friesen. Das alles in einem klassischen Bühnenrahmen, unterlegt von einem hellen, weißen Halbvorhang und mit einer Drehbühne. Ähnlich wie die Theaterwelt Shakespeares: magisch, theatralisch und zugleich ganz konkret.

Wir waren wie besessen von der Idee der Einheitsbühne, der Bühne der „ursprünglichen Vereinbarungen" beziehungsweise der Wiederentdeckung dieser Vereinbarungen auf dem modernen Theater.

Theater befand sich in Italien damals im letzten Verfallsstadium einer veristischen, kleinbürgerlichen Theaterkunst, bei der kaum „Abweichungen" zugelassen wurden. Die elisabethanische Bühne wurde uns zum Vorbild dieser „Theater-Vereinbarung". Auf diese haben wir uns dann mehr oder weniger direkt bezogen – auf der Suche nach einem geschichtsbewußten, aber zugleich poetischen Theater.

So kam es zu *Richard II.* (übrigens ein außergewöhnlicher Erfolg bei Publikum und Kritikern), eine Aufführung fast ohne Brüche, durchklungen von musikalischen Evokationen volkstümlicher Weisen aus der Zeit *Richards II.,* kleinen Märschen und einfachen Fanfaren, und mit geheimnisvoll leuchtenden Monden, die von schwarzgekleideten Dienern imaginierte Stufen hinaufgetragen wurden. Auch diese Kadenz in der Aufführung – die „Diener" aus dem Stück, die gleichzeitig auch der Aufführung „dienen" – war für eine gewisse Zeit eine wirkliche Errungenschaft für Shakespeare (und nicht nur für Shakespeare). Später wurde das dann Mode, aber eine Mode, derer sich das sogenannte moderne Theater heute immer noch bedient.

Im Sommer desselben Jahres inszenierte ich mit derselben wundervollen und absolut notwendigen jugendlichen Unbewußtheit in Florenz Shakespeares letztes Stück, den *Sturm.* Bestimmte Momente dieser Aufführung tauchen immer wieder in meiner Erinnerung auf, und manchmal blättere ich in den alten Regiebüchern wie in Ratgebern voller einfacher und ewiger Hinweise. [...] Zwischen einigen möglichen Spielorten entschied ich mich damals für das Wasser in Gestalt des Schwanenbeckens in den Boboli-Gärten – ein großes Becken mit einem wunderschönen Neptun in der Mitte. Diese Mitte wurde zur Insel im *Sturm,* eine Zeus-Statue zum Mittelpunkt der Insel – wie ein den Wasser-„Vorhang" beschützender und gleichzeitig bedrohlicher Meeres-Zeus. Das Publikum saß um das Becken herum. Zwischen ihm und der Insel lag nur das symbolische Leuchten der Lichtreflexe im Wasser.

Heute, nachdem ich mir die Arbeit am *Sturm* nach Jahrzehnten wieder vorgenommen habe, stoße ich doch immer wieder auf überzeugende Ansätze in der damaligen Inszenierung: das Meer-Element zum Beispiel, das Wasser, die Welt der Insel, und dieser Renaissance-Anklang in dem Marmor-Zeus.

[...] Dennoch: Viel äußere Magie, Zaubereien und Späße, dabei aber weder die Tiefe noch Meditation, noch die unruhige Verzweiflung, die ich meine erst heute im *Sturm* gefunden zu haben, und auch nicht jene übergeordneten Fragestellungen, die mir gerade im *Sturm* so wichtig erscheinen. Zum Beispiel gab es, ich erinnere mich, keinen Caliban, Ariel war kaum und die Figur des Prospero nur wenig entwickelt. Die beiden Spaßvögel, der eine neapolitanisch und der andere venezianisch, schlossen sich dagegen mutig dem Reigen der commedia dell'arte an. In ihrer Konzeption empfinde ich sie bis heute als schlüssig gegenüber anderen, im Laufe der Zeit entstandenen Schwerpunktverschiebungen in diesem Stück.

Erst mit dem *Sturm* offenbarte sich mir eigentlich „der große Kosmos Shakespeare", der sich später noch mit anderen seiner Werke füllen sollte. Nach dieser Arbeit fühlte ich mich selbst wesentlich gereifter und bewußter in der Auseinandersetzung mit komplexen Fragestellungen und Problemen, die ich auf mich zukommen sah.

[...] Die Übersetzung des *Sturms* hatte diesmal Salvatore Quasimodo übernommen. Den Namen des Dichters Quasimodo an unser theatralisches „Abenteuer" zu binden, hatte für uns große Bedeutung, und die damals entstandene Übersetzung ist nicht hoch genug einzuschätzen, in ihrer Art außergewöhnlich, ganz abgesehen von ihrer enormen philologischen Genauigkeit.

Dann 1948/49: *Der Widerspenstigen Zähmung,* ein ziemlich flüchtiger Shakespeare, voller widersprüchlicher Konflikte, die weder von mir noch den Schauspielern so ganz verstanden wurden. Das Stück hat mir damals gezeigt, wie schwierig der Einstieg in die Welt der Shakespeare-Komödien sein kann. [...]

Ganz anders die Inszenierung *Richard III.* am Piccolo während der Spielzeit 1949/50: Ein wunderbares Trauerspiel, wieder in einer Art elisabethanischem, ganz mit schwarzem Samt ausgekleideten Bühnenraum, und damit noch puristischer als *Richard II.* Man nannte das damals, glaube ich, „*Strehlers jansenistische Krise*". Sicherlich war die Aufführung von großer Strenge, Düsternis und einem tragenden, fast schwermütigen Rhythmus. Mit dem Hauptdarsteller Renzo Ricci entwickelte ich ein brüderliches Ringen um Spielarten, die außerhalb aller bequemen Lösungsvorschläge des traditionellen italienischen Theaters lagen. Wir bemühten uns, Form- und Bedeutungssprache zu analysieren, was uns, ähnlich einer zu schwierigen Schulaufgabe, nicht gerade leichtfiel. Sicher, *Richard III.* war „das Monster", „das Monströse in der Geschichte", und wir waren gewissermaßen diesem Monströsen auf der Spur, wir alle waren eine von der Geschichte traumatisierte Generation: Hinter den Monstern

Shakespeares verbargen sich für uns auch die „schwarzen Hunde" der Männer Vittorinis.

Gleiches gilt für *Macbeth.* Die Begegnung mit diesem Stück im Jahre 1952 steht für mich im Zeichen einer Phase der Krise und des Übergangs. Die Proben zu *Macbeth* mit Gianni Santuccio und Lilla Brignone haben mich vor allem Nerven gekostet. Da steht man nun vor diesem abgrundtiefen Text, den ich zu diesem Zeitpunkt bereits mit erweitertem Bewußtsein und größerer Reife anging, als ich es noch im Rausch jener „göttlichen Unbewußtheit" meiner ersten Jugend getan hatte!

Doch die Premiere von *Macbeth* hinterließ keinerlei Reaktion im Sinne eines „kulturellen Ereignisses". Ich erinnere mich allerdings nur schlecht an diese Zeit. Vielleicht ist es der Einfluß einer gewissen inneren Selbstzensur, die mir einzig und allein im Hinblick auf einige ganz spezifische Errungenschaften absolute Sicherheit gibt.

Macbeth begann ich erst in dem Moment zu begreifen, als ich längst mitten in den Proben war, und das war viel zu spät. Die Fehler waren nicht mehr auszugleichen, interpretatorische Lücken nicht mehr zu schließen. Der Preis für diesen *Macbeth* bestand in der später gewonnenen absoluten Klarheit über die Nicht-Aufführbarkeit dieses Stückes. Gleichzeitig begriff ich dabei etwas von der großen Metapher von Theater und Welt. Die Metapher des Schauspielers, der allein auf der Bühne steht und in diesem und dem darauffolgenden Moment einen Text rezitiert. Ich überwand, zumindest teilweise, das Problem des szenischen Bühnenraums und stieß dabei auch auf Abgründe, denen ich später bei *König Lear* noch einmal begegnen sollte: Fundamental war für mich die Erkenntnis, daß einem Werk wie *Macbeth* ohne eine grundsätzliche persönliche Disponibilität, eine Verinnerlichung des Materials und genügend Zeit, um Szene für Szene Augenblicke und Situationen „zu probieren", sie zu verwerfen und wieder neu zu probieren, nicht beizukommen ist. Das heißt alles in allem: andere Bedingungen als die, die wir damals zur Verfügung hatten.

Noch vor *Macbeth* hatte ich in Verona *Heinrich IV.* inszeniert. Auch hier wieder die Ambivalenz des Plein-air-Theaters, die wir aber durch eine insgesamt wilde, sehr kühne Aufführung ausgleichen konnten. Unser Falstaff (Pilotto) bewegte sich außerhalb der bekannten Quadratur des langsam verfallenden, fetten Säufers und schlüpfrigen Kneipengängers. Um die italienische Falstaff-Tradition, die sich immer noch stark an der Oper Verdis orientierte, zu überwinden, entwarf ich einen Falstaff „bei Tageslicht", einen differenzierteren, perversen, heldenhaften Falstaff, der dabei aber dennoch ein unwürdiger Held bleibt. Auch wenn diese Interpretation nicht weltbewegend war, hatte sie doch etwas Beunruhigendes.

Zu diesem Zeitpunkt meiner Arbeit war das Shakespearesche Panorama bereits um viele Figuren bereichert. Das natürlich nicht nur durch meine Arbeit, sondern auch durch die meiner Kollegen, die sich langsam immer mehr an Shakespeare herangewagt hatten. Das italienische Theater samt seinen Schauspielern kam damit mehr und mehr zu einer völlig neuen Sicht der Figuren des Shakespeareschen Universums, zu einer grundlegenden Erweiterung bisher verborgener Dimensionen.

1953/54 schließlich *Julius Cäsar* mit Tino Carraro, Giorgio De Lullo, Foà und Valli in den Hauptrollen. Noch heute scheint mir die damalige Aufführung ein durchaus ansehnliches Ergebnis, das in seinen Zeichen lesbar war. Zuffis Bühnenbild präsentierte sich als große,

'Spiel der Mächtigen', Felsenreitschule, Salzburg, 1973

statische Leere – eine Art kalkfarbenes römisches Theater, in dem sich dieses tragische Schauspiel mit großer Konzentration und Sparsamkeit der Mittel vollzog. Genauigkeit der Gesten und anhaltende Spannung bestimmten den Großteil der Aufführung, auch wenn ich die Erscheinung von Cäsars Schatten nach wie vor für ungelöst halte, auch wenn „die Menge" fremd blieb und wie „gespielt". Tatsächlich ist der tragische Moment im *Julius Cäsar* „gespielt" – ein Ungleichgewicht, das hier wie in keinem der bisher angesprochenen Stücke deutlich wird. Es geht um das große Thema der Freundschaft, in der man manchmal, genau wie in der Liebe, aus der Liebe „übergeordneten" Gründen betrügen muß.

Die subtile Widersprüchlichkeit der Brutus-Figur sowie die große menschliche und politische Parabel des *Julius Cäsar* waren sehr präsent. Ich erinnere mich noch an die Sprengkraft der Worte des

Cassio: *"Aber wer ist dieser Cäsar, was hat Cäsar anderes als wir?"* bei einer Tournee in Südamerika. Damals herrschte noch Perón, so daß uns ein Spielverbot, besonders angesichts der starken Publikumsreaktion als absolut möglich erschien. Das Aufwiegelnde an *Julius Cäsar* war die „revolutionäre Brisanz" des Stückes angesichts der politischen Situation des Landes. Mehr als je zuvor wurde da Shakespeare für mich zum Zeitgenossen.

Drei Jahre später, Spielzeit 1957/58: *Coriolan,* der ganz im Zeichen meiner Brechtschen Lehrjahre stand. Ich erinnere mich noch, wie ich *Coriolan* eines Abends einmal aufgeschlagen auf dem Tisch des Meisters entdeckte. Ich fragte ihn, wie er dazu gekommen sei. Brecht antwortete, daß er ihn gerade studiere, und ich wunderte mich, wie er sich einem so „faschistoiden" und derartig reaktionären Text widmen könne... Es folgten ein ganzer Sturzbach oberflächlicher Vorurteile, klassenbedingter, entsprechungsloser Kritik und ein vorgefertigtes Sammelsurium von Interpretationsansätzen, die ich ihm entgegenhielt. Brecht lächelte nur und sagte: *„Mein lieber Junge, Du würdest Dir besser den Text noch einmal genau anschauen. Er ist sehr anders als das, was man gemeinhin über ihn sagt."*

Und dabei machte er mich auf einige fundamentale Punkte aufmerksam, wie zum Beispiel die Interpretation der beiden Tribunen, die von der bürgerlichen Kritik immer als üble und heimtückische Lumpen, als unwürdige, von bösartigen Absichten gelenkte Volksverhetzer gesehen wurden. Weiter ging es mit der ersten Szene, dem Volksaufstand und Menenio, und so wurde meine „zweite" Lektüre für mich eine wirkliche Neuentdeckung. Mir wurde klar, daß die „Kulturarbeit" mit Shakespeare-Werken nicht nur abgrundtiefe, furchteinflößende Weiten aufreißen muß, sondern extrem parteiliche Konnotationen hat, die schon sehr ausgeprägt sind, was sich vor allem in den Übersetzungen häufig widerspiegelt. Dabei stößt man immer wieder auf das Grundproblem der Übersetzung, und zwar nicht nur in literarischer, sondern natürlich auch „ideologischer" Hinsicht.

Coriolan war insgesamt eine wirklich aufreibende Eroberungsarbeit! Einen ganzen Sommer lang haben wir gemeinsam mit Gilberto Tofano und einer kleinen Arbeitsgruppe diesen Text neu übersetzt. Vieles offenbarte sich dabei ganz anders als erwartet, und so begannen wir schließlich die Probenarbeit fast ein wenig besorgt. Brecht hatte zu diesem Zeitpunkt weder seine Studien zum *Coriolan* veröffentlicht, noch mit seiner Inszenierung begonnen. Meine Treffen zu der Zeit mit Brecht konzentrierten sich daher auf andere Themenbereiche wie zum Beispiel vor allem die *Dreigroschenoper,* die noch vor dem

Coriolan aufgeführt werden sollte. Ich dachte natürlich daran, den *Coriolan*-Diskurs mit Brecht später wiederaufzunehmen, was mir aber durch seinen Tod im Sommer 1956 versagt blieb. Die Inszenierung des *Coriolan* verstehe ich deshalb als Zeichen meiner Verehrung gegenüber einem der großen Meister des Theaters. „Epischer" und „dialektischer" hätte die Inszenierung nicht sein können. Szenen voller Klarheit und Verweise, dazu sinnbildliche Bewegungsabläufe, überaus reich an Gestik, entstanden dabei. Die traditionelle Erzählweise des *Coriolan* als Tragödie des „blinden Stolzes", als „aristokratische" Tragödie wurde vollkommen auf den Kopf gestellt. Coriolan trat als „unreifer Bengel" auf, als infantile, unreife und deswegen grausame Macht- und Kriegsmaschine, gesteuert von der herrschenden Klasse, seiner monströsen Mutter und den Lebens- und Erziehungsbedingungen seiner sozialen Schicht.

Ein negativer Held, beim Volk unbeliebt und zutiefst reaktionär, das heißt also, gegen die Bewegung der Geschichte gerichtet. Ein Held ohne jedes Mitleid, verzweifelt entwaffnend und dabei selbst entwaffnet.

Der tragische Moment erwächst aus der Gutgläubigkeit des Coriolan, die natürlich nach Belieben ausgenützt wird. In fataler Weise leitet ihn seine Unfähigkeit, die Realität und das menschliche Dasein sowie sich selbst auch nur annähernd zu begreifen. Als ihm bewußt wird, daß es außer der eigenen auch noch andere Sichtweisen auf die Welt, die Geschichte, die Bewegung der Klassen und des Volkes gibt, ist es, als verschöbe sich in ihm der Angelpunkt der Welt. Von allen verraten, flüchtet Coriolan aus seiner eigenen Schicht, läßt Herzensbindungen hinter sich und wird, indem er zu seinem Erzfeind Aufidius überläuft, unausweichlich zum Verräter. Aufidius, ihm vertraut und fremd zugleich, bietet ihm zumindest Identifikationsmöglichkeiten. Auf der Basis gemeinsamer kriegerischer Gestik entwickelt sich eine Komplizenschaft, die sich gegen Ende in eine Art erotischen Tanz verwandelt. Wie in einem homosexuellen Traum ergreift dieser von beiden Besitz.

Allein das Trauma der Mutter drückt ihn immer wieder in die Knie, reißt ihn auch wieder aus dieser nun fast friedvollen neuen Realität und bringt ihn schließlich zu dem einzig wahrhaften Moment von Bewußtheit: *„Mutter, Mutter, du hast gesiegt, aber wisse, daß dieser Sieg mir das Leben kosten wird!"* Jener kurz aufblitzende Bewußtseinsmoment bringt ihn dazu, auf weitere Aggressionen gegen das Vaterland, für das die Figur der Mutter Symbol war, zu verzichten. Aufidius verletzt ihn daraufhin mit einem Wort, das er niemals auf sich sitzenlassen kann, bis ins Innerste: *„Feigling!"* In blinder Wut

stürzt sich Coriolan auf Aufidius und findet dabei unausweichlich den Tod. Aufidius seinerseits stimmt daraufhin überstürzt, „um der Ordnung willen", sofort den rituellen Trauermarsch für Coriolan an: *„Er war ein würdiger Held, spielt Trommeln und Trompeten – wie immer!"* Mit diesem Epitaph schließt die Aufführung zum Klang der Trommeln und Trompeten, während der Leichnam des „jungen Helden", des unbewußt schuldhaften Coriolan, wie ein Stier an den Füßen aus der Arena beziehungsweise von der Bühne geschleppt wird.

Rund um das Stück ging die dramaturgische Arbeit natürlich noch weiter. Besonders aufmerksam studierten wir damals die Bezie-

'Spiel der Mächtigen', Felsenreitschule, Salzburg, 1973, mit M. Heltau (König Heinrich VI.) und A. Jonasson (Königin Margarete)

hungen der sozialen Schichten untereinander sowie die Bedeutung des Volkes und seiner Tribunen.

Noch heute denke ich oft an damalige Regieanweisungen zurück, mit denen ich im großen und ganzen immer noch einverstanden bin. *Coriolan* gehört zu den am besten durchdachten Inszenierungen meiner Regielaufbahn.

Geblieben sind davon nur wenige Fotografien (wie immer) und ein bißchen Musik auf einer fast unanhörbaren Schallplatte. Annäherung und Identifikation mit dem *Coriolan* gelang der Schauspieltruppe des Piccolo in außerordentlich präziser Weise. Obwohl ich mich zu dieser Zeit stark in Brechts Einflußbereich bewegte, versuchte ich mir Selbständigkeit im Urteil zu erhalten. Als ich dann sehr viel später Brechts Aufzeichnungen zum *Coriolan* las und die bewundernswerte Arbeit des Berliner Ensembles sah, bemerkte ich einige tiefgreifende Differenzen. In einigen Punkten bin ich heute noch davon überzeugt, daß das Piccolo in seiner Version des *Coriolan* sehr viel tiefer in die Materie eingedrungen ist, als es die Berliner getan haben. Brecht hatte die psychoanalytische Komponente Coriolans stark vernachlässigt, so daß die Problematik der Mutter-Sohn-Beziehung nur schemenhaft durchschimmerte. Die Szene, in der die Mutter Coriolan um Mitleid anfleht, war verfehlt. Auch ich empfand die Geste der Mutter als „falsch", jedoch im Sinne einer absichtlichen „Falschheit", die in tragischer Weise eine beleidigte und entwürdigte Mutter im Kampf um ihren abspenstigen Sohn zeigt.

Was unserer Aufführung als nicht ganz gelungen angekreidet werden darf, sind die Schlachtszenen. Aber auch in diesem Fall, oder besonders in diesem, muß erwähnt werden, daß gewisse Schwächen nicht an fehlendem Mut oder Enthusiasmus, sondern an Mangel an Geld, Zeit und Mitteln lagen. Unsere Probenzeit für den *Coriolan* beschränkte sich beispielsweise auf ganze fünfundvierzig Tage, und selbst die bedeuteten schon eine Errungenschaft. Die „Volksmassen", die bei uns etwas mehr als zwanzig Personen ausmachten, setzten sich wie immer aus Schülern des Piccolo zusammen. Die Aufführung der Berliner brachte dagegen um die hundert Personen in Bewegung, was insgesamt eine Probenzeit von zwei Jahren erfordert hatte. Die Berliner Schlachtszenen wurden damals auf wunderbare Weise von einem japanischen Schauspieler des No-Theaters, Kita Maze, inszeniert.

Damiani, unser Bühnenbildner, erreichte durch die Erfahrung mit *Coriolan* eine „Klarheit" und Einfachheit, die er fortan beibehielt. Das Piccolo wurde im Verlauf dieser Arbeit durch eine kritisch-ästhetische Dimension (dramaturgische Linien, methodologische Vorgehensweisen und Verweise) geprägt, die auch wir uns in gewisser Weise bewahren konnten, ohne uns jedoch auf einen einzigen ästhetischen Tenor einzuschwören. Durch die Auseinandersetzung mit diesem Dramatiker erreichten wir in ästhetischen und historischen Problemen eine ganz besondere Dichte. Brechts Lehren erschienen uns hier plötzlich viel konkreter, greifbarer als noch in der Inszenierungsarbeit an der *Dreigro-*

schenoper. Wir hatten tatsächlich Geschichtstheater auf die Bühne gebracht, ohne dabei die dialektische Seite des Theaters zu vernachlässigen. Wir zeigten, wie die Schichten im Aufruhr aufeinanderstoßen, ohne dabei die menschliche, private Komponente, die den Menschen in seiner Zeit bewegt, zu unterschlagen. Es war die Verbindung der Figuren mit einer politischen und sozialen Realität, die wir seit dem ersten Tag unserer Arbeit verfolgt hatten.

Sieben Jahre später realisierte ich die zwei Teile *Heinrich VI.* (von mir benannt: *Spiel der Mächtigen*) in einer von mir anhand der Übersetzung Ludovicis erstellten Kurzfassung im Teatro Lirico in Mailand, das heißt also auf großer Bühne, mit der Truppe des Piccolo. Für mich als Regisseur war dies sicherlich die größte Anstrengung, die ich je unternommen habe, eine Art Delirium, in das ich verfiel und dessen Gründe und Antriebskräfte mir bis heute schleierhaft sind. In der Vorbereitungszeit setzte ich mich noch einmal mit dem ganzen historischen Shakespeare auseinander, das heißt mit seinen Geschichtsdramen, so als wollte ich alle bereits bekannten Themen noch einmal im Zusammenhang verinnerlichen.

Damals erschien gerade Kotts Buch „*Shakespeare heute*", das uns trotz unserer kontinuierlichen Arbeit an den Shakespeareschen Themen zu einer nochmaligen Gene-

ralüberarbeitung animierte. In jener Fassung gelangten wir fast zu einer Art „Neuschrift" des Dramas. Ich führte einen Chor ein, der viele der als Geschichtskommentar entworfenen Shakespeare-Monologe übernahm und vortrug. Diese Monologe waren aus anderen Shakespeare-Stücken entnommen. Der Rest, das heißt die Geschichte *Heinrichs VI.* und *Der Rosenkrieg,* wurden zu einem Tod und Verheerung bringenden Spiel: die Macht, die korrumpiert. Die Krone als Symbol wahnhafter Macht war viel eher eine erbärmliche clowneske Pappkrone. Die ganze Aufführung hatte etwas Unbestimmtes – ähnlich einer blutigen Zirkusatmosphäre. Das Volk, welches zuerst als Objekt gezeigt wurde, nahm im zweiten Teil der Rebellion des Jack Cade etwas von einer revoltierenden Kraft an. Dies alles erschien uns im Licht überwältigender Gegenwärtigkeit. Noch heute habe ich das Gefühl, daß der zweite Teil *Heinrich VI.* im Zusammenhang mit der von Shakespeare eingeführten Revolution des Volkes nicht genügend Beachtung fand.

Heinrich VI., und dabei insbesondere der zweite Teil des Stücks, können von der Diskussion um Shakespeares Sicht der Geschichte nicht ausgeschlossen werden: eine realistische, quasi sich selbst hinters Licht führende Revolution eines Helden, der die Züge der Rebellion genauso in sich trägt wie die Vorzeichen der Diktatur. Jack Cade ist eine der großen unbekannten und mißverstandenen Theaterfiguren Shakespeares.

Die Aufführung dauerte an einem einzigen Abend über sechs Stunden. Um zwei Uhr nachts war Schluß. Nie zuvor habe ich mich so in den Zeiten geirrt, nie wurde so viel improvisiert, und nie hatte ich ein so geduldiges und aufmerksames Publikum. Später haben wir die Inszenierung dann auf zwei Abende verteilt, beide immer noch von beachtlicher Länge.

Die Berge an Material haben das Gleichgewicht der Aufführung extrem gestört. Dazu kamen viel zu viele Schauspieler (davon nicht alle wirklich auf der Höhe des Geschehens), viel zu personenreiche Massenszenen (vorbei die Zeit der „Zwanzig"), kurzum, zu viel von allem.

Doch an diese so fieberhaften „Shakespeare-Momente", an diesen Wahnsinn, denke ich heute noch mit Sehnsucht und Zärtlichkeit. Ich weiß, daß ich oft gnadenlos mit mir und anderen war. Niemals zuvor war ich so sehr in Gefahr, die Verbindung zur Realität des Machbaren zu verlieren. Trotz allem empfinde ich das *Spiel der Mächtigen* im nachhinein als mutigen Salto im Dunkeln, eine gewissermaßen unkorrekte, dennoch kraftvolle und ideenreiche Rekapitulation der Geschichtswelt Shakespeares.

Es wurde dann in Salzburg wieder aufgenommen. Fürchterlich, mit nur vierzigtägiger Probenzeit! Zwei Abende hintereinander eine jeweils siebenstündige Aufführung mit vierzig oder fünfundvierzig Proben in der Salzburger Felsenreitschule, in Regen und Wind. Alles außergewöhnliche Schauspieler, die besten, die das deutschsprachige Theater zu bieten hatte, zum ersten Mal alle in einem Shakespeare vereint. Am ersten Abend widersprüchliche Publikumsreaktionen, danach jedoch Triumphe bei den Wiederholungen (so etwas passiert oft in Salzburg). Manche Kritiken feindselig, einige wenige nur begeistert. Im zweiten Jahr entbehrten die Kritiken allerdings jeder würdigen Distanz, wurden entsetzlich unverschämt. Unglaublich sind die Mysterien der Theaterkritik! Vor allem, da von einem Jahr auf das andere nicht ein einziges Wort verändert worden war, außer hier und da kleine Schnitte und natürlicherweise inzwischen gereiftere Schauspieler.

Nach den *Mächtigen* schloß ich mit einer bestimmten Art und Weise, über Shakespeare nachzudenken und ihn zu inszenieren, ab, ähnlich wie bereits mit *Coriolan.*

Sieben Jahre später dann *König Lear,* über den hier zu sprechen ich mich nicht sicher fühle. Er ist mir vielleicht noch zu nahe. Ich spürte im *Lear* jedenfalls die Sphären des ganz großen Shakespeare, die seiner Meisterwerke, die für mich in gewisser Weise mit *Macbeth* zum Stillstand gekommen waren. *Lear* hätte den Neubeginn einer Shakespeare-Arbeit gefordert, den ich nicht gemacht habe, da ich mein kleines Leben als Theatermann keinesfalls beschließen wollte, ohne mit *Hamlet* und *Othello* gesprochen zu haben. Mit *Lear* begann ich meine alleinige Direktion am Piccolo (nach Grassis Weggang), und auch das erforderte bereits all meinen Mut.

Lear probten wir über zweiundfünfzig Tage. Am Anfang hatten wir nur wenig oder gar keine Kostüme und Bühnenbildausstattung. Mit dem *Lear* begannen wir zu begreifen, wie ein in den Mitteln begrenzter, gleichzeitig aber ganz konkreter „Arbeitsprozeß" möglich ist. Wir versuchten, *Lear* in seiner Komplexität zu begreifen, was uns natürlich nur unvollständig gelang. Immer wieder entwich uns das Stück wie schemenhaft, jedesmal schmerzlich und so, als verlören wir uns mehr und mehr in der Tiefe dieses Stückes.

Die Übersetzung machten wir in langer Gemeinschaftsarbeit mit Gigi Lunari und Angelo Dalla. Wenige Striche, einige Veränderungen in der Dynamik, hauptsächlich im letzten Teil. Wir entschieden uns für eine Aufteilung in dramatische Sequenzen und versuchten, zwischen Handlung und Nebenhandlung ein gewisses Gleichgewicht herzustellen. Was mich erstaunte, war die Tatsache, als wie enorm wichtig uns allen die Inszenierung von *Lear* am Herzen lag und daß wir in der Welt um uns plötzlich Tausende mit *Lear* in Verbindung zu bringende Dinge bemerkten. Es war, als explodierte 1972 der „Fall Lear".

Und jetzt also, mit dem Abstand von sechs Jahren, wieder *der Sturm,* wieder mit Tino Carraro als Prospero. Was es wohl werden wird, dieser *Sturm?* Die Inszenierung wird es zeigen.

In der jetzigen Theaterkrise haben Stücke wie der *Sturm* ein ganz besonderes Gewicht; diese klare und zugleich abgründige Metapher für bestimmte Theater-Momente kann uns nur wie „vom Blitz getroffen" zurücklassen. Weiter geht's im Blindflug, uns vorsichtig in einem nur schwach beleuchteten Dunkel vorantastend. Schwierig, sehr schwierig! Wir arbeiten mit einer Übersetzung von Agostino Lombardo, die für mich der Kulminationspunkt des überhaupt Möglichen im Bereich der Shakespeare-Übersetzungen ist: ein selten anzutreffendes Gleichgewicht zwischen philologischer Korrektheit und konkretem Theaterbezug.

Mein „Shakespeare-Rundgang" schließt nun vorerst hier. Immerhin noch mit einem Projekt im Bauch. Für den Moment aber ist meine Inszenierungsarbeit mit Shakespeare zu Ende. Die Frage, ob ich innerhalb des weiten Feldes der Shakespeare-Interpretationen zu wirklichen Lösungen vorgestoßen bin, kann ich höchstens so beantworten, daß es für mich keine grundsätzliche, das heißt „allgemeingültige" Fragestellung beim Inszenieren von Shakespeare gibt. Jeder muß und kann sich dieser Problematik nur auf individuelle

Weise annähern. Allerdings sollten dabei einige für jedermann gültige ethische Richtlinien gewahrt bleiben: Jede Arbeit an einem Text erfordert immer ausgedehnte dramaturgische Vorarbeit sowie eine möglichst genaue Untersuchung der Sprache und der Übersetzung. Darüber hinaus Beständigkeit und ungeteilte Bereitschaft, mit großer Ernsthaftigkeit und Intuition menschlichem Verhalten nachzuspüren. Und nicht zuletzt, wie ich schon sagte, auch ein allgemeines ethisches Grundverständnis.

Giorgio Strehler anläßlich der Konferenz 'Il teatro elisabettiano oggi', Mailand, 29. März 1978, erschienen in: Collana del Teatro di Roma Nr. 8, Officina edizioni, Roma 1979, und in: Giorgio Strehler 'Shakespeare, Goldoni, Brecht', Hrsg. und Verleger: Piccolo Teatro, Mailand 1984

DIE ARBEIT AM „STURM"
HAT BEGONNEN

Wann? Vielleicht 1948, als das Piccolo sich zum ersten Mal mit dem *Sturm* auseinandersetzte. Dazwischen liegen Hunderte von Vorstellungen, dreißig Jahre „vita" des Piccolo Teatro. Im Anschluß an jene wunderbaren Nächte in den Boboli-Gärten, die mir mit ihren Wasserspielen, Feuerwerken und der göttlichen Unbewußtheit der Jugend in Erinnerung geblieben sind, habe ich viele andere Shakespeare-Texte in einem langen Weg bis zu unserem letzten Shakespeare-Stück, dem *König Lear,* auf die Bühne gebracht.

Und von diesem *Lear* geht nun, Jahre später, dieser *Sturm* aus. Mit dem Bewußtsein, im Verlauf unserer ersten Arbeit einige Erkenntnisse über dieses profunde Meisterwerk gewonnen zu haben, betreten wir den dunklen Shakespeare-Rundgang nun ein zweites Mal – immer in der Hoffnung, irgendwo wieder auf einen Lichtstrahl zu treffen.

Die Thematik des *Sturms* war bei dieser ganzen Suche nach Shakespeare – also nach dem „Menschen" und seiner „Geschichte" – immer auf geheimnisvolle Weise gegenwärtig. So kam plötzlich der Moment, den Text wieder in die Hand nehmen zu müssen, um ihn dem Publikum mit einer Inszenierung, die mir von Anfang an unmöglich erschien, vorzustellen.

Warum also den *Sturm* aufführen? Ich würde sagen, weil man das Unmögliche herausfordern muß, weil es unsere Pflicht als Theaterleute ist, an einem bestimmten Punkt des eigenen Lebens und der eigenen Erkenntnis das Unmögliche direkt anzugehen, auch auf die Gefahr hin, bei diesem Erzwingen oder dem Versuch des Erzwingens einer anderen Wahrheit der Welt zerbrochen zu werden. Abgesehen davon werden Entscheidungen im Theater nie aus

einem einzigen Grund getroffen. Verschiedene Bedingungen, wie unter anderem das Gefühl der guten Gelegenheit oder gar Notwendigkeit, spielen dabei eine Rolle. Beim *Sturm* bin ich nicht sicher, ob diese Wahl irgendwie einer kollektiven Notwendigkeit oder nicht eher einer tiefen Notwendigkeit meiner eigenen Theaterentwicklung an ihrem letzten Wendepunkt entspricht. Ich weiß nicht, ob die extreme, so verzweifelt einsame Botschaft des *Sturms* überhaupt etwas Notwendiges in unserer Zeit reiner Unterhaltung bedeuten kann. Ob dieses unruhig flackernde Licht der Hoffnung und Verzweiflung, diese bis an die Grenzen gehende Frage nach dem menschlichen Schicksal die Haut des Publikums, welches immer eine Art „Repräsentant der Gesellschaft" darstellt, zu durchdringen vermag.

Ähnliche Zweifel entstanden schon beim *König Lear.* Doch mußten wir erstaunt bemerken, daß diese von den Massenmedien und dem Sprachgewirr so unendlich verdorbene Menschheit anscheinend nichts lieber tat, als den Worten eines großen Mannes und Dichters zu lauschen, der aus der Distanz von Jahrhunderten in direktem Bezug zu ihnen sprach. Unser Publikum einte sich in betroffenem und zugleich verständnisvollem Schweigen. Wie sonst ließen sich die großen Publikumserfolge erklären, die wir mit *König Lear* über Jahre hinweg auf den verschiedensten Bühnen der Welt feiern konnten? Die Verzauberung, die von der Regie oder einzelnen Schauspielern ausging, konnte nicht der alleinige Grund dafür sein.

Seit weniger als einem Jahr haben wir nun das Textstudium am *Sturm* wieder aufgenommen. Und damit meine ich wirklich das „Studium" der Worte, die der Dichter zusammengetragen hat, einzelner Szenen, essentieller Hintergründe und Bedeutungen. Es gibt „Junge", die aus Ignoranz und Zynismus nichts von diesem Text begreifen oder ihn nur als Vorwand für irgendein infames Spiel zur Entweihung oder Entmythologisierung mißbrauchen. In ihrer Arroganz verdienen sie die Bezeichnung „Jugend" längst nicht mehr. Daneben stehen wir „Alten", engagiert in dem Versuch, „jung zu bleiben", wenn wir den Text über alles stellen und uns dabei bemühen, ihn aus sich heraus verstehbar zu machen. Der Text ist für mich die einzige Vorgabe für Theater – in ihm sind alle Hinweise und Vorschläge bezüglich Rhythmus, Klang und Gestik enthalten.

Der Anspruch der Wahrhaftigkeit, mit dem uns die Lektüre des *Sturms* wieder konfrontiert, kostet uns Stunden großer intellektueller Anstrengung und fordert von jedem von uns absolute Präsenz. Aber der *Sturm* fällt jetzt in eine sehr arbeits- und spielintensive Theaterspielzeit mit vielen Aufführungen in Italien und im Ausland, so daß eine Atmosphäre der Stille und Sammlung, wie ich sie mir gewünscht hätte, gar nicht entstehen kann. Ich wünschte, daß das Publikum etwas von unserer schweren Arbeit, die im Unsichtbaren hinter jeder Vorstellung steht, spürte.

Es sind Stunden, die wir dem täglichen Leben eines Theaters, das Abend für Abend Aufführungen hat, „rauben". Über vierhundert Vorstellungen allein im letzten Jahr am Piccolo und um die fünfhundert in diesem Jahr machen das Theater zu jener gnadenlosen Produktionsmaschine, wie es Copeau immer nannte, der es sich nicht zu entziehen vermag, vielleicht gerade weil diese auch ein Teil seiner Bestimmung ist.

Um diese Arbeit zu bewältigen, haben wir uns zu einer Art Kolloquium zusammengefunden: Battistoni, Carpi, D'Amato, Damiani, Gaipa, Lombardo, Lunari, Kott, Pagliaro und ich. Agostino Lombardo übernahm dabei die Übersetzung. Zwischen Kott und Lombardo, die wie die beiden Extreme einer dialektischen Haltung auftreten, entwickelte sich eine produktive Suche nach Wort und Sinn – dazwischen wir anderen mit ersten Intuitionen bezüglich des Szenarios und immer wieder kleinen Erfolgsmomenten.

G. Lazzarini (Ariel) im 'Sturm', Piccolo Teatro, Mailand, 1978

Während ich diese Zeilen schreibe, bin ich umgeben von Mappen mit der Aufschrift „Arbeitsmaterialien zum *Sturm*". Es müssen inzwischen mehr als vierhundert Seiten mit Notizen und Zusammenfassungen des Kolloquiums zusammengekommen sein. Auf einem anderen Tisch häufen sich die mit kleinen weißen Zetteln versehenen Bücher – Hinweise auf wichtige Bezugspunkte oder Bilder, auf die wir aufmerksam geworden sind. Andere werden noch hinzukommen. Hinter jeder Werkinterpretation steht immer eine Unzahl literarischer, historischer oder sonstiger Studien, die dann später niemals das Licht der Welt in Form einer Publikation erblicken. Nur auf der Bühne haben sie Bestand. Und so muß es auch sein.

So haben wir also begonnen, unser „Buch" über den *Sturm* zu schreiben, und wir werden damit bis zum Augenblick der Aufführung fortfahren, immer mit der gleichen Zähigkeit und dem unermüdlichen Willen, die Welt in ihrem Vokabular noch um einige Silben zu bereichern. Hier, im Herzen des *Sturms,* ist der Theaterschaffende mit dem Theater in seiner letzten Konsequenz konfrontiert. Es berührt dabei die äußersten Grenzen des Theaters.

Im *Sturm* gibt es die extreme Eitelkeit und Müdigkeit des Theaters und gleichzeitig die Glorifizierung des Theaters und des Lebens, die Enttäuschung und die triumphale Verherrlichung des Theaters als Mittler höchster und zugleich unhaltbarer Erkenntnis: in gewisser Weise schrecklich nutzlos zu sein – nutzlos und zu unzureichend, um letztlich nicht doch wieder vom Leben eingeholt zu werden.

Shakespeares *Sturm* heute zu inszenieren, erfordert großen Mut, einen wirklich schon fast verzweifelten Mut, aber vielleicht gehört gerade das zu den „Gesten", an denen es uns heute so sehr mangelt.

Giorgio Strehler in: Rivista del Piccolo Teatro, Nr. 1, Mailand, Oktober/November 1977

DIE ARBEIT AM „STURM" IST BEENDET

Welchem Dramatiker, wenn nicht Shakespeare, könnte wohl die Eröffnung eines Theaters wie des Théâtre de l'Europe gewidmet werden? Der Vorhang des neuen Pariser Europa-Theaters öffnete sich also mit unserem *Sturm,* dem *Sturm* des Piccolo Teatro, das seit seiner Gründung immer den Anspruch vertreten hat, ein europäisches Theater zu sein, ein Theater, dessen Auftrag es ist, die menschliche Seite des Schauspiels hervorzuheben und die Menschen im Herzen unseres unruhigen Kontinents miteinander zu verbinden. Schon allein deshalb war die Entscheidung, Shakespeares *Sturm* (Erstinszenierung während der Spielzeit 1977/78 in Mailand) noch einmal zu beleben, fast unausweichlich. [...] Jetzt, im nachhinein, kann ich sagen, daß dieser *Sturm* bei seiner Aufführung in Paris ganz zum *Sturm* des Théâtre de l'Europe geworden ist. In diesem Shakespeare spiegelt sich wunderbar das Thema, welches wir auch als Motto für die erste Spielzeit des Théâtre de l'Europe ausgesucht haben: *„Theater - Illusion - Macht".* Deswegen bin ich auch überzeugt, daß die Dimension, in der wir den *Sturm* gedacht und angelegt haben, in den Dramaturgien anderer Inszenierungen am Théâtre de l'Europe in den nächsten Jahren auf die eine oder andere Weise wieder auftauchen wird.

Der *Sturm* ist nach wie vor für mich ein unvergängliches Herzstück des europäischen Theaters. Der Prolog: herzzerreißende und wunderbare Metapher für unsere Geschichte des Menschen und des Theaters.

„...Shakespeares 'Sturm' heute zu inszenieren, erfordert großen Mut, einen fast verzweifelten Mut, aber vielleicht gehört gerade das zu den Gesten, an denen es uns heute so sehr mangelt..." Diese Sätze schrieb ich zu Beginn der Proben am *Sturm*. Jetzt, da wir versucht haben, ihn noch einmal aufleben zu lassen, kann ich sie nur bestätigen. Als besonders zutreffend empfinde ich sie im Sinne jenes verzweifelten Vertrauens, dessen es bei dieser Inszenierung im großen Maße bedurfte – ein immer labiler werdendes Vertrauen, aber immer noch stark genug, um es einer zunehmend vertrauens-losen Gesellschaft durch Theaterarbeit wieder zu vermitteln, im Sinne einer Kollektivität, die schon fast ihren Sinn im menschlichen Dasein und Zusammenleben verloren hat.

Der *Sturm* entstand in einem Augenblick, der für mich alle Anzeichen einer Apokalypse hatte. Es war die Zeit, als Aldo Moro umgebracht wurde. Eine Apokalypse, in der sich alles vermischte und zugleich annulierte: Auflehnung, der in seinen Konsequenzen kalt kalkulierte Mord, politisches Ritual neben einer gleichzeitig erschreckenden Gleichgültigkeit. Von all dem war unsere Inszenierung stark berührt. Die Geschichte drang und dringt noch immer hinter die Mauern der Theater, sei es in Mailand oder Paris. Sie erreicht dabei die Welt der Bühne, auf der sich ein kleines Grüppchen von Schauspielern be-

G. Lazzarini (Ariel) und T. Carraro (Prospero) im 'Sturm', Piccolo Teatro, Mailand, 1978

G. Lazzarini (Ariel) und T. Carraro (Prospero) im 'Sturm', Piccolo Teatro, Mailand, 1978

müht, die Worte eines großen Poeten in die Realität der Träume und Metaphern zu übersetzen: Bilder, Töne und Bedeutungen, die sich bewußt gegen den sie umgebenden Geschichtsverlauf wenden, heute wie damals als aktiver Widerstand gegen die Auflösung der Vernunft, die furchtbare Präsenz totaler Negation. Um so mehr, als das, was sich auf der Bühne vollzieht, zu unvermeidbaren Momenten von Verzweiflung führt. Der *Sturm* ist ein verzweifeltes Werk, der verzweifelte Schrei vom Scheitern eines wunderbaren, doch nicht zu verwirklichenden humanen Anliegens. Die große Frage nach der Bestimmung des Menschen und seiner Geschichte, seinen Widersprüchen, seiner Poesie und damit auch nach der Bestimmung des Theaters – als Paraphrase dem Leben näher als alles andere. Das hinterläßt bei uns nun, da wir in den letzten Zügen vor der Premiere liegen, keinen bitteren Beigeschmack, dafür ist es zu groß, aber ein dumpfes Empfinden von großem Schmerz in untergehendem Licht – gerade in unserem Verlangen, alles möge noch einmal vom Licht des „ersten Schöpfungstages" erhellt werden. Eine tiefe Besorgnis um dieses menschliche Schicksal, dem es so schwerfällt, sich „für" den Menschen und nicht „gegen" ihn zu entscheiden. Und doch vermittelt uns der *Sturm,* der sich uns besonders im Augenblick der Bestätigung der Niederlage verschließt, daß nur die Eroberung des Menschlichen – und da reichen nicht nur einfach Mitleid, Gerechtigkeit oder Zärtlichkeit aus –, daß allein das Akzeptieren der menschlichen Realität, so, wie sie ist (jenseits sanfter Utopie), als harte, schreckliche Realität, als eroberte und von uns akzeptierte Realität, dem Menschen helfen kann, die Welt in seine eigenen Hände zu nehmen und sie dabei nicht, wie so oft in der Geschichte, zu vernichten oder zu erniedrigen.

Der *Sturm* erscheint uns heute, vor allem durch seinen Protagonisten Prospero, mehr denn je als „Eroberung des Realen". Zusammen mit dem breiten Spektrum sonstiger Inhalte, wie zum Beispiel denen des Politischen, Historischen, der Künste und des Theaters, bereitete der *Sturm* uns, als seinen Interpreten und Zuschauern, überaus mühevolle Erkenntniswege.

Aber darüber hinaus zeigt er sich auch als große Parabel des Theaters. Zusammen mit den letzten Fragen über das Leben, die Geschichte und über die Erkenntnisse, mit denen uns Shakespeare im *Sturm* konfrontiert, stellen sich auch die Fragen nach der Bestimmung des Theaters überhaupt. Das heißt, „wie und warum" wir Theater machen, welche Aufgabe Theater haben muß oder kann. Außerdem – warum gerade wir? Sehr persönlich in der Theaterarbeit engagiert, haben wir uns zu einer Inszenierung entschlossen, die natürlich mehr als nur eine „Aufführung" war, weil wir gezwungen waren, uns ganz zu geben. Weil jeder von uns in diesen vier Stunden gewissermaßen seine ganze Vergangenheit, Gegenwart und Zukunft (die wir nur vage erahnen können) zusammenfassen mußte. Mehr noch als sonst widmeten wir dem Publikum eine Aufführung, die – in ihren Grenzen, in ihrer fatalen Unvollkommenheit – wirkliches Vordringen in die Tiefe, unaufhörliche Suche und Experiment gewesen ist, auch wenn es, wie jedes Experiment, seine Vollendung, sein sicht- und verifizierbares Resultat hat. Unsere Aufführung läßt am Ende sicherlich mehr Fragen offen, als sie Antworten zu geben vermag. Diese Theater-Reflexion, die den Menschen in seiner Ganzheit hineinzieht und ihn stumm und machtlos zurückläßt, hat auch uns nicht unversehrt gelassen, sondern vielmehr zerrissen.

Bleibt nun abzuwarten, in welchem Maße der schreckliche Schauder dieses poetischen Werkes – das für mich zu den größten zählt, die das menschliche Genie hervorgebracht hat – in unserer Aufführung als Echo widerhallt, inwieweit die Aufführung die Menschen, die sie gesehen haben, zu verändern vermochte.

Wir haben immer versucht, mit einer bestimmten Überzeugung Theater zu machen, das die Welt verändern will, ohne uns allerdings allzu großen Illusionen über die Veränderbarkeit der Welt hinzugeben. Aber nie zuvor waren wir uns der angreifbaren, verzweifelten und zugleich triumphalen Größe und Verantwortung unseres Berufes bewußter als gerade bei dieser Inszenierung.

Giorgio Strehler in: Rivista del Piccolo Teatro, Nr. 4, Mailand, Juni 1978

F. Soleri (Arlecchino)
mit Schauspielschülern
des Piccolo Teatro, Teatro Studio,
Mailand, 1990

*F. Soleri
(Arlecchino)
und G. Lazzarini
(Smeraldina)
in 'Arlecchino,
Diener zweier
Herren',
Piccolo Teatro,
Mailand, 1977*

*F. Soleri
(Arlecchino) mit
Schauspielschülern
des Piccolo Teatro
in 'Arlecchino,
Diener zweier
Herren',
Teatro Studio,
Mailand, 1990*

A. Jonasson (Shen Te) und D. Christini (Der Arbeitslose) in 'Der gute Mensch von Sezuan', Piccolo Teatro, Mailand, 1982

A. Jonasson (Shen Te) in 'Der gute Mensch von Sezuan', Piccolo Teatro, Mailand, 1982

M. Dalsaert (Clindor als Théagéne)
mit N. Nell (Isabelle als Hippolyte)
in `L´Illusion`, Théâtre de l´Europe,
Paris, 1985

D. Sandre (Adraste) und N. Nell (Isabelle) in 'L'Illusion', Théâtre de l'Europe, Paris, 1985

'Vor dem Tore': Osterspaziergang, in 'Faust, frammenti parte prima', Teatro Studio, Mailand, 1990

F. Graziosi (Mephisto)
mit der Helena-Erscheinung, in
'Faust, frammenti parte prima',
Teatro Studio, Mailand, 1990

F. Graziosi (Mephisto)
mit den drei Sphinxen,
Antike Walpurgisnacht, in 'Faust,
frammmenti parte seconda',
Teatro Studio, Mailand, 1991

M. Freni (Maria), P. Cappuccilli (Simone) und V. Luchetti (Gabriele) in 'Simone Boccanegra', La Scala, Mailand, 1976

M. Freni (Maria)
in 'Simone Boccanegra',
La Scala, Mailand, 1976

P. Pace (Susanna), A. Corbelli (Figaro), C. Studer (Gräfin), G. Banditelli (Marcellina), E. Gavazzi (Don Basilio), O. di Credico (Richter) und A. Murray (Cherubino) in ›Die Hochzeit des Figaro‹, La Scala, Mailand, 1989

GOLDONI, DER „BRUDER"

„Warscheinlich hatte Jürgen Fehling recht, als er sagte,
alles wirklich ernstzunehmende deutsche Theater sei eigentlich Totentanz.
Und dann steht man staunend vor einer solchen Strehler-Inszenierung
['Arlecchino, Diener zweier Herren'], in der die Schwerkraft fast aufgehoben ist
und sich Verzweiflung, Freude und Schmerz durch die italienischen Schauspieler
ganz anders ausdrücken, als wir dies je ausdrücken könnten."

DIETER DORN

GOLDONI WIEDERENTDECKEN

Einen Goldoni auf den Spielplan zu setzen, garantierte noch zu meiner Zeit, als ich anfing, Theater zu machen, absolut leere Theatersäle. Man war durch zu viele schlechte Inszenierungen und den allgemeinen Zeitgeschmack überzeugt, daß Goldoni nur statisches, manieriertes, unlebendiges Achtzehntes-Jahrhundert-Theater sei. Dieses Vorurteil einem scheinbar zum Überdruß bekannten, langweiligen, veralteten Dramatiker gegenüber zu überwinden, kostete uns viel Anstrengung und Mühe. Da Goldoni so lange mißverstanden und unterschätzt war und kaum mehr aufgeführt wurde, haben wir begonnen, uns intensiv mit seinem Theater auseinanderzusetzen; zunächst, um ihn selbst, jenseits aller tradierten Klischees, neu zu entdecken, aber dann auch, um ihn dem italienischen Publikum wieder nahezubringen.

Von 1947 – mit unserer ersten Annäherung an die commedia dell'arte mit *Arlecchino, Diener zweier Herren* – bis heute haben wir Goldoni kontinuierlich aufgeführt. Inzwischen ist er so eine Art „Familien-Autor" geworden, er gehört quasi „zum Haus". Dem Piccolo wird deswegen oft nachgesagt, es sei in erster Linie ein Theater Brechts und Goldonis – das entspricht natürlich nicht der Realität. Unter meinen etwa 150 Theaterinszenierungen sind nur ungefähr zehn Goldoni-Inszenierungen. Wir sind also kein Goldoni-Theater; obwohl Goldoni eine ganz wichtige, essentielle Konstante in unserem Repertoire ausmacht.

Meine große Liebe für ihn reicht weit zurück: Zufällig wurde bei meinem allererersten Theaterbesuch ein Goldoni gespielt: *Una delle ultime sere di carnevale*. Aber diese langjährige große Liebe scheint mir

bis heute gerechtfertigt, denn für mich gehört Goldoni unbestreitbar in die Reihe der großen europäischen Dramatiker.

Deswegen haben wir uns dieser Wiederentdeckung Goldonis als italienischem Nationaldramatiker angenommen und damit inzwischen ein vielleicht hilfreiches Exempel auch über Italien hinaus gesetzt; jedenfalls wird Goldoni wieder mehr gespielt, und man interessiert sich inzwischen nicht nur in Italien, sondern in ganz Europa, vor allem auch in Frankreich, für ihn.

Wenn ich meine Goldoni-Inszenierungen jetzt im Nachhinein im Zusammenhang überblicke, folgen sie einer Art inneren Chronologie, die ich gar nicht intendiert habe, die sich aber ganz konsequent analog der Genese der Goldonischen Werke ergeben hat. Unbewußt sind wir bei unserer Goldoni-Spurensuche seinen eigenen Werk- und Entwicklungsschritten gefolgt. Erst im nachhinein ist mir aufgefallen, daß ich im Grunde damit den Weg der Theaterreform Goldonis nachgeschritten bin.

Arlecchino, Diener zweier Herren war unser erstes Goldoni-Stück im Spielplan im Eröffnungsjahr des Piccolo Teatro, 1947. Seitdem habe ich es neunmal wieder neu inszeniert, immer mit kleinen Veränderungen und neuen Schwerpunkten, aber ich empfinde es heute genauso lebendig und vital wie damals. Unser *Arlecchino* ist nicht ein immer wiederholtes, gleiches Stück – für mich ist er bis heute noch immer wieder von neuem ein Geheimnis, ein Geheimnis auch Europas.

Arlecchino hat mich tatsächlich mein ganzes Leben begleitet und war immer irgendwie präsent, auch in anderen Inszenierungen.

'Die Truppe spielt sich ein': stummes Vorspiel zu Goldonis 'Arlecchino, Diener zweier Herren'

Zur Entstehung: Goldoni hatte ursprünglich auf Bitten seines Freundes Sacchi, eines zu seiner Zeit berühmten, großen Komödianten, das bis dahin nicht schriftlich fixierte Stegreifspiel der commedia dell'arte zum ersten Mal in einem schriftlichen Rahmen skizziert. Ziemlich bald aber stellte er fest, daß seine Vorlage der Truppe noch zu großen Spielraum zu (unter Umständen auch sehr vulgären) Späßen und einer trivialen Sprache ließ. Da entschied er sich, das Stück auszuschreiben und die Szenen einzeln schriftlich zu formulieren. Dennoch spürt man in dieser Fassung auch heute noch den vitalen, spontanen Stegreif-Ursprung. Ich glaube tatsächlich, *Arlecchino* ist die einzige Komödie, die direkt von der Bühne weg, vom Zuschauen und Zuhören, fast stenografisch der damaligen commedia-dell'arte-Spielart nachgeschrieben wurde.

Doch dieses Stück gehört in die Anfangszeit des Goldonischen Schaffens. Es ist in seiner Art sehr eigen und eigentlich gar nicht so repräsentativ, wenn man Goldonis Gesamtwerk betrachtet. Vielleicht aber haben gerade wir mit dem großen Erfolg unserer *Arlecchino, Diener zweier Herren*-Inszenierung auch zu dem weitverbreiteten Mißverständnis beigetragen, Goldoni sei in erster Linie ein commedia-dell'arte-Dichter. Das Gegenteil ist der Fall. Zeit seines Lebens wollte er sich mehr und mehr von dieser Welt der Typisierungen und Masken distanzieren, um in die menschliche Seele vorzudringen.

DER „ANDERE" GOLDONI: DER REALISTISCHE KRITIKER SEINER ZEIT

Goldoni ist eigentlich kein politischer Autor, seine Komödien vertreten keine politischen Thesen in dem Sinne; aber er war ein so feinfühliger, gebildeter und aufmerksamer Mensch, daß er ein großes Gespür für die Problematik der Klassenunterschiede und die Ungerechtigkeit der sozialen Besitzverteilung seiner Zeit entwickelte. Die Macht der Standesunterschiede und das Spiel der gesellschaftlichen Klassen, die sich gerade auf der Bühne seiner geschichtlichen Epoche ablösten, sah er sehr klar. Zunächst den im Niedergang befindlichen Adel, der seine Rolle erfüllt hatte und seine jahrhundertealten Privilegien dem nun langsam aufstrebenden Kaufmannsbürgertum überlassen mußte.

Dem Adel stand Goldoni von Anfang an sehr kritisch gegenüber. Er empfand ihn als etwas zutiefst Unrichtiges, Erfundenes, nicht Existenzberechtigtes. Er war ein Mann mit großem natürlichen Instinkt, einem großen Gespür für die Rechte der Natur. Für ihn zählten die Menschen und nicht ihre standemäßig bedingte Abstammung oder Stellung – das geht bis in seine Dialoge. In einer seiner Komödien spricht ein Marquis den Pantalone etwa wie folgt an: *„Aber Sie Unglücklicher, Sie sind ja nur ein einfacher Mann aus dem Volk..."* Daraufhin Pantalone: *„Ich bin kein einfacher Mann aus dem Volk. Ich*

Schüler der Theaterschule in Goldonis 'Arlecchino, Diener zweier Herren', Piccolo Teatro, Mailand, 1992

arbeite, ich treibe Handel, ich komme voran. Ich bin das, was ich bin, weil ich mich selbst zu dem, was ich bin, gemacht habe. Sie aber, Marquis, sind nur Marquis, weil Sie als solcher – und das vielleicht ganz zufällig – geboren wurden."

Diese kritische, selbstbewußte Sicht des Bürgertums proklamiert er sehr stark in vielen seiner Komödien: das Bürgertum als neuer Stand, wie es die historische Bühne betritt. Mit der Zeit aber wurde er sich darüber klar, daß auch das Bürgertum im Grunde die gleichen Ansätze zur Korruption in sich trug wie der Adel. Deswegen fing er auf der Höhe seiner „bürgerlichen Komödien" plötzlich an, Volks-Komödien zu schreiben – immer auf der Suche nach der Wahrheit im Menschen.

Nie ist es direkt, unmittelbar ausgedrückt in seinen Stücken, aber im Grunde ist er ein großer Antizipator der französischen Revolution. Dennoch war sein Theater nie dogmatisches Thesentheater. Seine Komödien handeln alle vom Menschlichen im Menschen. Die revolutionäre Seite Goldonis ist also weniger direkt politisch-revolutionär, sondern in der Fürsprache für die Lebensrechte, die natürlichen menschlichen Rechte, formuliert; so zum Beispiel auch für die Existenzrechte der Frau: Goldoni war auch ein „Feminist", ein großer Poet der weiblichen Seele – und das zu einer Zeit, als man davon im allgemeinen noch sehr weit entfernt war.

Die *Trilogie der Sommerfrische* gehört zu den reifen Goldoni-Stücken. Es ist die vorletzte Komödie vor seiner Abreise nach Paris, der dann zunächst ein langes poetisches Schweigen folgte: Dieses Stück ist sehr humorvoll, ungewöhnlich, mit einer Fülle von „wirklichem" Leben, das einem schönen Tag im 18. Jahrhundert entnommen zu sein scheint. Uns fesselte der Ton der Komödie, der in einer rhythmisch-bewegten, für den Komödienschreiber Goldoni so typischen Komik beginnt und nach und nach traurige, wehmütige Schattierungen bekommt. Das Thema der Sommerfrische ist gleichzeitig realistisch konkret und doch auch ganz symbolisch und metaphorisch gezeichnet. Vor allem diese Ausdehnung einer zunächst scheinbar alltäglichen Handlung einer Feriensituation: Menschen, die leben, sich unterhalten, lieben, leiden – und gleichzeitig, ganz transparent dahinter: die Schemen einer Gesellschaft an der Schwelle zur französischen Revolution, wie sie sich auf eine historische Katastrophe zu bewegt, mit all der Last an Menschlichem, an Schwächen, Unverständnis, Gutem und Schlechtem.

Goldonis Reife in der psychologischen Beobachtung macht die *Trilogie* eigentlich zu einer Komödie seelischer Zustände, „Atmosphären", wenn dieses Wort bei Goldoni gestattet ist: einer commedia d'amore – Komödie einer verfehlten Liebe.

Die Personen des Stückes – scheint uns Goldoni zu sagen – machen alles falsch, indem sie so leben, so lieben. Mehrmals hat sich Goldoni in dieser Art der commedia d'amore versucht *(Die heiratsfähige*

Pamela, Die Verliebten); doch im Grunde gibt es überall in seinen Komödien Liebessituationen, Liebesintrigen, Liebesverwicklungen. Sie sind eigentlich die dramaturgischen Angelpunkte all seiner Komödien. Das Thema der Liebe hat bei Goldoni immer eine besondere Bedeutung. In einigen seiner Stücke *(wie Bettina oder Das ehrbare Mädchen, Die kluge Gattin)* ist es zynisch behandelt, man könnte auch sagen gleichgültig, formal, ohne wirkliches Herzklopfen.

Nicht so im Falle der *Sommerfrische* – im Gegenteil, hier geht es um Liebe ohne jeglichen Rückhalt; hier wird nichts verschwiegen; hier gibt es sentimentales Verlassen. Daß aber das Handlungs-Ganze sich in einer gütigen Geste Goldonis, in Souveränität und Gelassenheit auflöst, zeigt uns wieder eine ganz andere Seite dieses Autors. Um so mehr, als die Goldonische Güte und Weisheit bei der Lösung des dramatischen Knotens der Trilogie, in der sich auch die Tragödie abzeichnet, in eine tiefe Melancholie hinüberklingen, in die Schwer-

mut von Beziehungen, die sich in aller Stille auflösen, von Menschen, die milde resignieren, die die schlechten Dinge des Lebens akzeptieren (hier in Form von Konvention, Reputation, aber auch aus Mitleid mit anderen, aus Pein, an jemand Unschuldigem schlecht gehandelt zu haben usw. oder aus Unfähigkeit zu reden, sich auszusprechen, mit jemandem zu brechen).

Wenn „Traurigkeit" bei Goldoni möglich ist (wir haben sie bei ihm immer gespürt, denn seine Milde hat auch die Melancholie neben sich), wenn es irgend einen melancholischen Anklang im Jahrhundert Goldonis gibt, so ist er – sanft, aber voller Lebensfreude, Anmut und Maß in einem vollen, nicht dekadenten Ausdruck – hier, in der *Trilogie der Sommerfrische,* klar ausgeprägt.

G. Strehler probt mit Schülern der Theaterschule Goldonis 'Arlecchino, Diener zweier Herren', Piccolo Teatro, Mailand, 1992

GOLDONI ALS ADVOKAT DES DRITTEN STANDES

Neben Adel und Bürgertum gibt es da noch die Unterschicht, die eigentlich offiziell nicht existierte und doch da war: das Volk, die kleinen Leute, ohne Besitz, ohne Geld, ohne Handel, aber arbeitend und voller Leben. Das Volk, das zur See fährt (in Goldonis Venedig) oder das einfach lebt, wie beispielsweise die Leute im *Campiello,* die Krapfen verkaufen oder als Hausierer Knöpfe und Borten feilbieten, die also von „fast nichts" leben, überleben.

Sowohl *Campiello* wie *Baruffe chiozzotte* sind für mich große Komödien, absolute Meisterwerke des späteren, volkstümlichen Goldoni. Obwohl sie im Grunde so einfach angelegt sind. Es passiert sehr wenig, äußerlich gesehen. Gewöhnliche öffentliche Plätze als Spielort, auf denen seine Protagonisten zusammentreffen, eine Menschengruppierung aus dem Volk, die er in ihrem alltäglichen Leben beobachtet. Kleine, einfache Geschehnisse: arme Leute und ihre Liebesbeziehungen, ihre Eifersüchteleien, ihre Sehnsüchte, ihr Trauern um die verlorene Jugend und ähnliches. Aber gerade in diesem einfachen Stoff, in den kleinen, alltäglichen Dingen versteht es Goldoni, das Besondere, die Fülle des Außergewöhnlichen darzustellen. Darin liegt seine absolute Größe: in der Einfachheit universelle poetische Gültigkeit zu erreichen.

In beiden Stücken stellt Goldoni die Lebensrealität des Volkes auf die Bühne, einen symbolischen Mikrokosmos, in dem alle miteinander verbunden sind. Plötzlich taucht – in beiden Fällen – ein Fremder auf: einmal der Chevalier, ein mittelloser Graf, einmal der Cogidore, Abgesandter der venezianischen Justiz. Beide suchen den Kontakt zum Volk, die Annäherung, versuchen die Integration, aber es gelingt nicht, sie finden keinen gemeinsamen Akkord und bleiben im Grunde ausgeschlossen.

Auch wir als Zuschauer bleiben am Schluß irgendwie ausgeschlossen. Wie der Cogidore, als den sich Goldoni selbst darstellt: Beobachter aus einem anderen Stand, der teilnehmen möchte an dieser Welt, die ihm aber die historischen Bedingungen versperren. Er kann, wenn sich alle Streitereien schließlich in Freude aufgelöst haben, nicht am Schluß am Ball teilnehmen und tanzen. Er bleibt als einziger ohne Gegenüber, allein in dieser kleinen Gemeinschaft.

Als wir uns 1964, fast zweihundert Jahre nach

Entstehung und Uraufführung 1762 während des Karnevals in Venedig, mit den *Baruffe chiozzotte* zum ersten Mal beschäftigten, war das für uns noch ziemlich unbekanntes Terrain. Damals nahmen wir das als „wahrscheinlich" an, was wir darin sehen wollten. Dennoch, denke ich, sind wir in einer anhänglichen Überbewertung eines unbezweifelbaren Meisterwerkes, in seiner musikalischen Kontrapunktik von Wortspielen, seinem konzentrierten Handlungsverlauf und dem folkloristischen Vergnügen weit darüber hinausgegangen.

Nun, dreißig Jahre später, nachdem wir uns anläßlich der Weltausstellung 1992 in Sevilla und anläßlich des 200. Todesjahrs Goldonis wieder mit dem Stück auseinandersetzten, erschien uns in den *Baruffe* eigentlich nichts mehr volkstümlich oder folkloristisch. Das Volk ist, wie Brecht sagte, nie volkstümlich.

In unserer heutigen Gesellschaft der allgemeinen Lieblosigkeit und Unfähigkeit zu lieben oder an etwas zu glauben, wie zum Beispiel an das grundlegend Gute im Menschen mit all seinen Widersprüchen, seinen Sorgen, an ein mögliches Glück, und sei es auch nur für einen Moment, haben uns die *Baruffe chiozzotte* wieder ermutigt und überzeugt von der menschlichen Warmherzigkeit. Mein Anliegen ist es, daß die *Baruffe chiozzotte* heute nur ein Anfang und eine Anregung sind, europäischen Theaterleuten und Zuschauern Goldoni wieder näherzubringen. Immer wird man bei ihm Gefühle und Einsichten in die menschliche Seele, wird man liebenswürdige und zärtlichen Gesten in seiner

Goldonis 'Le baruffe chiozzotte', Piccolo Teatro, Mailand, 1993

Goldonis 'Le baruffe chiozzotte', Piccolo Teatro, Mailand, 1993

Betrachtung erleben. Goldoni konnte zwar sehr kritsch sein, aber immer hat er sich dabei seine Liebenswürdigkeit und Zärtlichkeit für seine Figuren bewahrt.

In den *Baruffe* trifft man auf die Schwankungen menschlicher Verhaltensweisen, ihre historische Realität in lebendigen und unterschiedlichen Charakteren mit all ihren Schwächen, aber – und das sind Goldonis eigene Worte – *„es sei mir erlaubt zu sagen, auch mit all ihren Tugenden"*.

In Form einer einfachen, wirklichkeitsgetreuen, konkreten Geschichte, in strenger Einheit von Ort (der Ort Chioggia, eine Fischerstadt an der adriatischen Küste, mit ihren „vierzigtausend Seelen", wovon dreißigtausend Frauen sind) und Zeit (ein einziger Tag im Frühherbst), erzählt er uns von den zwischenmenschlichen Beziehungen im Alltag dieser Menschen, beleuchtet er ihre Welt von innen heraus. Die dem Stück zugrunde liegenden Liebesgeschichten mit all ihren widersprüchlichen Begleitumständen, Schwierigkeiten und Mehrdeutigkeiten, die weit über die Zeit hinausweisen, versinnbildlichen die Situation und das Schicksal der „Betroffenen", die zwar fast gänzlich ungebildet sind und in erster Linie hart arbeiten, die aber einige Regeln des Herzens und das tiefe Zusammengehörigkeitsgefühl in ihrer Gemeinschaft kennen und zu schätzen wissen.

In dieser Komödie der „baruffe", der Streitereien und Zusammenstöße, in diesem emotionsgeladenen und teilweise ganz virulenten Stück, passiert nichts nur scherzhaft oder um des Theater- oder Lacheffektes willen. Alles, auch die komischste Szene, ist immer realistisch. Trotz der großen Aggressionen steht nie eine böse Absicht dahinter. Alles ist immer echtes, ursprüngliches Gefühl. Das Böse fehlt gänzlich in den *Baruffe*, obgleich sich das Leben und Zusammenleben in dieser kleinen Welt als so schwierig erweist.

Die *Baruffe chiozzotte* sind in ihrer poetischen, doch durchaus realistischen Leidenschaftlichkeit, die die Wirklichkeit ständig übersteigert, eine Metapher für die Welt, eine gültige Metapher, die nur wirklich große Dichtkunst erreichen kann. Es genügt, wenn wir uns ganz dem Strom der Vitalität überlassen.

Geben wir uns diesem Schaustück menschlichen Lebens auf Erden hin! Schauen wir uns dieses Stück ohne falsche Sentimentalitäten und zu große Sprachgebundenheit an – und wir werden spüren, wie es pulsiert!

Die erste Inszenierung von *Campiello* 1964 haben wir sehr geliebt. Sie ist wie von selbst entstanden, in ganz natürlichen Kreationsschritten. Wie die *Baruffe* im Frühherbst mit der ersten Vorahnung des Schirokko spielen, habe ich mir *Campiello* immer im Februar, in einem verschneiten Venedig, vorgestellt.

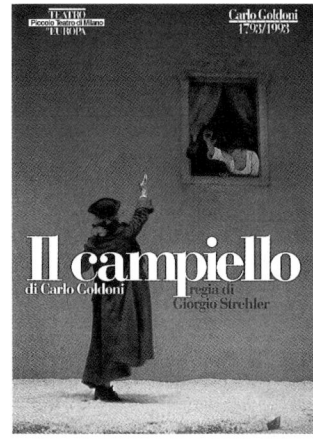

Immer schien es mir wichtig, trotz ihrer „Zeitlosigkeit", die Goldonischen Komödien doch auch (aus der konkreten Alltagslebens-Perspektive) zeitlich, das meint auch jahreszeitlich, zu situieren.

Der Cavaliere ist weich, kindlich, mediterran in der Art, sich dem Augenblick hinzugeben – aber wer weiß? Er ist nicht unglücklich ob seiner Lasten und Schulden. Er hat gespielt und dabei alles verloren, einfach so... Er ist von allem leicht verzauberbar. Er vergnügt sich leicht, macht leicht den Hof und läßt sich dabei vom Volk berauben, das ihn wie das „Nashorn" von Longhi betrachtet, wie ein fremdes „Wesen", das sich „merkwürdig" ausdrückt, das einem aber dazu dienlich ist, sich (wenigstens einmal im Jahr) satt zu essen. Ein bißchen grausam ist das Volk mit ihm schon. Aber angemessen grausam und ganz unschuldig in seiner Grausamkeit. Der Cavaliere scheint das schon zu durchschauen. Er ist intelligent... Und Gasparina? Giulia hat alles, wirklich alles für eine glänzende Gasparina, außer dem richtigen Alter. Aber ich erinnere mich daran, was Jouvet einmal zu einem schon älteren Schauspieler mit einer jungen Rolle nach der Probe gesagt hat, als der ihn fragte, ob es gut gewesen sei: *„Sehr gut, sehr gut... es fehlt nur ein bißchen an Jugend. Aber auch das kann man lernen!"*

Giulia kann ganz jung sein, wenn sie will. Und hat dennoch den Vorsprung der Erfahrung. Ihre Feinfühligkeit ist ihr Hinterhalt. Gasparina ist lebendig, fein, aber auch energisch, willensstark, voller Neugierde. Das ist nicht Tschechow, niemals! [...]
Alles sollte lebendig, süß, fröhlich und gleichzeitig bitter und auch traurig sein. Aber vor allem Lebensfreude, die alles überdauert und übersteht!

GOLDONI ALS THEATERFORMER

Man spricht immer bei Goldoni von einer großen Theaterreform, von der Entwicklung der commedia dell'arte zur Charakter-Komödie, also von der Entwicklung der nichtgeschriebenen Komödie zur geschriebenen Komödie.
Für mich besteht aber Goldonis Reform vor allem in einer in der damaligen Zeit vollkommen neuen Konzeption von Theater, einer neuen Spielart. Im Grunde lebte er eine Vorwegnahme des Regisseurs, Theaterleiters und Dramaturgen in einem. Er machte seine Passion zu einem Beruf mit dem Anspruch, mit Theater als einer sozial nützlichen Arbeit Geld zu verdienen, ebenso wie die Schauspieler nach seinem Theaterverständnis nicht mehr die gesellschaftlich Ausgeschlossenen waren, sondern Zeugen einer gesellschaftlichen Realität wurden. Also Theater als Metapher, Paraphrase dessen, was gesellschaftlich vor sich geht, im Sinne einer Lebensschule. Er hatte eine sehr hohe Vision vom Theater.
Bis heute allerdings ist Goldonis Bedeutung als Theatermann nicht wirklich verstanden worden. Goldoni war bereits so etwas wie ein großer Regisseur, obwohl der Begriff des Regisseurs ja erst vor kurzem, erst in diesem Jahrhundert, geprägt und etabliert wurde. Er war nicht nur der Autor seiner Komödien, sondern ging Tag für Tag selbst ins Theater und arbeitete mit den Schauspielern auf der Bühne; er ist lebendes Beispiel eines großen Theatermachers, vergleichbar mit Shakespeare oder Molière – alles Menschen, die ganz für das Theater, im Theater lebten. Im Gegensatz zu Molière war Goldoni kein Schauspieler, wird aber als Dramatiker oft mit Molière verglichen. Dabei haben sie nichts gemeinsam, außer der großen Begabung für das Theater. Doch Goldoni verehrte Molière sehr.
Molière war sein Vorbild, auch wenn ihm dessen unerbittliche Urteile über die menschlichen Schwächen in seinen unsterblichen Figuren wie dem *Geizigen*, dem *Misanthropen*, dem *Eingebildeten Kranken* fast Angst machten. Goldoni setzt ganz woanders an. Für ihn war der Hauptdarsteller nicht eine Person, sondern immer das Ensemble; das mag wie eine implizite Kritik an Molière und seinen großen Figuren erscheinen, ist aber vielmehr, glaube ich, eine national bedingte Eigenheit: Wir Italiener haben eine Vorliebe, Charaktere im Ensemble zu betrachten, während die Franzosen eher eine kom-

plexe Person sezieren wollen, die aber im Grunde vereinsamt, vereinzelt bleibt. Bei Molière sieht das Leben tragischer und in seiner Figurentypologie, seinen einzelnen Hauptdarstellern, viel determinierter aus, Goldoni dagegen wählte das Kollektiv, anstelle einer einzigen großen Hauptrolle viele gleichberechtigte Darsteller, die sich kontrastieren und gegenseitig bedingen.

GOLDONI, DER „BRUDER"

Ich verehre und liebe Goldoni sehr und fühle mich ihm in vielem sehr verwandt. Vor allem in einer bestimmten Auffassung von Theater. Goldoni war besessen davon, das Theater seiner Zeit zu erneuern, es moderner, direkter, schöner zu machen – Theater nicht nur als Spaß und Vergnügen, sondern vielmehr als alltägliche Praxis, als tägliche Arbeit, als Beruf, ja Berufung.
Aber es gibt noch eine andere Verwandtschaft: Bestimmte Seelenzustände Goldonis bringen mich ihm nahe; im Grunde fühlte er sich nie ganz verstanden, nie genug geliebt. Vielleicht ist das ein allgemeines menschliches Drama, daß wir uns immer zu wenig verstanden und geliebt fühlen. Das ist unsere Kleinheit und unsere Größe zugleich: auf Liebe so angewiesen zu sein, sie zu nehmen und zu geben, immer in der stillschweigenden Hoffnung, daß unsere Liebe, unser Schenken, von ebenso großer Liebe erwidert wird – das ist etwas sehr, sehr Schwieriges. Wirkliche Liebe dagegen ist wohl, zu geben, ohne eine Erwartung damit zu verbinden.
Goldonis, ja nicht gerade Lektion, aber doch Botschaft an das Publikum ist die Wandelbarkeit und Veränderlichkeit des menschlichen Lebens. Doch darin irgendwie auch das unzerstörbare Gute, das der Mensch in sich trägt, und das ihn, trotz aller Schwierigkeiten, Widersprüche, Streitereien, letztendlich doch lieben läßt, ihn zur Liebe fähig macht... Das Leben als etwas Einzigartiges, Erstaunliches und Wunderbares! Wir leben in dunklen Zeiten, in denen – wie Brecht sagte – schon das Preisen eines Baumes ein Vergehen zu sein scheint, Zeiten, in denen das bloße Leben, Sein und Lieben zum Delikt wird. Uns bleibt nur der magische Zauberring des Theaters für das Erfinden einer Welt, einer Parabel als Symbol einer besseren Welt...

Giorgio Strehler, Textcollagen aus allgemeinen Äußerungen Strehlers zu Goldoni sowie Notizen zu den einzelnen Inszenierungen

BRECHT-WEGBEREITUNG IN ITALIEN

„Was die Nachfolge betrifft, so war für Brecht offenbar Strehler die Erfüllung.
Sicher hängt das mit dem Süden zusammen; bei Strehler ist einfach ein anderes Licht, kein Nebel.
Dadurch haben die Dinge eine scharfe Kontur. Der Süden eben nicht als etwas weiches und warmes,
sondern eher als etwas hartes und scharfes.
Das war in Deutschland schwer herzustellen, so eine Stimmung, so eine Welt..."

HEINER MÜLLER

MIT 27 EXAKT FORMULIERTEN FRAGEN
AUF DEM WEG ZU BRECHT

Bertolt Brecht - Giorgio Strehler
Ein Gesprächsprotokoll, Berlin, 25. Okt. 1955

[...] Strehler, der *„mit 27 exakt formulierten Fragen"* zur Inszenierung der *Dreigroschenoper* zu Brecht gekommen ist, fragt zunächst nach der Abhängigkeit der *Dreigroschenoper* von der Vorlage und nach der Art und dem Ausmaß der Zusammenarbeit mit Elisabeth Hauptmann und Kurt Weill.
Brecht und Hauptmann berichten, daß für die Eröffnung des Schiffbauerdamm-Theaters (unter Leitung von Fischer und Aufricht) am 31. 8. 1928 ein Stück gebraucht wurde. Brecht hatte die *Dreigroschenoper* in Arbeit. Sie fußte auf der Übersetzung, die Elisabeth Hauptmann angefertigt hatte. Die weitere Arbeit mit Weill und Elisabeth Hauptmann war eine echte Zusammenarbeit, die Zug um Zug voranging. Erich Engel erklärte sich bereit, die Regie zu übernehmen. Er hatte Brechts erste Stücke inszeniert, und Brecht war auf vielen Proben von Engel gewesen; Engel war der Beste für so ein Experiment. Fast am schwierigsten war das Aussuchen der Schauspieler. Brecht wählte in der Hauptsache Kabarett- und Revueschauspieler aus, deren Vorzug darin bestand, daß sie artistisch interessiert und sozial aggressiv waren. Im Sommer wurde die Dekoration von Caspar Neher entworfen. Brecht sagte, daß der Grundgedanke der *Dreigroschenoper* eine Gleichung sei: Räuber sind Bürger – sind Bürger Räuber? [...]
Der Äußerung Brechts, daß Strehler die *Dreigroschenoper* mit seinem Theater endlich einmal wieder philosophisch spielen könne, nachdem sie jetzt fast wie *Minna von Barnhelm* inszeniert worden sei, entgegnet Strehler, daß er Bedenken vor dieser Inszenierung

habe. Er kenne alle Stücke und Schriften von Brecht und habe eine genaue Vorstellung vom epischen Theater, aber er habe noch nie einen Brecht inszeniert mit Ausnahme der *Maßnahme*, die man allerdings als seine beste Regieleistung bezeichnet habe.

Strehler fragt, ob Unterlagen über die Uraufführung vorhanden sind, weil er, überzeugt vom Nutzen eines Modells, diese bis zu einem gewissen Grad für seine Inszenierung verwenden will. Für seine Arbeit ist zum Beispiel interessant: der Inszenierungsstil und das historische Milieu der Uraufführung. Er fragt, ob er richtig vermute, daß Brecht die *Dreigroschenoper* in das viktorianische Zeitalter wegen seiner Bürgerlichkeit verlegt habe, so daß das beste Milieu in London und nicht in Paris, Berlin usw. gegeben war.
Brecht antwortet, daß er (vor allem wegen Mangel an Zeit) zunächst die Vorlage so wenig wie möglich ändern wollte. Eine Transportation nach Paris oder einer anderen Stadt hätte große Änderungen bei der Milieu-Zeichnung erforderlich gemacht, für die umfangreiche neue Studien notwendig gewesen wären. Aber die besten Vorsätze hätten sich auf die Dauer nicht halten lassen, denn während der Arbeit habe sich gezeigt, daß eine Verschiebung in ein hundert Jahre späteres Zeitalter nützlich war. Über das viktorianische Zeitalter weiß man einiges, aber gleichzeitig ist es doch entfernt genug, um es mit Abstand kritisch beurteilen zu können, so daß die Zuschauer leicht heraussuchen können, was sie angeht. Aus dieser Zeit ließ sich das Stück leichter nach Berlin transportieren als aus der Zeit, in die es (notwendigerweise) John Gay gelegt hat.
Strehler bemerkt, daß die Musik Weills, 1928 geschrieben, auch aus der Zeit von 1928 stammt und also offenbar bewußt der Zeit des Stückes gegenübergestellt ist.
Brecht bezeichnet es als einen Vorteil für das Theater. Der Grundgedanke ist: Bettler sind arme Leute. Sie wollen eine große Oper

machen, haben aber kein Geld und behelfen sich auf ihre Weise. Wie zeigt man das? Mit Hilfe einer prunkvollen, unterhaltenden Aufführung (die allerdings die Zustände und Verhältnisse der Zeit enthüllen muß) und gleichzeitig, indem man die Anstrengungen sehen läßt, die nicht zu dem beabsichtigten Ziel führen, sondern oft sogar ins Gegenteil umschlagen. Zum Beispiel gelingt den Bettler-Schauspielern nicht, die Respektabilität darzustellen (für deren Darstellung das viktorianische Zeitalter besonders günstig ist), statt dessen kommt es andauernd zu Entgleisungen, be-

P. Grassi, B. Brecht und G. Strehler, Mailand, 1956

der *Dreigroschenoper* für fraglich. Für Italien und ähnliche kapitalistische Länder würde sie nach wie vor die gleiche Durchschlagskraft haben.

Brecht stimmt dem zu. In einem Land wie Italien heutzutage müsse das Stück die gleiche Aggressionskraft haben wie seinerzeit in Berlin.

Strehler fragt, inwieweit und bis zu welchem Grad die *Dreigroschenoper* ein episches Stück sei und die Aufführung episch inszeniert werden müsse.

Brecht betont, daß beides weitgehend der Fall sei beziehungs-

sonders bei den Gesängen. Die angestrebte große Haltung mißlingt, plötzlich wird alles zotig. Die Bettler-Schauspieler wollen das nicht, aber das Publikum liebt diese Art und klatscht Beifall, und demzufolge rutscht alles immer tiefer, bis in die Gosse. Darüber erschrickt man zwar, aber man hat Erfolg. Der Gedanke, eine großartige Bühne anzufertigen, ist nicht durchzuführen. Alles gelingt wegen der geringen Mittel immer nur halb. (Auch dafür bietet sich als Kolorit das viktorianische Zeitalter an.) Anständigkeit würde die Zuschauer dieser Bettler-Oper nicht im Theater halten, und diesem Wunsche gibt man nach. Nur der Schluß ist dann wieder exakt einstudiert, um das angestrebte Niveau wenigstens jetzt zu erreichen. Aber auch das gelingt nicht, nur die Travestie gelingt. So bleibt es ein ständiger Versuch, etwas Großartiges zu geben, der aber immer mißlingt. Jedoch: Es kommen eine ganze Menge Wahrheiten dabei heraus.

Brecht gibt ein Beispiel: Arbeitslose Schauspieler wollen die Genfer Konferenz darstellen, aber sie haben eine falsche Vorstellung davon, und bei aller Krokodils-Anstrengung gelingt es ihnen bei bestem Willen nicht, beispielsweise Mr. Dulles als christlichen Märtyrer hinzustellen, weil sowohl ihre Vorstellung von Mr. Dulles als auch die von einem christlichen Märtyrer nicht richtig ist. Alles, was sie tun, hat einen Lacherfolg. Aber lachend kritisiert man.

Strehler meint, die *Beggar's Opera* sei inhaltlich und formal aristokratisch gewesen, eine Satire zum Beispiel auf die Händel-Opern. Sinn und Form seien bei Brecht geblieben. 1928 habe das alles noch gestimmt. Die (kapitalistische) Gesellschaft lebte noch, auch das Melodram lebte noch. Inzwischen habe ein Krieg stattgefunden, aber die Probleme seien vielfach und vielerorts die gleichen geblieben. Heute jedoch müsse man unterscheiden. In der Sowjetunion und in den volksdemokratischen Ländern halte er die Spielbarkeit

weise sein müsse. Die sozialkritische Haltung darf nie aufgegeben werden. Das hauptsächliche Mittel dafür sei die Musik, die immer wieder die Illusion zerstöre, die allerdings vorher geschaffen worden ist, denn ohne eine bestimmte aufgebaute Atmosphäre kann diese nicht später zerstört werden. Die Aufführungen der *Dreigroschenoper* in München und Zürich seien – wie Brecht vernommen habe - nicht episch gewesen.

Strehler bedauert, daß so viele Aufführungen der *Dreigroschenoper* verniedlicht worden sind. Nicht, daß man alle soziale Kritik habe entfernen können, aber es sei doch immer eine schöne Revolution auf der Bühne gewesen, die über die Rampe nicht hinweggekommen sei, wie man im Zoo wilde Löwen ohne Gefahr besichtigen könne, vor deren Angriffen man durch die eisernen Gitterstäbe geschützt ist. Die meisten Regisseure geben dem Publikum nach, das nicht 2000 Lire bezahlt, um dann Dreck ins Gesicht geschmissen zu bekommen. Aber so, wie die *Dreigroschenoper* meistens aufgeführt wird, wie eine schöne Oper in Paris, findet jeder sie „nett".

Brecht erläutert, daß die *Dreigroschenoper* bei ihrer Uraufführung in Deutschland 1928 von starker politischer und ästhetischer Wirkung gewesen ist.

Erfolge waren zum Beispiel: 1. Das junge Proletariat besuchte plötzlich eine Theateraufführung, teilweise zum ersten Mal, und dann oft gar mehrmals. – 2. Das Großbürgertum wurde veranlaßt, höhnisch über sich selbst zu lachen. Nie wieder könnten diese Vertreter des Bürgertums danach bestimmte Haltungen einnehmen, über die sie schon einmal gelacht haben .

Auch jetzt noch wird die *Dreigroschenoper* in kapitalistischen Ländern diese Aufgabe erfüllen können, wenn man versteht, gleichzeitig Amüsement und Schärfe zu geben, statt nur gemütliche

'Die Dreigroschenoper', Piccolo Teatro, Mailand, 1972/73

Lächerlichkeit. Heute ist wichtig: Hier werden Bettler ausgestattet. Jeder Bettler ist ein Monstrum von einem Bettler. Der Zuschauer soll erschrecken vor der Mitschuld an diesem Jammer und Elend.

Strehler fragt, ob Brecht Mittel vorschlagen könne, die der *Dreigroschenoper* 1955 die gleiche künstlerische Wirkung und Kritik in der Zeit sicherten wie 1928.
Brecht antwortet, daß er die Masken der Verbrecher verschärfen und bösartiger machen würde. Die romantischen Lieder sollten zwar so schön wie möglich gesungen werden, aber das Unechte und Falsche an diesem „Versuch einer romantischen Insel, in der alles noch stimmt", muß besonders unterstützt werden.

Strehler ist es wichtig, Unterlagen über das Bühnenbild zu bekommen, wichtiger aber sind ihm Vorschläge für die Kostüme für seine Mailänder Aufführung, denn er glaubt, daß man die Kostüme von 1928, die seiner Auffassung nach ganz dem viktorianischen Zeitalter entlehnt waren, nicht mehr verwenden kann.
Brecht stellt zunächst richtig, daß die Kostüme 1928 gar nicht viktorianisch, sondern aus dem Leihhaus zusammengestellt und ganz gemischt waren. Er würde nicht auf die Reize in der *Beggar's Opera* verzichten und damit auch nicht auf den „verjazzten Viktorianismus" der Berliner Aufführung. Tairow hatte seinerzeit bei der Moskauer Aufführung die Kostüme völlig modernisiert und den für Moskau exotischen Reiz Pariser Mode hervorgerufen.

'Die Dreigroschenoper', Piccolo Teatro, Mailand, 1972/73

B. Sukowa (Polly) und M. Heltau (Mackie Messer) in 'Die Dreigroschenoper', Piccolo Teatro, Mailand, 1986

Brecht bestätigt Strehlers Vorstellung: Der Vorhang geht auf, man sieht ein Bordell, aber ein ganz und gar bürgerliches Bordell. In dem Bordell sind Huren, aber die Huren sind nicht dämonisch, sondern ganz und gar bürgerliche Huren. Es geschieht alles, um zu legalisieren.

Strehler fragt, bis zu welchem Grad die *Dreigroschenoper* eine ästhetische Satire auf das Melodram ist, und Brecht antwortet: Nicht mehr, als das Melodram noch vorhanden ist, das ja beispielsweise in Deutschland niemals eine so große Rolle gespielt hat wie in Italien. Man muß immer von der Grundanschauung ausgehen, daß ein armes Theater sein Bestes tun will.

Strehler fragt, was Brecht von einer Aus- und Bearbeitung im Sinne von Aktualisierung halte. Brecht ist mit einer solchen Maßnahme einverstanden. Strehlers Frage gründet sich darauf, daß man die *Dreigroschenoper* zum Beispiel in Neapel nicht mit der Musik Kurt Weills aufführen könne. In Mailand jedoch wäre es möglich, Parallelen zur Zeit Umbertos I. zu ziehen. Mailand gleicht da etwa London, und der volkstümliche Tonfall der Musik würde aufgenommen wie in Berlin. Die Bourgeoisie ist dieselbe. Aber Strehler hat insofern Zweifel, als man die Namen italisieren müßte und dann keinen Abstand für die Kritik hätte, *„und man muß die Zähne für die Wahrheit zeigen"*.
Brecht erwägt, ob man die *Dreigroschenoper* vielleicht im italienischen Viertel New Yorks spielen lassen könne, vielleicht um 1900.

Dann stimmt auch die Musik. Er habe diese Frage noch nicht untersucht, aber im Moment scheine ihm diese Transportation möglich. Die New Yorker Italiener haben alles von zu Hause mitgebracht, auch ihre Gefühle, aber alles ist kommerzialisiert. Da ist ein Bordell, aber ein heimisches Bordell, wo man hingeht, weil man wie zu Hause ist, *„wie bei Mama"*.

Strehler greift diese Idee auf und fragt, ob man einen Prolog dazu machen solle. Auch damit ist Brecht einverstanden, wenn Erklärungen notwendig sind. Denn man muß herauskriegen, daß die Bettler-Truppe in New York eine italienische Truppe ist, daß alles ist wie in Mailand, aber weit weg von Mailand. Es können schon die ersten Wolkenkratzer stehen, aber die Truppe muß armselig sein. Sie will nur etwas aufführen „wie zu Hause".

Strehler hat einen Gedanken für den Prolog. Man könnte einen Film von Mailand sehen und dann in Erinnerung etwas aufführen wollen, dann geht der Vorhang auf, und das Spiel beginnt.

Andere Bedenken hat Strehler wegen der Lust italienischer Schauspieler zu improvisieren. *„Man schickt jemanden aus, ein Kostüm zu wählen, und er kommt mit fünfzig Kostümen zurück."*

Ein anderes Problem ist für ihn der epische Darstellungsstil. Das Problem „episches Theater" ist eine Frage der Kenntnis, aber die Kenntnis vom epischen Theater ist nicht groß. Strehler spricht davon, daß es dem italienischen Schauspieler nicht liege, mehrschichtig zu spielen, also etwa in dem Sinn: *„Ich spiele den, der diese Figur spielen will."* Er fragt, ob es überhaupt möglich sei, Brechts Stücke – zum Beispiel die *Mutter Courage*, die Strehler als *„Hochburg des epischen*

T. Buazzelli in 'Galilei', Piccolo Teatro, Mailand, 1962/63

Komödien, weil dort sowieso verfremdet wird. Die epische Darstellungsweise ist dort leichter zu erlangen, und es ist deshalb vorzuschlagen, Stücke überhaupt auf die Komödie hin zu inszenieren. Brecht schlägt vor, eine von ihm erprobte Hilfsmethode zu verwenden, die Darsteller sollen sogenannte Brückenverse einfügen, so daß ihre Rede in die dritte Person, als Bericht, verwandelt wird; also nach jedem Satz ein *„sagte er"* einfügen. *„Das Schlimme ist: Ohne Anwendung von Dialektik ist 'episch' nicht zu bekommen."*

Theaters" bezeichnet – anders als episch zu spielen, und ob man, wenn man nicht die vorgebildeten Schauspieler und Regisseure dafür hat, Brechts Stücke überhaupt woanders spielen könne. *„Was kommt zum Beispiel heraus, wenn falsch gespielt wird?"* Brecht: *„Spielen kann man schon, dann kommt eben normales Theater heraus, und man verliert drei Viertel des Amüsements."* Strehler bittet um Rat, was man mit Schauspielern tun kann, die episches Theater nicht kennen. Er fragt, ob es möglich ist, ein Brecht-Stück zu spielen, wenn man nur einen Schauspieler hat, der das epische Theater kennt, und er fragt nach didaktischen Methoden zum Erlernen der epischen Spielweise. Brecht beruhigt Strehler, daß auch bei uns nur zum Teil episch gespielt wird. Am ehesten geht das immer noch in

Strehler vertritt die Überzeugung, daß heutzutage weder Shakespeare noch antike Tragödien ohne Verfremdung gespielt werden können, wenn die Aufführung Nutzen und Amüsement haben soll. Brecht schlägt nochmals vor, auch tragische Szenen auf komisch zu spielen. Am epischsten, sagt er, sind immer Durchsprechproben, die zumindest am Ende der Inszenierung angesetzt werden müssen, besser aber noch in regelmäßigen Abständen während der ganzen Probenzeit durchgeführt werden sollen. *„Je näher die Aufführung einer solchen Durchsprechprobe kommt, um so epischer wird sie sein"*, weil dann mehr angedeutet und dargestellt wird, was sein soll, als daß die Aufführung mit falschen Gefühlen überladen wird.

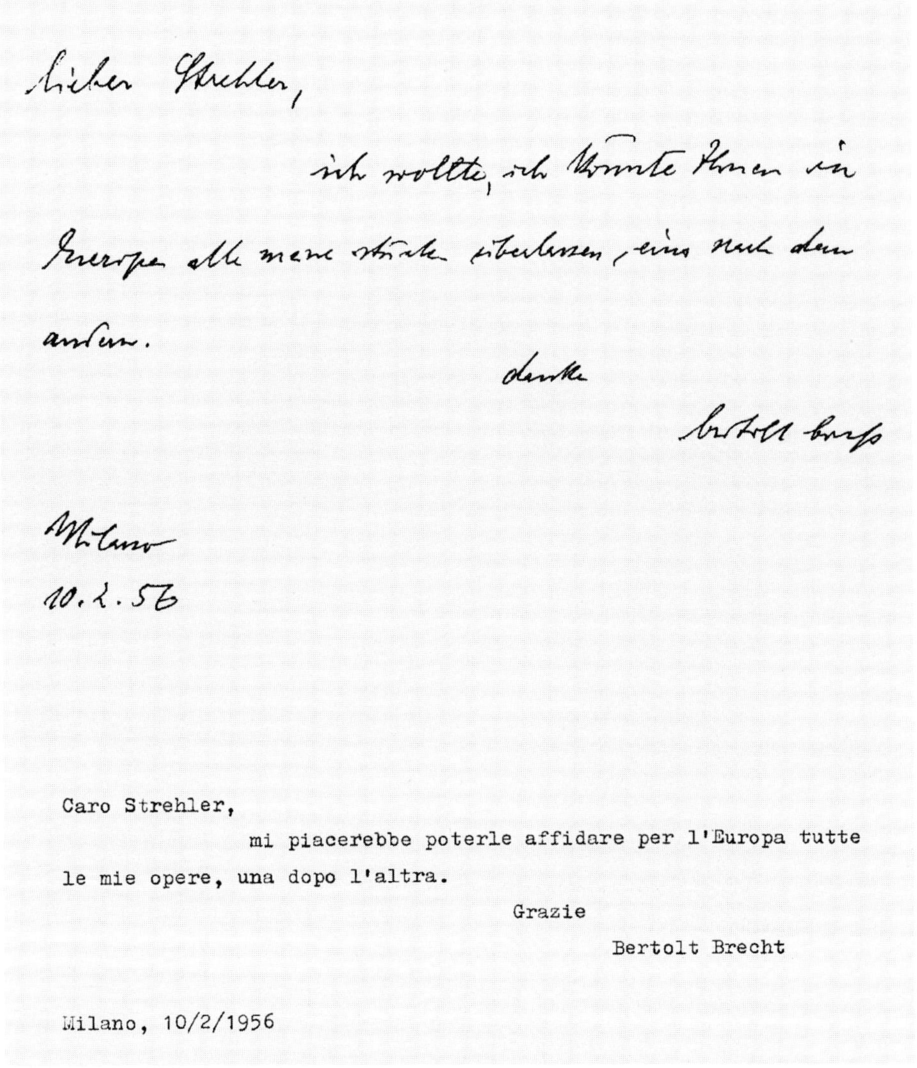

[handschriftlicher Brief]

Lieber Strehler,

ich wollte, ich könnte Ihnen in Europa alle meine Stücke überlassen, eins nach dem andern.

danke

bertolt brecht

Milano
10.2.56

Caro Strehler,
         mi piacerebbe poterle affidare per l'Europa tutte
le mie opere, una dopo l'altra.
                              Grazie
                                   Bertolt Brecht

Milano, 10/2/1956

Strehler fragt, ob die Erklärung, die er seinen Schauspielschülern in Bezug auf epische Darstellung gegeben hat, richtig ist, wenn er als Beispiel die Arbeit des Regisseurs anführt, der eine Szene anspielt, den Schauspielern etwas vormacht, indem er es nur andeutet und dabei immer (auch unausgesprochen) Erklärungen im Hintergrund hat.
Brecht bejaht das und meint, daß man die Schauspieler in diese Situation des Regisseurs versetzen kann, wenn man Durchsprech-proben ansetzt. Mit einem Minimum an Gestik, so daß immer nur markiert wird, was sein soll.
Strehler hat Bedenken, daß seine Inszenierung der *Dreigroschen-oper* ein „Mittelding" wird. Aus Verantwortungsgefühl habe er die *Courage* nicht gemacht, weil er keine epische Darstellerin für die Mutter Courage fand. Auch die Inszenierung der *Dreigroschenoper*

habe er schon seit Jahren geplant und immer wieder aufschieben müssen, weil es ihm an geeigneten Darstellern fehle. Beim *Galilei* sind seine Pläne an politischen Fragen gescheitert.

Strehler hat dann noch einige Detail-Fragen. Zum Beispiel:

1. Die Musik
Brecht schlägt vor, so wenig Instrumente wie möglich zu verwenden, wenn in der Partitur dreizehn verlangt werden, sei er ohne weite-res einverstanden, daß man auf etwa sechs reduziere, damit die Musik dünn wird.

2. Das Singen
Brecht weist auf das Vorbild Karl Valentins hin, der immer *„eine niedrige Gattung von Kunst gab"*. Er brachte immer nur eigene Sachen, und die brachte er bösartig und verdrossen und ganz dünn. Er spielte immer jemanden, der nur für Geld spielt, mit einem Minimum an Aufwand, so daß er eben gerade den Vertrag erfüllt. Aber dazu hatte er plötzlich kleine Amüsements, nicht etwa für das Publikum, sondern nur für sich, wenn er beispielsweise ein Lied sang und den Inhalt dieses Liedes dabei parodierte und jedenfalls irgendwie kritisierte.
Strehler fragt in diesem Zusammenhang nach der Art des Singens bei Busch, und Brecht ist der Ansicht, daß Busch manchmal – zum Beispiel beim *„Salomon-Song"* – zuviel Kraft verwendet. Bei der Weigel ist das besser, weil es dünn bis dürr ist, fast elektrisch. Wichtig beim Singen ist, daß man sich nicht etwa bemüht, die Notenwerte der Partitur einzuhal-ten, man muß im Gegenteil mit den Möglichkeiten scharfer Rhythmik spielen. Aber deshalb soll der Sänger nicht – wie es oft geschieht – in das reine Sprechen abgleiten, sondern sich dem höchstens annähern.
Zur allgemeinen Überraschung betont Strehler die guten Voraus-setzungen, die die Italiener für diese Singweise mitbringen. Italiener haben zwar ein gutes musikalisches Gefühl, sie singen aber nicht „schön", und Strehler vergleicht es mit *„Singen wie beim Rasieren"*.

3. Die Figuren
Brecht: *„Sie sollen lässig und nicht ganz genau sein, aber das muß dann ganz genau sein. Man muß einen Widerspruch produzieren*

zwischen elektrisch und lässig. Da ist etwas, was schon oft gewesen ist, das muß dann auch genügen."

4. Dekorationen
Brecht erläutert aus seiner Erinnerung die Dekorationen der *Dreigroschenoper*, die Caspar Neher gemacht hat für die Uraufführung. Leider existiert aus dieser Zeit nur noch ein einziges schwaches Foto. Im Hintergrund erkennt man die in der Mitte stehende Orgel, die bei den Songs in mehreren Farben aufglüht, rechts und links von der Orgel sind Projektionsflächen, die für sämtliche Projektionen (Zwischentexte, Darstellung des Pferdestalls usw.) verwendet wurden. Wichtig ist die Verwendung von hellem, gleichmäßigem Licht.

Das Gespräch schließt mit Strehlers Hinweis auf die Schwierigkeiten bei der Übersetzung in bezug auf die Zensur: *„Es sollen nur anständige Wörter vorkommen, alles andere wird uns herausgestrichen – oder wir werden zu Änderungen aufgefordert."*
Brecht schlägt vor, die Zensur doch mit hineinzunehmen, *„so daß die schlechten Wörter dann immer sofort korrigiert werden. Das ist sogar großartig. Wir stellen den Versuch dar, anständig zu sein. Leider mißlingt uns das immer."*

Gesprächsprotokoll, notiert von H. J. Bunge, in: Brechts 'Dreigroschenoper', Materialien,
Hrsg.: Werner Hecht, Frankfurt/M. 1985

BERTOLT BRECHT   Berlin, den 27.2.1956

An die Mitglieder des Picoolotheaters
==

Lassen Sie mich noch einmal **für die exzellente Aufführung** meiner
DREIGROSCHENOPER danken, die Sie unter Ihrem grossen Regisseur
gegeben haben. Feuer und Kühle, Lockerheit und Exaktheit zeichnen diese Aufführung vor **vielen aus, die** ich gesehen habe. Sie
verschaffen dem Werk eine echte **Wiedergeburt**.

Vor allem danke ich auch allen **Mitgliedern, die** sich durch ihre
Hilfe beim Programmheft, bei **der kleinen Ausstellung im Foyer**
usw. an dem Zustandekommen **dieses schönen Ereignisses** mit allen
ihren Kräften beteiligt haben.

Es wäre mir eine Freude und **eine Ehre, wenn** Euer Theater die
DREIGROSCHENOPER auch in Berlin im **Theater des Berliner Ensembles**
am Schiffbauerdamm zeigen würde, das die Uraufführung gesehen
hat.

(Bertolt Brecht)

BERLINER ENSEMBLE AM SCHIFFBAUERDAMM BERLIN NW7 AM SCHIFFBAUERDAMM 4A RUF: 425871

DIE ARBEIT MIT BRECHT HAT GERADE ERST BEGONNEN: „DIALEKTISCHES DENKEN"

Mehr als dreiundzwanzig Jahre sind nun vergangen seit dem Tag, an dem mich in der Dunkelheit unseres Probenraums in der via Rovello bei einer der unzähligen Proben zu *Diener zweier Herren* Helene Weigels Telegramm mit der Nachricht vom Tod Bertolt Brechts erreichte. Fünf Worte: *„Bert Brecht ist gestern gestorben".* Die ganze Probe haben wir daraufhin ihm gewidmet, ohne daß es darüber zuvor irgendeine Absprache zwischen uns gegeben hätte. Schauspieler, Regisseur und Bühnentechniker waren alle zutiefst bewegt und sofort bereit, ihm diese Probe in gemeinsamer Arbeit zu schenken: Ich erinnere mich an diese Probe wirklich in einer Atmosphäre des Zaubers und tiefen Einverständnisses. Unausgesprochen erkannten wir alle dies als einzig mögliche Form, sein Andenken zu ehren: Brecht, begraben von einer Geschichte, die ihn an die Hand nahm und mit ihm weiterging.

Unter den Werken wahrhaftiger Dichtkunst zählt Brechts Werk für mich zu den Versuchen einer substantiellen Revolutionierung auf den verschiedensten Gebieten des Menschlichen. Gleichzeitig ist ihm die einzig wirkliche Revolution des Theaters gelungen. Eine Revolution, die noch andauert, mit uns weiterlebt und sich in der näheren Kenntnis weiterer, bislang unbekannter theoretischer und poetischer Texte nach und nach erfüllt. Brecht wird weiterhin einer der wichtigsten Bezugspunkte für all diejenigen bleiben, die an „aktuellem", auf den heutigen Menschen gerichtetem Theater interessiert sind und so auf ihre Weise an der Veränderung der Welt festhalten.

Darüber hinaus gibt es natürlich andere (die Mehrzahl), die Brecht als Autor einer anormalen, überholten zeitgenössischen Dramaturgie ablehnen. Ihr Ausweichen begründen sie dann mit billigen, durchaus bequemen Argumenten wie: *„Brecht, der Formalist",* *„Brecht, das Museumsstück"* oder *„Brecht, der von der Geschichte längst überholte, politisch irrelevant gewordene und nurmehr als historisches Factotum einsetzbare..."*

Meiner Ansicht nach werden damit ganz präzise kulturelle und ideologische Grenzen zur Diskussion gestellt. Es entstehen politisch gefährliche Mystifikationen, die Brecht als erster zurückgewiesen hätte, da er mir von jeher als der Anti-Dogmatiker schlechthin erschien. Gerade er verstand die kulturelle Zukunft stets als gemeinsamen und offenen Diskurs: dialektisch, wandelbar und im besten Falle kontrastreich.

Während unserer letzten Zusammentreffen stieß mich Brecht mehrmals darauf, daß sich die Geister der Zuschauer an gutem Theater eher scheiden als vereinen sollten. Brecht lebte seine Zeit in vollkommenem Einklang mit dem Konzept des „dialektischen Theaters", welches unter seiner Führung die zu Beginn noch primitiven Formen des epischen Theaters langsam weiterentwickelte.

Nur wenige sind sich heute bewußt, daß es Brecht selbst war, der aus dem Engpaß des epischen Theaters herausführte und dabei komplexere, weiterführende Theaterformen eröffnete. Davon abgesehen: Stand nicht sein gesamtes Werk unter dem Zeichen des einfachen und gleichzeitig so schwierigen Begriffs des „Studierens"?

In diesen Tagen, da Mailand die Gelegenheit hat, das Berliner Ensemble bei sich zu begrüßen und da Milva und ich unseren Brecht-Rezitationsabend *(Io, B.B., No. 3)* mit einigen, nicht gerade unbedeutenden Variationen wieder aufnehmen, blicke ich mit gewisser Erschütterung auf die Theaterentwicklung „nach" Brecht in den letzten zwanzig Jahren, die er als Theatermann so ungemein markierte. Ich bin entsetzt über die nicht zu übersehende Unfähigkeit des zeitgenössischen, einschließlich des italienischen Theaters, Brecht weder theoretisch noch praktisch angemessen begegnen zu können.

Gleiches gilt für die Erweiterungen der Schauspielmethoden, was der immer noch weitverbreiteten Stanislawski-Methode in ihren gegenwärtig extremen Auswüchsen, die sich in grauenvoller Weise am deutschen Theater manifestieren, sehr zugute kommen würde – ein Theater, welches sich einerseits blutigstem Hypernaturalismus, sozusagen der „Entweihung" des Theaters, verschrieben hat, andererseits aber als Theater der reinen Gestik, des Geschreis, des Absurden, des Irrationalen und tausend anderer Geschichten – angebliche Charakteristika der sogenannte Avantgarde – verstanden werden will.

B. Brecht und P. Grassi vor der Premiere der 'Dreigroschenoper', an die Zuschauer gewandt, Piccolo Teatro, Mailand, 1956

Das Theater Bertolt Brechts – und ich denke dabei an seine Theorie ebenso wie an seine theatralische Praxis – läßt sich meinem Verständnis nach nicht realisieren, wenn man seine politischen Implikationen außer acht läßt und sie nicht als fundamentalen Bestandteil seiner Geschichtsbetrachtung als fortlaufendes Kontinuum, das heißt also, nicht als fest verankerte Formel, sondern als kontinuierliche Entdeckung der Wirklichkeit begreift. Die Negation des dialektischen Konzepts dieses Theatermannes bedeutet seine Zerstörung.

In den vergangenen Jahren gab es nur wenige Inszenierungen, denen es gelungen ist, Brechts Begriff der Dialektik auf dem Theater wirklich umzusetzen. In einigen meiner Inszenierungen gab es Momente, wo jene „neue Konzeption" von Theater ganz präsent war, was mich immer wirkliche Anstrengung gekostet hat und auch weiterhin kosten wird. Aber natürlich blieb auch bei mir viel Ungelöstes, besonders hinsichtlich stilistischer Probleme.

Ich muß, was mich betrifft, gestehen, daß mir noch eine Menge zu tun bleibt mit B. B., gerade so, wie B. Dort es in seinem Buch *„Lecture de Brecht"* formuliert hat: *„Das letzte Wort hat Brecht nicht geschrieben."*

Ich spüre dabei sehr genau, daß es mir vor allem noch an Erfahrung mangelt, mich den Anforderungen einer neuen Dramaturgie des Realen, was nicht heißt Naturalistischen, zu stellen. Es heißt also: Weiterarbeiten – wobei der Vorwurf, mich bisher eher zu wenig als zu viel um Brecht gekümmert zu haben, vorerst zu Recht bestehen bleiben muß.

Häufig haben mich die aggressiven Sticheleien, die Ignoranz und der mangelnde politische wie kulturelle Weitblick derer, die diese meine Arbeit hätten unterstützen können statt sie zu boykottieren, in schwere Krisen gestürzt. Den Vorwurf der selbstgefälligen Aggressivität müssen sich hier vor allem Intellektuelle der militanten Linken sowie des insgesamt linksstehenden Kulturbetriebs gefallen lassen. Darunter befinden sich Politiker ebenso wie Schriftsteller und Kritiker. Es würde genügen, sich nur einmal unter den Einführungstexten zu Werken von Brecht oder den zahlreichen Abhandlungen über ihn umzusehen, vielleicht auch einmal die eine oder andere Rezension in linken Kulturzeitschriften durchzublättern, um zu verstehen, wovon ich spreche.

Ganz zu schweigen von der intellektuellen Rechten, deren Urteil jedoch einer gewissen Vorhersehbarkeit beziehungsweise historischen „Richtigkeit" unterliegt.

Die verbissenste und damit unwürdigste Kritik kam jedoch bisher aus dem Lager jener Intellektuellen, die sich dem „radical-chic" oder einer sozial-liberalen, snobistischen Intelligentia zuordnen lassen.

Die Kritik hat aber auch ihre Sonnenseiten, wobei ich mich insbesondere und gerne an den Kommunisten Arturo Lazzari erinnere.

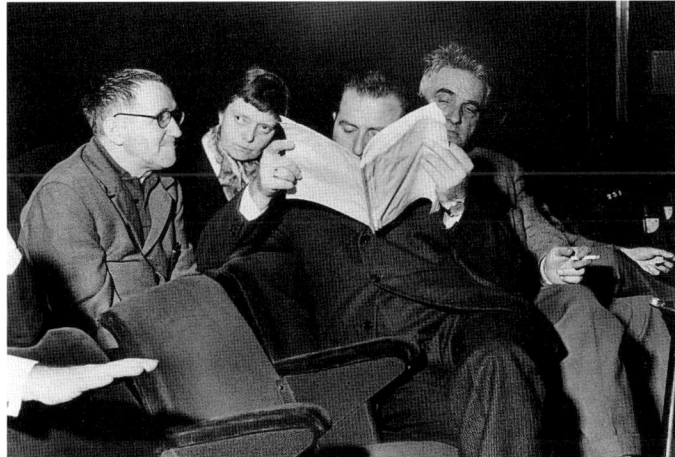

B. Brecht, N. Vinchi-Grassi, P. Grassi und E. Gaipa bei Proben der 'Dreigroschenoper'

Seine gesamte exegetische sowie kritische Auseinandersetzung mit dem Phänomen Brecht ist von der großen Tiefe und Wahrhaftigkeit seiner Ideen sowie der Unmißverständlichkeit seiner Schlußfolgerungen gekennzeichnet.

Was ich aber in gewisser Weise immer noch in Italien vermisse, sind wirklich ernsthafte und gut systematisierte Einführungsstudien in das episch-dialektische Werk Brechts. Möglicherweise existieren überhaupt nur zwei annähernd erschöpfende Bücher zum „Thema" Brecht: das des Italieners Chiarini und das des Franzosen Dort. Doch nur die wenigsten Schauspieler kennen diese Studien, nur die wenigsten verfügen daher über eine Grundtechnik. Die meisten verlieren sich deswegen häufig irgendwo zwischen falschverstandener sentimentaler Abkoppelung und leicht unterkühlten Identifikationsversuchen. Die Technik der „Verfremdung", des sogenannten V-Effekts, scheint hier in Italien immer noch so gut wie unbekannt zu sein. Noch viel weniger verstanden wird sie aber in ihrer ursprünglichen Funktion, nämlich als ebenso soziale wie ästhetische Kategorie.

All das deutet jetzt, zu Beginn der achtziger Jahre, auf ein großes Maß an Verwirrung und Ignoranz oder – was noch schlimmer ist – Unredlichkeit und überflüssigen Widerstand gegen gewisse Formen der Geschichtsauffassung. In dieser Phalanx tauber und einstimmiger Ablehnung sind Sozialisten, Reaktionäre, Idealisten und der eine oder andere Kommunist gleichermaßen vertreten. Wahrhaftiger revolutionärer Widerstand gegen Systeme erscheint dagegen stets unbequem und auf die alltägliche Praxis nur schwer übertragbar.

Denkt man Brecht über das vielseits verwendete und genausooft propagandistisch falsch verstandene Grundschema des episch-dialektischen Theaters hinaus weiter, so kommt man zu der Frage nach neuen Interpretationsmöglichkeiten. Brecht außerhalb seiner bekannten „Modelle", Brecht einmal nicht als Brecht – was aber dann?

Brecht selbst hat die Legitimität anderer Sichtweisen und Interpretationen seiner Stücke niemals in Frage gestellt, solange sie sich auf der Basis einer Grundübereinstimmung von Geschichts-, Politik- und Kulturbetrachtung bewegten. Seine „Modelle" schienen für diejenigen gemacht, denen es an Genialität oder Möglichkeiten zum intensiven Studium seiner Texte oder schlichtweg praktischer Probenarbeit mangelte. Hier konnten die Modelle zumindest zu einer korrekten Lesart oder szenischen Interpretation beitragen. Die anderen – so Brecht zu uns – sollten sich seiner ruhig bedienen, sich das, was sie gerade brauchen können, nehmen – er selbst bezeichnete sich übrigens immer als den größten Dieb.

Allerdings haben auch viel zu viele Zwerge, die unter zwanghaftem Größenwahn litten, es nicht unterlassen können, das Ihre zu Brecht hinzuzufügen, wo es vielmehr angebracht, ja fast eine Pflicht gewesen wäre, ganz bescheiden nur vom „Größeren" zu lernen. Andere wiederum haben mit den Brechtschen Modellen gar nichts anfangen können. Ihnen galten sie als langweilig und verstaubt – in einer Art politisch-poetischem Schematismus. Die gefährlichsten Interpreten bleiben letztlich aber diejenigen, die aus Brecht *„etwas ganz anderes"* machen wollen. Sie benutzen ihre interpretatorische Freiheit gegen ihn, indem sie zum Beispiel in fast zwanghafter Weise früheste Texte ausgraben, um die hohe Moral des jungen Brecht gegen den „Werteverlust" des älteren zu stellen. Beklagt wird dann der Verlust des anarchischen und daher politisch gewissermaßen noch unsicheren Brecht. Mißachtet und unterschätzt wird dagegen seine weitaus kreativere und tiefergehende Spätphase. Dies alles erinnert an eine bestimmte Art der Auseinandersetzung mit dem jungen Marx: Auch hier orientierte die Linke ihre Arbeits- und Vorgehensweise nicht unbedingt an der historischen Notwendigkeit ihrer Studien, sondern vielmehr am Reiz „neuer" Themen. Flucht und Ablenkung sind die Folge. Die kulturellen Phänomene sind die gleichen – inhaltlich gleich und auch gleich gefährlich.

In den letzten Jahren wurde eine Menge an Theaterseminaren zur Erkundung des Gestus, des Klangs, der Stille oder der Bedeutung des Schreis auf der Bühne abgehalten. In Gruppen von zwanzig oder mehr Personen galt es, „neue theatralische Dimensionen" zu erforschen. Allein, um die Begründung und Erforschung des dialektischen Theaters – eines Theaters, welches unserem vernunftgesteuerten Zeitalter so angemessen wäre – ging es in all diesen Seminaren nie. Bauerntheater: ja, Straßentheater: natürlich, Theater an der Peripherie: warum nicht? Aber Theater am runden Tisch, dort, wo ernsthafte Arbeit zu Problemen der Dialektik, des Rationalen und zu Fragen der Praxis Brechtschen Theaters hätte stattfinden können, gab es nicht. Diejenigen, die meiner Ansicht nach in der Lage gewesen wären, ein solches Unterfangen anzugehen, schienen von einem offen geführten und anhaltenden, im wahrsten

Sinne des Wortes Kultur-„Terrorismus" wie degoutiert oder eingeschüchtert.

Die achtundsechziger Generation war es, die am stärksten mit den Thesen einer bestimmten linken Intelligentia liebäugelte. Die damalige Verherrlichung des Irrationalen, des *„Alle Macht der Phantasie"*, hat meiner Meinung nach mit am meisten zur Unkenntnis beziehungsweise zur Verkennung Brechts beigetragen. So kommt es, daß das dramatische Werk Brechts, trotz einiger auf italienischen Bühnen realisierter und teilweise durchaus gelungener Inszenierungen, heute noch fast vollkommen neu zu entdecken ist.

Erst dann sollte man den Versuch wagen, gewisse Bahnen Brechtscher Dramaturgie zu überspringen. Wenn man mich heute fragte, was die Zukunft des Brechtschen Theaters ist, müßte ich antworten, daß sie für mich im immer noch unbewältigten Studium seiner Inhalte liegt. Würde dieser Ratschlag eines Tages aufgegriffen, könnte die gegenwärtige Theaterszene davon nur mit Verjüngung profitieren.

Brecht in unserer heutigen, sich in unüberschaubarer Geschwindigkeit entwickelnden Gesellschaft zu studieren, kann durchaus produktive Überraschungen bringen. Die großen Themen und Fragestellungen, denen wir heute begegnen, sind ohne dialektisches Denken nicht mehr zu bewältigen. Aber dieses Denken kann sich nicht mehr nur auf Kunst und Dichtung als eine in sich geschlossene Welt beziehen. Darüber steht der Mensch, dessen Leben es zu verbessern gilt. Sich der Dichtung und den Schönen Künsten zu verschreiben, bedeutet nicht, sich vom Kampf gegen die Ungerechtigkeit auszunehmen.

B. Brecht mit P. Grassi und N. Vinchi-Grassi

Giorgio Strehler in: Rivista del Piccolo Teatro, Nr. 1, Mailand, Oktober 1979, und im Programmheft zur Inszenierung von 'Io, B.B., No. 3`

„WIE DIE TROJANER, SO AUCH WIR...":
'DER GUTE MENSCH VON SEZUAN'

Der gute Mensch von Sezuan, von mir erstmals 1957 am Piccolo Teatro in Mailand inszeniert, dann in deutscher Sprache, vollständig überarbeitet, in Hamburg am Schauspielhaus 1977 und schließlich in einer italienischsprachigen Version 1981: ein nationaler wie europäischer Lebenslauf für ein Stück, das sein Publikum immer wieder zutiefst zu berühren und nachdenklich zu stimmen vermochte.

„Wie die Trojaner, so auch wir...", lautet der Schlußvers eines Gedichts, das ich zu Beginn der Probenarbeit, 1981, zu *Der gute Mensch von Sezuan* vorlas. Fünfundzwanzig Jahre liegen zwischen dieser und der ersten Inszenierung an unserem Theater, eine ganze Generation also. Die Zeilen dieses Gedichts lesen sich wie Zeichen unserer Verzweiflung, und dennoch verbirgt sich dahinter Vertrauen und Hoffnung auf ein anderes Theater in einer anderen Welt. Vertrauen in die Kraft einfacher Gesten des Menschen, der versucht, Dinge, die er liebt und an die er glaubt, in seiner Arbeit zu verteidigen. Vertrauen in die Bemühungen anderer – ganz abgesehen von unseren eigenen –, die zahlreichen, auf den ersten Blick unzusammenhängenden Wege, die nach Troja führen, nicht von den Angriffen der Auflösung, den immer perverseren und okkulteren Mitteln der Lebens-Zerstörer versperren zu lassen. Vertrauen in die fundamentalen Werte menschlicher Existenz. Ihnen allein ist es vorbehalten, die Barbarei, die uns umgibt, zu bekämpfen.

Weder aus Überheblichkeit noch aus kleinlicher Starrköpfigkeit, noch Sehnsucht nach Kohärenz haben wir dieses Brechtsche Werk – 1939 an der Schwelle zu einer anderen Unmenschlichkeit geschrieben – wiederaufgenommen. Barbarisches Tun – so unterschiedlich und doch immer gleich. Die Monster der Geschichte ähneln sich, und der Geist von Guernica zeigt sich allzeit bereit, wieder Unschuldige zu verschlingen.

Eher aus der Erkenntnis, daß die Notwendigkeit und tragische Aktualität dieser „dramatischen Parabel" bis heute besteht. Abgesehen davon, ist sie von mitreißender formaler Neuartigkeit, die zu der Zeit, als sie geschrieben wurde, noch gar nicht erkennbar war. [...]

Eine Welt wie die unsere lebt, wie mir scheint, ohne jedes Maß für das „Gute", welches sich nach Ansicht Brechts vor allem in Dingen des alltäglichen Lebens (im Singen eines Liedes, einem Ausflug oder im Pflanzen eines Baumes) offenbart. Heute sind wir fast unfähig geworden, das wenige uns verbliebene Gute als Normalität und nicht als Ausnahme zu leben.

Das Problem des „Bösen" ist nurmehr ein Beweis des Schrecklichen; mittlerweile eine ganz gewöhnliche Haltung, in der wir die Gewalt, die sich zu jedem Zeitpunkt unseres Tagesablaufs zu erkennen gibt, mit kühler Akzeptanz disponieren. So, als gehörte sie bereits zu unserem „Amüsement", flimmert sie als unaufhörliches Massaker auf unseren nächtlichen Bildschirmen.

Ein Werk wie *Der gute Mensch von Sezuan* beleuchtet, unter dem Blickwinkel des Kunstwerks, gerade jene fürchterliche Schizophrenie, die sich unserer seit langem bemächtigt hat. Die Schizophrenie des Shen Te, der guten Seele, und des Shui Ta, des bösen Menschen, ist unsere eigene Zwiespältigkeit, die uns im untrüglichen Licht des Theaters vor Augen geführt wird. Sie ist der Spiegel unseres Lebens, den man uns vorhält, damit wir uns darin erkennen.

Diese Schizophrenie hat allerdings nichts mit den großen „Doppelrollen" der Literatur, wie zum Beispiel Stevensons *Dr. Jekyll und Mr. Hyde,* zu tun; sie zielt nicht allein auf das dunkle Unbewußte in uns, das sein Echo in dieser Brechtschen Parabel findet. Im großen und ganzen geht es nicht um ein „Bewußtseinsproblem", sondern vielmehr um die Grundlagen „sozialer Schizophrenie". Es ist das Paradigma eines spiralförmigen Ablösungs- bzw. Dissoziationsprozesses, in dem sich keine „Er-Lösung" anzubieten scheint. Gerade in diesen Tagen denke ich häufig an die intuitiven Voraussagen Fornaris über den „Wahnsinn unseres atomaren Zeitalters". Die atomare Bedrohung katapultiert uns an die Grenzen existentieller Möglichkeit – sicher scheint dabei allein der gemeinsame Tod mit dem „anderen", dem Bösen, den Shui Tas in uns. Hier zeigt sich die Unmöglichkeit, die Shui Tas in uns zu zerstören; vielmehr sind wir gezwungen, sie als ein Teil von uns zu akzeptieren. Töten wir sie, sterben wir schicksalsergeben mit ihnen. Immer noch sind wir nicht mündig genug, um uns endgültig vom tröstenden Zauber unserer Kindheit zu lösen und unsere ganze Realität als Mensch, wie sie sich uns offenbart, anzunehmen. Um möglicherweise irgendwann einmal als gereifte, sozial verantwortlich handelnde Personen zu bestehen, werden wir noch manche Depression im Irrgarten der Welt durchlaufen müssen.

Eine Welt – weiträumig, umgeben von Schlamm, Untiefen und Zurückweisungen. Eine Welt, in der Sonnen und Monde auf- und untergehen, eine Welt mit so wenig Liebe und so viel hilflosem Fragen und Schreien nach dem Beistand der Götter, nach der Geschichte, nach Ideologien, um ein wenig von der „großen Angst", die uns besetzt und hemmt, zu verdrängen.

Diese Angst, die in uns lebt, kann nur in und zwischen uns wieder besiegt werden. Sie ist allein unsere Angelegenheit, gehört zu uns als den „Vergänglichen dieses Planeten, dieses allerletzten Refu-

A. Jonasson (Shen Te) in 'Der gute Mensch von Sezuan', Piccolo Teatro, Mailand, 1981

giums". „Der gute Mensch" kann nicht gut sein. Der Text verweist dazu in seiner Folge direkt auf das Publikum, welches in seiner Einheit als Symbol für die Welt steht, die wir bei unserem Tun um Hilfe baten.

Nicht weniger als die Vermittlung von Werten wiegen in diesem Stück – das ohne Frage zu den ganz großen zeitgenössischen dramatischen Werken gehört – formale Aspekte, wie zum Beispiel die außerordentliche dramaturgische Leichtigkeit, metaphorische Weite und gleichzeitige Zurückgenommenheit. Hinzu kommt die Eleganz der Sprache, die nicht einmal in der Übersetzung geschmälert werden kann.

Der gute Mensch von Sezuan ist das Lehrstück des epischen Theaters, ohne dabei nur als „didaktische Tatsache" zu bestehen. Unter poetischen Aspekten wurde damit eine neue Art der Theaterarbeit begründet. Es geht dabei um Lehren und Verstehen, nicht aber um „Belehrung", wie es der ewig besserwissende Anti-Brechtianer propagiert. Da geht es um Sichtbarmachung, Demonstration von etwas, das allerdings nicht pädagogisch werden sollte (siehe die berühmte Straßenszene: ein weiterer Fetisch der Anti-Brechtianer). Theater des Absurden, Theater des gestischen Handelns, in dem die einzelne Geste jedoch nicht willkürlich, das heißt rein subjektiv, sondern von einer ganz bestimmten sozialen Absicht gesteuert wird. Dies geschieht nie in Anlehnung beziehungsweise Ablehnung eines einzelnen, sondern eines sozial und historisch determinierten Charaktertypus. Ort, szenische Gegebenheiten und Personen können innerhalb des dramatischen mimischen Spiels erfunden werden. Auch viel „Clownerie", eine der vielfältigen Ausdrucksformen heutiger dramatischer Möglichkeiten, ist im Text angelegt. Musik und

Lieder, in die Erzählung integriert, gleichzeitig aber auch als Momente der Besinnung und damit der kritischen Reflexion. Der Text enthält tatsächlich stilistische Flügelschläge, die uns zum Teil an die Schwellen Beckettscher Dichtung führen.

Wird diese Inszenierung jetzt weiterreichende Auseinandersetzungen als bisher über die Bedeutung dieses Brecht-Stücks nach sich ziehen? Möglicherweise vielleicht einen Diskurs anregen, der sich nicht auf infantile Argumente stützt, sondern der in dialektischer Weise Probleme unserer Gegenwart in den Mittelpunkt stellt? Oder sollte diese Aufführung, abgesehen von der Nähe und Einfühlung, die wir zu diesem Werk entwickelt haben, und der emotionalen Bewegtheit, mit der wir seine „Botschaft" vertreten (ich scheue mich nicht, dieses für die vielen Jüngelchen und Anhänger einer „reinen" Ästhetik schmutzig gewordene Wort zu gebrauchen; ihre Ästhetik ist für mich die Ästhetik der Frigidität), auch nur ein weiteres Bruchstück in der immer unüberschaubareren und bruchstückhafteren Theaterlandschaft sein?

Giorgio Strehler in: Rivista del Piccolo Teatro, Nr. 5, April/Mai 1981, und im Programmheft zur Inszenierung von 'Der gute Mensch von Sezuan', Mailand, 1982

A. Jonasson (Shen Te) mit den 3 Göttern in 'Der gute Mensch von Sezuan'

A. Jonasson (Shui Ta) mit Shen Te (Double) in 'Der gute Mensch von Sezuan'

TSCHECHOW

*„Wenn du das Leben begreifen willst,
glaube nicht, was man sagt und was man schreibt,
sondern beobachte selber und denke nach!"*

ANTON TSCHECHOW

TSCHECHOW IN DREI CHINESISCHEN SCHACHTELN

Ich muß nicht betonen, wie groß die Ehre für mich ist, diesen Kongreß eröffnen zu dürfen, zu dem die bedeutendsten Persönlichkeiten der europäischen und außereuropäischen Kultur im Namen eines der Größten der Literatur und des Theaters aller Zeiten zusammengekommen sind. Ich begrüße Euch alle aufs herzlichste und wärmste. Ihr seid von überall angereist, um – jeder auf seinem Gebiet – einen Gesichtspunkt der zur Diskussion stehenden Themen für sich auszuwählen und die Persönlichkeit dieses Anton Pawlowitsch Tschechow in ihrer Vielschichtigkeit und in ihrem – so fundamentalen – Geschichts- und Gesellschaftsbezug ihrer Zeit zu beleuchten sowie in Beziehung zu unserer heutigen Zeit zu setzen.

Wenn ich das Kongreß-Programm überfliege, bin ich wirklich beeindruckt von der Vielfalt der Themen: Vom Erzähler Tschechow über den Arzt bis zum Theatermenschen ist nichts außer acht gelassen worden. Jeder Baustein, jeder einzelne Juwel, jede Erinnerung, die hier zum Mosaik der Tschechowschen Persönlichkeit beigesteuert werden wird, ist Teil eines großen Ganzen, des ganzen Tschechow, ich will sagen: des ganzen menschlichen. Denn vom Menschen Tschechow muß man ausgehen und auch wieder am Schluß dieser gemeinsamen Tage zum MenschenTschechow zurückkehren.

Nun, zu Beginn werde ich meinen Beitrag zu Tschechow als Theatermann und als Mensch vortragen.

„Vor einer linken und grauen Menge von Impotenten ist ein Mensch vorübergezogen, ein großer Mensch, der viel verstanden hat und dem nichts gleichgültig blieb. Mit einem traurigen Lächeln sagte er den Bewohnern seines Landes, mit zarter Stimme, aber mit dem Anklang eines tiefen Vorwurfs: Ihr lebt schlecht, Leute...!" – Das waren in etwa die Gedenkworte Maxim Gorkis, die, wie mir scheint, den Dichter und Menschen Tschechow erfassen können.

Für einen Menschen des Theaters stellen sich gegenüber jedem beliebigen Dichter von gestern – und auch von heute – immer die gleichen zwei Grundfragen: warum? und wie? – Warum ihn spielen? Wie ihn spielen?

Als ich in den dreißiger und vierziger Jahren Tschechow gegenüber den „Päpsten" der Theater-Finanziers und -Administratoren von damals erwähnte, kam es immer wieder geschlossen im Chor: *„Der bringt keine einzige Lira!"*

Nicht genug damit! Stanislawski scheut sich in seinem Buch *„Mein Leben in der Kunst"* nicht zu sagen: *„Tschechows Werke zeigen ihre poetische Bedeutsamkeit nicht auf Anhieb. Man liest sie und denkt: Ganz gut, aber nichts Besonderes, nichts Umwerfendes. Ordentlich gemacht, lebensnah, aber bekannt, nichts Neues."*

Die erste Annäherung an Tschechow ist meist tatsächlich enttäuschend. Die Handlung, das Thema? – Kann man in zwei Worten deuten. Die Rollen? – Gut, aber nicht „vorteilhaft", kleine Rollen „ohne Verbindungsfaden", wie „aufgetrennt", wenn du in ihnen nicht eine innere Verbindung suchst, die dich von der Erinnerung einer einzigen Passage zu anderen trägt, und du dich damit schließlich plötzlich unversehens mitten im Inneren des Werkes wiederfindest. So bemerkst du, daß Tschechow, trotz seiner scheinbaren „Banalität", immer wie durch ein geistiges Leitmotiv spricht, das nichts Zufälliges, zunächst nichts Besonders an sich zu haben scheint, aber vom „Menschen an und für sich" spricht.

Innerhalb meiner Laufbahn als Regisseur besteht meine Begegnung mit Tschechow aus vier Momenten, die ich alle als grundlegend betrachte: Die erste Gelegenheit ergab sich 1948/49 mit der *Möwe*. Die zweite 1955/56 mit meinem ersten *Kirschgarten* in einer der für mich dichtesten Theaterspielzeiten: In wenigen Monaten inszenierte ich die *Trilogie der Sommerfrische* von Goldoni, *Bernada Albas Haus* von Lorca und, nicht zu vergessen, jenes *Dal tuo al mio* von Giovanni Verga, das sich gut in den Diskurs einer Analyse des europäischen Bürgertums und der europäischen Bürgerlichkeit einfügte. Neben diesen Stücken, wie gesagt, mein erster *Kirschgarten*. Von Italien am Vorabend der französischen Revolution zum feudalen Spanien, von einem anderen Italien auf dem Weg zu einer anderen, möglichen „Revolution", in der die Keime des Sozialismus gegen die Entstellungen kämpften, die die Gesellschaft Umbertos I. gebracht hatten, und vom sizilianischen Großgrundbesitz im besonderen zum Tschechowschen Rußland. Ein wichtiges Moment dessen also, was gestern, heute und immer meine Analyse der europäischen Gesellschaft ausmacht.

Meine dritte Tschechow-Begegnung fiel in die Saison 1960/61 mit der Inszenierung des *Platonow* – eine Zeit, als meine Gesellschaftsanalyse durch die Erfahrung von Brechts dialektischem Theater bekräftigt wurde. Und schließlich meine Wiederbegegnung mit dem *Kirschgarten* 1974.

Ich muß gestehen, daß ich heute im Rückblick eigentlich keine angemessenere Antwort auf die Frage „warum Tschechow?" finde, als die, die mir am Vorabend der *Möwe*-Premiere gekommen ist, als ich folgendes formulierte: *„Wir wollen hier keine einleitenden noch kritischen Worte zu Tschechow vorwegschicken. Dafür wird unsere Arbeit nun, Abend für Abend, zwischen dem Öffnen und Schließen des Vorhangs ausreichend sprechen. Von unvermeidlichen Fehlern und Irrtümern einmal abgesehen, steht diese Arbeit für ein präzises Diagramm unserer Gedanken und unserer Emotionen gegenüber Tschechow. Wir möchten an dieser Stelle vor allem an das erinnern, was die Knipper-Tschechowa sagte: 'Um Tschechow darzustellen, muß man die menschliche Kreatur so lieben, wie Tschechow sie geliebt hat – mit all ihren Schwächen und Fehlern.' Mir scheint, daß wir uns genau das schon vor der Bühnendarstellung zur Aufgabe gemacht haben – dieses Mensch-Sein, diese Menschenliebe, dieses Mitleid mit uns und all denen um uns herum, die dieses schwierige Spiel des Lebens vollbringen müssen – und gerade das immer wieder vergessen, wenn wir von den Abenteuern dieses unseres krampfhaften Lebens zu sehr in Anspruch genommen sind."*

Danach haben wir einen Satz Tschechows zitiert: *„Weder Naturalismus noch Realismus. Man muß sich nicht in diesem oder jenem Rahmen verschließen, das Leben und die Menschen müssen die sein, die sie in Wirklichkeit sind, ohne irgendwelche Kunstgriffe".*

„In diesem Sinne haben wir die 'Möwe' geliebt. Jede der Figuren kam uns plötzlich wie schon längst vertraut vor. Wir haben eigene Erinnerungen in ihnen zum Leben erweckt: die märchenhaften Zeiten der Kindheit etwa oder die erregte Zeit unserer Jugend – und das in einer Welt voller Furcht angesichts der Vergänglichkeit, angesichts der Unmöglichkeit des Ausbruchs aus der Zeit, angesichts der vielen Widersprüche, die unsere Herzen und unsere innere Ruhe erschüt-tern: die Trennungen, die Abschiede, die Feigheiten, die kleinen und großen Miseren, dies alles haben wir in einer Art Resonanz eines leisen Gesangs lebendig werden lassen, der wunderbar die Möglichkeit bot, die Anekdote als solche zu überwinden und Menschen und Ereignissen eine fast kosmische Bedeutung zu verleihen."

Aber wie entwickelt sich das, was ich da 1948 bereits versucht habe, intuitiv zu erfassen und zu vergegenständlichen? Das heißt: Sobald einmal das „Warum Tschechow" beantwortet ist, kommt die Frage, „wie" es dem Publikum darbieten?

Hier entwickle ich immer gerne meine Theorie der drei Tschechowschen Schachteln: chinesische Schachteln, eine in der anderen, in engem Kontakt, die letzte enthält die vorletzte und die vorletzte die erste. Die erste – die, die Stanislawski die des *„Zufälligen"* nennt – ist für mich die des „Wahren", des „möglichen Wahren", das Höchstmaß des Wahren im Theater, mit anderen Worten: die Erzählung, die Handlung, die Fabel. Interessant, voll von Einfällen, Atmosphären, sich verändernden Charakteren, letztendlich „unterhaltsam". Ein anregendes menschliches Abenteuer, in dem das Interesse darauf gerichtet ist, wie die Personen leben, wo und warum. Eine nicht naturalistische, sondern „realistische" Interpretations-Vision, vergleichbar einer ausgezeichneten „Rekonstruktion", wie man sie in einem atmosphärischen Film erreichen könnte.

Die zweite Schachtel ist die der Geschichte. Hier ist das Abenteuer vollkommen zweitrangig – wie unsichtbar in der ersten Schachtel unterlegt –, hier ist der geschichtliche Kontext Zweck der Erzählung. Hier interessiert die soziale Klassen-Bewegung in ihrer Dialektik, die Mutation der Charaktere und der Dinge als Besitzwechsel. Die Figuren werden Teil der sich verändernden Geschichte: Sie sind die besitzende Bourgeoisie, die an Apathie und Wirklichkeitsfremdheit stirbt. Aber auch die neue kapitalistische Klasse im Aufstieg, die sich Macht aneignet, die Ankündigung einer neuen, ganz jungen, noch nicht absehbaren Revolution – Zimmer, Gegenstände, Kleider, Gesten sind wie „entfremdet" in diesem Diskurs und in dieser Perspektive der Geschichte.

Die dritte Schachtel schließlich ist die Schachtel des Lebens. Die große Schachtel des menschlichen Abenteuers, des Menschen an und für sich, der geboren wird, wächst, lebt, liebt, nicht liebt, gewinnt, verliert, versteht, nicht versteht, vergeht und stirbt. Eine „ewige Parabel" (soweit Ewigkeit im kurzen Lebenslauf eines Menschen sich darstellen kann). Hier sind die Personen zwar noch im Rahmen der Wirklichkeit einer Erzählung, noch in der Realität einer „politischen" Geschichte gesehen, werden aber schließlich in einer fast metaphysischen Dimension gleichsam zur Parabel des menschlichen Schicksals. Hier sind die Alten, die Mittleren, die Jungen und die ganz Jungen, die Diener, die Herren, die Seele, das Lächerliche und so weiter – eine Art Paradigma der menschlichen Lebensalter und der Menschen überhaupt. Das Leben wird zu einer großen poe-

'Der Kirschgarten', 2. Akt; im Vordergrund: V. Cortese (Ljubow Andrejewna), Piccolo Teatro, Mailand, 1974

tischen Paraphrase, in der aber auch die Erzählung und die geschichtliche Dimension (der beiden anderen Schachteln) enthalten sind. Das Menschen-Abenteuer, sofern er Mensch ist, das heißt: vergängliches Fleisch.

Jede Schachtel hat ihre eigene Physiognomie und ihre eigene Gefahr. Die erste birgt das Risiko der pedantischen Kleinmalerei, des „Geschmacks" und der „durchs Schlüsselloch geschauten" Erzählung. [...]
Die zweite birgt die Gefahr, die Figuren auf ihre historische Emblematik zu reduzieren, das heißt, sie in einer historischen Thematik (Marx' Kritik an Schickingen, Lassalle usw.) quasi einzufrieren. Das bedeutet aber, den Figuren ihre Menschlichkeit zu nehmen, wenn sie so zum historischen Symbol erhoben werden. Trofimow, der alte

Student, zum Beispiel ist nicht mehr der „alte Student", weil es so ist, sondern weil die Geschichte es so will: ein Student, Repräsentant einer unterdrückten Klasse, vorzeitig gealtert, weil er als Repräsentant einer neuen Welt, die mit Ungewißheiten und Erschütterungen heraufzieht, vielleicht sogar im Gefängnis, gelitten hat. Er ist die Zukunft, in allen ihren objektiven Unwägbarkeiten.
Ähnlich wie Ljubow und Gajew, die als arme Verschwender Symbol einer Gesellschaft im Abstieg sind. Oder Arkadina in der *Möwe*, die in der Metapher des Theaters – das heißt fast der „Theater-Welt" im shakespeareschen Sinne – für die sterbende Vergangenheit steht, die aber Konstantin, und noch mehr Nina nicht zerstören können. Oder der Baron Tusenbach aus den *Drei Schwestern* als eine Art Trofimow, der die Zukunft voraussieht, aber dennoch Opfer der Gegenwart bleibt.

'Der Kirschgarten', 4. Akt, Piccolo Teatro, Mailand, 1974

Die Personen zu isolieren, sie auf Embleme oder Paradigmen zu reduzieren, kann zum Mißverständnis werden, das nicht dialektisch, sondern pädagogisch-lehrhaft wird .

Und die dritte Schachtel? Hier liegt die Gefahr der zu großen Abstraktion, des nur Metaphysischen, gleichsam aus der Zeit Herausgelösten.

Tschechow ist all das gleichzeitig, alles zusammen bewegt sich im Inneren der drei Schachteln. Allerdings können diese drei Ebenen zum Spiel oder zum Studium nur als Skizze dienen – wie das Forschungsobjekt des Insektenforschers, der ein Wesen seziert, nur um diese oder jene seiner Eigenschaften zu studieren.

Das lebende Wesen aber in seiner Ganzheit ist nicht reduzierbar auf diese oder jene seiner einzelnen Eigenschaften. Man muß es in seiner Ganzheit betrachten, um es zu begreifen! Die Dichter wissen das und geben uns ewige und gleichzeitig zeitgebundene Menschen. Sie geben uns die Dialektik der Geschichte (Revolution und Reaktion, alte und neue Welt), das heißt: ein Ganzes, das gleichzeitig aus dem Detail besteht und in seinen individuellen Mikrokosmen die Geschichte des Menschen ist. Sie ist unauflösbares Glied in einem sozialen Kontext und gleichzeitig Abbild des „menschlichen Wesens", dessen, was das Menschenleben voranträgt, vom Anfang bis zum Ende.

Eine „richtige" Aufführung müßte auf der Bühne diese drei Perspektiven in einer vereint und im Austausch miteinander zeigen, einmal mehr die Bewegungen eines Herzens oder einer Hand sehen, ein anderes Mal mehr die Geschichte vor unseren Augen aufblitzen lassen und wieder ein anderes Mal eine Frage an das Geschick dieser unserer Menschheit stellen, das Geborenwerden, Altern und Sterben bedeutet – trotz der Zukunft, die es enthält, einer Zukunft, die niemand von uns jemals bis zum letzten Tag der Menschheit selbst erleben könnte.

An diesem Punkt vielleicht denke ich, eine Antwort für mich selbst und vielleicht auch für euch auf die Fragen nach dem Wie, Wo und Warum Tschechow gefunden zu haben? Es geht um die Menschheitsgeschichte, die sich bei Tschechow (mit einer wirklich realistischen Beständigkeit) beliebige Motive als menschliche Verpflichtung seiner dramatischen Schöpfungen sucht.

Tschechow bietet uns nicht einzig und allein den Weg einer Klasse oder eines Individuums, sondern einen ganzen Kosmos, der (ausgehend von den zweifellos durch die Beispielhaftigkeit gewollten Grenzen) fast leise, fast demütig, fast geringfügig-alltäglich die Gipfel des Universellen, des Metaphysischen und die dialektische Geschichte des menschlichen Lebens berührt. In diesem Sinne ist er heute so lebendig und diskutierbar wie gestern und morgen – mit der legitimen, schicksalsbestimmten Sinnbildlichkeit, die nur die ganz Großen in sich und für andere schaffen und darbieten können.

Giorgio Strehler: Eröffnungsrede zum internationalen Tschechow-Kolloquium, Mailand, 27.11.1984

STRINDBERG

*„Und so entblößt sich die bürgerliche Familie [...] nach und nach
in ihrer kläglichen und kleinlichen Tragödie.
Ist das Gewitter erst einmal vorüber,
scheint alles wieder seine gewohnte Ordnung einzunehmen,
so, als kehrten die Dinge an ihre kurzfristig verlassenen Plätze zurück, dorthin,
wo Einsamkeit und Öde regieren.“*

GIORGIO STREHLER

'WETTERLEUCHTEN'
ODER:
DIE KLÄGLICHE TRAGÖDIE DER BÜRGERLICHEN FAMILIE

Weg von den kosmischen Dimensionen eines Shakespeareschen *Sturms*, hin zu den sulfurnen, perfiden und kleinlichen Ängsten der bürgerlichen Hölle: zu August Strindbergs *Wetterleuchten*. Hier: der Verlust einer Welt in Analogien von Zeit und Raum, dort: ein einsames Haus, bedrohlich angefüllt mit Alltagsgegenständen wie Tischen, Stühlen, Telefonen, einem oder auch mehreren Pianos. Als Horizont: eine Straße, eine Bank, ein einsamer Baum, vor dem sich Menschen traumverloren hin- und herbewegen oder, anders gesagt, von ihren Schicksalen „bewegt werden“. Keiner von ihnen besitzt die Fähigkeit, wirklich zu leben oder das Leben zu beenden, und das vielleicht schon immer – ein Leben lang.

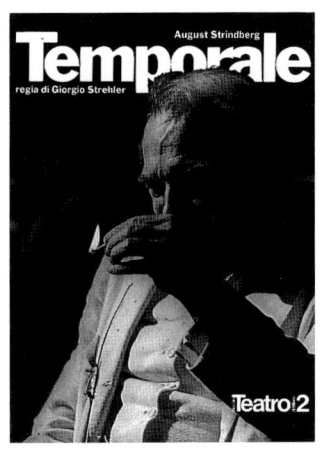

Hier (im *Sturm*): sinnbildliches und rätselhaftes Versinken in ursprünglichen Elementen, in wild schäumenden Wellen und einem Meer, das verschlingt, tötet und doch immerfort „transformiert“. Dort (in *Wetterleuchten*): ängstliches Warten auf ein Gewitter am Ende eines Sommers. Nur von weitem läßt sich bedrohliches Donnern vernehmen, das denen, die sich als Gefangene in ihre kleine private Welt zurückgezogen haben, nichts anhaben kann, denn hier wird es sie weder umbringen noch verändern, reinwaschen oder gar erlösen. Statt dessen verharren sie in ihrer kleinen familiären Verzweiflung, ihrer vollkommenen Unfähigkeit zu gegenseitigem Mitleid.
Weiter sollte man im Vergleich dieser beiden Werke nicht gehen. Naheliegend ist vielleicht noch die Aufdeckung einiger geheimnis-

voller Resonanzen, die sich auf der Tonleiter der Dichtung, über Zeiten und Geschichte hinweg, in bestimmten Symbolen und Metaphern immer wieder manifestieren. Auf diese Weise konkretisieren sich zeitlich wie inhaltlich voneinander entfernte Stimmen, gewinnen so an Substanz und Farbe. Natürlich beruht die Wahl von Strindbergs *Wetterleuchten* nicht allein auf dem Reiz gleicher oder verwandter Klangbilder zum *Sturm*, wenn auch diese eine Rolle spielten.

Auch in einem so vielseitigen Repertoire wie dem des Piccolo Teatro gibt es einige Lücken, die ein theaterbewußter Mensch angesichts der immensen Spielplanmöglichkeiten eigentlich nicht hätte entstehen lassen dürfen. Allerdings wird ein Menschenleben niemals ausreichen, um all die Stücke, die man hätte aufführen müssen oder können, auf der Bühne zu realisiern. Eines dieser absolut aufführungswürdigen Stücke aber ist für mich Strindbergs *Wetterleuchten*. [...]
Gerade seine Kammertheaterstücke sind für mich, in ihrer offenkundigen Intimität, die Angelpunkte seines dramatischen Werks überhaupt. *Wetterleuchten* würde ich als eines seiner feinstofflichsten und dabei zugleich vielschichtigsten Werke bezeichnen, in welchen die immer wiederkehrende, fast obsessive Thematik seines gesamten Werks ihren Höhepunkt findet.
Sicherlich kann Strindbergs theatralisches Konzept im *Wetterleuchten* nicht gänzlich wiedergegeben werden, dennoch konstituiert sich durch die Formvorgabe des „bürgerlichen Schauspiels“ eine Atmosphäre, in der ununterbrochen Grenzen überschritten werden, die damals wie heute zum Betreten von noch unentdecktem Land animieren.

Im Verlauf unserer Arbeit waren wir ständig mit dem Überschreiten der Grenzen der Alltäglichkeit konfrontiert. Figuren, die essen, spazierengehen, sich lieben und hassen und sich dennoch gleichzeitig in einer Dimension bewegen, die über ihre eigene Geschichte, ihr Schicksal oder, einfacher noch, ihre „menschliche Bestimmung" hinausreicht und zu einer Art „universaler Bestimmung" wird.

Unter dem Gesichtspunkt einer „realistischen" Betrachtungsweise kann *Wetterleuchten* als kurzes, blitzartiges Aufleuchten der Geschichte eines älteren Herrn – Ex-Funktionär in Pension –, seines Bruders und seiner ehemaligen Gattin betrachtet werden. Diese kehrt *„aufgrund eines seltsamen Zufalls"* nach Jahren der Abwesenheit, nun mit neuem Ehemann und ihrer Tochter aus erster Ehe, in das ehemals gemeinsame, mittlerweile zu einer Art Spielhölle verkommene Haus zurück. Während sich „das Gewitter" bereits bedrohlich aufleuchtend ankündigt, kreuzen beziehungsweise entzweien sich in schicksalhafter Weise die Wege der beteiligten Figuren, was wiederum eine Abfolge überflüssiger Eitelkeiten in Gang setzt.

Umsonst versucht der ältere Herr, sich nicht zu sehr „vom Leben involvieren zu lassen", denkt der neue Ehemann daran, mit einer anderen Geliebten zu entfliehen, bemüht sich die entlaufene Ehefrau, im Haus wieder Fuß zu fassen. Und der Bruder, der sich im Verlauf des Stückes auch als einstiger Liebhaber der ehemaligen Ehefrau entpuppt („le frère et son double"), versucht, fast zwanghaft, Aktivität vorzutäuschen.

Und so entblößt sich die bürgerliche Familie – hier verstanden als eine Art Kollektivstrafe – nach und nach in ihrer kläglichen und kleinlichen Tragödie. Ist das Gewitter erst einmal vorüber, scheint alles wieder seine gewohnte Ordnung einzunehmen, so, als kehrten die Dinge an ihre kurzfristig verlassenen Plätze zurück, dorthin, wo Einsamkeit und Öde regieren.

Als Gegenstimme zum dramatischen Gesang des älteren Herrn ertönt die des Konditors, der mit seiner Tochter eine Etage tiefer wohnt. Die Flucht des Mädchens, die nur von kurzer Dauer sein wird, erscheint im Nachhinein wie nie geschehen, zugleich aber ganz symbolisch, als ständiger Versuch zur Flucht – womit wir uns inmitten jenes ausführlichen Verzeichnisses der „Nebenhandlungen" befinden: die kurzen, fast unentschlüsselbaren Dialoge zwischen Tochter, Konditor und seiner halbblinden, vielleicht auch noch dazu schwerhörigen Ehefrau. Wie gesagt, die Gegenstimme zu einer Welt voller Blindheit und Taubheit. Auch die Figur der Luise, Ebenbild der Jugend mit einer gewissen pessimistischen Weisheit, verliert darin ihre Konturen: Sie geht, *„um das Licht zu löschen"*. Im flackernden Wechselschein dieses Lichts leuchtet am Ende nur noch schwach die Fassade eines herrschaftlichen Anwesens, die sich im Zwielicht herabsinkender Dunkelheit in ein abstraktes Bild verwandelt. Dahinter verbergen sich die Gespenster der Erinnerungen und der Vergangenheit.

Über dieser Theater-Erzählung liegt das „warme Eis" eines dunstigheißen Sommers, liegen die ärmlichen kleinen Dinge des Lebens: Handschuhe, ein Spazierstock und ein Schachspiel, bei dem Zeit vergehen soll.

Ermüdung stellt sich ein bei all den Majoliken, den kleinen gerahmten Bildchen in jeder Ecke, den von Zeit zu Zeit ertönenden Pendeluhren und den Palmen, die sich in den Fenstern des Hauses spiegeln. All diese Gegenstände werden von Strindberg minutiös aufgeführt, als fühlte er sich bedroht von den „Schrecknissen der Leere". Gleichzeitig gibt uns Strindberg in seinen zahlreichen Anmerkungen zu verstehen, daß sich auf der Bühne *„gar nichts befinden soll"* und daß es ihm weitaus angebrachter erscheint, *Wetterleuchten* vor *„einem Vorhang mit Tisch und Stuhl"* aufzuführen. Das *„schönste Zimmer"*, das er sich für dieses Stück vorstellen könne, sei ein *„leeres Zimmer, ohne Kachelöfen, Türen oder Fenster"*.

Gerade diese Widersprüchlichkeiten sind es, die auf jene verzweifelten Versuche Strindbergs hinweisen, vorgegebene dramaturgische Grenzen zu überschreiten und damit jenen den einzelnen Handlungen innewohnenden Naturalismus zu überwinden.

Alles in dieser „realistischen oder naturalistischen" Welt ist wie von einem ruhigen Pendel getragen, vibrierend in dem noch verbleibenden und bereits schwindenden Leben. *„Von kürzerer Dauer als dein Taschentuch"*, wie Montale zu sagen pflegt.

In *Wetterleuchten* treffen Dimensionen und Bedingungen menschlicher Existenz wie in einem Schmelztiegel aufeinander: Institutionen, Familie, mögliche und unmögliche Liebe, gegenseitiges Verstehen oder Mißverstehen.

Über allem aber schwebt die Unfähigkeit, die eigene „Wirklichkeit" zu akzeptieren. Eine alles verbrennende Poesie, in schmerzend grelles Licht getaucht! Das ewige Spiel von Haß, Liebe und den Abgründen der menschlichen Seele.

Die Zeit-Barometer als Symbole oder Dolche der langsam, unaufhörlich verstreichenden Zeit, inmitten einer mysteriösen, universellen Leere. Alle Personen dabei wie Schachfiguren, Embleme einer Partie, *„bei der es ausreicht, die ersten Züge des anderen zu kennen; der Rest folgt wie von selbst"*.

Die Schatten der Palme verdunkeln komplizenhaft zu nächtlicher Sünde, während die Klaviere wie von selbst zu spielen beginnen und ihr Klang bis zu den Sternen zu reichen scheint, und ein Regenschirm im strömenden Regen zum grotesken Zusammenbruch alles menschlichen Schmerzes wird.

Giorgio Strehler: Notizen anläßlich der Inszenierung von Strindbergs 'Wetterleuchten', Mailand, 1980

132

BECKETT

„Wenn wir von Beckett sprechen, so müssen wir aber hinzufügen,
daß er – und das ist nur scheinbar ein Paradoxon – ein unverbesserlicher Optimist ist,
wie vielleicht jeder Künstler.
Noch in der scheinbar pessimistischsten Form der Kunst ist der Widerstand vom
ursprünglichen Glück da, die Sehnsucht nach der Schönheit des Lebens. [...]
Der echte Pessimist kann nicht mehr schreiben, nicht mehr dichten. [...]
Kunst ist die wirklich aktive Seite des Menschen. Nur das Schweigen ist der Tod.“

GIORGIO STREHLER

ES WAR AN BRECHT, IHN MIR ZU ERKLÄREN
ODER:
BECKETT VIA BRECHT

Auf Beckett stieß ich als Interpret erst im fortgeschrittenen Alter, das heißt in den Jahren größerer Reife. Als Autor, als Theatermann und natürlich als Mensch aber hatte er mich zu diesem Zeitpunkt schon seit längerem begleitet. Heute, nach der Nachricht seines Todes, da nun sein äußerster Lebenskampf zu Ende ist, füllt sich der Raum um mich mit einem Gefühl wachsender Leere.

Aufgrund einer ganzen Reihe von Umständen (einige davon können mit Recht als „beckettsch" bezeichnet werden) verfehlten wir jede Gelegenheit, uns persönlich kennenzulernen. Nur über Briefe, Schriften und gemeinsame Freunde waren wir über längere Zeit in Kontakt.

In der Zeit, als ich für und mit Giulia Lazzarini *Glückliche Tage* am Piccolo inszenierte, konnte ich ihm auf diese Weise Fragen stellen und von ihm so Antworten erhalten. Fragen, die sich auch auf weitere Projekte bezogen, die ich in der Folgezeit zu realisieren gedachte, wie zum Beispiel eine Art „Beckett komplett", an mehreren Abenden vorgestellt, sowie ein weiteres Projekt, welches mit Paris und dem Théâtre de l'Europe zu tun hatte. Mein größter Wunsch war es damals, er möge dort selbst eines seiner Werke inszenieren. Allerdings wußte ich zu diesem Zeitpunkt bereits von seiner Krankheit.

Immer wieder setzte mich seine große Liebenswürdigkeit, seine jederzeit verfügbare Disponibilität sowie seine seltsam nüchterne Freundlichkeit in Erstaunen.

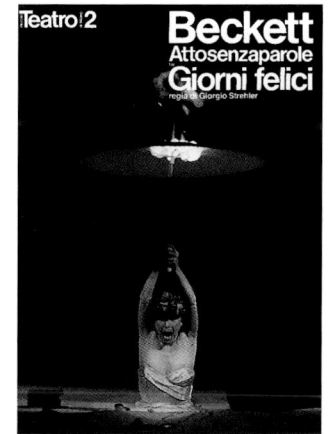

Sein Werk: großartig und in seiner Ganzheitlichkeit niemals redundant, gerade weil es sich auf einer breitgefächerten Skala von Variationen zu dem Thema „menschliche Bestimmung" auf dieser Erde bewegt – der Mensch, allein mit sich und ohne Anspruch auf ein „Warum".

Weiter: der verzweifelte Widerstand, der Mut des Menschen, gegen die Nichtswürdigkeit aufzubegehren; sich dem Nichts zu widersetzen.

Zu Zeiten, als der „Fall Beckett" zur Explosion kam und sich alle Welt plötzlich auf ihn stürzte, befand ich mich gerade auf Entdeckungsreise zu den Weiten Brechtscher Dramaturgie. An einem dieser Abende hatte ich das Glück, mit Brecht in Berlin über Beckett und dabei hauptsächlich über *Warten auf Godot* zu sprechen. Brechts Kenntnis und Bewunderung für Beckett haben mich damals sehr überrascht.

Interessanterweise war es Brecht, der mich darauf hinwies, daß meine Haltung zu Beckett dogmatisch, das heißt ganz und gar nicht dialektisch sei und sich damit in vollem Gegensatz zur Brechtschen Arbeitsweise intellektueller Öffnung befand. Gerade diese war es ja, die er uns als seinen Schülern weiterzugeben versucht hatte. Die wenigsten konnten dieses Anliegen wirklich nachvollziehen. Ich erinnere mich nur an ein einziges Mal, als Brecht, wie aus Versehen, mit einem leicht boshaften Lächeln fragte, wo sich Wladimir und Estragon wohl in den dunklen Jahren des Widerstandes aufgehalten hätten...

Von Beckett selbst wissen wir nur zu gut, wo er sich zur Zeit des Widerstandes aufgehalten hat. Dies zählt auch für mich zu den Din-

G. Lazzarini (Winnie) in 'Glückliche Tage', Piccolo Teatro, Mailand, 1982

gen, die die Lebensgeschichte dieses großen Schriftstellers ausmachen, dem es unter anderem auch wirklich gelungen ist, sich dem Alltag und dem Einfluß der Massenmedien stets auf mysteriöse Weise zu entziehen. Seine Botschaften trafen wie Lanzenstiche aus einer fremden, verschlossenen Welt, in denen die Schatten jener großen, mutigen und trotzigen Pessimisten, deren Schreie nichts anderes als Liebe zum Leben sind, sichtbar wurden.

Bei der Arbeit an *Glückliche Tage* betonte ich vor allem – wie um einen gestischen Akzent zu setzen – den Willen Winnies, *„bis zum letzten Tage"* zu leben. Einige deutsche Kritiker zeigten sich über diesen für Beckett ganz ungewöhnlichen Anflug von Optimismus mehr als erstaunt, zumal dieser sich ganz außerhalb der allgemein als bekannt und akzeptiert vorausgesetzten Beckettschen „Verzweiflung" bewegte.

Beckett selbst schrieb mir daraufhin, er sei sehr neugierig geworden und wolle sich die Aufführung auf jeden Fall ansehen. Und er fügte hinzu, daß seine Figuren – wie auch immer – auch bereit seien, das Leben zu begrüßen und es festzuhalten. *„Auch wenn das vielleicht die schlechteste aller Möglichkeiten ist..."*

Giorgio Strehler anläßlich Becketts Tod, in: La Stampa, Mailand, 27. Dezember 1989

LESSING

„Wo das Herz reden darf, braucht es keine Vorbereitung.“ [Major Tellheim, V./4. Auftritt]

„Nein, ich kann es nicht bereuen,
mir den Anblick Ihres ganzen Herzens verschafft zu haben!
– Ah, was sind Sie für ein Mann!
Umarmen Sie Ihre Minna, Ihre glückliche Minna.“ [Minna von Barnhelm, V./12. Auftritt]

AUSGLEICH ZWISCHEN LEIDENSCHAFT UND RATIONALITÄT: AUSFLUG IN DIE DEUTSCHE KLASSIK MIT LESSINGS 'MINNA VON BARNHELM'

Mit Lessings *Minna von Barnhelm* schließt sich für uns nun ein arbeitsreiches Jahr, das ganz im Zeichen kontinuierlicher Präsenz und großen Engagements auf unserer eigenen Bühne wie auch auf Bühnen in aller Welt stand. Kein anderer als Lessing hätte sich jetzt besser in die ständig um Erneuerung bemühte, gewachsene Geschichte des Piccolo Theaters als ein Theater, das sich die Suche nach dem Menschlichen, der Vernunft und der Wahrhaftigkeit des Herzens zur Aufgabe gemacht hat, eingefügt.

Dennoch will ich noch einmal rekapitulieren, was für mich die Begegnung mit Lessing bedeutet hat: zunächst die Absicht, das Schweigen, das Lessing in Italien umgibt, zu durchbrechen und seine Isolierung in unserem Kulturkreis, die mich immer verwundert hat, zu überwinden. In den Wechselfällen des italienischen Theaters hat Lessing tatsächlich eigentlich niemals eine poetische „Staatsbürgerschaft" besessen. Lessing und *Minna* haben deswegen für uns keine Geschichte, ich will sagen: keine interpretatorische Tradition, mit der wir uns jetzt hätten auseinandersetzen können.

Wie unterschiedlich ist unsere Lage da verglichen mit Deutschland, wo Lessing so „eingeboren" in die Theatergeschichte, in die Theaterkultur ist, daß diese Art Haßliebe der deutschen Theaterleute für Lessing nahezu einer Obsession gleicht.

Wir mußten hier ganz alleine zurechtkommen. Uns haben nur die große Liebe für diesen Autor, das Interesse für die historische Epoche,

in der er wirkte – die Aufklärung – und der Respekt für seine Sprache geleitet.

Vielleicht ist es uns nicht gelungen, bis auf den Grund seiner Entdeckung vorzudringen: Es gab zu viele Leerstellen, die wir aufzufüllen hatten, zu viele noch unbeantwortete Fragen, die sich uns stellten. Aber wir haben nun ein Zeichen gesetzt, eine Botschaft lanciert. Jetzt ist es an anderen, das zu vervollständigen.

Das waren zunächst die Beweggründe, nun endlich einmal diesem Autor zu begegnen, der mich schon lange gebieterisch von seinem Regal in meiner Bibliothek zu rufen schien: Wie oft habe ich, wenn ich in meinen Bücherregalen nach einem Buch suchte, plötzlich – wer weiß, warum – immer wieder Lessings Texte in der Hand gehabt!

Ein anderer Beweggrund meiner Wahl war auch das mit einem Mal wieder aufflammende Interesse in Italien für das deutsche Theater und die deutsche Kultur – ich denke an die Herausforderung Kleist, an meinen über alles geliebten Büchner, an die Übersetzungen von Thomas Bernhard, Botho Strauss und Heiner Müller, an den Vorschlag des Piccolo Teatro zu der Aufführung eines unveröffentlichten Franz-Jung-Textes usw. Mit der Entscheidung, Lessing aufzuführen, wollten wir seiner humanistischen Toleranz, seiner Lebensintelligenz und seiner großen Liebe für die Menschen, die so bar jeglicher falscher Erwartungen ist, Gehör verschaffen.

Und mit einem Mal ging mir auf, wie eng seine poetische Welt verbunden ist mit dem Theater, an das ich immer geglaubt habe: ein menschliches Theater, in dem Menschen zueinander sprechen.

Lessings Theater hat uns, trotz dunkler und schwieriger Zeiten, bestärkt, daß es noch eine Hoffnung in den Menschen gibt.

A. Jonasson (Minna) und S. Fantoni (Major von Tellheim) in 'Minna von Barnhelm', Piccolo Teatro, Mailand, 1983

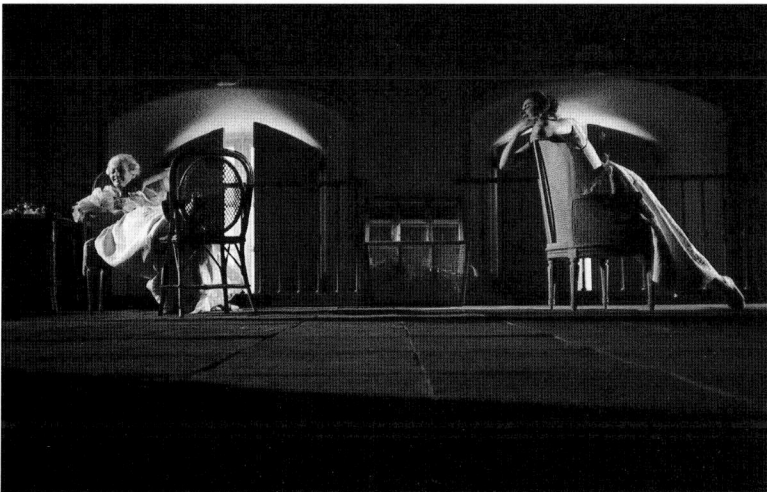

Lessing der Dialektiker: ein Mann von Weisheit und Scharfsinn, sensibel und stark, zärtlich und ironisch zugleich; und dabei Vertreter eines Romantizismus, auf der Suche nach dem – vielleicht unmöglichen – Ausgleich zwischen Leidenschaft und Rationalität.

Nun betrat Lessing unseren Kulturkreis und und füllte damit ein Vakuum, in dem er bisher nur in der Verwunderung über ihn präsent war. Ein mutiger Schritt angesichts des schwierigen, ungewöhnlichen Textes der *Minna von Barnhelm*: so geheimnisvoll, mitreißend, so... – es wäre mir hier ein leichtes, Adjektiv an Adjektiv zu reihen.

Die Umsetzung des Textes hat uns außerordentlich viel Kraft gekostet, auch wenn wir eine lebendig-kritische, sensible dramaturgische Vorarbeit geleistet haben, aus der dann ein Theater für Publikum und nicht nur eine schlaue Literaturbetrachtung wurde.

Eine komische Komödie, Tragikomödie, ein Drama einer längst vergangenen Welt, die sich unseren Augen verschließt, um sich dort von neuem zu eröffnen. Drama der Liebe (was es sicherlich in großer Dimension ist) und zugleich eine Geschichte über deren brüchige Substanz. Ein Werk über die Unmöglichkeit der Liebe zwischen Mann und Frau.

In *Minna von Barnhelm* gelingt Lessing ein Gleichgewicht all dieser Themen, eine Überschneidung unterschiedlicher Stimmen, eine Schichtung unterschiedlichster Situationen. Die stilistische Aufschlüsselung dieses Meisterwerkes erscheint uns nah und doch ebenso noch in weiter Ferne. Wo aber liegt sie in Wirklichkeit?

Nie zuvor empfanden wir nach einer Aufführung deutlicher die Notwendigkeit nochmaligen Überdenkens.

Lessing hat nun zu uns gesprochen – in seiner aufgeklärten Sprache, mit seinem Intellekt, der das Gefühl nicht verachtet, und mit der Entzauberungskunst eines Menschen, der gewohnt ist zu dechiffrieren.

Dennoch bleibt das etwas bange Gefühl, mit dem wir unsere „Arbeit" nun in die Welt hinausschicken, so, als schleuderten wir die Flaschenpost unserer „Lessing-Botschaften" ins allgemeine Theater-Meer hinaus. Ob sie jemals ihren (oder vielmehr einen) Empfänger erreicht, wissen wir nicht. Sicher sind wir uns allein darin, daß es Minna in ihrer großen Menschlichkeit, mit den Waffen sanfter Ironie, Theatralik und ein wenig Grausamkeit, gelingt, den Panzer von Vorurteilen, Gewohnheiten und vorgegebenen „Ausflüchten" des Majors von Tellheim zu durchbrechen. Minnas Anliegen ist der Wunsch nach einer wahrhaftigen Liebesbeziehung, in der sich weibliches Regelwerk mit den Gesetzen des Männlichen ergänzt und verbindet. Darin erklingt jene Stimme des Herzens, die Lessing schließlich als eigentliche Sprache des Menschen vernommen hat.

Giorgio Strehler, Notizen anläßlich der Inszenierung von 'Minna von Barnhelm', Piccolo Teatro, in: Corriere della Sera, Mailand, 28. März 1983; ergänzt durch den Text des Programmheftes

A. Jonasson (Minna) und P. Villoresi (Franziska) in 'Minna von Barnhelm'

CORNEILLE

„A présent, le théâtre,
est un point si haut que chacun l'idolatre
Et ce que d'autres temps voyaient avec mépris
Est aujourd'hui l'amour de tous les bons esprits,
L'entretien de Paris, le souhait des provinces,
Le divertissement le plus doux de nos princes. [...]

C'est là que le Parnasse étale ses merveilles.
Les plus rares esprits lui consacrent leurs veilles
Et tous ceux qu'Apollon voit d'un meilleur regard
De leurs doctes travaux lui donnent quelque part. "

ALCANDRE IN: L'ILLUSION COMIQUE

IM „HALBSCHATTEN DER SEELEN":
DIE ABGRUNDTIEFE SCHAU IN MENSCHLICHE GEFÜHLSWELTEN
UND DIE AMBIGUITÄTEN DER LIEBE: 'L'ILLUSION'

Für die Einweihung des Théâtre de l'Europe in Paris fiel unsere Wahl auf Pierre Corneilles *Illusion*. Warum Corneille? Racine und Corneille werden normalerweise in Italien wenig gespielt. Und auch ich habe mich bis jetzt kaum mit der großen französischen Theaterklassik auseinandergesetzt, nicht einmal mit Molière, der für mich gleich nach Shakespeare und noch vor Goldoni kommt. Ich träume schon lange davon, bevor ich sterbe, *Bérénice* zu inszenieren: Diese herzzerreißende Tiefe macht das Stück für mich zu einem wirklichen Höhepunkt der Theaterkunst.

Warum die *Illusion*? Jouvet, als dessen Schüler (wie ebenso auch Copeaus) ich mich betrachte, hat sie 1937 inszeniert. Er hat mit mir oft, mit einer Mischung aus Enthusiasmus und Enttäuschung, über dieses so geheimnisvolle Stück und über Corneille gesprochen. Meine Begeisterung für dieses Stück ist also in diesen langen, dem Schlaf gestohlenen Nächten entstanden, als Jouvet mir seine Bühnen- und Kostümentwürfe, gesammelten Aufzeichnungen und Materialien dazu zeigte, und ist seitdem schon fast zu einer Art Obsession geworden.

1976 hat Walter Pagliaro, einer meiner Schüler, *L'Illusion* am Piccolo inszeniert. Damals wurde mir während der Proben klar, daß es in diesem Stück um sehr viel mehr als um dieses bloße „Theater im Theater" geht, wovon man gewöhnlich immer spricht.

Nach der Arbeit am *Sturm* hat sich *L'Illusion* dann meiner richtigge-

hend bemächtigt: Es gibt Momente, in denen ein Text wirklich danach verlangt, aufgeführt zu werden, und das ebenso gespenstisch und theaterhaft wie bei den sechs Personen Pirandellos, die nach ihrem Autor suchen.

Also habe ich mich ins kalte Wasser gestürzt, voller Angst und Zweifel, die so ein Abgrund zunächst erst einmal hervorruft. Und mit einer Art verzweifeltem Mut, um so mehr, als dieses Stück für mich immer ein Rätsel war, eine Art „großer Streich".

L'Illusion ist ein flüchtiges, immer ausweichendes Theater-Meisterwerk, das deswegen auch in gewisser Weise immer offenbleiben muß: zweifellos hat es deswegen nie den Erfolg gehabt, den es eigentlich verdient.

Hier geht es um eine komische Illusion, das heißt: die Illusion der Komödie oder Illusion im Theater (Die Grotte Alcandres ist auch der magische „Teich" des Zuschauerraums): ein einziges großes Theater-Plädoyer – siehe etwa im V. Akt – aber auch, wenn Corneille formuliert, daß Theater *„est aujourd'hui l'amour de tous les bons esprits. L'entretien de Paris, le souhait des provinces... Les délices du peuple et le plaisir des grands...".* Damit plädiert er für Theaterbedingungen, unter denen alle erreicht werden können, also bis hin zur kulturellen Dezentralisierung. Und er geht noch weiter: Um die Schauspieler geht es ihm – *„Leurs vers font leurs combats, leur mort suit leurs paroles. Et sans prendre intérêt ou pas un de leurs rôles..."* Das ist das Niveau Diderots in seinem *'Le Paradoxe du comédien'* – ein ganz modernes Theaterbewußtsein in dieser Überzeugung, daß die Fiktion sich noch über der Wirklichkeit befindet. Gleichzeitig holt Corneille hier Shakespeare ein, selbst wenn der *Sturm* ein noch kosmischeres Drama ist, und selbst wenn bei den

Engländern Prospero, der Magier selbst, die Bewußtseinsentwicklung vollzieht, anstatt sie von jemandem anderen, wie hier Alcandre, erleben zu lassen.

Die *Illusion* hat ihre Grenzen, ohne deswegen „kleiner" zu sein als der *Sturm,* denn was zum Beispiel die Tiefe der Gefühlswelten betrifft, die aufgrund der Breite der Fragestellungen bei Shakespeare relativ primitiv bleiben, geht Corneille meiner Ansicht nach weit über Shakespeare hinaus. Dennoch kommt mir als einziger Vergleichspunkt zu der Auseinandersetzung mit Corneille nur meine Arbeit am *Sturm* in den Sinn: Dort ist es die allumfassende, wirklich universelle Tragödie, hier geht es mehr um die abgrundtiefe Schau in menschliche Gefühlswelten und in die Ambiguitäten der Liebe. Denn *L'Illusion* ist zunächst und vor allem ein wunderbares Liebes-Stück. Es geht eigentlich um nichts anderes als um Liebe, eine ganze Kette unmöglicher Lieben: Adraste, der Isabelle liebt, die Clindor liebt, der heute Lyse und morgen wieder Isabelle liebt...

Und dieser Vater, der seinen Sohn sucht, nachdem er ihn verstoßen hat, und den er vielleicht niemals wiederfinden wird – denn zweifellos findet ein Vater seinen Schauspieler-Sohn nie wieder, um so weniger angesichts der Realität seiner Vergangenheit, seiner Gefühle, seiner Familie.

Pridamant läuft nach Marseille, während sein Sohn mit seinen Schauspiel-Kumpanen bereits in Grenoble ist. Und im V. Akt, noch während der gespielten Tragödie, tötet ein gewisser Eraste schließlich diesen Clindor – ist das nicht der doppelte Rächer Adrastes, den Clindor im III. Akt getötet hat: das Eingreifen der Schicksals-Macht? Über diese ganzen magischen Geschichten, Identifikationssuchen etc. hinaus ist *L'Illusion* eine Liebes-Tragödie der absoluten Unsicherheit – es sei denn, das Theater wird tatsächlich nur als Metapher verstanden. Die Rollen reflektieren sich gegenseitig und fesseln sich gleichzeitig. Einziger Triumph: das Gesetz der Vergänglichkeit, das die Zeit und ihren Lauf bestimmt.

Was ist *L'Illusion,* wenn nicht Liebes-Leidenschaft, wenn nicht eine kontinuierliche Serie von Erzählungen über Liebe und Identität, die sich ineinander verketten und damit ein ganzes Universum subtil variierter Leidenschaften ergeben?

Von der Sprache her: äußerste stilistische Eleganz, Seite für Seite, Moment für Moment voller neuer Einfälle – und immer in der Unsicherheit, im Gefühl universaler Unruhe belassen, die uns unsere Verletzbarkeit an der Schwelle des Mysteriums „Leben" vor Augen führt, uns darin stets präsent bleibt.

Ob es uns gelungen ist, dem Publikum auch nur einen Bruchteil dessen zu zeigen, was wir in der *Illusion* gesehen und verstanden habe? Die Anstrengung und Auseinandersetzung mit diesem Stück ist tatsächlich nur mit unserer Arbeit am *Sturm* vergleichbar, an die ich jetzt viel denken mußte.

Auf der Insel im *Sturm* wird die Geschichte der Welt, der Sklaverei und der Freiheit allgemein, und parallel dazu die Geschichte des Theaters aufgerollt.

Hier, in der *Illusion,* bewegt man sich im Halbschatten der Seelen, die wie die Abbilder von etwas anderem, gerade wie bei Platon, auf die Wände einer Höhle projiziert erscheinen. Hier wird nur leise, fast flüsternd, über große, wichtige menschliche Dinge zwischen Frauen und Männern und das Leben an und für sich gesprochen.

Aber die Spannung ist die gleiche, auch der Hauch von Genialität – so unvorhersehbar wie überwältigend. Ich glaube, daß sich Corneille in seinen reifen Tagen mit einem gewissen Erstaunen seines *„merkwürdigen, jugendlichen Monsters",* wie er selbst seine *L'Illusion* bezeichnete, erinnerte.

In diesem Stück ist, jenseits Shakespeares, bereits Marivaux spürbar – in manchen Momenten ist die Versuchung tatsächlich groß, Marivaux zu spielen –, auch ein bestimmter Pirandello, Strindberg und sogar Genet sind darin schon erahnbar.

Zu den einzelnen Figuren:

Die vierzehn Rollen haben wir hier auf der Bühne des Odéon mit nur sieben Schauspielern dargestellt, damit die *Illusion* noch illusorischer geriete. Auch Alcandre und Matamore habe ich von demselben Schauspieler – Gerard Désarthe – darstellen lassen. Doch daß Alcandre und Matamore eine Figur sind, ist nicht meine Erfindung, das gibt der Text vor, verlangt es direkt.

Wenn Alcandre der Schöpfer ist, der Poet als solcher, seinem Namen und seiner Erscheinung nach – der Dichter aus einem Hirtengedicht, um in Zeiten der Gewalt und Unsicherheit die Angst zu beschwichtigen –, so ist Matamore wesentlich komplexer: Er ist der absolute Schauspieler auf der Suche nach einem Text, nach einer Handlung. Er ist die Einsamkeit des Schauspielers, der für sich selbst spielt. Er ist nicht nur komisch, er ist auch Theater-Wahnsinn, Theater-Rausch – ein Wesen, dessen Worte sich in absoluter Freiheit entfesseln.

Es gibt aber auch einen politischen Aspekt in dieser Rolle, den wir nur mehr und mehr verloren haben, aber der sehr wohl existiert hat: der des spanischen Soldaten, das meint also europäische Gewaltherrschaft, wie sie die SS zum Beispiel geübt hat. Nur wird dieser Aspekt hier durch das Grinsen des Geisterbeschwörers abgemildert. Matamore ist der Held ohne Geste und ohne Aktion. Mit Schaudern gewahrt man, daß es nur wenig bedarf, um Heroik als Schwäche erscheinen zu lassen. Er ist auch Poet, wenn er die Gespenster und die Nächte erfindet: Wenn er sagt: *„De deux mille ans et plus, je ne tremblais si fort...",* bekommt er plötzlich eine wirklich bewegende Größe. Der Schauspieler in ihm „erinnert" sich. Diese zweitausend Jahre sind es, die ihn von den großsprecherischen Soldaten Aristophanes oder der Römer unterscheiden, die aber weiterhin durch ihn hindurch sprechen.

N. Nell (Isabelle) und G. Désarthe (Matamore) in: 'L'Illusion', Théâtre de l'Europe, Paris, 1982

Die Vielfalt und der Reichtum dieser Figur ist unglaublich: Seine Beziehung zu Clindor zum Beispiel ist wirklich außerordentlich. Clindor ist so eine Art „Wesen auf der Flucht". Das flüchtigste Wesen der Welt, mit all den Unsicherheiten und Mängeln einer fast gemeinen Formbarkeit der Seele, die ihn ins Verderben stürzen würde, wenn er nicht Schauspieler würde. Also findet er angesichts des (fiktiven) Todes einen Mut, den er in seiner ganzen bisherigen Existenz nicht hatte.

Clindor ist ein Charakter, der wie schicksalsbestimmt den Weg zum Theater findet, das aus ihm ein menschliches Wesen macht. Aber vorher ist er als Diener des Hauptmanns sein Schüler und Komplize, der dem „idealen Schauspieler" – Matamore – Gegenrede gibt und dabei von ihm sein Metier erlernt.

„Das Theater ist die schönste Versuchung, die der Beweglichkeit der Seele offensteht" – das ist das Geheimnis Clindors und sein eigentlicher Sinn. Ein unstetes Wesen werden – das genau ist das Drama des Schauspielers. Wie alle die Rollen, die er verkörpern könnte, nebeneinander existieren lassen und dennoch die Unterschiede, die sie ausmachen, bewahren?

Matamore kann nicht ohne Clindor sein, ohne seinen Gesprächspartner, sein Publikum. Als Clindor schließlich autonomer wird, zieht sich Matamore plötzlich ganz zurück, nachdem er schon vorher gelernt hatte, sich mehr und mehr zurückzunehmen. Im Odéon haben wir es so gemacht, daß der Schauspieler sich an dieser Stelle offenbart und vor dem Publikum demaskiert.

Man erkennt in *L'Illusion* die Gefühlswelten der corneilleschen Epoche, dieses *„Das Leben ist ein Traum"* von Calderón zum Beispiel.

140

Aber auch eine ganz Corneille-eigene Unsicherheit gibt es für mich, die sich vielleicht mit einem *„Und nach all dem, was kommt danach?"* ausdrücken ließe.

„Ich fliege nach Paris" (um den Sohn einzuholen), ruft am Schluß der vom Theater bekehrte Pridamant aus. Aber wird er seinen Clindor jemals wiederfinden? Die Imagination kann sich mit der Wirklichkeit treffen, aber die Wirklichkeit ist (hier) auch nur ein Schauspieler.

In der letzten Szene zeige ich Pridamant, vor dem Publikum sitzend, in diesem Niemandsland des Proszeniums, fast vermischt mit dem Publikum. Plötzlich dreht er sich um und sieht die Schauspieler sich verbeugen. Also geht er hin, um Clindor zu umarmen, und ist der Vater, der seinen Sohn wiederfindet; wenig später verbeugt auch er sich mit den Schauspielern – nun selbst als Schauspieler.

Wir haben die Abenteuer von Liebe und Schuld dieses Vaters auf der Suche nach seinem verlorenen, das heißt von ihm selbst verstoßenen Sohn verfolgt, den er nun von neuem, auf verzweifelte und paradoxe Weise liebt; die Geschichte seines Sohnes, dem es (aus Verschlagenheit oder Naivität) nicht gelingt, seine Identität und Bestimmung zu erfassen, der ebenso fragil wie vulgär sein kann, der seine Liebe verrät, seine menschliche Tiefe nur angesichts eines ebenfalls illusionistischen Todes findet und schließlich seine eigentliche Bestimmung in der Unsicherheit, Wandelbarkeit und Beweglichkeit des Schauspielerberufs entdeckt.

Wir haben versucht, jene tragische, widersprüchliche Liebe Lyses und jene lineare Isabelles zu zeigen. Liebe, die vereint und entzweit und manchmal in diesem absurden „Töten aus Liebe" oder besser: „aus einer bestimmten Idee von Liebe" endet.

Wir haben den unaufhörlichen Umsturz der Gefühle, der Leidenschaften und der Rache, der Liebe, aus der dann Haß wurde und aus dem Haß wiederum Mitleid, verfolgt. Den Wahn haben wir durch den Anschein mechanischer Bewegungen einer Marionette (Matamore) hinter den Kulissen zum Leben erweckt – wir dachten dabei an den Wahn des „totalen" Schauspielers, der nur seiner selbst bedarf und eines Publikums, vielleicht nur eines einzigen Zuschauers, Komparsen und Zuhörers.

Hinter der Maske der Kunst erkannten wir jene einzigartige, ganz und gar nicht illusionistische Parabel des Menschen, der sich von einem Augenblick zum anderen neu erfindet und dem es gelingt, sich an sich selbst bis zur Auflösung zu berauschen. Er wird dabei eins mit der Misere und dem Leiden an seiner Existenz.

Aber wer könnte uns jemals den „letzten Sinn" dieses Matamore entschlüsseln, dieses spanischen Hauptmanns, der uns hier aus zweitausend Jahre Geschichte von Angst und Schrecken hereinschneit und ihr die Geister austreibt?

Und all das durch das Wirken eines Zauberers, eines Magiers (Alcandre), der vor den Augen des Vaters – als Zuschauer – Bilder aus der Vergangenheit und der jüngsten Gegenwart hervorzaubert, die sich im Augenblick der gespielten Darstellung auf der tatsächlichen Bühne eines Theaters verwirklichen, und das, als das „Theater-Spiel" zu Ende ist – wenn es je „Spiel" war.

Wir wollten alles ganz beweglich, ganz unsicher, aber nicht unzusammenhängend im Entwurf: die Figur, das Blut, der Dolch, das Lächerliche sowie das Bild des „Theaters im Theater" – das alles, um an die Ungewißheit des menschlichen Abenteuers zu erinnern. Ohne eine friedliche Konklusion am Schluß.

Im letzten Teil der Tragödie wiederholen Schauspieler in einem Traum-England ihre „immer-alten" Texte, und doch sprechen sie sie dieses Mal ein wenig anders. Clindor – inzwischen bereits einer der ihren –, wird zu töten sein, gemeinsam mit jener „Unbekannten", die auch Schauspielerin ist, letzte verzweifelte Flamme einer verbotenen Liebe.

Blut fließt reichlich und nach allen Seiten auf einer nächtlichen Bühne. Und danach wird es so sein, als wäre nie etwas geschehen. Die Toten werden wieder aufstehen (wie sie es im Theater immer tun), und das kleine Grüppchen der Komödianten wird aufbrechen, um sich einer neuen Arbeit zuzuwenden. Ob das Morgen, das unsere Helden erwartet, freudvoll oder sorgenreich sein wird, bleibt für uns im dunkeln.

Niemals werden wir erfahren, ob Vater und Sohn sich am Ende wiederfinden und ob die auf dem Theater erzählte Geschichte wahr oder nur Spiegel der Geschichte und Phantasie des Vaters ist.

Niemals werden wir wissen, wer den Magier des geschriebenen Wortes verkörperte, jenes Wortes, welches, einmal ausgesprochen, wieder Theater wurde.

L'Illusion ist die Metapher des Lebens eines Menschen, der das Theater für eine poetische Demonstration der Relativität von Gefühlen und Bindungen seiner Protagonisten verwendet und sie dabei in ihrem Abenteuer „Menschsein" auf der Welten-Bühne zeigt. Der ganze Rest, wie zum Beispiel der historische Kontext, die Legitimation des Theaters (das Theater-„Plädoyer" in seiner Moralität) usw., waren für uns zunächst eher zweitrangig. Vielleicht sind das die „illusionistischen Segel" für jene, die glauben, damit sei das Stück in der Illusion selbst erklärt.

Wir werden nach Corneilles *Illusion* vielleicht erstaunter in unsere Welten zurückkehren, bereichert durch jene kurze und zerbrechliche Schönheit, bei der ein wenig zu verweilen uns hier vergönnt war.

Giorgio Strehler, Notizen anläßlich der Inszenierung von ‚L'Illusion', Paris, Théâtre de l'Europe, 1985

EDUARDO DE FILIPPO

*„Eduardo ist eine von jenen Erscheinungen von einer
wahrlich wundersamen, zauberhaften Dimension, von einer Größe
und Leichtigkeit außerhalb jeglicher faßbaren Realität.
Wenn Eduardo auf der Bühne erscheint, überkommt einen eine Art magischer Schwindel:
Man weiß nicht einmal, ob er wirklich auf der Bühe ist, oder ob man selbst
ihn etwa nur heraufbeschworen hat.“*

FREDERICO FELLINI

'LA GRANDE MAGIA' ODER
„MIT EINER OFFENEN ZAUBERSCHACHTEL
LÄSST SICH NICHT LEBEN"

Warum gerade de Filippos *La Grande Magia*? *La Grande Magia* gehört zu den Werken Eduardos, denen man bisher zu Unrecht viel zu wenig Aufmerksamkeit geschenkt hat. Von dem Zeitpunkt an, als ich begann, mich mit den Themen „Magie" und „Illusion" zu beschäftigen, ließen sie mich nicht mehr los. Auch andere zu dieser Zeit von mir inszenierte Stücke drehten sich um diese Thematik: *Die Riesen vom Berge, Der Sturm* oder meine Annährung an Corneilles *Illusion*.

Aber davon ganz abgesehen, zog mich bei Eduardo vor allem diese Atmosphäre der Komödie in der Mischung von Genialität und unbändiger Ausgelassenheit an: die Liebe, die Eduardo für diese seine Kreatur – *La Grande Magia* – immer behielt.

Ich bat ihn, die bei Einaudi publizierte Textversion mit dem Originalmanuskript vergleichen, das heißt in Übereinstimmung bringen zu dürfen. Die Manuskripte Eduardos entstehen nämlich in einem

ganz bestimmten, ihm eigenen Ritual: Sie werden immer in seiner Schauspielergarderobe, vor einer riesigen Kanne schwarzen Kaffees, den er sich jeden Morgen zubereiten läßt, und der auf einem Tischchen vor ihm ausgebreiteten Theaterschminke geschrieben. Er schreibt auch immer zwei Komödien hintereinander, eine als Gegenvorschlag zur anderen.

Als ich in diese seine alltägliche Welt eintrat, wurde meine Verwunderung größer und größer. Verwunderung auch über die Themen, Ausblicke und Erfindungen, die mir seiner Zeit weit voraus schienen.

Mir schien es wichtig bei dem Entschluß, *La Grande Magia* am Piccolo zu inszenieren, Eduardo als Theatermann Gelegenheit zu geben, sich nicht nur als „capo-troupe", sondern auch als Autor und Zuschauer einmal von außen zu betrachten. Ich stellte mir den großen Moment im Leben dieses meisterhaften Schauspielers vor, wenn er, begleitet vom Applaus (oder auch Nicht-Applaus) des Publikums, die Bühne beträte. Natürlich wäre dies auch ein großer Moment in der Geschichte des italienischen Theaters geworden. Eine Aufführung, in der er selbst mitbestimmen konnte – das war ihm das italienische Theater, das war ich ihm schuldig.

Durch seinen vorzeitigen Tod konnten wir diese Schuld nicht einlösen. Und es berührt mich, wie sehr er diesen Moment doch noch ersehnt hatte. In seinem letzten Brief schrieb er: „*... ich schreibe Dir unaufhörlich; ich spreche ständig mit Dir, aber weißt Du, ich sitze hier und spüre, daß mir keine Zeit mehr bleibt. Es drängt mich daher zu wissen, wann...*" Ich versicherte ihm daraufhin, daß alles bereits entschieden sei, aber als echter Theatermensch glaubte er uns noch nicht!

Ungeduldig erwartete er den Beginn der Proben, wartete darauf, daß wir endlich mit der Arbeit begännen: „*Beeilt euch! Beeilt euch doch! ...* "Und wir weigerten uns irgendwie zu glauben, er könne uns tatsächlich vorzeitig verlassen. Wir alle, auch ich, wiederholten immer wieder den einen Satz: „*Eduardo wird uns alle überleben.*" Dieser Satz wurde, obwohl wir um seine Krankheit und die große Erschöpfung seines gänzlich dem Theater verschriebenen Lebens wußten, fast zu einer Art Glaubensbekenntnis für uns. Und dann starb er genau in dem Moment, als wir endlich mit den Proben beginnen konnten, in der Absicht, ihm die Aufführung in liebevoller und ehrlicher Anerkennung zu widmen.

Sein Tod war für uns alle unfaßbar. So zum Beispiel auch für Peter Stein, den ich vor einigen Wochen in Paris traf und dem ich von unserer Arbeit an der *Grande Magia* erzählte. Leider, sagte ich, wird ja Eduardo die Premiere nun nicht miterleben können, da er gerade gestorben ist. Dem Gesicht meines Gegenübers entnahm ich abgrundtiefes Erschrecken. Stein hatte es nicht gewußt – in Europa wurde nur wenig darüber gesprochen. Dennoch war mir klar, daß sich Steins Entsetzen unter anderem darauf bezog, daß ein Mann wie Eduardo einen verlassen konnte...

Eines meiner letzten berührenden Erlebnisse mit Eduardo hatte ich anläßlich eines Theatertreffens in Taormina. Ein Treffen wie all jene, bei denen die „Theaterfamilie" normalerweise gegenseitiges Verständnis und den guten Ton grenzenlosen gegenseitigen Wohlwollens pflegt. Daneben: Ehrungen, Preisverleihungen und die üblichen Gesprächsrunden... Eduardo kam in perfekter Theaterschminke und tadellosem Gewand. So perfekt hergerichtet, daß uns seine Aufmachung fast als echt erschien: gestreifte Hosen, ein roter Schal über das Hemd geworfen, eine Baskenmütze auf dem Kopf, als wolle er damit noch einmal seine volksnahe, linke Haltung unterstreichen. Dazu ein Paar Brillengläser, die seine damals schon Fast-Blindheit noch mehr hervorhoben. Dieser Mensch richtete einige Worte an das Theater, welches er mit „mein Kind" ansprach – Worte, bei denen wir alle eine Gänsehaut bekamen. „Ich war grausam", sagte er, „grausam mit meinem Kind, das ich ansporne, es immer besser zu machen, grausam, weil man immer allein ist im Theater und grausam sein muß, denn es gibt kein Erbarmen!"

Die uns hier offenbarte Selbstkritik war von derselben Ernsthaftigkeit und Unerbittlichkeit wie sein Theater. Unter dem Applaus der Anwesenden erhob sich die Stimme dieses alten Mannes wie eine Welle kompromißloser Moralität, wie die fürchterliche und schmerzhafte Wahrheit des Theaters derer, die bereit sind, Menschen, die ihnen einmal lieb und teuer waren, mit ihrem totalen Engagement zurückzustoßen und vielleicht für immer zu verlieren. Wichtig ist nur, „es immer besser machen zu wollen" oder, wie Eduardo es tat, immer auf „das Beste" zu zielen.

Und gerade jetzt, wo uns seine Präsenz oder vielmehr die von ihm präsentierte Welt den allerauthentischsten Ansporn zur Interpretation seines Werkes hätte geben können, hat uns dieser Mann verlassen. Trotzdem haben wir – so gut wie möglich – versucht, diese seine Präsenz spürbar werden zu lassen.

Natürlich hatten wir – er und ich – zuvor häufig miteinander gesprochen, zahlreiche Briefe über die Bedeutung dieser Komödie sind hin und her gegangen. In der Zwischenzeit traf ich meine Inszenierungsvorbereitungen am Originalmanuskript, welches weder mit der von Einaudi verlegten Version noch mit der Fernsehbearbeitung von 1959 übereinstimmte. Es gab viele Unstimmigkeiten, die uns, wenn man den Text aus einer realistischen Sicht analysierte, verunsicherten.

Vor allem die räumliche Anlage: Wo ist dieses Hotel Metropol? Von welchem Meer wird hier gesprochen? Instinktiv würde man denken: Neapel, Mergellina. Aber wie kann dann die verliebte Marta bei ihrer Flucht mit dem Motorboot sagen: „Morgen werden wir in Venedig sein?"

Und wie ist zum Beispiel das Insistieren einer der Figuren zu verstehen, die behauptet, Marvuglia schon einmal mit seiner Vorstellung fünf Jahre zuvor in Brighton, also England, gesehen zu haben. Es liegt auf der Hand (wenn man von dem Zeitpunkt ausgeht, zu dem die Komödie geschrieben wurde, nämlich 1948), daß das mitten im Krieg, etwa 1943, in England hätte stattfinden haben müssen.

Die Fernsehaufzeichnung der Komödie zum Beispiel hatte diese Dinge „naturalistisch" vereinfacht, unter anderem hinsichtlich des Handlungsortes Venedig: „Jetzt gehen wir zum Bahnhof, und morgen früh werden wir – mit dem Zug – in Venedig sein!" Und wo wäre dann dementsprechend bitte Brighton?

Nein, meiner Meinung nach liegt die die Wahrheit dieses Stücks nicht innerhalb realistischer Wahrscheinlichkeiten! Ich glaube viel eher, daß Eduardo sein (mit dem Boot oder sonst irgendwie erreichbares) Venedig einfach einem anderen, höchstwahrscheinlich an jedwedem geographischen Ort denkbaren Brighton gegenüberstellen wollte. Er wollte bewußt realistisch nachvollziehbare „Wegweiser" vermeiden.

Wir dürfen auch nicht vergessen, daß der Originaltitel des einst unter den bereits geschilderten Bedingungen in der Schauspielergarderobe entstandenen Manuskripts *La Grande Magia – La Favola di Eduardo* lautete – Eduardos Fabel also, nicht etwa: Eduardos realistisches Komödienspiel! Ist dieses Schlüsselwort einmal in unser Bewußtsein gedrungen, verschwinden alle „Zwänge logischer Schlußfolgerung" wie von selbst. Dabei entsteht etwas Raumgreifendes, eine „Ausweitung", wenn man so will, die aber andererseits auch die Komödien-Sprache in sich aufgenommen hat.

Von Anfang an hatten wir die Absicht, das Stück auf italienisch aufzuführen, das heißt – abgesehen von der Rolle des Kellners – auf das Neapolitanische ganz zu verzichten. Letztlich haben wir uns dann bei der Aufführung auf ein Italienisch geeinigt, welches verschiedene Dialekteinflüsse einschloß. Bis auf Calogero und seine Familie, die wir in mehr oder weniger „reinem" Italienisch belassen haben, waren die Dialekte Umbriens, der Lombardei sowie der Emilia Romana präsent. Dies sind die Orte unserer Herkunft, Dialekte, die uns, ähnlich einem kapillaren Netzwerk, miteinander verbinden und gleichzeitig die Gemischtheit unseres Volkes und unsere Unterschiede in den Mentalitäten und Kulturen zum Ausdruck bringen.[...]

E. Brigliadori (Marta) und G. Amato (Mariano) in 'La Grande Magia', Piccolo Teatro, Mailand, 1985

In der *Grande Magia* gibt es noch eine weitere, ganz besondere Schwierigkeit: Wer ist, einmal ernsthaft gefragt, der eigentliche Hauptdarsteller? Calogero, der betrogene und in Wut entbrannte Ehemann, oder Marvuglia, der Illusionist? Vielleicht heißt unser Held aber auch Calogero-Marvuglia, eine in sich zwiegespaltene Figur? Während zweier Akte führt Marvuglia das Spiel an, bestimmt es, und Calogero bleibt nichts als Verteidigung im Sinne einer Revanche. Im dritten Akt verschwindet Marvuglia, und Calogero wird zum unumstrittenen Anführer der Handlung.

Eduardos eigenes Drama als Schauspieler war die Unmöglichkeit, an einem Abend die beiden Rollen gleichzeitig spielen zu können, das heißt, nur entweder der eine oder der andere sein zu können. Ganz ähnlich erging es möglicherweise meinen beiden Calogeros und Marvuglias, Franco Parenti und Renato de Carmine.

Franco Parenti, den ich seit meinen Schul- und Anfangsjahren auf der Akademie der „Filodrammatici" kenne und der unter anderem auch die Pionierphase des Piccolo miterlebt hat, ist jetzt nach einer dreijährigen Zusammenarbeit mit Eduardo wieder „in das alte Haus" (an das Piccolo) zurückgekehrt. Wir haben aber währenddessen oft, mündlich und in Briefen, Erinnerungen an einige unvergeßliche Höhepunkte des Künstlers und Menschen Eduardo ausgetauscht.

Zum Beispiel schrieb ich ihm einmal in einem Brief: „...*diese Komödie ist außer Rand und Band, sozusagen ohne jede Ordnung. Man muß sie lassen wie sie ist, keinesfalls darf man versuchen, sie wieder in ihre Angeln zu heben. Ihre Schönheit liegt in ihrer Ungleichmäßigkeit, ihrer mangelnden Präzision*".

Franco antwortete mir mit einer so lebendigen Erinnerung an diesen Mann, als ob er in der Zeit der Zusammenarbeit mit ihm zusammengelebt hätte. Ihm zufolge hatte Eduardo niemals etwas anderes als das Theater kennengelernt, das heißt, niemals etwas anderes „gelebt". Franco schilderte ihn als einen Menschen, der sich gerne austauschte, anderen zuhörte, der aber die Ideen anderer niemals vorbehaltlos übernahm. Erst wenn er den Gehalt einer Idee wirklich erkannte, das heißt, sie sozusagen auf Herz und Nieren geprüft hatte, machte er sie sich „zu eigen".

Mit diesem überaus schwierigen Prozeß der „Überzeugung" wurde auch ich vertraut, als ich Eduardo vorschlug, Calogero, nachdem er Marvuglia endgültig fortgeschickt und die Rückkehr seiner Ehefrau abgelehnt hatte, am Schluß mit einer Zauberschachtel auftreten zu lassen, in der die darin eingesperrte („verzauberte") Ehefrau vermutet werden könnte. Nach meiner Vorstellung sollte er sich dann mit dieser Schachtel auf den Armen mit folgenden Worten an das Publikum wenden: „*Hütet Euch, diese Schachtel zu öffnen! Seid achtsam, haltet sie immer verschlossen, denn.... mit einer offenen Zauberschachtel läßt sich nicht leben!*"

Bittere Botschaft einer der bittersten Komödien Eduardos! Komödie über den Wert der Illusion, über ihr Übergewicht über die Realität. Illusion als einzige Kategorie, die das Leben möglich macht.

Ich hatte Eduardo ja diesen Schluß als Zuspitzung vorgeschlagen, er stimmte begeistert zu: Er hätte selbst genau daran gedacht, ihm wäre das gleiche in den Sinn gekommen, und er schicke mir die Originalkopie, in der genau das drin stünde, wie er mir schrieb... – Es stand nichts davon drin. Aber ich dachte an das, was Franco mir erzählt hatte von ihm. Er hatte meine Idee ergriffen und sie unbewußt zu seiner eigenen gemacht.

Franco schilderte mir auch die Widersprüche in Filippos an und für sich so schüchternen Person und seine Art, unter Umständen gerade denjenigen, den er am meisten bewunderte, ganz ungerecht zu beschimpfen und andererseits gerade dann seine eigenen Wut- und Zornausbrüche nicht auszuhalten.

Für Eduardo war alles Theater. Er kannte das Leben in seiner Härte, aber er übertrug es immer in Theater, wobei er nichts dabei negierte, nur alles irgendwie veredelte. So auch in seinen ausgelassenen und bewegenden Komödien, wo sich alles mischt, Farce und Varieté, Melos und Drama. Seine Schlüsse... immer durchzogen von Humanitäts-Blitzen: Publikumsverführung oder eigene, tiefe Wahrheit? Franco meinte immer, sowohl das eine wie das andere, aber dabei immer auf der Basis großer Ernsthaftigkeit.

Eine solche tiefe, herzzerreißende Wahrheit zum Beispiel ist die Szene in *La Grande Magia*, wo mitten in einem Zaubertrick eine junges Mädchen, fast noch ein Kind, zu Tode kommt. Calogero, der zuschaut, ist bestürzt. Marvuglias Erwiderung: *„... es ist doch nur ein Experiment."* – *„Aber der da hat gesagt, sie sei tot."* – *„Aber ja, auch das nur ein weiteres Spiel."* – *„Warum machen wir sie denn, diese Experimente?"* – *„Wer weiß, vielleicht war das ein Trick, den ich nur noch nicht kannte",* und so weiter und so fort. Er selbst, so Marvuglia, würde nicht zögern, sich den Experimenten bedeutender Illusionskünstler zur Verfügung zu stellen, Zauberern, bedeutenderen als er selbst, bis hin zum allerbedeutendsten, bei dem alle nur darauf brennen, ihn endlich persönlich kennenzulernen. Denn sollte sich diese Gelegenheit tatsächlich einmal ergeben, müsse man sich dieser vollständig hingeben. – Da haben wir es, das erstaunliche und wunderbare Spiel der Illusion!

Und weiter geht das Spiel... Voll des Starkults, menschlich und vollkommen wahrhaftig. Der Illusionist berichtet von dem Experiment mit dem Kanarienvogel, diesem armen Vögelchen, das jeden Abend wieder aufs neue vom doppelten Boden der Zauberschachtel zermalmt wird, während das Publikum glaubt, es sei verschwunden. Er zeigt Calogero die vierte Wand der Klappvorrichtung, als ob es sich dabei um das offene Meer handele. *„Aber nein, dies ist eine Wand! Nein, gib mir Deine Hand, und jetzt streck' sie durch!"* Und Calogero steckt sie wie befohlen durch die Wand. *„Siehst Du! Gegen eine Wand stößt man, und doch bist Du durch sie hindurch. Was ist das also, eine Wand? Ein getürktes Spiel? Nein! Hier hast Du einen Stein, und das ist das Meer. Kannst Du es fühlen?"* – *„Ja, ja, ich fühle es..."*

E. Brigliadori (Marta) und G. Dettori (Calogero) in 'La Grande Magia', Piccolo Teatro, Mailand, 1985

G. Dettori (Calogero) im Schlußakt von 'La Grande Magia', Piccolo Teatro, Mailand, 1985

Spiel – Realität – Wahrheit – Illusion – Zauberei. In seiner Einsamkeit (mittlerweile befinden wir uns im letzten Akt) sagt sich Calogero: *„Hoffen wir, daß das Spiel nun bald zu Ende ist."* – *„Denn"*, so fährt er fort, *„dieses Spiel könnte uns auch altern lassen oder vielmehr uns das Gefühl des Alterns geben... Aber wird auch das Bild des Todes, mein nahes Ende, sich mitteilen? Werde ich Angst haben? Ach nein – Angst wovor? Vielleicht Angst vor der Enträtselung eines Spiels, der Auflösung und damit dem Verlust der Illusion?..."*, dem Unergründlichen zwischen Realität und Illusion, das zugleich Höhen und Abgründe berührt.

Das ist die atmosphärische Temperatur bei Eduardo: blitzlichtartig aufleuchtende Momente des Menschlichen, die er seiner profunden Kenntnis der menschlichen Seele und des menschlichen „Seins in der Geschichte" verdankt.
Franco bestätigte mir, daß Eduardo, wie fast alle großen Komiker, eine große Einsamkeit mit sich herumtrug, die sich manchmal wie ein Schrei, ein Weinen oder ein unterdrücktes, in sich gekehrtes Wimmern artikulierte. Und diese Einsamkeit vergrößerte sich angesichts des Unmöglichen, angesichts des Anspruchs auf das Unmögliche, mit der Zeit mehr und mehr...

Ich glaube, daß nichts an Eduardo mit der sogenannten kleinen alltäglichen Realität zu tun hat. Es kann ein großer Fehler sein, seine Werke auf kleine Lebensereignisse zu reduzieren, wie im besonderen auf die des neapolitanischen Lebens mit seinen Spaghetti, seinen tricchi-tracchi, glutäugigen Mandolinenspielern und so weiter. Bewegt man sich aber bewußt außerhalb dieser Schemen, erweitert sich der Diskurs um Eduardo und beansprucht plötzlich eine dramaturgische Weite, die wir mit unserer Arbeit an der *Grande Magia* begehbar zu machen versucht haben. Dieser Versuch wird sich nicht nur für uns als fruchtbar und nützlich erweisen, sondern wird auch

dem Publikum einige Aspekte dieser Komödie eröffnen, die ihm bisher sicherlich verborgen geblieben waren. Dabei denke ich an jene Vibrationen, die ich immer als Eduardos „Seiltanz" empfand. Jenes unregelmäßig gespannte Seil seines Lebens, das wir mit unserer Inszenierung vielleicht ein wenig zum Schwingen bringen konnten. Allein auf dieser Basis werden wir einen vielleicht wichtigen Beitrag für das italienische wie europäische Theater leisten können.

Wie bei Pirandello gibt es auch bei Eduardo im europäischen Theater viele Mißverständnisse auszuräumen. Es wäre gut, ihnen zu begegnen und dabei zu sehen, ob es möglich ist, Pirandello ebenso wie Eduardo in einer anderen Dimension – jenseits von bekannten Schemata, Übertreibungen, Gemeinplätzen, konzeptionellen Vergewaltigungen oder Bequemlichkeiten im Äußerlichen –, in einer angemesseneren Sichtweise darzustellen.
Eduardos Theater kann einem europäischen Publikum, wenn es liebevoll übersetzt, konzipiert und dargestellt wird, tiefe Gefühle vermitteln. Und es wird – und das ist der wichtige Punkt – auch bestätigen können, daß unser, das heißt das italienische Theater auf europäischem Niveau steht. Im europäischen Chor derjenigen, die in den letzten Jahren für das Theater geschrieben haben, werden sich auch „unsere Stimmen" finden und Eduardos mit an erster Stelle. Nicht wir, aber andere werden feststellen können, daß die italienische Dramaturgie für die Nachkommen in der europäischen Theatergeschichte Werke hinterlassen hat, die nicht verschwinden werden.

Giorgio Strehler; Textcollagen aus Notizen anläßlich seiner Inszenierung von 'La Grande Magia', Mailand, Piccolo Teatro, 1985, sowie einer anläßlich der Konferenz 'Ommaggio a Eduardo de Filippo – i tutti volti di Eduardo' gehaltenen Rede, Mailand, 1. April 1985

JOUVET, IL CARO PATRON

*„... eben weil das Theater stärker ist als ich und
weil ich erst heute begriffen habe, was Bestimmung für das Theater bedeutet –
Bestimmung, die mehr ist als nur Leidenschaft..."*

GIORGIO STREHLER

'ELVIRA O LA PASSIONE TEATRALE'

Unter den vielseitigen Veranstaltungen anläßlich des vierzigsten Geburtstags des Piccolo Teatro haben wir daran gedacht, im Teatro Studio auch *Elvira o la passione teatrale* zu zeigen. Es ist ein fast emblematisches Stück für unser Theater, Liebesbekenntnis für einen der ganz Großen des Theaters und letztlich eine Möglichkeit der Reflexion über die Moralität theatralischer Gesten. Gleichzeitig aber auch Zeugnis der tiefen Verpflichtung gegenüber der Arbeit, die wir mit unserer neuen Theaterschule zu entwickeln versuchen: der seit 1947 bis heute kontinuierlichen Diskussion über die Entwicklung des Theaters und des Menschen.

Zwei Stunden absoluten theatralischen Engagements, in denen Giulia Lazzarini und ich vor Schülern auf der Bühne – Symbol aller ehemaligen und zukünftigen Schüler – sowie vor einem Publikum die nachdenklichen Worte großer Ernsthaftigkeit und Strenge eines „Meisters" des Theaters zu vergegenwärtigen suchen. Kein „Recital" – ein Wort, daß wir verabscheuen, – vielmehr eine Art theatralischer Suizid, denn die Leute sollen die Mühen, Schmerzen und die teilweise unerträgliche Spannung unseres Schauspieler-Daseins in ihrer ganzen Wirklichkeit zu spüren bekommen. Sie sollen uns als Diener des Theaters, als die (immer unvollkommenen) Boten von Wahrheit und Dichtung in unserer ganz eigenen, geheimnisvollen Realität erleben.

Ein so hoher Anspruch wie der Jouvets verdient, in andere Richtungen weitergedacht zu werden, und geht von selbst über die bloße „Aufführung" hinaus, über die allein nur schwerlich sich ein so außergewöhnliches Stück wie *Elvira o la passione teatrale* definieren ließe. [...]

Zustimmung und Anteilnahme ging bei der Aufführung schließlich durch die Reihen unseres Publikums, an diesem Prozeß der Wahrheitsfindung in der Erarbeitung einer Inszenierung teilzuhaben. Das gehörte zu den wenigen Dingen, die mich in meiner letzten Phase als Theatermann wirklich bestärkt haben und dabei viel von der Bitterkeit, der Feigheit, der Unordnung, die unsere Arbeit immer umgibt, vergolten haben.

Es ist unnötig zu betonen, wie sehr dieses In-Szene-Setzen eines Diskurses über Theater mit der Grund-Idee und -Struktur des Teatro Studio, das mit dieser Inszenierung eröffnet und eingeweiht wurde, verbunden ist. Deswegen sei dem Publikum diese unsere so große Inszenierungs-Anstrengung mit dem Versprechen gewidmet, sie so oft wie möglich zu wiederholen, denn *Elvira o la passione teatrale* wird immer so etwas wie der rote Faden in Erinnerung an Genese und Ausrichtung des Teatro Studio bleiben.

[...] Die Lebendigkeit dieser Inszenierung wird lange anhalten, und *Elvira* wird in unserem Theater unverzichtbar gegenwärtig bleiben, sozusagen eine Aufforderung an alle, sich für noblere, höhere Theater-Konzeptionen einzusetzen. Denn schon morgen werden die „fiktiven" Schüler dieser Inszenierung wieder wirkliche Schüler sein und das Heute als Theaterwirklichkeit erneuern. Giulia und ich werden ihnen dann als „wirkliche" Lehrer die gleichen Dinge sagen, die wir ihnen bereits an jenen Vorstellungsabenden zu vermitteln suchten. Dort, in unserer Schule, werden wir immer versuchen, auf dem einst von Jouvet gespannten Seil der Liebe, Weisheit und Intuition im Theater weiter zu balancieren, das dieses Mal zu einer Darstellung für das Publikum wurde.

Giorgio Strehler, Notizen anläßlich der Inszenierung von 'Elvira o la passione teatrale' (nach Probenskizzen von Louis Jouvet zu Molières 'Don Juan'), Teatro Studio, Mailand, 1986

G. Strehler (Louis Jouvet) und G. Lazzarini (Claudia und Elvira) in: 'Elvira o la passione teatrale', Teatro Studio, Mailand, 1986

CARO PATRON

Ich schreibe Euch nach einer Probe, wo ich mit Euren Worten gesprochen habe. Ich habe sie wie zu mir selbst gesagt, ich sagte sie Giulia, die „Claudia“ war, ich sagte sie den Schülern und einem noch immaginierten Publikum. Morgen schon wird es das nicht mehr sein. Es wird das „wirkliche“, einzige, ewige, immer gleiche Publikum sein.

Wir alle sind durchdrungen von einem Gefühl großer Bewegtheit und großer Dankbarkeit angesichts Ihres Gedankenguts.

In dieser Nacht vermag ich Ihnen dennoch nicht viel zu sagen.

Wie so oft erweisen sich auch jetzt Gedanken und Worte als eher konfus, die entsprechenden Gefühle dagegen als einfach und klar. Ihr seid es gewesen, der mich gelehrt hat, nicht zu viel vom Theater begreifen oder besser gesagt, durchschauen zu wollen. Ihr ward es auch, der mir sagte, die Intelligenz eines Schauspielers läge in seiner großen Empfindungsfähigkeit. Und ebenso wart Ihr es, der sagte: „Ein Baum, der wächst, denkt nicht darüber nach, daß er wächst. Er wächst einfach.“

Natürlich habe ich dennoch, genau wie Ihr, das Bedürfnis, zu verstehen und über das Theater, unseren Beruf, nachzudenken. „Wie kann man Theater machen, ohne dabei ständig an etwas anderes als Theater zu denken“, sagtet Ihr einmal. Fast möchte ich darauf mit der Frage antworten: „Wie hält man es über die Jahre hinweg in diesem Beruf überhaupt aus, in dem immer auch etwas Infames, Unwürdiges, Eitles und Unnützes mitschwingt?“

Ihr habt bis zum Schluß ausgehalten. Auch ich werde darin aushalten. Und vielleicht habe ich erst heute verstanden, was Ihr mir eines Abends nach einer Probe von 'Don Giovanni' an irgendeinem anonymen, aber für mich unvergeßlichen Tisch in einer Bar mitteilen wolltet, als Ihr sagtet: „Die Schauspieler haben keine Bestimmung, der sie folgen, wenn sie spielen. Wenn sie bei Schauspielern auftaucht, dann später. Meistens erst ganz am Schluß.“ Das waren ganz exakt Eure Worte.

In meiner enthusiastischen Jugendlichkeit hörte ich Euch damals zu, manchmal meinte ich, von dem, was Ihr sagtet, etwas verstanden zu haben. Nur eben das konnte ich noch nicht verstehen: Damals hielt ich mich für absolut auserwählt für das Theater. Meine Bestimmung sah ich auf der Bühne und nirgendwo sonst. Ich war wie verrückt vor „theatralischer Sendung“, Staunen, Liebe und Leidenschaft für das Theater. Warum also sollte ich auf dieses „ganz am Schluß“ warten?

Seitdem sind Jahrzehnte der Theaterpraxis vergangen. Nun bin ich hier in dem einsamsten Moment „nach der Probe“, im Halbdunkel meines Zimmers, allein vor meiner alten Schreibmaschine, die langsam ihre Anschläge verliert und sich die Buchstaben selbst wegfrißt. Um mit mir selbst und mit einer Welt, die noch nichts von dem „Theater“ von morgen – unserer Aufführung – vernehmen kann, zu sprechen. Um noch einmal „im Theater“ zu verweilen, ohne Mitleid, Reserviertheit und, wie immer, hoffnungslos von dem Gefühl des Theaters als Gnade ergriffen.

In diesem Moment schreibe ich an Euch, um Euch wissen zu lassen, daß ich Euch jetzt, jetzt erst verstanden habe. Jetzt erst, im Augenblick scheinbar übermächtiger Angst, unendlicher Müdigkeit und größter Verweigerung gegenüber dem Theater, habe ich wirklich begriffen, daß ich mich dem Theater nicht verweigern kann, eben weil es stärker ist als ich, stärker als alles andere. Jetzt erst weiß ich, was „Bestimmung“ für das Theater bedeutet, Bestimmung, die mehr ist als „Passione Teatrale“ – als „Theater-Leidenschaft“, die am Anfang so leicht, so warm, so unvergeßlich und glücklich erscheint.

Gerade jetzt, also erst ziemlich spät, weiß ich, daß mich diese Bestimmung vollkommen beherrscht. Und alles Bisherige war wie ein „Auf-die-Probe-Stellen“. Aber wenn das die Probe ist, geht sie bis an die Grenzen, bis „zum Schluß“.

Patron, wenn ich noch am Leben bin, hier, an Eurer Seite, so verdankt Ihr dies dem letzten Liebesbeweis, den das Theater mir abverlangt hat. Jetzt vermag ich ihm nichts mehr zu geben. Nichts ist mir geblieben, denn ich bin schließlich und endgültig völlig meiner selbst beraubt. Was nur noch bleibt, ist „Es“: das Feuer, das mit einem fast unerträglichen Blitz, ohne Glut und Asche, unerbittlich weiterbrennt. Wie ein glühender Stern, der seine Atome über das Universum verstreut.

Amen. Auch für mich ist es bereits drei Uhr morgens.
Ein Tag im Juni 1986.

Giorgio Strehler

Giorgio Strehler: Brief an Louis Jouvet anläßlich der Inszenierung von 'Elvira o la passione teatrale', Piccolo Teatro, Mailand, 1986

PIRANDELLO

„Sein ist: sich machen."

„ZUSTÄNDE DER ERWARTUNG" – ODER: DAS THEATER PIRANDELLOS

Ich war immer der Meinung, daß, wenn man über Pirandellos Theater nachdenkt, ohne die Grenze des Glaubwürdigen zu überschreiten und ohne diese quälenden Verwicklungen seiner vielen verschiedenen Phantasmen, die sein dramatisches Werk ausmachen, zu entwirren, man auch heute noch genauso entwaffnet sein wird, wie damals bei *Sechs Personen suchen einen Autor* und *Heute abend wird aus dem Stegreif gespielt*. Vielleicht kommt das daher, daß Pirandellos Theater die beruhigenden Schemata psychologischer Gefälligkeit auflöst, Bewußtseinskonflikte als solche freilegt und zu guter Letzt die gegenwärtige Gesellschaft auf die bissigste und unbarmherzigste Art kritisiert, indem er sie nackt und zitternd aus der übermenschlichen Bühnen-Distanz vorführt.

Unausweichlich bestimmt von ihrer zerstörerischen Kasuistik und widersprüchlich in ihrem ewigen Verlangen nach Inkarnation und Deinkarnation, verlieren seine Texte heute ihre ideologische Unmittelbarkeit, die sie vor noch nicht allzu langer Zeit so brisant und angreifbar machte. Heute werden sie eher zum Schrei, zum glühenden Fragezeichen in ihrer hellen Schreib-Wut, Abbild einer tiefen Theatralität, einer szenischen Vision, die so progressiv und spontan ist, daß sie manchmal aus echter poetischer Ader voller kosmischer Resonanzen hervorsprudelt.

Ich bin Pirandello an den entscheidenden, ich würde sogar sagen „Schnittstellen" meines Lebens begegnet: am Anfang meiner Theaterzeit, als das Theater noch ganz überwältigende Entdeckung für

mich war, mit *Heute abend wird aus dem Stegreif gespielt*, *L'imbecille*, *L'uomo dal fiore in bocca* und *La patente* (1944) sowie *Die Riesen vom Berge*, erste Version (1949).

Dann zum zweiten Mal in dem Moment, als ich jegliches Vertrauen in Theater und Kunst überhaupt verloren hatte, mit der zweiten Version von *Die Riesen vom Berge*, 1966.

Heute schließlich, mit der bevorstehenden Aufführung von *Come tu mi vuoi*, erscheint mir das Theater mehr und mehr gefährdet, zwischen Überleben und Sterben pendelnd – ein Ort verlorener Illusionen.

In all diesen Inszenierungen kann man meinen Traum und meine unermüdliche Suche nach einem Theater, das zugleich magisch, voller Phantasie und schrecklich menschlich ist, verfolgen (alles Themen, die auch Pirandellos Theater umschreiben und dabei gerade von seiner extremen Desillusion ausgehen) – ein Theater, das es möglich macht, diese Reinheit und „Naivität" wiederzufinden, die das Entzücken an der Fiktion der Zeit, an Lichtern, an Erscheinungen ausmacht – das Entzücken von Kindern, die bereits einiges wissen, aber dennoch immer wieder von neuem bereit sind, sich von ein wenig Poesie verzaubern zu lassen.

Heute erscheint mir Pirandello, wie damals zur Zeit der zweiten Version der *Riesen vom Berge*, als eine der besten Möglichkeiten, mit einem zeitgenössischen Publikum – über geschriebene und ungeschriebene Worte hinaus, vielleicht sogar bis ins Schweigen hinein – über die Wechselbeziehungen von Niederlagen und die verschiedenen Zustände und Grade menschlicher Erwartung zu kommunizieren.

Als ich *Die Riesen vom Berge* 1966 inszenierte, dachte ich, daß die Riesen auch wir selbst sind, wir, die wir uns im täglichen Leben der Poesie und damit auch dem Menschen verschließen.

Die „mythischen Riesen", die sich der himmlischen, universalen Kräfte bemächtigen wollen, sind im Grunde ein immer wiederkehrendes Thema der großen griechisch-antiken europäischen Kultur.

A. Jonasson (L'Ignota) in: 'Come tu mi vuoi', Piccolo Teatro, Mailand, 1992

Ein Thema, das den späten Pirandello sehr beschäftigte und das er hier in seinem letzten, unvollendeten Werk behandelt, wo es um die Vorstellung von Theater und Poesie in der Welt in einer realen poetischen, theatralischen „Vorstellung" geht.

[...] Ilse, eine Schauspielerin, die sich für das Theater verzehrt, ist der Überzeugung, daß Theater und Poesie der Welt der Realität wiedergegeben werden müssen und nicht nur Traum-Realität bleiben dürfen. Doch außerhalb der Traum-Realität herrscht die Wirklichkeit der Riesen und ihrer Diener – Menschen, die stumpf geworden sind, die ihr Herz und den Sinn für Schönheit vergessen haben, die arbeiten, um zu konsumieren.

Ilse verpflichtet ihre Compagnie – das Theater – , in tragischem und wunderbarem Irrtum, genau dort, vor den unsichtbaren, und doch überall präsenten Riesen, zu spielen. Cotrone, der Magier des Traums, warnt Ilse. Doch Ilse, die Schauspielerin, wird schließlich vom Publikum der kleinen Riesen (die großen sind irgendwo anders, vielleicht wissen sie sogar gar nicht einmal mehr, daß es so etwas wie das Theater gibt) umgebracht, weil sie Poesie nur als Provokation erleben. Die Schauspieler machen sich mit der toten Ilse davon. Sie sind gebrochen, aber befreit: „In der Zeit der Riesen" ist es „menschlich", sich anzupassen, keine Botschaften mehr zu verbreiten, sondern statt dessen Komiker zu bleiben, die ihr Publikum höchstens noch zum Lachen bringen wollen, sonst nichts.

Das Piccolo Teatro wird 1994 dieses Stück zum dritten Mal aufführen. Unsere „dritten Riesen" sind die Riesen von heute: Tragischerweise haben sie gewonnen und uns – bewußt oder unbewußt – mit sich gerissen. Wir sind nicht mehr die gleichen, wir sind selbst Kinder und Sklaven der mysteriösen Riesen geworden, die unser Leben in eine immer universellere Seelendämmerung hineinführen.

Die Metaphern von Theater und Poesie sind noch tragischer geworden. Vor dem heutigen Publikum können wir Theaterleute – wie die Schauspieler der „neuen Fabel" vor dem Publikum der Riesen – nur noch verschwinden und ein großes Schweigen hinterlassen. Vielleicht bedarf es aber tatsächlich dieses letzten Opfers, damit die Zuschauer, alleingelassen im Halbdunkel armselig flackernder Lichter eines Theatersaals, sich plötzlich noch einmal die Frage nach unserer „menschlichen Bestimmung" stellen müssen...

Unsere Neuinszenierung der *Riesen vom Berge* für die Spielzeit 1993/94 ist also ganz und gar nicht die Bequemlichkeit der Wiederaufnahme einer alten Inszenierung, sondern bewußte Geste in der immer größeren Verirrung, die uns umgibt.

Meine einzige Hoffnung dabei ist: Die Riesen haben zwar immer gesiegt, aber sie haben damit gleichzeitig auch immer verloren, im Mythos wie in der Geschichte. Nur der Mensch hat nicht verloren, solange er sich noch nicht endgültig aufgegeben hat...

„*Ich habe Angst, ich habe Angst!*" – mit diesen geheimnisvollen Worten endet der Text der *Riesen*, der zweite Akt, mit dem Pirandellos Leben verlosch. Das ist die gleiche Art von Geheimnis (von „Aufschub"), das ich heute in *Come tu mi vuoi* wiederfinde. Dort ist das Geheimnis nicht so sehr durch das Theater an und für sich repräsentiert, sondern durch eine Frau: eine geheimnisvolle Frau, die auf geheimnisvolle Weise plötzlich an einem Ort, kilometerweit von Berlin entfernt, wo sich am Anfang des Stückes ihr Leben abspielt, auftaucht. Eine Frau, die geheimnisvollerweise mit einer anderen Italienerin identisch zu sein scheint, die vor Jahren verschwunden ist. Eine Frau, die geheimnisvollerweise das gleiche Kleid trägt, das diese verschwundene Frau auf einem Porträt trägt, und das sie geheimnisvollerweise auf dem Speicher eines Hauses in Italien in einer alten Truhe (wieder)gefunden hat.

Come tu mi vuoi war 1926 das erste Stück mit einem Thema, das später sehr oft im zeitgenössischen Theater aufgegriffen wurde: das Thema des Verlustes und der Suche nach der Identität einer Person und gleichzeitig damit der Identität Europas.

Mehr als zehn Jahre bevor die Welt vom Wahn des zweiten Weltkrieges überspült wurde, zeigt Pirandello mit der Invention der „Unbekannten" in *Come tu mi vuoi* das Zerspringen des Herzens von Europa: die Frau, unbekannt sich selbst, den anderen und ohne Wissen um ihre eigenen Wurzeln, ihre Sprache, ihr Land. Ihre Wurzeln sind vielleicht italienisch, durch den Krieg aber ausgerissen und irgendwohin, in ein anderes fremdes Land verpflanzt. Deutsche geworden, spricht aus der Unbekannten die Erschütterung eines ganzen Kontinents, der auf dem niedrigsten Niveau seiner Realität umgetrieben wird.

Als die Unbekannte nach Italien kommt und dieses zunächst wie einen Mythos wiederfindet – das sanfte Italien mit seinen immerblauen Himmeln und seinen „guten Menschen" – , wird sie schließlich auch dort plötzlich mit der Kleinheit, dem Geiz und dem Grau der durch den Aufstieg des Faschismus geprägten Gemüter konfrontiert. Sie bedient sich der Züge eines anderen „Selbst" – schön, jung und rein –, um das Bild jenes „zweiten" Selbst auszulöschen, das noch kurz zuvor in einem Cabaret im Berlin des aufsteigenden Nazismus getanzt hatte.

Es gelingt ihr nicht mehr, weder gegenüber den anderen, noch gegenüber sich selbst, so zu sein, wie sie ist, und in ihrem So-Sein akzeptiert zu werden und nicht in dem einer anderen Person.

So wird das Pirandellosche Thema des Seins von *Einer, niemand und hunderttausend* bereichert durch ein anderes Thema: das des Nicht-mehr-Wissens, woher man kommt, noch welche Sprache das eigene Herz und die eigenen Worte sprechen.

Das Drama der Unbekannten kann nur scheinbar gelöst werden. Am Schluß bleiben bewegende und schmerzliche Fragen. Die einzige Antwort, die die Unbekannte den „anderen" – uns – zu geben vermag, ist diese: „*Sein ist: sich machen.*" – Ansonsten gibt es nur die Leere.

Unsere Inszenierung, die auf diesem so oft mißverstandenen, aber von einer großen dramaturgischen Idee illuminierten Text beruht, wird sich aus einer Truppe von italienischen und deutschen Schauspielern, darunter Andrea Jonasson, zusammensetzen, um nicht nur den Verlust Europas darzustellen, sondern auch die Suche nach einem Europa, wenigstens dem Europa des Theaters oder eines Europas, in dem Theater auch Zukunft symbolisiert, die zu errichten so schwierig ist – genau: um „*zu sein und sich zu machen*".

Giorgio Strehler in: Le Monde, Spezialnummer, Februar 1988, ergänzt durch Notizen anläßlich der Inszenierung von: Come tu mi vuoi, Paris, Théâtre de l'Europe, 1987/88, und durch Notizen zu 'Die Riesen vom Berge' in der Programmvorschau des Piccolo Teatro für die Spielzeit 1993/94

„IL IMMENSO CONTINENTE POETICO DI GOETHE"

„Wenn ein Regisseur an einem bestimmten Punkt
seines Lebens den 'Faust' inszenieren, den 'Faust' maximal machen will,
dann ist das natürlich die Summe eines Lebens mit dem Theater."

GIORGIO STREHLER

DAS 'FAUST'-PROJEKT:
ANNÄHERUNGEN AN GOETHE
'FAUST' UND DIE DEUTSCHE KLASSIK

Es ist nicht leicht, über dieses Theaterprojekt *Faust* zu sprechen, denn es handelt sich um Schauspiel – Schauspiel, welches sich als Theater definiert, gleichzeitig aber nur eine erste, noch lange nicht abgeschlossene Annäherung an Goethe und seinen *Faust* darstellt –, ein Theatererlebnis voller Vorschläge und Hypothesen. Unsere feste Absicht ist es, unserem Publikum eines Tages den gesamten *Faust*, Teil I und II, ungekürzt vorzustellen, wenn Mittel, Kräfte, der Wille der Zuschauer und nicht zuletzt das Schicksal uns die Möglichkeit dazu geben. So bedeutet unsere *Faust*-Suche eine bisher noch nicht gekannte Anstrengung und fordert ebenso vollkommene Hingabe wie das Verständnis des Publikums, unsere *Faust*-Geschichte als allererstes Bruchstück eines großen Ganzen zu sehen, das uns noch über Jahre hinweg beschäftigen wird.

Die Dichte des Goetheschen Werkes, seine Vielschichtigkeit, sein offenbleibendes „Geheimnis", seine Widersprüche, seine lyrischen Stränge und vor allem seine innere Spannung, die für die Darsteller kaum zu bewältigen ist, schienen uns manchmal fast unbegreiflich. Nicht selten sind wir verzweifelt, kämpften mit Engeln wie mit Dämonen. Aus all dem ist dieses vielfältig zusammengesetzte Theaterereignis entstanden, in dem Stile und Methoden sich überschneiden und dabei nicht einheitlichen, sondern vielmehr schöpferischen und intuitiven Gesetzmäßigkeiten folgen. Momente reinsten Schauspiels gehen über in Momente der Reflexion,

in dramatische Lesung des Textes, die sich dann wieder unmittelbar in Rezitation verwandelt. (Nicht an Methoden des Identifikations-Theaters, sondern vielmehr an Formen des epischen Theaters haben wir uns orientiert.) Die wahre Einheit der Aufführung steht im Hintergrund, denn es geht uns zunächst um eine dialektische, kritische Lesart des *Faust*, die als Bühnenereignis dargestellt und umgesetzt wird.

Ich bin grundsätzlich der Meinung, daß es im Sinne einer Annäherung an *Faust* nichts Abwegigeres als ein „einheitliches Konzept" geben kann. Um diese Tragödie anzugehen, bedarf es allerdings einer Vielzahl interpretatorischer Ansätze. Dieses Werk muß auf dem Theater anhand einer heterogenen und gleichzeitig alles in sich vereinenden Bühneninterpretation „wiedererfunden"oder, anders gesagt, neu konstruiert werden.

Mit „*Faust-Fragmente, erster Teil*" haben wir eine Art erstes Knochengerüst erstellt, wobei Anfang und Ende des ersten Teils möglichst die Eckpfeiler eines dramaturgischen Bogens bilden sollen, mit dem wir diese 2.500 Verse zu überspannen gedenken. Unsere Versauswahl stellt gerade die bekanntesten *Faust*-Episoden und Aspekte des ersten Teils ein wenig in den Schatten, betont dafür aber um so mehr sublime poetische Momente, die nur allgemein weniger bekannt sind.

Faust hat Goethe, hat die historische Periode seines Schöpfers, seiner Schriften, seines Stils überlebt. *Faust* ist vollkommenes Theater. Und was für eines! Großartig, in sich kohärent, geradezu bis an die Grenzen des Möglichen. Seinen Interpreten wird Mut und Ausgeglichenheit im Konzept abverlangt, welches phantasievoll, offen und zugleich von großer menschlicher Demut und Geduld geprägt sein muß. Verstand und Herz sind dabei gleichermaßen gefordert – als Momente unserer Existenz, die sich nur zu oft als miteinander unvereinbar zeigen.

Mir würde es bei unserer *Faust*-Suche genügen, zu einer wahrhaftigeren, komplexeren Sichtweise dieser Tragödie zu gelangen, die die Geschichte eines Menschen erzählt, der sich auf die Suche nach sich selbst, oder vielmehr nach etwas Höherem als sich selbst, macht. Ein menschliches Wesen, welches glorreich Schiffbruch erleidet und aus seinen eigenen Fehlern und Fehltaten wieder aufsteigt, gerade weil es so menschlich ist.

Unser Anliegen mit *Faust* ist der Versuch eines poetischen und theatralischen, aber auch „kulturellen" Projekts, das Allgemeinplätze zerstören und sich gegen die Ignoranz, die die Wahrheit des Goetheschen *Faust* umgibt, wenden soll.

G. Strehler (Faust) und F. Graziosi (Mephisto) in 'Faust-Fragmente, erster Teil', Teatro Studio, Mailand, 1990

G. Strehler (Faust) und G. Lazzarini (Ariel) in 'Faust-Fragmente, zweiter Teil', Teatro Studio, Mailand, 1992

Richtungweisende Prämisse zu Beginn unserer Arbeit am *Faust* war für uns zunächst auch wieder die Wahl der Übersetzung. Nach langer Überlegung und Zögern habe ich mich schließlich doch zu einer Neuübersetzung des gesamten ersten und zweiten Teils durchgerungen. Unsere italienische *Faust*-Version entspringt, jenseits allzu wörtlicher Texttreue, vielmehr dem Beweggrund, vor allem für das Sprechen auf der Bühne geschaffen worden zu sein.

Ich frage mich heute, inwieweit es dieser zusammengestückelten Arbeit gelingen wird, sich in der Berührung mit dem Publikum in Klarheit zu gestalten, inwieweit sich unsere „ricerca", unser *Faust*-Studium, wie wir es in seinem ersten Stadium nun präsentieren, bereits in „Theater" verwandeln kann, und ob unsere Arbeit im Innersten schlüssig und zusammenhängend erscheinen wird.

Denn unsere *Faust*-Arbeit hat ihr primäres Ziel nicht erreicht, solange sie nicht von unseren Zuschauern mit unmittelbarer Anteilnahme aufgenommen wird: als ein mutiger Versuch, der nicht im mindesten schon vollendete Darstellung sein will, der deshalb auch kein vollständiges Schauspiel sein will, das in all seinen Teilen abgeschlossen ist (wie aber, wenn unsere *Faust*-Suche als Vorstellung niemals abgeschlossen sein wird?).

Bei den Verirrungen des zeitgenössischen Theaters, bei der immer offensichtlicher werdenden Unsicherheit seiner Darsteller, bietet es sich an, Texte von diesem geistigen und poetischen Niveau in offener und ungewöhnlicher Form in Szene zu setzen. Lernt man so nicht eines der größten dramatischen Werke, die der menschliche Genius geschaffen hat, besser kennen? Ist das nicht eine Möglichkeit, über *Faust* „ins Gespräch zu kommen" und dabei gleichzeitig Betrachtungen über das Theater allgemein anzustellen, über die moralische Stellung der Darsteller gegenüber einem „Nur-Handwerker-Sein"? Und vor allem auch über Anliegen und Berufung von Kunst? Berührt man auf diesem Wege denn nicht unweigerlich auch die Frage, was

Theater heute ist, sein kann oder sein muß? Zusammenfassend: Sind das nicht alles Fragen, die nicht auch von Unschuld und Utopie zeugen?

Ich will nicht leugnen, daß diese beiden Komponenten – Unschuld und Utopie –, betrachtet man die vergangene und gegenwärtige Geschichte, existieren. Sie sind für mich Zeichen eines moralischen, inneren Aufrufs zur Suche nach den tiefen Beweggründen des Menschlichen (und nicht etwa Ausdruck einer Schwäche, derer man sich in der gegenwärtigen vollkommenen Auflösung jeglicher menschlicher Wertvorstellungen schämen müßte).

Die Begegnung mit *Faust* erwartete mich an einer Grenze meines Lebens als Interpret, nachdem *Faust* meinen Weg über Jahrzehnte hinweg, immer aus der Ferne, still, aber unverwandt begleitet hat. Ähnlich wie der *Sturm* oder *König Lear* mich erwarteten und andere, sehr spirituelle Momente des Theaters und seiner Dichter, die ich jeweils nach bestem Gewissen zu interpretieren versucht habe, denn ich konnte mich niemals entziehen, auch wenn die Aufgabe und das Risiko noch so groß schienen.

Aber ich glaube, daß zumindest bestimmte verzweifelte Momente der Liebe für ein Stück festgehalten, bestimmte „Abenteuer" riskiert und bestimmte Vertrauensbekundungen dem Zynismus, der Leere und Resignation großer Teile des heutigen Theaters und der zeitgenössischen Kunst entgegengehalten werden müssen. Ich glaube daran, daß bestimmte Schlachten geschlagen werden sollten, auch wenn sie vielleicht schon von Anbeginn an verloren scheinen.

G. Lazzarini (Poesie und Knabe Wagenlenker) in 'Faust-Fragmente, zweiter Teil', Teatro Studio, Mailand, 1992

Unsere Suche nach *Faust* hat begonnen. Wir haben sie mit einem großen Einsatz bezahlt und getragen. Heute übergeben wir sie dem Publikum. Und wieder einmal versuchen wir damit, unsere Verpflichtung und Verantwortung als Theaterleute zu erfüllen.

Rund um die Inszenierung des *Faust* werden wir dem Publikum andere Theaterversuche, die alle etwas mit dem Faust-Thema zu tun haben, anbieten. Direkt oder indirekt eröffnen sie eine breit angelegte, kohärente und variantenreiche Reflexion über Goethe und sein Werk im Herzen des europäischen Humanismus. Die dazu vorgesehenen Aktivitäten bestehen aus zwei programmatischen Ebenen: Zum einen gibt es die Aufführungen selbst, zum anderen werden eine ganze Reihe von „incontri" (Begegnungen) zu Faust stattfinden, von den wir uns wünschten, daß sie zu einer regelmäßigen Gepflo-

G. Strehler (Faust) und G. Lazzarini (Sorge) in 'Faust-Fragmente, zweiter Teil', Teatro Studio, Mailand, 1992

157

A. Jonasson (Helena mit Chor) in 'Faust-Fragmente, zweiter Teil', Teatro Studio, Mailand, 1992

Das Projekt *Faust* ist immens. Es gehört zu den größten Abenteuern, die dieses Theater und ich jemals zusammen unternommen haben. Vielleicht wird es auch unser letztes sein. Möglicherweise kommen wir nicht einmal bis zur Hälfte unserer Vorstellungen und Pläne, aus Gründen der Geschichte, des Theaters, der Taubheit und des Desinteresses des Publikums (von Faktoren wie Geld, Engagement, personellen und technischen Mitteln, Klarheit der Ideen und politischer Sensibilität ganz zu schweigen).

Bisher haben nur wenige mit mir den Abstoß mit *Faust* vom Festland hinaus aufs offene Meer gewagt. Riskieren wir auch den Untergang, ein jeder auf seinem kleinen, zerbrechlichen menschlichen Schiff! Faust sagt an einer Stelle:

> *„Sento il coraggio di affrontare /*
> *il Mondo /*
> *di sopportare le pene della Terra /*
> *e della Terra le goie. /*
> *Di affrontare le tempeste /*
> *e nello schianto del naufragio /*
> *non tremare.“*

> *„Ich fühle Mut, mich in die Welt zu wagen,*
> *Der Erde Weh, der Erde Glück zu tragen,*
> *Mit Stürmen mich herumzuschlagen*
> *Und in des Schiffbruchs Knirschen nicht zu zagen.“*

> *[FAUST, I. TEIL, NACHT, V. 464-467]*

genheit des Teatro Studio würden. Diese Zusammenkünfte sollen als Anregung dienen, Leben und Werk dieses Dichters auf – warum nicht auch einmal – unterhaltsame Weise kennenzulernen. Damit wir uns hier nicht mißverstehen: Wir machen immer noch Theater. Dennoch glauben wir an die fundamentale Wichtigkeit einiger „Vorbemerkungen" zu Goethes Dichtung und Gedankengut hier in Italien. Um das Publikum aber auch an unserer Inszenierungsarbeit teilhaben zu lassen, haben wir die *Faust*-Proben immer wieder für das Publikum geöffnet. Wer also neugierig war, den Ablauf unserer Arbeitsweise eine Zeitlang zu verfolgen, war eingeladen, dies zu tun.

Ich sage statt dessen: „Zagen" darf man, aber dennoch mit dem Steuer fest in der Hand, die Augen unbeirrt aufs Ziel gerichtet. In unser *Faust*-Studium ist viel von jedem von uns eingeflossen. Das ist es, was wir dem Publikum anzubieten haben. Wieder einmal senken wir das Haupt in Demut vor unserer Aufgabe als Interpreten, unserer Verantwortung als Menschen des Theaters, die nicht aufhören, an das Theater wie an das Leben zu glauben.

Textcollagen aus Notizen Giorgio Strehlers anläßlich seiner Inszenierung von 'Faust-Frammenti, parte prima', Piccolo Teatro, Mailand, 1990

Strehlers „Orchester der Bühne"

Bühnenbilder, Kostüme und Lichtregie

"Die Leere des kreativen Anfangs, wenn die Poesie

lebendig gemacht, in Darstellung inkarniert wird.

Das undurchdringliche Geheimnis des geschlossenen

Vorhangs, der, wenn er sich öffnet, Wärme, Zärtlichkeit,

Phantasie, Wahrnehmbares freigibt."

GIORGIO STREHLER

Luciano Damiani

DER VERSUCH DER VERSCHMELZUNG VON BÜHNE UND ZUSCHAUERRAUM

Sie sind Strehlers langjährigster Bühnenbildner, die berühmten Inszenierungen wie 'Leben des Galilei', 'Campiello', 'Baruffe chiozzotte', 'Kirschgarten', 'König Lear', 'Der Sturm' und viele andere sind emblematisch mit der Zusammenarbeit Strehler-Damiani verbunden. Wie ist Ihre Zusammenarbeit entstanden?

1951. Ich habe in meiner Geburtsstadt Bologna an der technischen Hochschule studiert und danach – sehr erfolgreich – für Werbespots als Grafikdesigner gearbeitet. Außer einigen Versuchen als Schauspieler hatte ich zunächst überhaupt keine Berührung mit dem Theater. Später arbeitete ich mit einigen Regisseuren in Bologna. Strehler sah eines meiner Bühnenbilder und schickte mir ein Telegramm, ob ich für eine seiner Inszenierungen Entwürfe machen wolle. So fing es an. Daraus wurden fast dreißig Jahre der Zusammenarbeit. Aber ich gehörte nie fest zum Piccolo Teatro, ich war immer ein freier Bürger.

Wie sah Ihre Zusammenarbeit konkret aus, wie begann die Annäherung und Auseinandersetzung mit einem Stück zwischen Ihnen beiden?

Unsere Art, die Stücke zu „erobern", hat sich mit der Zeit sehr gewandelt. In der Anfangszeit haben wir alles theoretisch vorbereitet und entworfen , wie zum Beispiel auch noch beim *Galilei*. Aber dieses Vorgehen haben wir mehr und mehr aufgegeben, denn man kann niemals vorher die riesigen Schwierigkeiten, die bei der Realisierung bestimmter Ideen entstehen, absehen, wenn man komplexe Stücke am Tisch entwirft, wo alles kalkulierbar und abschätzbar erscheint. Mit der Zeit gingen wir mehr und mehr zum Gegenteil über, hatten nur eine vage Grundidee als Ausgangspunkt und konstruierten die Szenenbilder direkt auf der Bühne. Auf dieser Basis entwickelte sich dann von Probe zu Probe die Arbeit weiter. Man fügt hinzu, läßt weg, prüft, verwirft, fängt wieder von vorne an... Aber um zu dieser Freiheit zu gelangen, mußten wir unsere anfängliche „Methodik" erst hinter uns lassen.

Als ich anfing am Theater, wußte ich fast nichts. Ich mußte mir alles selbst beibringen. Aber Strehlers Strenge, seine Auswahl der Stücke, seine Fragestellungen, seine ständigen Ermahnungen haben mit der Zeit meine eigenen Erfahrungen zur vollen Entfaltung gebracht.

Vielleicht ein konkretes Beispiel zu unserem Vorgehen: Ich erinnere mich an den Beginn unserer Arbeit zu Bertolazzis *El nost Milan*. Strehler sagte mir zunächst nur, daß er sich ein Bühnenbild vorstelle, wo man *„die vom scharfen Waschmittel aufgeweichten Hände der Waschfrauen riechen können müsse..."*. Das also sollte die Ausgangsbasis sein.

Bevor ich dann mit *El nost Milan* anfing, ging ich in die großen Volksküchen in Mailand, um Eindrücke und Stimmungen über diese Welt einzufangen.

Wenn Sie Ihre künstlerische Entwicklung über die Jahre mit Strehler beschreiben, was waren die räumlichen, szenischen und architektonischen Auseinandersetzungen, die Sie in Ihrer Arbeit am Piccolo am meisten beschäftigt haben?

Die Rolle des Bühnenbildners hat sich in den Nachkriegsjahren unmerklich sehr verändert. Vom Maler wurde der Bühenbildner immer mehr zum Architekten. Ein neuer Realismus, sagen wir ein poetischer Realismus, setzte sich mehr und mehr durch, daraus entstand eine Methode, die einen möglichst getreuen sinnlichen Entwurf verfolgte. Doch die Struktur der Guckkastenbühne, die immer eine axiale Vision des Bühnenraumes vorsieht, ließ kaum Spielraum zu freierer Wahl der Raumgestaltung, deswegen habe ich von Anfang an versucht herauszufinden, wie man einen Durchbruch im szenischen Bild erreichen könnte, sagen wir: einen anderen, zusätzlichen „Raum" innerhalb des szenischen Raumes erfindet, der die Phantasie und Aufmerksamkeit des Zuschauers in Anspruch nehmen könnte. Ein Bühnenbild zu entwerfen, bei dem einfach nur das Bild von rechts spiegelverkehrt links wiedergegeben wird, nur um einer scheinbaren „harmonischen Raum-Geometrie" willen, schien mir unmöglich.

Also habe ich angefangen, meine Aufmerksamkeit auf eine Ecke zu richten. Es konnte die Ecke eines Hauses sein oder einfach irgend etwas, was mir dienlich schien, auf der linken Bühnenseite eine Oase poetischer Beschwörung auszuschneiden.

Später wollte ich das Bühnenbild und meine „Ecke" mehr nach vorne projizieren, wie in den *Baruffe chiozzotte*. Das war das Verlangen auszubrechen und einen neuen Raum zu erobern, nämlich den Zuschauerraum.

Schon immer habe ich mich auch theoretisch mit Raum-Konzeptionen auseinandergesetzt: Die Intervention in eine Umgebung ist immer auch eine Auseinandersetzung mit dem Betrachter, dem Zuschauer. Ich habe viel mit Castiglioni gearbeitet und zum Beispiel viele Ausstellungen im Palazzo Reale gestaltet. Bei Ausstellungen kann man Raumentwürfe sehr weit entwickeln, viel experimentieren, hier lassen sich wunderbare Neuerungen versuchen, die ich dann wieder im Theater einzuführen versuchte. Diese Beschäftigung ist für mich immer wie eine Befreiung von dem zwingenden Bühnenrahmen, gegen dessen Beschränkung ich immer rebelliert habe.

Strehlers großes Anliegen in seinem Theater war ja von Anfang an die möglichst nahe Einbeziehung des Publikums. Wie haben Sie das szenisch umgesetzt?

Meine visuelle Forschungsarbeit, die auf den Versuch gerichtet war, das Publikum am Bild teilnehmen zu lassen, es in Richtung Szene anzuziehen, bewegte sich gegen die herkömmliche Perspektive, gegen die sogenannte Applaus-Szene bei der Öffnung des Vorhangs. Im Gegenteil: Die Präsenz des Vorhangs, der zwar seine eigene präzise Bedeutungsgeschichte hat, den man aber deswegen nicht als ewig gültigen Ritus akzeptieren muß, störte mich; ich empfand ihn immer wie ein gewaltsames Teilungselement.

Es war der erste Schritt einer ganz persönlichen Forschung, bei der ich meinen sogenannten historischen Traum-Modellen folgte – Michelangelos Freitreppe nach Campidoglio beispielsweise, nach diesem unglaublichen Plan in umgekehrter Fluchtlinie ausgedacht, die mich anspornte, neue Kommunikationsformen zwischen Räumen und individueller Wahrnehmung zu durchdenken. Die Faszination der Unfertigkeit des späten Michelangelo zum Beispiel oder die unruhigen Blicke der Mächtigen und der Bittsteller bei Giotto waren spannende Anregungen...

Ich suchte also nach einem anderen Raum innerhalb des szenischen Raums, einer Art Durchgang, wo der Zuschauer seinen Platz für eigene Imagination finden sollte. Diesen Raum habe ich auf der linken Seite des Bühnenbildes angesiedelt. Damit ist das Auge, das auf die linke Seite der Bühne gerichtet ist, immer „auf der Flucht" ins Unendliche, während die rechte Seite sich schließt.

Eines Ihrer Charakteristika war tatsächlich später der Verzicht auf jede Art von Vorhang. Was war Ihr Anliegen? Ging es Ihnen dabei auch um die Überwindung des traditionellen Zuschauer-Bühnen-Grabens?

Ja natürlich. Mich hat es immer gestört, nicht auch einmal die Rollen tauschen zu können. Der Zuschauer müßte Schauspieler werden können und ich Zuschauer oder Schauspieler. Ich versuchte die Barriere, die durch den szenischen Bogen bestimmt ist, zu überwinden, solange ich unter dem Einfluß Michelangelos stand. In einigen seiner Arbeiten gibt es zum Beispiel die Tendenz, die Figurenanordnung im Raum zu durchbrechen, sogar mit seinen eigenen Regeln zu brechen und das Werk nicht zu vollenden. Dieses Unfertige hat mich immer interessiert: den Zuschauer das Werk vollenden zu lassen in dem Versuch, ihn so mit seiner eigenen Phantasie in den szenischen Raum freiwillig einzubeziehen.

Von meiner Seite war es eine Auflehnung, ein Versuch der Verschmelzung zwischen Szene und Zuschauerraum. Dieser Versuch ist in einigen meiner Stücke gelungen, im *Kirschgarten* etwa oder im *Sturm*, in einigen anderen weniger... – eine logische Inkonsequenz

Bühnenbildskizze L. Damianis zu 'Baruffe chiozzotte'

Bühnenbildskizze L. Damianis zum 'Kirschgarten'

Bühnenbildskizze L. Damianis zum 'Sturm'

eines Experiments, das nicht nur die Bühne, sondern das ganze Theater betrifft.

Auch die sogenannten Damianischen Schleier – angefangen beim 'Kirschgarten', wo es am prägnantesten war, als sinnlich-poetische Abstraktion des Gartens – sind ein konstantes szenisches Hauptmerkmal Ihrer letzten Inszenierungen mit Strehler...

Die Seidenschleier von der Bühne bis hinein in den Zuschauersaal, wie zum Beispiel im *Kirschgarten*, vereinten die zwei Ebenen, die des Schauspielers und die des Zuschauers. Sie waren die Materialisierung dessen, was ich gerne als „il fantastico superiore", das übergeordnete „Phantastische", bezeichne – so etwas wie die „Wolken" des Barocktheaters in moderner Interpretation.

Strehler sprach sich von Anfang an, getreu der Programmatik des Piccolo Teatro, des „kleinen" Theaters, für ein „teatro povero", das heißt einfaches, handwerkliches Theater, aus. Wie identifizieren Sie sich mit dieser Programmatik?

Ich mag das Dekorative, das Bezeichnende grundsätzlich nicht. Meine schönsten Bühnenbilder sind die „verschwiegenen". Ich bin seit jeher Handwerker, nicht aus Veranlagung, sondern aus Notwendigkeit. Ich bin nie mit einer Arbeit ganz zufrieden; wenn man nicht den alten Gewohnheiten folgt, muß man auch dafür bezahlen, daß man sich autonom macht. In den Werkstätten des Piccolo – das hatte ich inzwischen begriffen – erreichte ein Bühnenbildner manchmal exaktere und günstigere Ergebnisse (auch ökonomischere für den Auftraggeber), wenn er sich selbst die Hände schmutzig machte. Ich war allerdings fast mein eigener Hilfsarbeiter geworden – ich malte und konstruierte schon fast alles selbst...

Sie arbeiten seit zwölf Jahren nicht mehr am Piccolo, was sind die Gründe?

Es gab eine fruchtbare Zusammenarbeit bis zum *Sturm*; schon damals sprach man vom „neuen Sitz des Piccolo", aber der Architekt Zanuso betrachtete mich anscheinend nicht als notwendigen Gesprächspartner. Von da an entstand ein Unverständnis, so daß ich anfing, wieder selbständig zu arbeiten.
Eine lange Geschichte... Ich rate Ihnen, an dieser Stelle keine Fragen mehr zu stellen... Ich gratuliere Strehler zu seinem siebzigsten Geburtstag – ich bin übrigens auch schon siebzig! – und wünsche ihm alles Gute! Wir wollen die Vergangenheit ruhen lassen.

nach einem Gespräch, Rom, 1. April 1992

EZIO FRIGERIO

DIE EIGENEN SANDBURGEN MIT PHANTASMEN BEVÖLKERN

Ich war gerade fünfundzwanzig Jahre, als ich Strehler zum ersten Mal traf. Er war sieben oder acht Jahre älter als ich und bereits eine große Gestalt der italienischen Theaterszene, obwohl er noch so jung war. Ich dagegen war ein armer Offizier der Handelsmarine, der, um sein Brot zu verdienen, zusätzlich ein bißchen zeichnete, Buchillustrationen vor allem. Meine Interessen lagen mehr bei der Malerei und Architektur als beim Theater – ich hatte auch einige Jahre Architektur in Mailand studiert. So war ich also bei dieser ersten Begegnung mit Strehler sozusagen noch ganz jungfräulich – vor der Entdeckung dieser großen Leidenschaft, die das Theater dann für mich werden sollte.
Strehler empfing mich bei unserem ersten Treffen in einem merkwürdigen Büro im Piccolo Teatro und war gerade dabei, eine Art Automobil zusammenzubauen. Er erinnert sich nicht mehr daran, für mich dagegen war es ein markanter, fast grotesker Eindruck: ihn da mit einem großen Plastikauto spielen zu sehen... Plötzlich, nachdem wir ein bißchen geplaudert hatten, sagte er ganz unerwartet: *„Du, warum arbeiten wir nicht zusammen?"* Ich weiß wirklich nicht, wie er damals spürte, daß ich das Zeug zum Theater in mir hatte. Er entließ mich mit dem Auftrag, ein paar Kostümskizzen für ein Lorca-Stück zu machen. Als ich ihm diese dann wenig später brachte, sagte er: *„Sehr gut. Du machst das nächste Stück am Piccolo Teatro mit mir."* So unerwartet begann dieser Dialog, der nun schon dreißig Jahre andauert und vielleicht noch dauern wird – wer weiß. Diese erste Begegnung war wirklich überwältigend. Im Scherz sagte ich einmal in einem Interview, daß es mir damals vorkam, als hätte ich „Gott" getroffen. Er erschien mir wie ein Gott, er war die wunderbarste Person, die jemals in mein Leben getreten ist, faszinierend, ein Lebensquell voll unerschöpflichen Wissens. Ein großer Eindruck, etwas Magisches ging von ihm aus, wie von einem Zauberer, einem Prospero. Später dann habe ich meine so verklärte, naive Vision etwas relativiert; ich habe die Wirklichkeit entdeckt, und er wurde ein Mensch wie wir alle.
Aber er hatte mich, ohne irgendeine Probe meiner Geschicklichkeit, meiner Fähigkeit zu haben, einfach so, aus einer Art Sympathie, innerem Band, zur Mitarbeit aufgefordert. So fand ich mich also plötzlich als Kostüm- und später auch Bühnenbildner. Noch heute frage ich mich, warum mich Strehler damals gewählt hat, mich, der ich bis dahin nie ins Theater gegangen war und der ich nur den Enthusiasmus meiner Jugend besaß. Von da an war er der Motor all dessen, was ich dann machte, zeichnete, imaginierte, realisierte.

Ich würde immer sagen, daß ich alles, was ich im Theater gemacht habe, zunächst ihm verdanke, das heißt die Art, einem Text zu begegnen, ihn zu studieren, ihn mir anzueignen, die Art, ihn zu lesen. Das meint also, meinen ganzen kritischen Weg im Theater verdanke ich Strehler.

Das Gegenteil würde ich über meinen ästhetischen und persönlichen Weg sagen. Oft wird man gefragt, wie der ästhetische Austausch zwischen Regisseur und Bühnenbildner sei. Das ist für mich eine relative Beziehung. Der Bühnenbildner ist in gewisser Hinsicht sehr unabhängig. Ich würde sagen, daß der ästhetische Einfluß von Seiten des Regisseurs nicht sehr wichtig ist für den Weg eines Bühnenbildners.

Über die Jahre hinweg ist unsere Arbeitsmethode eigentlich immer sehr ähnlich gewesen: Nach einem ersten Gespräch eine Serie von Skizzen, nicht viele, da wir meistens sofort verstehen, worauf wir hinauswollen. Dann der Bauplan, der für mich immer etwas ganz Präzises ist, während er für Strehler geheimnisvolle Hieroglyphen darstellt, in denen er nur schwer die Vor- und eventuellen Nachteile des Entwurfs erkennen kann.

Er spricht viel über den Text, von den Bildern in seinem Kopf, die er umgesetzt haben möchte. Doch das sind nie Bühnenbilder, es sind immer poetische Bilder, wie etwa: *„Erinnerst Du Dich an dieses Sommer-Gefühl als Kind, als wir mit Drachen spielten?... Ich hätte gerne so eine Atmosphäre, vielleicht sogar auch mit einem Drachen."* In seiner Vorstellung haben die Bilder keinen Körper, die Farben keine Pigmente...

Was das besondere Licht der Strehlerschen Inszenierungen, seine Beleuchtung, betrifft, so gehört das vollkommen ihm. Darin ist Strehler ein Magier. Der Bühnenbildner hat bei Strehler keinen wirklichen Einfluß bei der Lichtausstattung, und ich muß sagen, daß er wirklich ausgezeichnet ist, was Beleuchtung betrifft. Er könnte ein häßliches Bühnenbild nur mit seinem Licht in ein schönes verwandeln oder mit seiner theatralischen Feinfühligkeit ein Bühnenbild durch eine Beleuchtung vollkommen ändern.

Unsere Gespräche sind meist nur kurz. Um Bühnenräume und -objekte zu beschreiben, haben wir eine Art Geheimcode, den nur wir beide kennen, dessen tiefe Wurzeln auf einer gemeinsamen Kultur beruhen, die manchmal auch aus ähnlichen Kindheitserinnerungen besteht.

Um die materielle Umsetzung der Entwürfe kümmert er sich nie, ich habe ihn nie in den Bühnenwerkstätten und selten in den Schneiderateliers gesehen. Er wartet mit einer Art besorgtem Vertrauen, bis alles auf der Bühne entweder verstanden, übernommen oder abgelehnt werden wird. Normalerweise sind diese Momente der Probe aufs Exempel, des Beweises auf der Bühne die härtesten – immer ein gewaltiger Kampf, in dem es weder Sieger noch Besiegte gibt. Aber es ist immer er, der dann schließlich alles zusammenfaßt, der meine

Bühnenbildskizzen E. Frigerios zu 'Simone Boccanegra'

163

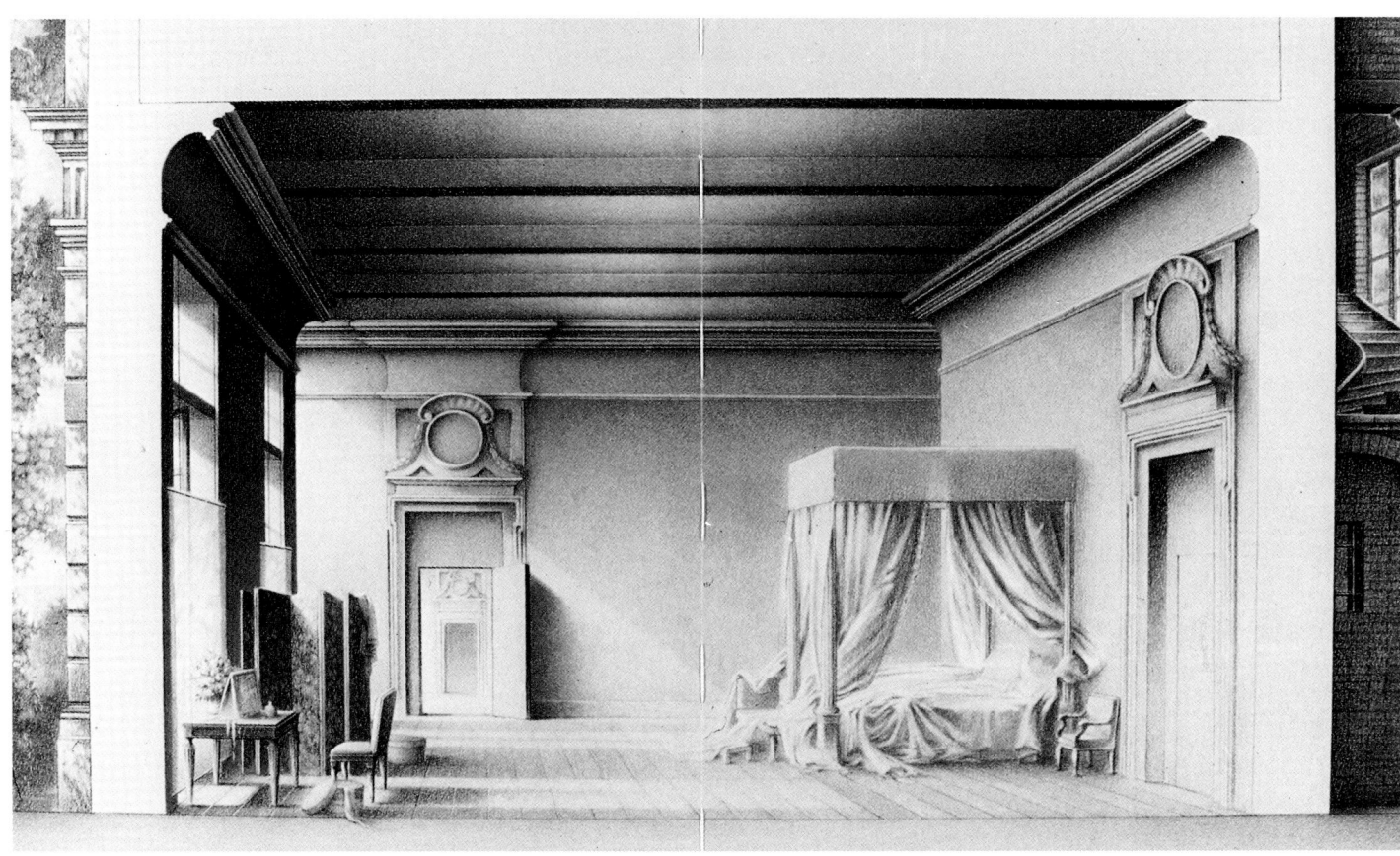

Bühnenbildskizze E. Frigerios zu 'Die Hochzeit des Figaro'

Arbeit zu seinem Werk macht, mir eigentlich meine Arbeit entreißt, um sie zu seinem Geschehen werden zu lassen.

Ich habe in all den Jahren unserer gemeinsamen Arbeit nie verstanden, was er am Anfang von meinen Skizzen und Entwürfen eigentlich verstehen konnte und welche Gefühle sie bei ihm auslösten, weil er meine Arbeit immer erst einmal in langen polemischen Diskussionen und oft mit einer unerträglichen Aggressivität kritisierte.

Unser Dialog, unsere Zusammenarbeit ist immer irgendwie geheimnisvoll. Vielleicht haben wir am Anfang klarer, expliziter gesprochen, didaktischer vielleicht auch. Mit der Zeit sind die vielen Worte fast verschwunden, ein Abend, eine Stunde zusammen – und plötzlich hat sich das Spiel zwischen uns wieder wie von selbst entfesselt. Ich muß sagen, wenn wir zusammen arbeiten, sind wir fast eine Person, Strehler und ich. Besonders mit ihm empfinde ich immer wieder diese Form der Einheit.

Seit über dreißig Jahren arbeiten wir nun zusammen, oft mit langen Pausen dazwischen, aber wir fangen immer wieder so an, unsere „Sandburgen" zu bauen und sie mit unseren Phantasmen zu bevölkern, als ob der Faden nie abgerissen wäre. Es war immer (und ist es auch heute noch) nicht leicht, mit Strehler zusammenzuarbeiten. In glücklichen Augenblicken ist Strehler für mich Freund, Komplize und Meister. Er hat mit seiner Beleuchtung, seinen Rhythmen und Tönen meine einfachen Illusionen zu steigern vermocht und manchmal daraus Akzente von wirklicher Poesie entstehen lassen können.

nach einem Gespräch, Paris, 21. Juni 1992

JOSEF SVOBODA

SUCHE NACH DEM 'FAUST'-RAUM

Mit Strehler zusammenzuarbeiten, ist seit ewigen Zeiten, als ich einmal Gelegenheit hatte, ihn arbeiten zu sehen, mein großer Wunsch. Ich war bei einer Aufführung von ihm in der Piccola Scala in Mailand und erinnere mich, daß ich vollkommen beeindruckt von seinen Arbeitsmethoden und den Resultaten, die er damit zu erreichen vermochte, zurückblieb.

Später sah ich seinen *Arlecchino*, als er auf Tournee nach Prag kam, Ende der fünfziger Jahre. Ich spürte damals, daß sein Theater ein Theater mit großgeschriebenem T war, in dem der Schauspieler wieder die Rolle des Protagonisten innehatte, in dem das Bühnenbild in die dramaturgische Konzeption der Inszenierung ganz integriert war, innerster Teil eines Ganzen. Das machte mich neugierig, reizte mich, denn seit Beginn meiner Theaterarbeit hatte ich immer nach der Verwirklichung eines neuen ABC im Bühnenbild gesucht, das nicht bloße technische Hilfestellung einer Aufführung, sondern mehr und mehr ins Immaterielle, Unkörperliche gerichtet sein sollte.

In meinen Bühnenbildern habe ich mit Kinetik experimentiert, mit großen architektonischen Massen im szenischen Raum, mit verschiedensten Technologien, aber immer war ich dabei auf der Suche nach der Begegnung mit einem Regisseur, der sich der Mittel, nach denen ich suchte, zu bedienen verstand.

Die Achtung, mit der ich Strehler immer begegnet bin, hat mich – über den unmittelbaren kreativen Ansporn hinaus – dazu gebracht, lange darüber nachzudenken, was eigentlich seine szenische Interpretation ausmacht.

Deswegen hat mich Strehlers Einladung, das Bühnenbild zum *Faust* zu betreuen, sehr gefreut. Ich ließ mich damit auf ein großes Aben-

Die Seidenspirale an der Decke des Teatro Studio im 'Faust', Mailand, 1990

Programmheft-Titelseite für 'Faust'

teuer ein, in dem das einzige Sichere die Ausgangs-Absichten waren, nämlich: eine kontinuierliche Suche, um für Goethes große Poesie eine angemessene theatralische Form zu finden.

Es war eine Arbeit, die sich mit der Zeit, in der Zeit entwickelt hat, denn ein Werk wie der *Faust* hat zunächst einmal unendlich viele Lösungen anzubieten, jede einzelne muß erwogen und beraten werden. Wir brauchten viele intensive Zusammenkünfte, um gemeinsam nachzudenken – obwohl ich von Anfang an sicher war, daß wir dieselbe Theatersprache sprächen und daß wir uns auch ohne viele Worte verstehen würden.

Aber eine Chiffre, einen Stil, eine Form der Annäherung an *Faust* zu finden, ist ein schwieriges Unternehmen, erfordert einen enormen Einsatz auf allen Ebenen. Für Strehler war die Aufgabe doppelt schwer, denn zusammen mit der Regie stellt er sich mit seiner eigenen Person der Interpretation der Faust-Figur. Eine Aufgabe, von der er selbst am besten weiß, wie erschöpfend, verpflichtend und gewagt sie war.

Strehler wußte, daß das Bühnenbild dieses Mal weniger aus einzelnen, real gemalten oder konstruierten Szenen bestehen, sondern eher ein Gesamtraum, sein *„Faust-Raum"*, werden würde, den er sich dann – mehr physisch als eigentlich konzeptionell – aneignen müßte. Die Lösungen, die wir schließlich gemeinsam gefunden haben, um seinen *Faust* in dem wunderbaren Teatro Studio lebendig werden zu lassen, sind die Ergebnisse dieser langen gemeinsamen Suche, die schließlich in einen Einklang von immer wieder bis zur endgültigen Perfektion erprobten Formen und Bildern mündete.

Dabei hat ihn seine außergewöhnliche Präzision nichts versäumen lassen, immer prüfte er jede Lösung auf ihre wirkliche Tragfähigkeit und – eine seltene Gabe – fing auch manchmal wieder von vorne an, wenn er merkte, daß er einen inadäquaten Weg eingeschlagen hatte. Ich bin überzeugt, daß man nur so wirkliches Theater machen kann: mit dem Mut zur Verausgabung, was auch immer die Aufgabe ist, die man bewältigen und zu Ende führen muß. Auch das ein „Pakt", den Faust fordert.

Strehler gehört zu den Regisseuren, die in der Arbeit immer perfekt vorbereitet sind, sich aber dann bei der Arbeit selbst nur durch das Gefühl und die Intuition leiten lassen.

Er ist ein geborener Theatermann, der nichts übrig hat für belanglose, eitle Diskussionen. Wenn er während der Arbeit plötzlich auf einen Schlüsselmoment des Stückes stößt, springt er ohne weiteres auch selbst auf die Bühne und läßt aus dem Moment heraus alles neu entstehen, mit allen möglichen, ihm immer verfügbaren Mitteln wie Licht, Kostüme usw. Da improvisiert er dann und richtet spontan alles neu ein, lehnt ohne weiteres schon Gefundenes ab und entdeckt dadurch vollkommen Neues, bis dahin Unbekanntes.

Als wir zusammen nach einem stilistischen Grundmotiv der *Faust*-Inszenierung suchten, probierten wir unzählige Variationen, bis wir schließlich auf diese weiße Seiden-Spirale an der Decke kamen, die das ganze Geschehen von Anfang bis Ende überspannt wie eine universale Lebensspirale oder auch der Kosmos selbst. Mit dieser Bühnenlösung kamen wir auf eine der wichtigsten, auch symbolischen Ausdrucksformen des gesamten *Faust*-Anliegens Strehlers – die Spirale bekam so eine ganz wesentliche dramaturgische Funktion. Deswegen taucht sie ja auch als Emblem immer wieder auf, auch auf dem Programmheft zum Beispiel.

Die Fähigkeit und Leistung, die ich bei Strehler mit am meisten schätze, ist, daß er eine Idee oder einen Einfall des anderen sofort aufgreifen und in sein Konzept integrieren kann und ihn weiter zu entfalten und zu entwickeln versteht.

Es ist wirklich eine große Freude, ihm dabei zuzusehen, und es ist eine riesige Freude, mit ihm zusammenarbeiten zu können und zu dürfen.

Text von Josef Svoboda, Prag, Mai 1992

„MUSIK IST MEINE LIEBSTE GEFÄHRTIN"

Operninszenierungen und Zusammenarbeit mit Musikern

„Wenn Strehler

einen bestimmten Vers

im Text besonders mag,

tanzt er fast darauf."

DIDIER SANDRE

MEIN WEG MIT MOZART

*„Mozart ist der Musiker, der Künstler,
der mir in jeder Beziehung am meisten 'liegt'.
Mozart ist Gegenwart, Vergangenheit und Zukunft. [...]
Das ist es, was ich an ihm liebe: seine totale Musikalität,
durch die die Welt augenblicklich, dem Anschein nach
und wirklich, auf unmittelbarste, eigentümlichste
und sparsamste Weise Musik wird."*

GIORGIO STREHLER

Meine Beziehung zu Mozart reicht bis in meine jüngste Kindheit zurück. In meinen ersten Jahren in Triest haben mich Mozarts Quartette und Sonaten ständig begleitet, und sie sind heute so etwas wie eine Art „Lebensteppich". Allerdings habe ich mich erst im Alter, vielleicht mit einer gewissen Reife, Mozart auf der Bühne genähert, das heißt, als Regisseur versucht, sein Genie in szenische Form umzusetzen.

Wenn man sich als Interpret Mozart respektvoll, bescheiden und liebevoll – die für mich fundamentalen, notwendigen Voraussetzungen, um Kunst überhaupt zu begreifen – nähert, empfinde ich ihn klar, verständlich, voller Herz und gleichzeitig doch so unerreichbar wie einen vereinzelten Stern am Firmament. Diese doppelte Perspektive macht sich in seinem musikdramatischen Werk noch deutlicher bemerkbar, bedingt doch schon das Genre an und für sich eine so große Komplexität klanglicher und dramatischer Ausdrucksformen, daß selbst die besten Absichten in einer kritischen und intellektuellen Annäherung seinem Werk manchmal nicht standhalten können und es deswegen auch so oft auf entweder historisierende oder kindlich-einfache Interpretationen reduziert wird.

Mozart ist für mich ein absoluter Theatermensch, nicht nur ein großer Musiker, der sich mit seiner Musik „auch" dem Theater gewidmet hat. Ich glaube, das ist der Irrtum vieler Kritiker, die ihn in seinen Opern hauptsächlich als Musiker würdigen, dem es in erster Linie um seine unvergängliche Musik zu tun war, dem aber eigentlich das Theatralische, die dramatische Sprache, die Gestik und die theatralischen Situationen gleichsam eine durch die Gattung bedingte Hürde in der Kompositionsgestaltung waren. Dagegen, finde ich, muß man betonen, daß gerade Mozart eine Textvorlage niemals einfach als vorgegeben hinnahm, sondern sie ganz entscheidend beeinflußte und auch literarisch formte, bevor er sie vertonte. Das ist ja vielfach in Berichten über seine geduldige Arbeit an den Texten, an der Ausformung einer Idee, an der Gestaltung der dramatischen Situationen belegt, in Änderungswünschen, die er selbst ausführte oder ausführen ließ.

Woher mag Mozart seine Besessenheit für die Bühne, diese kontinuierlich ihn anstachelnde Notwendigkeit, seine Musik auch theatralisch auszudrücken, genommen haben, in diesem höchst konventionellen, mißgünstigen, intriganten gesellschaftlichen Umfeld, in dem er lebte, wenn nicht aus der eigenen innersten Überzeugung, daß das Theater etwas unbedingt Notwendiges, Unersetzbares im menschlichen Leben sei und daß dessen Existenz- und Aufführungsberechtigung, selbst zu einem sehr hohen Preis (für ihn in der damaligen Zeit war er sehr viel höher als für uns Interpreten heute), erkämpft werden müsse.

Theater als menschliche Kommunikation, als eine Botschaft der Wahrheit, die im menschlichen Herzen bewahrt wird, Theater als Realitäts- und Utopie-Entwurf, als Vision einer Gegenwart oder Pro-

*G. Unger (Pedrillo) und F. Corena (Osmin) in der 'Entführung aus dem Serail',
Salzburger Festspiele 1965*

phezeiung einer möglichen Zukunft, das ist es, was uns Mozarts Bühnenwelt zeigt und was wir als Interpreten und das Publikum heute mit der Mozart-eigenen spielerischen Leichtigkeit und gleichzeitigen Ernsthaftigkeit seiner Parabeln, die alle Schleier des poetischen Traumes und gleichzeitig ganz konkrete Historie in sich tragen, zu vollenden versuchen müssen.

1965 habe ich in Salzburg mit der *Entführung aus dem Serail* meine „Mozart-Interpretation" begonnen, der erste Schritt auf dem Weg einer immer weitergehenden Annäherung und Vertiefung in sein Werk. In der *Entführung* (dem ersten Meisterwerk des Mozartschen Musiktheaters – des Singspiels, das die deutsche Oper begründet hat) stieß ich auf eine Glückseligkeit in der Erfindung, eine vollkommene Hingabe an Musik und Sprache, an den Geist der Aufklärung in der Handlung – an all das erinnere ich mich noch sehr bewegt. Diese Inszenierung bedeutete auch für uns Ausführende damals eine große theatralische „Liebesgeschichte", die viele (europäische und außereuropäische) Künstler in einer gemeinsamen poetischen Auseinandersetzung vereinte. Das Resultat schließlich bestätigte, daß die Gemeinsamkeit der Intentionen und die Freude der gegenseitigen Inspiration einem vielleicht unwiederholbaren Theater-Moment zum Leben verhalfen.

Über das orientalisch-türkische „divertissement", über den heiteren, unverbindlichen Schein hinaus ist die *Entführung aus dem Serail* für mich ein Vorbild an Kohärenz und Ernsthaftigkeit, dessen Botschaft allerdings nur in der (für Mozart typischen) emotionalen Betroffenheit, das heißt mit der Unmittelbarkeit und Unschuld des Gefühls

wird ein tiefes „religiöses" Lebensgefühl mit den Sorgen und Nöten der Menschen, die lieben und betrügen, verbunden und schließlich in dem Ausruf der Glückseligkeit: *„Es lebe die Liebe!"* vollendet.

Ebenso der „böse Sultan", der dem ihm wehrlos ausgelieferten Sohn seines mitleidlosen spanischen Feindes sagt: *„Du täuschst dich, Belmonte, ich habe deinen Vater viel zu sehr verabscheut, als daß ich je in seine Fußstapfen treten könnte. Nimm deine Freiheit, nimm Constanze, ihr seid frei, kehrt beide heim!"*

Von diesem „Schauer des Humanen" ist die ganze *Entführung aus dem Serail* durchzogen, denn sie will der Fabel die Dichte eines Traumes, zugleich aber auch die Klarheit einer humanistischen

G. Unger (Pedrillo) mit R. Grist (Blondchen) und A. Rothenberger (Constanze) mit F. Wunderlich (Belmonte) in der 'Entführung aus dem Serail', Salzburg, 1965

Schlußquartett: G. Unger (Pedrillo) mit R. Grist (Blondchen) und A. Rothenberger (Constanze) mit F. Wunderlich (Belmonte), Salzburg, 1965

und der Komplexität des Gedanklichen, überhaupt zu erfassen ist. Es genügt, einen Augenblick bei Mozarts Beitrag zum Libretto zu verweilen und zu sehen, wie er aus der Originalgeschichte von Stephanie und dem Drama von Bretzner als bloßer türkischer Piratengeschichte mit Entführung und Wiederbegegnung ein fast „lessingsches" Drama zu formen vermochte, in dem die Thematik von Toleranz, Güte und Großzügigkeit zu einer Hymne auf das Leben wird. Indem, wie in einem Kindermärchen, das „Böse" vom „Guten" besiegt und schließlich in einem großen Quartett musikalisch aufgelöst wird: *„Nichts ist so häßlich wie die Rache, – Großmütig, menschlich, gütig sein und ohne Eigennutz verzeihn, ist nur der großen Seelen Sache. Wer dieses nicht erkennen kann, den seh' man mit Verachtung an!"*

Auch vorher schon, in einem der vielleicht größten Quartette, die Mozart je geschrieben hat, werden die verschiedenen Themen und Formen in einem stilistisch vollkommenen Gleichgewicht vereint,

Lehre verleihen. Sicherlich ist sie nicht zufällig gleichzeitig von freiheitlichem Geist und von großen Gefühlswallungen bestimmt, die in keinem von Menschen erfundenen Serail jemals eingeschlossen und darin gedemütigt, betäubt oder abgetötet werden können.

So erscheint im türkischen Spiel, in der Komik vieler Situationen das Mozartsche Profil bereits ganz bewußt und klar als das eines Menschen, der seine Vorstellungen von der Welt hat, der sie mit Klang und Sprache verändern, mit seiner Musik retten will. Schließlich hat auch er selbst nur in den härtesten Prüfungen, ähnlich wie es uns später die Parabel der *Zauberflöte* erzählt, seinen Weg zum Licht gefunden. Zehn Jahre trennen die *Entführung aus dem Serail* von der *Zauberflöte*, aber die Botschaft von Toleranz, Humanität, Brüderlichkeit und Vertrauen hat sich nicht geändert, denn sie ist ein untrennbarer Teil der Mozartschen Persönlichkeit. Und ebenso ein Teil seines historischen Ideals, einer in Worten nicht benennbaren, aber mit seinem ganzen musikalischen Werk ausgedrückten europäischen Vision.

169

Diese Betrachtungsweise mag, angesichts des so „deutschen Singspiels", angesichts der opéra comique in der *Entführung*, widersprüchlich erscheinen, aber für Mozart war eine europäische Vision sicherlich etwas genauso natürliches wie sein eigenes kulturelles Erbe, das eine viel weitreichendere, auch literarische Dichte hatte, als die Überlieferung ihm zuschreiben möchte. Genau aus dieser seiner europäischen Geistes-Dimension, ebenso wie aus dem Reichtum, den er von anderen „europäischen Kulturen" aufnahm, konnte er sich erleichtert als „Deutscher" fühlen und in dialektischer Opposition vor allem zur italienischen Oper eine „deutsche Oper" erschaffen. In seiner Anlage als europäischer und universeller Mensch war für Mozart

und durch menschliches, dem menschlichen Maß gemäßes Spiel kreieren, das im Grunde für ein kleines Theater (für das es von Mozart konzipiert war und in dem es auch seine Uraufführung erlebte) in unserem Entwurf gedacht war: mit einem fast leeren Raum – nur Licht und sehr viel Schatten als Bühnenelemente –, mit altmodischen Maschinerien für Himmel, Hölle und Wind, mit Rädern, Seilen und Flaschenzügen – ganz geheimnisvoll, wie der immer wieder geheimnisvolle und immer wieder sich unvermutet offenbarende Zauber des Theaters...

Die Geschichte der *Zauberflöte*: Ein junger, wunderschöner Prinz, der „alles" hat außer seinem Menschsein, der nur seine Menschlich-

Die drei Knaben (Solisten des Tölzer Knabenchors) und R. Kollo (Tamino) mit H. Prey (Papageno) in der 'Zauberflöte', Salzburger Festspiele 1974

E. Gruberová (Königin der Nacht) mit E. Mathis (Pamina) in der 'Zauberflöte', Salzburger Festspiele 1974

der Kampf für die Geburt eines Musiktheaters in „nationaler" Sprache und mit „nationalen" Charakteren vollkommen naheliegend.

Mit unserer *Entführung aus dem Serail* haben wir, glaube ich, eine Oper wieder zum Leben erweckt, die in ihrer reinen Musikalität und Freude an Gesang, Klang und Rhythmus, in ihrer unmittelbaren Frische der Erfindungsgabe und der Tiefe des menschlichen Diskurses auch in dunklen Zeiten noch an das Gute, an Großzügigkeit und Schönheit in der Welt glauben läßt.

Danach kam das Abenteuer der *Zauberflöte*, auch noch in Salzburg. Vielleicht zu schnell auf meinem „Mozart-Weg" und unter nicht sehr glücklichen Umständen: Das betraf einerseits die Divergenzen mit Karajan, mit dem ich ursprünglich einen ganzen Mozart-Opern-Zyklus für Salzburg geplant hatte, und andererseits die ungünstigen Bühnenverhältnisse des Großen Festspielhauses. In diesem „unmenschlichen" Breitwandtheater von Salzburg wollten wir ein durch

keit noch nicht gefunden hat und erst zum Schluß, nach vielen verschiedenen, unmöglich-möglichen, unwahrscheinlich-wahrscheinlichen Abenteuern und Prüfungen wider die „normale" Logik und Vernunft endlich Mensch werden kann (und auch dann erst wirklich „Prinz" sein kann).

Um ihn herum andere Erscheinungen wie die der unfaßbaren Liebe, die nur durch einen kurzen Blick auf ein Bildnis entsteht und zur „ewigen Liebe" entflammt, aber als „wahre" Liebe unfaßbar, unbegreiflich ist (Tamino – Pamina zu Beginn, wenn sie sich ineinander verlieben). Dann die seit jeher gekannte-ungekannte Liebe, an der du, wenn sie verweigert wird, zugrunde gehst (Papageno).

Und die Liebe, für die du alles geben und bezwingen mußt, um sie zu gewinnen (die „Läuterung" Taminos und Paminas am Schluß).

Und ringsherum dieser geheimnisvolle Kampf zwischen Gut und Böse, zwischen Licht und Finsternis, Sommer und Winter, Schmerz und Freude, Finden und Verlieren.

Ein niederträchtiges Negerlein, das mit anderen durchtriebenen Negerlein plötzlich zum Klang eines Glockenspiels tanzt, tanzt, tanzt. Papageno: ein liebenswürdiger Schelm, ein geflügelter Spaßvogel, erd- und luftverbundenes Wesen, aber mit seinem Flitter, seinen Federn und seinen Musikinstrumenten in der Tasche auch ganz Theaterkreatur: der ständige „Doppelgänger" des Erwachsenen, der das menschliche Verhalten durch Theater und ewigen Zirkus spiegelt.

Diese Vielfalt der stilistischen Elemente der Erzählung und des Librettos ist meiner Meinung nach kein Nachteil der *Zauberflöte*, sondern vielmehr ihr wesentliches Charakteristikum; ohne sie würde

Märchens irgendwie zu einer fortlaufenden Erzählung mit einem Minimum an Wahrscheinlichkeit bis an die Grenze des Mysteriums zusammenfügen kann. So muß es aber auch sein: damit das Mysterium geheimnisvoll und tief bleibt und sich nicht in einer eindeutigen Perspektive auflöst, sondern die unwahrscheinlichsten Visionen eines Menschenschicksals heraufbeschwören kann.

Ich bin überzeugt, daß Mozart seine Musik nicht „gegen" dieses ungewöhnliche Libretto komponieren mußte, wie oft angenommen wird, denn es bot ihm jede Möglichkeit zur Inspiration. Seine gewaltige Arbeit bestand vielmehr darin, ein musikalisches Gleichgewicht zwischen den unterschiedlichen Teilen zu finden, welche in dem Sin-

E. Mathis (Pamina) mit P. Meven (Sarastro) und R. Kollo (Tamino), umgeben von der Priesterschar Sarastros, Schlußszene der 'Zauberflöte', Salzburger Festspiele 1974

die *Zauberflöte* als wirklich theatralisches Abenteuer zur Mozartschen Musik nicht existieren.

Wenn man die wirklichen und die vermutlichen Quellen der *Zauberflöte*, von Wielands Märchen bis zu all den anderen Schauspiel-Märchen der damaligen Zeit, analysiert und dabei das Rätsel der tatsächlichen Verfasser des Librettos einmal beiseite läßt, kann man sehr leicht erkennen (und es wundert mich, daß das noch nicht in aller Ausführlichkeit geschah), daß die *Zauberflöte* ein archetypisches Märchen ist. Die existentiellen Situationen in der *Zauberflöte* sind fraglos alles archetypische Situationen, die man im Menschheitsschicksal weit zurückverfolgen kann. Auch wenn sie von Fall zu Fall natürlich verschiedene Bezeichnungen und Eigenheiten annehmen und je nach Ländern und historischen Zeiten verschiedenartig entwickelt erscheinen, bleiben sie doch im Kern aber fast immer unverändert. In der *Zauberflöte* geht es um eine außerordentlich dichte Verschmelzung von sogenannten Initiationsthemen, die nur die „Un-Logik" des

ne auch weniger ein Libretto, sondern vielmehr eine Abfolge unterbewußter Visionen und Situationen sind, von denen nichts verlorengehen durfte, sondern alles möglichst dicht und gleichzeitig möglichst einfach und klar gestaltet werden mußte.

Das Wunder dieser Oper liegt in dem Gleichgewicht zwischen all diesen Ebenen: im Klanglichen und Stilistischen und in der musikalisch treffsicheren Gestaltung. Das Geheimnisvolle der *Zauberflöte* ist weit mehr als bloße Theaterspielerei. Technisch und historisch ist diese zwar der Ausgangspunkt, aber sie muß auch den Dimensionen des Mysteriums und des Metaphysischen entsprechen: im Märchenhaften, in der Theatermaschinerie und in der szenischen Verzauberung.

Für unsere *Zauberflöte* damals hatten wir eine in mancher Hinsicht glänzende, in anderer weniger adäquate Besetzung. Unsere Inszenierung war sicherlich in vielem ganz neu und umwälzend, wenngleich leider nicht vollendet.

Diese *Zauberflöte* im „Mozartschen Tempel", mit neuen Perspektiven, einer neuartigen, genialen Ausstattung von Damiani, fern jeglicher Tradition, diese zukunftsweisende, so phantasievolle, aber auch (ungewollt) provozierende *Zauberflöte* ließ das Premieren-Publikum unschlüssig zurück.

Daraufhin gab es einen (unnötigen und durch Verleumdungen von Anfang an verlorenen) Krieg, denn die Oper hatte dann in allen anderen Aufführungen großen Erfolg. Dennoch wurde sie später leider nie noch einmal aufgenommen.

Ich verließ Salzburg voller Bitterkeit. Noch heute denke ich an die *Zauberflöte*, meine Oper „par excellence": ewige Menschheitsfabel eines Bewußtseins-Weges, Triumph des Lichtes und der Liebe über die Finsternis... – Wird es jemals wieder Zeit, Gelegenheit, Raum und vor allem die notwendigen Umstände geben, um dieses unfaßliche Werk noch einmal zu erschaffen?

Danach, geraume Zeit später, das wunderbare und zugleich auch wieder schreckliche Abenteuer mit der *Hochzeit des Figaro* in Paris, im Hoftheater von Versailles. Wunderbar, was den Ort und die Sänger, schrecklich, was das unerklärliche Verhalten Soltis betrifft, der erst im allerletzten Moment in großer Nervosität auftauchte.

Eine freie, leichte Inszenierung voller Sinnlichkeit und Ambiguität, voll von Süße und gleichzeitigem Aufruhr. Nichts konnte das zerstören. Man spricht noch heute von diesem *Figaro*. In Wirklichkeit aber war dieser *Figaro* nicht von langer Dauer. In Versailles gab es

G. Strehler und H. v. Karajan während der Arbeit an der 'Zauberflöte', Salzburger Festspiele 1974

damals nur wenige Vorstellungen, und bereits bei der Übernahme an die Pariser Oper gab es viele Veränderungen – in der verschlingenden Maschinerie des Theaters nach deutscher Manier à la Liebermann wurde es etwas zu vollkommen anderem.

Die Inszenierung wurde im Endeffekt hundertmal und mehr gespielt, immer mit anderer Besetzung, ohne Proben, mit Sängern, die einen Abend vorher ankamen. Oft habe ich im Flugzeug, in den Himmeln von Europa, Sänger getroffen, die mir sagten, daß sie Figaro oder die Gräfin in „meiner" *Hochzeit des Figaro* gewesen wären...

Die Inszenierung kam schließlich nach Mailand an die Scala und führte zu einer großen Begegnung mit Riccardo Muti: eine Wiedergeburt, die mit der ersten Inszenierung in Versailles vergleichbar war, wenngleich auch anders, jedenfalls lebendig und voller Schwung. In mancher Hinsicht vielleicht reifer als die Versailler Aufführungen.

Aber auch diese Mailänder Produktion war nur von kurzer Dauer. Alle späteren Wiederaufnahmen meines *Figaro* hinterließen im Grunde

eine große Bitterkeit in mir, was Opernarbeit allgemein betrifft, da ich meistens nur noch sehr wenig von meiner Arbeit darin wiedererkannte. Sänger sind heute oft nur noch „fliegende Pakete", die hierhin und dorthin geschickt, ausgetauscht und ersetzt werden. Die Sänger-Ensembles einer gemeinsamen Opernarbeit gehen so schnell auseinander und finden selten wieder zusammen.

Wahrscheinlich werde ich auch deswegen keine Opern mehr machen. Ich habe das schon oft geschrieben. Es ist sehr schwierig geworden heutzutage, selbst in einem so berühmten und befreundeten Haus wie der Scala. Der Opernbetrieb ist dabei, zu verrohen. Wir leben zwar in einer Zeit, in der alles möglich, alles verfügbar geworden ist, angefangen von großartigen Orchestern, namhaften Dirigenten, sehr guten Regisseuren, bis zu exzellenten Sängern, die man aber für eine wirkliche Zusammenarbeit kaum bekommt, weil in der Oper heute keine langen Probenzeiten und wirkliche Disponibilität mehr vorgesehen sind. Das ist langfristig sehr gefährlich für jede künstlerische Qualität.

Was die Oper *Die Hochzeit des Figaro* als solche betrifft, so finde ich, daß man die vorrevolutionäre, polemische Seite, von der man immer bei Beaumarchais spricht, bei Mozart generell zu wenig beachtet. Man sagt gerne, daß Mozarts soziales Bewußtsein nicht so ausgeprägt sei und es in seinem Werk in erster Linie immer um verschiedene Formen von Liebeswahn gehe.

Aber in *Figaros Hochzeit* geht es um mehr. Hier wird der Mensch als solcher aus einer sehr vielschichtigen Perspektive betrachtet. Deswegen ist es sicherlich ein Irrtum, aus *Figaros Hochzeit* ein revolutionäres Pamphlet der Republikaner (die übrigens gar nicht auftreten) zu machen, die eine kurz vor dem Zusammenbruch stehende Gesellschaft bedrohen. Es ist auch falsch, die Oper auf eine Art Marivaudage eines alternden Grafen, der noch einmal versucht, sich an eine Dienerin heranzumachen, zu reduzieren. Und es wäre ebenso zu einfach, daraus nur ein Spiel mit der Liebe und ihren Betrügereien zu machen, andererseits aber zu hochtrabend, die ganzen Verwicklungen menschlicher Charaktere auszuspielen...

Es gibt das alles in *Figaros Hochzeit*, aber auch noch viel mehr. Es geht um eine Metapher des Lebens und seiner sich ständig ändernden, ständig veränderbaren Gefühlswelt.

Figaros Hochzeit hat meiner Meinung nach eine Theatralik von außerordentlicher Komplexität und Dichte. Kraft seiner Musik hat Mozart den Blickwinkel Beaumarchais' aber noch erweitert. Die Weiterentwicklung von dessen Vorlage zunächst durch Da Ponte und schließlich noch einmal durch Mozart ist einzigartig.

Normalerweise reduziert man *Die Hochzeit des Figaro* auf ein verspieltes Stück einer falschen 18.-Jahrhundert-Schamhaftigkeit, wo man sich kaum anfassen darf und wo vor allem die viele Liebe, um die es geht, nie sinnlich-konkret zu sein scheint.

Was passiert zwischen Susanna und Figaro? Nichts. Sie lieben sich, sie werden heiraten. Und das ist schon alles. Zwischen dem Grafen und Susanna? Auch nichts. Er plaziert einen Kuß auf ihre Fingerspitzen, und auch das ist mehr als genug...

Dagegen ist die Musik von einer Sinnlichkeit, einer emotionalen Dichte, die sich doch, wie ich finde, unbedingt auch in den Gesten, in der Handlung auf der Bühne ausdrücken muß. Man muß eine bestimmte lebensnahe Wirklichkeit erreichen.

Das erotische Moment in der Musik und auch im Text ist zum Beispiel sehr eindeutig bei Cherubino. Dieser Cherubino-Aspekt, der das 18. Jahrhundert und seine ganze sexuelle Problematik entlarvt, kommt bei Mozart noch sehr viel stärker zum Ausdruck als bei Beaumarchais. Man spürt dahinter die liaisons dangereuses, die ganze Kasuistik einer Tradition der erotischen Ambiguität.

Zu den Personen: Figaro ist für mich nicht nur der gerissene, lustige Diener des Hauses, der sich über den Grafen amüsiert. Er hat bereits ein bestimmtes Klassenbewußtsein. Bei Beaumarchais ist diese Spannung zwischen Figaro und dem Grafen zwar verhalten, aber immer präsent. Ich glaube nicht, daß Mozart und Da Ponte diesen Aspekt verharmlost haben, auch wenn in der Oper der Beaumarchais-Monolog Figaros nicht mehr auftaucht. Dennoch spürt man die kleinen revolutionären Elemente, die von Anfang bis Ende unübersehbar in die Oper eingewoben sind.

Auch Cherubino ist nicht nur der kleine dumme Junge, den man dann später als Frau verkleidet; er ist ein Page, der mit jeder Frau schlafen möchte. Für ihn existiert die Liebe nicht nur in der Abstraktion: Wenn er könnte, würde er sowohl mit der Gräfin als auch mit Barberina und Susanna schlafen. Mozart hat das allerdings voller Anmut und Takt dargestellt. Aber seine musikalische Sinnlichkeit verlangt nach konkreter Umsetzung in szenische Handlung, bedarf der Küsse, Betten und Körper, die sich berühren.

Die Gräfin ist eine schon überreife, von ihrem Mann vernachlässigte Frau. Dieser zufällig plötzlich auftauchende Schlingel Cherubino wäre sicherlich ihr erstes Opfer – morgen schon würde sie den Grafen mit ihm betrügen.

Der Graf ist ein Mann aus jener Gesellschaft auf der Schwelle zur französischen Revolution. Er hat seine Fehler und seine Qualitäten. Im Grunde aber ist er ein Demokrat, der Beste unter den Schlechtesten. In der Analyse der Figur kann man sehr weit gehen. Aber aus dem historischen Kontext gesehen, überwindet der Graf schließlich seinen sozialen Status und wird ganz menschlich. Da alle betrügen und betrogen werden, handeln alle irrational und sind eifersüchtig... Am Ende, wenn der Graf die Gräfin um Verzeihung bittet, entschuldigt auch er sich mit seiner menschlichen Schwäche. Dabei geht es nicht nur um Standesgeschichte.

Im Laufe der Nacht scheint sich auch zwischen Cherubino und Barberina eine Beziehung anzubahnen – ein Punkt, der nie besonders hervorgehoben wurde – so daß zum Schluß sich alle als Paare zusammenfinden: der Graf und die Gräfin, Figaro und Susanna, Cherubino und Barberina.

Dann der *Don Giovanni*: die Oper, die ich in meinem Leben am meisten geliebt habe, die mich über Jahre begleitet hat wie ein treuer, ernster Freund-Feind. Ich habe mich ihr nur mit extremer Angst und Demut zu nähern gewagt und immer gedacht, daß es mir lieber wäre, sie bliebe ein Traum, als daß ich sie schlecht, das heißt unter ungünstigen Bedingungen, inszenieren müßte. Selbst zusammen mit Muti habe ich lange gezögert, mich in dieses Abenteuer zu stürzen. Dann haben wir es schließlich 1987, an der Scala in Mailand, gewagt.

Verschiedene ungünstige Umstände haben uns nicht die nötige Ernsthaftigkeit für eine solche Aufgabe gelassen. An Zeit vor allem hat es uns gefehlt. Aber ich bin, trotz großer Selbstkritik, dennoch stolz auf diesen *Don Giovanni*. Vielleicht ist er, bis heute, die äußerste Grenze meiner Opernerfahrung.

Als Theater- und Opernregisseur sollte man dieses Werk in seinem „Katalog" haben. Also kommt schließlich der Moment, wo man sich ihm stellen muß. *Don Giovanni* ist für mich tatsächlich einer der höchsten Gipfel, die man als Regisseur erreichen kann. Deswegen ist es auch so wichtig, den richtigen Moment abzuwarten. Obwohl ich jedesmal, wenn ich *Don Giovanni* höre oder über ihn nachdenke, Angst bekomme und mir sage, daß er unspielbar ist. Und dennoch ist doch gerade *Don Giovanni* – in seiner absoluten Einfachheit, die paradoxerweise gerade von einer unglaublichen Schwierigkeit ist – ein absolut für das Theater geschriebenes Werk.

Aber das ist wohl das Recht eines jeden Meisterwerks, zugleich sonnenklar und dunkel zu sein, unaufhörlicher neuer Entdeckung preisgegeben. Die Partitur von *Don Giovanni* ist wirklich unerschöpflich, das ist keine Übertreibung – überhaupt: Man übertreibt bei *Don Giovanni* niemals, genauso wie man bei der *Divina Commedia* niemals übertreiben kann. Im Grunde war meine Scheu vor diesem Meisterwerk, das Hoffmann (und nicht Wagner, wie man im allgemeinen glaubt) als *die* Oper schlechthin definiert hat, ganz legitim.

Eines der essentiellen Probleme für mich im *Don Giovanni* ist, den richtigen Rhythmus zu finden – die Lebendigkeit, das Licht, den notwendigen Knall, um die Handlung in Gang zu setzen, kurz: die exakten Tempi auf die ganze Länge des Werkes zu verteilen, um nicht gegen das, was René Leibowitz richtig die „*kompositorische und dramaturgische Einheit Mozarts*" nennt, zu verstoßen.

Ein anderes wichtiges Problem ist das der Besetzung: Es ist tatsächlich schwierig, die richtige Besetzung für *Don Giovanni* zu finden, obwohl man nur acht Sänger braucht: Don Giovanni (Bariton), der Komtur (Baß), Don Ottavio (Tenor), Leporello (Baß), Masetto (Baß), Donna Anna (Sopran), Donna Elvira (Sopran), Zerlina (Sopran). Aber welche Bässe und welche Soprane, das ist gerade das entscheidende! Man muß sich nicht nur für die Stimmlage der Sänger interessieren, sondern auch den tiefen Sinn ihrer Beziehungen untereinander verstehen. Was zum Beispiel Don Giovanni und Leporello betrifft, so sind das zwei tiefe männliche Stimmen, die nahe beieinanderliegen müssen und doch unterschiedlich sein sollten. Es muß die Alliance zwischen ihnen spürbar sein, was hauptsächlich ein Problem der Darstellung ist, weil die beiden Figuren, die eigentlich die Hauptrollen sind, sich auch physisch ähneln müssen: Man darf sich keinen großen, jungen, schönen Don Giovanni und daneben einen kleinen, dicken Leporello, Typ Sancho Pansa, vorstellen – die Beziehung zwischen den beiden ist eine viel subtilere.

Außerdem glaube ich, daß man zwei andere Rollen, denen normalerweise zu wenig Aufmerksamkeit geschenkt wird, grundsätzlich aufwerten muß: Masetto und Don Ottavio. Masetto ist eine sozial wichtige Rolle, eine Art Figaro. Er ist der einzige, der es wagt, sich dem Gebot seines Gutsherrn zu widersetzen. Man macht aus ihm immer einen armen Betrogenen, aber in Wirklichkeit ist er eine klarsehende Figur.

Don Ottavio kann man sehr unterschiedlich deuten; ich würde dazu neigen, ihn für einen im „guten Sinne" betrogenen Menschen zu halten. In allen Theatern der Welt sind die betrogenen Menschen immer lächerlich, aber vom Schlechten betrogen zu werden, ist eigentlich nicht lächerlich. Noch dazu, wo Don Ottavio sich nicht duelliert, nicht tötet, nicht einmal an eine wirkliche Gerechtigkeit glaubt. Für diese Figur darf man deswegen keinen nur zarten, anmutigen Tenor aussuchen, sondern vielmehr einen sehr männlichen, der allerdings seine Kraft zurückhalten muß.

Und dann die Frauen: Ich glaube, einer der Fehler, den man nicht machen darf, ist, Zerlina einem sehr spitzen, leichten Sopran zu geben. Die Stimme muß vor allem Sensibilität haben, Facettenreichtum.

Was Donna Anna und Donna Elvira betrifft, verwechselt man normalerweise die Rollen, was eine Kräfteverschiebung der Figuren und einen Bruch im Gleichgewicht der Besetzung nach sich zieht. Meiner Meinung nach ist die pathetische Rolle Donna Anna: Sie muß von einem lyrischen Sopran gesungen werden; um so mehr ist Donna Elvira die abgewiesene, die tragische Furie, die von einem dramatischen Sopran übernommen werden sollte.

Bleibt noch Don Giovanni: Wie die richtige Form für seine ungeheure Vitalität finden, die er entfesselt, diese Seite des „wilden Einsamen", der den Augenblick lebt und seine Wollust im Essen, Trinken und Liebemachen findet? Das alles verleiht ihm diese menschliche

„Heroik", die später Beethoven so abstieß. Das ist dieses vitale Pulsieren, das in bestimmter Hinsicht Angst machen kann. Ich glaube, daß man verstehen muß, daß es auch bei Mozart eine Kraft des Schrecklichen gibt. Vielleicht hat sich Mozarts eigene Ambivalenz in keiner anderen Oper so stark ausgedrückt wie in dieser.

Im Schluß des *Don Giovanni* sehe ich eine Art notwendigen Durchbruch in das absolut Schlechte, das in der *Zauberflöte* durch die Wasser- und Feuer-Prüfungen symbolisiert wird, die Tamino und Pamina durchschreiten müssen, so, als ob Mozart selbst sich hätte reinigen müssen von den Flammen dieser Hölle, um alle Klarheit und all sein Vertrauen in die Menschlichkeit wiederzufinden.

Die Regie einer Mozart-Oper scheint, wenn einmal die Probleme der Besetzung gelöst sind, relativ leicht zu sein. Es genügt, das zu machen, was geschrieben steht. Und doch, welche Schwierigkeiten! Alles ist vorgeschrieben: Bewegungen, Pausen, äußere und innere Haltungen, Situationsfarben, dramaturgische Umkehrungen, Wechsel der Atmosphären. Es gibt nicht nur die Wahrscheinlichkeit der Figuren in der Partitur, sondern auch deren innere Wahrheit. Wie läßt sich, von da ausgehend, das Gleichgewicht zwischen szenischem, musikalischem Spiel und den menschlichen Situationen wahren? Hier beginnt das Problem der Dramaturgie und der Beweis auf der Bühne.

Soviel für heute. Viermal habe ich mich Mozart genähert. Viermal haben wir miteinander gesprochen. Ich habe ihm anläßlich der Proben zu *Don Giovanni* einen Brief geschrieben.

Werden wir uns noch einmal treffen? Seine Musik ist immer hier, in meinem Herzenskämmerchen. – Aber auf der Bühne? Falls wir uns noch einmal träfen, würde ich zunächst gerne die *Zauberflöte* noch einmal machen. Und dann mit *Così fan tutte* schließen...

Così fan tutte hatten wir bereits begonnen, Cantelli und ich. Ein Unglück hat unsere Arbeit abgebrochen. In diesem unheilvollen Flugzeug, mit dem er abstürzte, hörte auch mein *Così fan tutte* auf. Noch heute erschauere ich, wenn ich mich an jenen schrecklichen Nachmittag erinnere, als ich die Nachricht vom Tod des Freundes bekam, der vielleicht einer meiner liebsten geworden wäre und den das Schicksal der Musik zu früh entriß.

Giorgio Strehler, 'Il mio itinerario mozartiano', in: La rivista illustrata del Museo Teatrale della Scala, No. 2, Mailand, 1989; ergänzt durch Texte aus den Programmheften zu den einzelnen Inszenierungen

__Caro Signore...__ – Nein.
__Illustre e Stimatissimo Cavaliere...__ – Noch weniger.
__Caro ed Illustre Maestro...__ – Auch nicht!

Keine dieser Anreden erscheint mir angemessen, um diesen Brief, den ich Euch schon lange schreiben wollte, einzuleiten. Also, vielleicht so:

__Caro Fratello e Maestro, lieber Bruder und Meister!__

(Natürlich werdet Ihr dem „Bruder" die richtige Bedeutung beizumessen wissen und es nicht als Überheblichkeit verstehen, wenn ich Euch so anrede.)

Wir schreiben den 29. Oktober 1987. Durch einen Zufall (oder hat es seine Bedeutung?) habe ich heute in der Scala in Mailand mit den Proben zu Eurem 'Don Giovanni' begonnen. Genau vor zweihundert Jahren hatte Eure Oper ihre Uraufführung in Prag. Viel ist seitdem geschehen. Unzählige Male wurde Euer 'Don Giovanni' – mal besser, mal schlechter – in den verschiedensten Theatern der Welt aufgeführt. Tausende von Zuschauern haben ihn inzwischen gehört und Eure Botschaft vernommen. Ihr habt sie mit Eurem Werk unterhalten, bewegt und Euer Licht, Eure Liebe und Eure Schönheit an sie weitergegeben.

Ich kann nicht verbergen, daß ich mich nur mit Scheu diesem Eurem Werk zu nähern wage, aus dem Gefühl heraus, seiner Größe nicht entsprechen zu können, obwohl ich gleichzeitig doch auch überzeugt bin, daß sich dieser Aufgabe eigentlich kein Interpret entziehen darf. An dem heutigen Tage denke ich also mit Wärme und gleichzeitig großer Demut an Euch, dankbar für das, was Ihr uns mit Eurer Musik und damit mit Eurem Herzen hinterlassen habt: ein Geschenk an die Zukunft, verbunden mit einer großen Herausforderung an die Verantwortung des Interpreten, und gleichzeitig eine Geste der Großzügigkeit und des Vertrauens in das Theater und in den Menschen.

In den Abgründen unserer Zeit wird Euer 'Don Giovanni' erklingen. In der Hoffnung, nicht zu weit von seiner inneren Wahrheit entfernt zu bleiben, werden wir unser Möglichstes zu geben versuchen – das vielleicht nicht viel, sicherlich nie genug ist. Aber unser größter Wunsch ist es, daß, wenn Ihr zufällig ein Auge auf unsere Arbeit werfen solltet, Ihr Euch nicht kopfschüttelnd entfernen möget, unzufrieden und betrübt, wieder einmal nicht verstanden worden zu sein. Ich weiß, daß Ihr immer ein guter Mensch, aber dennoch ein strenger Richter wart. Wir können auf Euer Urteil nicht verzichten. Aber glaubt mir, unsere Aufgabe ist eine fast unmögliche – das wissen wir –, und so sehr uns Euer 'Don Giovanni' geheimnisvoll und vielschichtig erscheint, so sehen wir doch auch seine sonnige Klarheit. Aber die Sonne, kaum erkannt, kann einen auch erblinden lassen.

Alles steht in Eurer Partitur, Eure Noten und Worte sind unser Ausgangspunkt, und dennoch ist das richtige „Lesen" dieser Musik und Sprache etwas so Schwieriges, Tiefes, das die Kraft eines jeden Interpreten übersteigt. Wir werden versuchen, uns von Eurer heiteren Seele, Eurer Verbindlichkeit und auch Eurer Naivität und Frische leiten zu lassen. Vielleicht ist das die einzige Möglichkeit, etwas von Eurem Geheimnis zu begreifen...

Lieber Bruder, vergebt mir die vielen Fragen. Worum könnte ich Euch noch bitten? Uns beizustehen? Aber was könntet Ihr, nachdem Ihr den 'Don Giovanni' komponiert habt, noch tun? Jetzt ist es an uns zu versuchen, Euch zu begreifen und Euch so differenziert wie möglich auf die Bühne zu bringen. Nur das wage ich Euch an diesem Abend im Herbst 1987 zu sagen: Eure Herzlichkeit erwärmt uns noch heute, Eure Sorgen beunruhigen uns auch heute, aber Eure Vision der Welt gibt uns Hoffnung.

Wir leben in dunklen Zeiten, Bruder, Ihr wißt es wohl, aber auch dank Euch haben wir noch nicht alle Hoffnung aufgegeben. In der Begegnung mit Euch können wir das Leben bejahen und – jeder auf seine Art – für eine bessere Welt kämpfen.

Steht uns bei in den nächsten Tagen, ich bitte Euch! Wir brauchen es. Und verzeiht uns unvermeidliche Fehler – Fehler aus Liebe, die einzigen verzeihlichen und die einzigen, für die Ihr Verständnis haben werdet.

In Liebe und Ergebenheit
Euer

Giorgio Strehler

Giorgio Strehler: Brief an Wolfgang Amadeus Mozart, in: Corriere della Sera, Mailand, 6. Dezember 1987

EIN UNENTWIRRBARES KNÄUEL VON VERWICKLUNGEN:
SIMONE BOCCANEGRA

Verdis *Simone Boccanegra*: Wenn man die Handlung liest – wie auch immer sie erzählt wird –, erscheint sie als unentwirrbares Knäuel von Verwicklungen, wo alles möglich ist und man nur dann und wann einige Stellen zu verstehen vermag...

Und doch ist *Simone Boccanegra* eine zusammenhängende und auch klare Geschichte, Ergebnis einer wunderbaren Intuition: Genua, zerrissen von Haß und Gewalt, ständisch geteilt in Plebejer und Patrizier. In diesem Genua taucht plötzlich der Name Simone Boccanegra auf, den man sich als Dogen wünscht.

Simone ist Korsar: Im ausgehenden Mittelalter übernahmen viele Glücksritter die Macht; die Ablösung kam von ihnen. Simone will zunächst gar nicht, lehnt ab, willigt schließlich nur ein, als ihm klarwird, daß, wenn er das hohe Amt annimmt, man ihm das junge Mädchen nicht wird verweigern können, das er verführt hat, das er liebt und das jetzt von ihrer ihm feindlich gesinnten Familie von ihm ferngehalten wird. Aber gerade während man ihn als Dogen feiert, findet er sie wieder – tot. So ist er allein und muß einem der bewegendsten Augenblicke in der Geschichte der Stadt die Stirn bieten.

Über die Lösung der Probleme des Staates Genua hatte man im Mittelalter Ansichten, die sich grundlegend von denen der Zeit Verdis unterscheiden: Simone handelt jedoch wie ein Mensch des 19. Jahrhunderts, und in seiner Amtsführung als Doge strebt er danach, im Namen des Vaterlandes die Aussöhnung der Klassen herbeizuführen. Von daher seine Appelle, seine ständige Mahnung an Italien, den sich im Volk regenden Widerstand wahrzunehmen und zu verstehen – genau Verdis eigener Standpunkt, seine Mahnung sozusagen.

Der Aufbau des Librettos ist vielschichtig. Die Darstellung politischer Verwicklungen und Intrigen ist verquickt mit einem Drama persönlicher Tragik: die Tochter, als Kind geraubt und als junges Mädchen unter anderem Namen wiedergefunden, und der junge Patrizier, der sie liebt und den sie liebt. Der Feind des Dogen, der der Vater des damals verführten Mädchens ist, das Simone eine Tochter gebar; und ein Greis, der ihn verfolgt.

Auch hier Zerrissenheit in der Figurenkonstellation, in der Liebe des Dogen; auch hier sein verzweifeltes Bemühen um Aussöhnung, bis ganz zuletzt noch, an der Schwelle zum Tod.

Das Libretto kompliziert und verwirrt das Geschehen und verdunkelt manches: Die wunderbare Idee, das politische Thema mit dem der Liebe zu verbinden, die Müdigkeit an der Macht und die menschliche Einsamkeit Simones – sie werden im Rückgriff auf das alte Arsenal märchenhafter Geschehnisse gleichsam vertan: zufälliges Wiedererkennen zwischen Vater und Tochter, falsche Namen, blitzende Dolche, gedungene Meuchelmörder des Verräters, der den Dogen vergiftet...

Um sich zu orientieren, muß man wesentliche Handlungsstränge erkennen: Man muß das Drama des Dogen verfolgen, der gütig ist und Frieden sucht inmitten der anderen, die ihn als schrecklich und grausam hinstellen. Alles mag chaotisch und wirr erscheinen, hat aber seinen Sinn in der Seele Simones: die Vorgeschichte, zwischen Fackeln und Mänteln wie eine Serie wetterleuchtender Blitze – zusammenhanglose Momente, isoliert und dann von der Erinnerung hochgespült; der leere Palast, das tote Mädchen, die Menge, die ihn feiert: alles wie ohne einen realen Raum, ohne eine objektive Ordnung...

Die Gegenwart der wiedergefundenen Tochter schließlich mit der Aura der Unschuld, gleichsam wie eine Legende aus vergangenen Tagen; dann Simones fortwährender Kampf, sich durchzusetzen und sich treu zu bleiben, im Ratssaal des Dogenpalastes, in diesen nicht geheuren Mauern, bis er schließlich den Palast – die Macht – verläßt, um auf dem Meer zu sterben, zwischen Schiffstauen, unter seinen Männern, Plebejern.

Der Ablauf der Handlung: das Volk, das sich vertrauensvoll versammelt in der Hoffnung auf Simone als Dogen; das mit naiver Frömmigkeit des Schicksals des „armen Mädchens" gedenkt; die plötzlich aufflammenden Kämpfe zwischen den rivalisierenden Parteien, die bezwungene guelfische Gegenrevolution, schließlich die Matrosen auf dem Schiff, die im Hintergrund der Bühne das Segel auf ihren sterbenden Dogen senken...

Vielleicht ist es der Mangel an dramatischer Klarheit in dieser expressiven, geheimnisvollen Oper, durch die wir uns gezwungen sahen, Handlungsverläufe zu separieren, um fundamentale Selbstverständlichkeiten und Bezüge zu verstehen, die einem sonst entgehen.

Simone Boccanegra ist ein Werk des Übergangs, das unter großer Anstrengung entstanden ist. Vielleicht ist es ganz aus der Intuition geboren: Die Glaubwürdigkeit der Geschichte wird notwendigerweise in den Personen gesucht, im Volk, in den Mechanismen der Identifikation, die nicht verlorengehen soll; sie folgt den zufälligen und wiedererkennbaren Wechselfällen des Geschehens, die sich häufen und mischen, ohne einen „letzten Sinn" in sich zu tragen.

Giorgio Strehler, Notizen anläßlich der Inszenierung von 'Simone Boccanegra', La Scala, Mailand, 1971. Abdruck mit freundlicher Genehmigung der Deutschen Grammophon Gesellschaft mbH, Hamburg

MACHT, VERBRECHEN UND EINSAMKEIT:

MACBETH

Was kann ein Regisseur, der kein Musiker, sondern ein Mann der Sprache und der Inszenierung ist, zu Verdis *Macbeth* sagen?

Etwas kann er sicher sagen: Daß Verdi vollkommen recht hatte, wenn er zornig darüber wurde, wenn man vom bloßen Hören seiner Oper seine Shakespeare-Kenntnis in Frage stellte. Verdi kannte gerade zum Beispiel *Macbeth* sehr viel besser als manche Interpreten und Regisseure von gestern und heute.

Natürlich merkt man, daß sein Geschmack sich nicht zu weit von dem kulturellen und kritischen Einfluß seiner Zeit lösen konnte, was meint: der Shakespeare-Interpretationen des 19. Jahrhunderts. Verdis Shakespeare-Kenntnis ist eine „romantische". Aber trotz dieser – für andere Künstler bereits sehr weitgehenden – „Beschränkungen" ist es Verdi mit außergewöhnlichem dramatischen Instinkt und seiner extrem poetischen und kritischen Sensibilität gelungen, bis zum Äußersten zu gehen. Intuitiv ist ihm eine absolut ungewohnte, fundiertere Shakespeare-Lesart gelungen. Hieraus resultiert dieses kontinuierliche Aufblitzen poetisch-musikalischer Inhalte und Beziehungen, die aus Verdis *Macbeth* ein – ich weiß nicht, ob experimentelles, wie es jemand bezeichnet hat, aber sicherlich einzigartiges Werk machen.

Man müßte Punkt für Punkt notieren, wo Verdi die neue, umwälzende Interpretationslinie in der Shakespeareschen Tragödie entwickelt. Aber es sind zu viele Stellen. Es würde schon genügen, sich nur an seine dramaturgischen Anweisungen für die Sänger zu halten, wie zum Beispiel in den vielen musikalischen Dialogen zwischen Lady Macbeth und Macbeth. Diese Anweisungen sind noch heute, trotz unserer neueren Erfahrungen mit dem Sprechgesang, sehr schwer umzusetzen, wie schwer waren sie es erst für frühere Sänger und erst recht absolut unbegreiflich für die „heiligen Sänger-Monster" der Verdi-Zeit.

Diese dramatische stimmliche Webart und das dramaturgische Konzept, das man durchaus bereits „regielich" nennen kann, ist die Basis dieser Verdi-Oper, vor allem, was die Beziehung zwischen Macbeth und Lady Macbeth betrifft. Gerade diese intime, einsame Beziehung der beiden macht viel von der großen Verwirrung aus, die für die Welt dieser beiden Figuren bestimmend ist. Hierin interpretiert und realisiert Verdi sowohl sich selbst als auch Shakespeare.

Aber was ist nun Shakespeares *Macbeth* bei Verdi? Drama des typischen kriminellen Paares, mit all seinen psychotischen Dunkelheiten, Regressionen, Schuldkomplexen? Drama der Macht, einer unermeßlichen Macht-Lüsternheit? Ritual der Ermordung der Vater-Figur und die daraus folgende Tragödie der Unentschuldbarkeit eines heiligen Verbrechens? Drama einer dämonischen Versuchung? Politisch-historisches Drama der Eroberung eines Königreiches durch fremde Kräfte? *Macbeth* ist all dies und noch vieles mehr.

Die Kulturtradition des 19. Jahrhunderts hat diese Tragödie in ihrem „öffentlich-politischen" Kampf immer vereinfacht und sie nur als privates Drama dargestellt: Lady Macbeth ist diejenige, „die mehr will", und Macbeth ist derjenige, der ausführt und dennoch weniger Mut hat. Aber gerade an diesem Punkt gelangt Verdi zusammen mit Shakespeare zu einer fortwährenden Ambiguität und tiefen Ergründlichkeit der Beziehungen zwischen den beiden. Aus dem Drama eines Verbrechens um den Thronerhalt, ausgeübt von einer „ehrgeizigen Frau und einem schwachen und von Zweifeln geplagten Ehemann", wird bei Verdi ein Drama zweier Einsamer, die sich nie begegnen: Die eine, Lady Macbeth, läuft in die Leere des Wahnsinns, in eine „infantile" Regression, in ihre Kindheit, der andere in seine Selbstzerstörung.

Aber es gibt auch die politische Seite in diesem Drama: das große Thema der Befreiung der Unterdrückten. Das konnte Verdi durchschauen. Aber es bleibt, aus meiner Sicht, nur wie ein großer Hintergrund, vor dem sich das Paar wie emblematisch abhebt.

Auch die großen Chorpartien bleiben sozusagen der nahezu verzückte „Kommentar", der ganz auf den Kern der Shakespeareschen Tragödie bezogen ist. Daneben ist für mich der große Chor *„Patria oppressa"* der wahre, große italienische Ruf der Freiheit.

Von all dem abgesehen, wirft die Interpretation dieser Verdi-Oper ähnliche Probleme auf wie Operntheater im allgemeinen immer. Denn bei all dem, was Verdi von Shakespeare begriffen und verarbeitet hat, bleibt sein *Macbeth* eine Oper, und jede Regie muß in erster Linie von der musikalischen Anlage ausgehen.

Jede Oper erfordert in der Interpretation eine Art subtiles Spiel von Kompromissen zwischen Musik und Sprache, zwischen realen Möglichkeiten der Sänger, Regeln, Tempi, Modalitäten, Notwendigkeiten, Räumen, die manchmal – außer einem äußerlichen – keinerlei Bezug zur Arbeit im Sprechtheater haben. Man sollte *Macbeth* aus diesen Gründen nicht meiden, aber nur in diesen Grenzen, unter diesem Blickwinkel ist eine wohlüberlegte, interpretative Arbeit auf der Bühne möglich. Doch das löst noch nicht das eigentliche Grundproblem: Verdis Oper heute so, wie sie ist – in ihren großen historischen Bedingtheiten und Grenzen, aber auch in ihrer großen Überzeitlichkeit (der Relativität alles Menschlichen) –, vor heutigem Publikum aufzuführen. Das ist eigentlich das Problem jeder möglichst umfassenden Interpretation: die musikalische und dramatische Realität eines Werkes in einer nicht nur formalen, sondern vitalen Einheit dem Publikum von heute dialektisch vital vorzuführen.

Giorgio Strehler, Notizen anläßlich der Inszenierung von 'Macbeth', La Scala, Mailand, 1975

SO HEITER WIE TRAGISCH:
FALSTAFF

Noch bevor ich die Einladung, zur Eröffnung der Scala *Falstaff* zu inszenieren, angenommen hatte, habe ich mich immer wieder gefragt, wie es, angesichts so vieler Operninszenierungen, die ich bisher gemacht habe, möglich war, daß ich gerade dieses Meisterwerk des „alten" Verdi nie inszeniert habe. Die einfachste, aber auch lakonischste Antwort ist, daß ich mich in meinem Leben angesichts meiner inzwischen schon an die zweihundert Theaterinszenierungen auch einem *Hamlet* oder einem *Othello*, einem *Faust* oder *Ödipus Rex* nie genähert habe. Man kann eben in einem einzigen Leben nicht alles machen, auch wenn das natürlich eine zu einfache Erklärung ist. Natürlich gibt es einen tieferen Grund, der mir aber verborgen ist.

Dieser betrunkene Protagonist aus eigentlich insgesamt vier Shakespeare-Komödien (aus den beiden Teilen *Heinrich IV.,* dann *Heinrich V.* und schließlich den *Lustigen Weibern von Windsor*) ist eine Figur, die über vier Jahrhunderte und Tausende von Textseiten von sich reden gemacht hat: ein tragischer Held oder ein heiterer Hanswurst? Oder beides zusammen? Ein spekulierender, pathetischer Lump oder ein opportunistischer Philosoph, der listig und frech alle Institutionen verhöhnt, oder ein hartnäckiger Zecher, der sich ganz gut in seinen alkoholischen Ritualen einzurichten versteht?

Wer weiß, ob nicht all das zusammen? Dennoch, hier geht es um Verdis (und Arrigo Boitos) *Falstaff*, der eine Sache ist, wenngleich auch keine völlig andere als Shakespeares Falstaff. Jahre der Diskussion sind darüber hingegangen, ob nun der „bessere" Verdi der der leidenschaftlich wiederaufblühenden Trilogie (*Rigoletto-Trovatore-Traviata*) sei oder der sogenannte reife des *Othello* und des *Falstaff*; der dem frühen 19. Jahrhundert stärker verbundene oder der schon im Bewußtsein eines Wagner spürbare? Der eher von mittelmäßigen Libretti angezogene oder der mehr von einem feinsinnigen, gebildeten, bohemienhaften, modernen Literaten wie Boito beeinflußte?

Ein nicht nur unlösbares Problem, sondern eines, welches sich nicht stellen sollte, weil Verdi, je mehr man ihn studiert, liest und realisiert, wirklich ein Ganzes ist: sowohl der jugendliche als auch der „greisenhafte", sowohl der „patriotische" als auch der „religiöse" – und dabei immer ein großer, ein wirklich großartiger Theatermann, Musiker und Librettist und sein eigener Regisseur, mit genauer Kenntnis der technischen und szenischen Möglichkeiten der Bühne, die es zu erlernen gilt.

Ich habe mich anfangs mit *Falstaff* ein bißchen so wie bei der Annäherung an *Simone Boccanegra* gefühlt: eine stürmische Handlung (jene dramaturgisch noch unwahrscheinlicher) und schwierig, sie nicht

banal oder zu wortwörtlich zu inszenieren. Nur daß der *Simone* von 1857 gerade nach der Trilogie und dem berühmten Mißerfolg eines Werkes (anläßlich dessen Verdi an die Contessa Maffei schrieb: *„Ich glaube, ich habe mich geirrt..."*) erscheint, während Falstaff 36 Jahre später entsteht: die Zeit eines ganzen Mozart-Lebens, um sich verständlich zu machen.

Hier im *Falstaff* ist der Schlüssel des Weltverständnisses komplexer als im *Simone* und gleichzeitig dennoch auch klarer: *„Tutto il mondo è burla – alle Welt ist Spaß"*.

Othellos Eifersucht verwandelt sich hier in eine komische, aber deswegen nicht weniger „tragische". Der Humor ist mit Alltagssorgen vermischt, bei der Katastrophe weiß man nicht, ob sie durch das Leben ausgelöst oder ob sie schicksalsbestimmt ist...

In diesen Tagen der langen, zehrenden Probenabende mit den zu größten Opfern bereiten Sänger-Schauspielern kommt mir oft die Bemerkung Stendhals zu Rossinis *Barbier von Sevilla* in den Sinn: *„à chaque instant s'abaisse à n'etre que de la musique de concert!".*

Abgesehen von der in Frage zu stellenden Unumstößlichkeit dieses Urteils, bemerke ich bei *Falstaff* tatsächlich diese großartige Verschmelzung von Instrumental-Meisterwerk (die „Sinnlichkeit" des Orchesters) und Gesang, was sich im Hören zugleich berauschend und verzaubernd zusammenfügt – perfekt in der harmonischen Geschlossenheit.

Zwei Beispiele dazu (ich könnte leicht hundert nennen): Die jüngste der „Patinnen" weckt Zärtlichkeit bei Mrs. Quickly, der ältesten, die sie daraufhin streichelt: Das wird zu einem zarten, lieblichsten D-dur. Oder: Wenn Pistol Falstaff auf seine Weise „beleidigt", indem er ihn verächtlich als „Seiltänzer" beschimpft, entbrennt die Instrumentation mit fast wagnerianischen Anwandlungen.

Wehe also dem Regisseur und/oder Dirigenten, der „Sir" John Falstaff nur für eine komische Figur hält. Er ist tragikomisch, das ja. Aber er hat in sich die Problematik, die Sorgen, die Marasmen Mozarts und dazu vielleicht noch Lebens- und Existenzangst.

Wir wollen nicht zu Tränen rühren, um Gottes Willen, aber dieser mein, „unser" *Falstaff* – das heißt Maazels, Frigerios, Juan Pons, der Freni, aller –, dieser *Falstaff*, der mehr von irgendeiner anderen Landschaft, etwa vielleicht der Padania, weiß als von Windsor, dieser *Falstaff* also wird auch, aber nicht nur, lachen machen.

Toscanini hat ihn jedesmal anders entdeckt, und jedesmal anders entdeckte ihn auch Mariano Stabile, der aus „Sir" John fast eine persönliche Legende machte (vierzehnmal in verschiedenen Fassungen nur an der Scala, zwischen 1921 und 1952 gesungen – ein unbegreifliches Wunder!). Jeden Tag entdecken auch wir ihn anders, fast unfaßbar. Und wer weiß, wie anders und unfaßbar ihn wiederum morgen das Publikum der Scala entdecken wird...

Giorgio Strehler, Notizen anläßlich der Inszenierung von ‚Falstaff‘, La Scala, Mailand, veröffentlicht in: La Stampa, Turin, 6. Dezember 1980

ERSTE WAGNER-BEGEGNUNG:
DER GEHEIMNISVOLLE LOHENGRIN

In unserer *Lohengrin*-Inszenierung habe ich mich um eine möglichst kritische Lesart, vor allem aus dem Blickwinkel unserer Zeit heraus, bemüht. *Lohengrin* ist ein vielleicht allzu bekanntes und gerade deswegen in vielem noch unentdecktes Meisterwerk. Wenn es mir gelungen ist, nur eine einzige neue Komponente zur Interpretation des *Lohengrin* beizutragen, wäre das schon genug.

Bei dieser Oper, die meiner Meinung nach ungeheuer geheimnisvoll und weitaus vielschichtiger ist, als sie in vielen, selbst berühmten Inszenierungen gezeigt wurde, haben wir uns alle wieder zusammengefunden: Claudio Abbado und ich und Frigerio und eine Gruppe von Bühnenmitarbeitern, die alle durch gemeinsame Erfahrungen und alte Freundschaft verbunden sind. Ich sehe Abbado noch vor mir, wie er in den freien Momenten – während der kurzen Augenblicke der Szenenwechsel – sich in seine kleine Handpartitur vertiefte, geheimnisvolle Zeichen notierte und Seite um Seite wälzte, während ich in meiner Partitur registrierte, was alles nicht auf der Bühne erschienen war...

Ich frage mich inzwischen, was auf der Bühne eines zeitgenössischen Operntheaters noch entstehen kann, bei der tausendsten Aufführung des *Lohengrin*, des Ritters und des „lieben Schwans" unserer Kindheit oder des Schwanen-Ritters, wie Celli ihn uns wieder vergegenwärtigen wollte? Es können nur Fragmente sein, Augenblickserleuchtungen, als Ergänzung vielleicht zu anderen Fragmenten der auf so vielen Bühnen der Welt dargestellten *Lohengrins*...

Trotzdem bleibt der Entwurf des *Lohengrin* der einer großen musikalischen Parabel-Fabel, die gleichzeitig prächtig und traurig, ernsthaft und manieristisch, hoffnungsvoll und doch tief pessimistisch ist. Ist *Lohengrin* die Geschichte einer unmöglichen Begegnung und Beziehung zwischen Traum und Realität? Ich denke ja, aber auch zwischen Mythos und Menschlichem, zwischen Ideal und, ich würde sagen: „praktischer Politik"; was auch meint: zwischen vergangener und gegenwärtiger Geschichte, zwischen Heidentum und Christianisierung.

Und auch – ich weiß nicht, inwieweit das meine Intuition oder Auslegung ist – sicherlich mit dem Hauch einer versäumten Revolution, der von 1848, die Wagner zwar ernsthaft, aber dennoch ganz unfähig oder, wenn man so will, extrem naiv und ideologisch ambiguitär verfolgt hat. *Lohengrin:* die Begegnung und Beziehung zwischen dem Geheimnis, das ein solches bleiben will, um „menschlich" zu werden, und dem ganz irdischen Willen, das Unerreichbare zu erreichen. Auch die Geschichte einer unmöglichen Liebe zwischen den beiden Hauptdarstellern. Geschichte einer Sehnsucht nach (und der gleichzeitigen Angst vor) der wahren Liebe, die den kindlichen und überwältigenden, aber vom bloßen Eros deformierten Traum in ein reales Gefühl umwandelt, in eine harmonische Beziehung, die die Familie der Menschen und der Frauen trägt. Geschichte einer „sakralen" Liebe, die das „männliche" Geheimnis, das der hohen Ideale und Missionen, zu teilen fähig ist mit dem anderen Geheimnis, dem des Weiblichen, das Lohengrin so anzieht und so tief fasziniert, das ihn aber nicht aus seiner Bedingtheit zu lösen vermag.

Dann gibt es den großen Rahmen der Welt der Zwietracht, des Todes, des Dunkels, der Leidenschaften und Fehltritte, *„wo jegliches gute und menschliche Gefühl verloren scheint"* (ungefähre Umschreibung Wagners in einem seiner berühmten „Briefe an die Freunde").

Der zeitliche Rahmen, der mit der Ankunft eines „Lichtwesens" eine neue Realitäts- und Wahrheitsdimension für die von Krieg und Gewalt gequälten Menschen zu verheißen scheint. Aber der Traum „des Lichten und Gerechten" hört auf mit dem Tod dessen, was er nur verteidigen, behüten und lieben wollte. Er „erträgt" die bittere Realität des Menschlichen nicht. Und das Menschliche, das ebenso kleine wie immense Menschliche, zerstört sich im Selbstbetrug, endet in einer tragischen Unfruchtbarkeit, in einer für immer der Liebeserfüllung verschlossenen Unfähigkeit.

So glaube ich zu verstehen, daß große Einsamkeit oder mehrere Einsamkeiten die Oper und die Fabel durchziehen, die aber auch noch andere Fragestellungen an das Schicksal der Menschen eröffnen und die zukünftigen Abgründe der Geschichte bereits aufreißen, einer Geschichte von Krieg und Vernichtung, die wir inzwischen erlebt und deren Protagonisten und Opfer wir bereits geworden sind.

Lohengrin verschwindet aus unserer „dunklen Welt", die ihm nicht in die große Klarheit einer Welt aus Anmut und Frieden folgen kann. Daß er gerade an der Schwelle eines offensiven Verteidigungskrieges (und diese Bezeichnung versetzt uns in Schrecken) den „Armeen der Finsternisse" das kindliche Bild eines „neuen Führers" überläßt, von dem wir weder Profil noch Schicksal kennen, erscheint mir keine Beruhigung. Es ist sicherlich nicht Sympathie, eher Infragestellung und vielleicht auch Drohung, eine intuitiv erspürte Drohung des Wagnerschen Genies, das die großen Rituale der Kriegskräfte kennt, die in seinen Meisterwerken so großartig beschrieben sind. Es ist fast, als wollte er uns zeigen, daß die große und wunderbare „matria germanica", die so viel Trauer und Grausamkeit auf ihrem Grunde birgt, ohne die lichte Güte, Toleranz, Gnade und Grazie eines Mozart, Goethe, Kleist, Lessing und vieler anderer immer auch die Gefahr in sich trägt, sich in einen grausamen, Monster gebärenden Schoß zu verwandeln.

Giorgio Strehler, Notizen anläßlich der Inszenierung von 'Lohengrin', La Scala, Mailand, 1981

CLAUDIO ABBADO

„Man sieht sofort:
Alles kommt bei ihm aus der Musik,
ist aus Musik entstanden."

Wie haben Sie sich kennengelernt, Strehler und Sie – erinnern Sie sich noch an Ihre erste Begegnung?

Wir kannten uns natürlich schon lange aus der Ferne. Ich war bereits als Kind immer im Piccolo Teatro und liebte Strehlers Theater sehr. Der wirkliche Kontakt aber begann eigentlich erst mit unserer Zusammenarbeit.

Was ist Ihnen aus dieser Zeit als Kind, als Jugendlicher von diesen Theaterbesuchen noch in Erinnerung geblieben – welche Inszenierungen haben Sie am meisten beeindruckt?

Wann war ich das erste Mal im Piccolo? Da war ich vielleicht dreizehn, vierzehn Jahre. Ich ging regelmäßig zu jeder neuen Inszenierung, habe also fast alle wichtigen Stücke gesehen. Ich erinnere mich, ich ging meistens zusammen mit Maurizio Pollini und Marilisa, seiner späteren Frau; wir alle waren damals Musikstudenten und eng befreundet.
Eine der schönsten Inszenierungen war für mich der erste *Sezuan* von Strehler, 1956. Das war wunderbar, unvergeßlich! Dann natürlich die erste *Dreigroschenoper*, auch *Galilei, Baruffe chiozzotte* sind mir besonders in Erinnerung geblieben. Auch der *Kirschgarten*, ja, und *La Grande Magia*. Aber *Sezuan* war mit das Tiefste, was ich je gesehen habe. Wenige allerdings haben es damals verstanden in seiner Tiefe.
Meine Eindrücke noch aus der Zeit – wenn ich versuche, mich zu erinnern... Immer war Strehlers Theater für mich Zauber, Magie. Was er zum Beispiel mit Licht machte, war schon damals unglaublich. Das habe ich nirgendwo sonst gesehen. Es gibt einige Regisseure, die gut mit Licht umgehen können. Bei Giorgio ist das anders. Er ist jemand, der bereits alles im Licht kreiert – von vornherein ist seine Regie auf eine ganz bestimmte Lichtstimmung angelegt. Wenn ich mich zum Beispiel erinnere, was er im Prolog von *Simone Boccanegra* allein mit Licht gemacht hat... Das war ein Wunder in dieser Zeit!

Wie wirkte damals Brecht auf Sie, so etwas wie 'Die Dreigroschenoper', 'Der Gute Mensch von Sezuan' oder 'Das Leben des Galilei'? – Brecht war ja zu dieser Zeit noch ganz unbekannt in Italien?

Ja, Brecht: Wie hat er auf uns gewirkt? Interessant, sehr modern, aktuell. Giorgio war der erste in Italien, der ihn inszenierte. Sein Theater war wirkliche Avantgarde. Aber auch Mailand war in dieser Zeit „la spinta culturale", hier spielte sich die größte avantgardistische Kulturbewegung ab.
Was Giorgio mit verschiedenen bisher wenig bekannten Autoren auf seinem Theater etablierte, haben wir vergleichbar in der Musik mit der „Wiener Schule" gemacht: Schönberg, Berg, Webern, aber auch Bartók und Strawinsky. All das war zu der Zeit auch noch relativ unbekannt und kaum entdeckt in Italien. Ich war nicht der einzige, aber der erste, der in Italien die ganze Wiener Schule als Zyklus gemacht hat. Ebenso Mahler. Einige seiner Sinfonien waren bis dahin noch nie in Italien gespielt worden. Das gleiche galt für Bruckner.

Was ist für Sie das Charakteristische an Strehlers Inszenierungen, was lieben Sie an seinem Theater besonders, Sie gehen ja sehr häufig ins Theater?

Strehler hat die Fähigkeit, eine Oper in wirklich faszinierender Übereinstimmung mit der Partitur, mit der Musik, zu inszenieren. In seinen Inszenierungen gibt es immer ein perfektes, von seiner Phantasie ständig neu beflügeltes Gleichgewicht zwischen Experiment und einem bestimmten Bühnenrealismus. Strehlers Perfektionismus ist unbestechlich. Das was er letztendlich auf der Bühne kreiert, ist immer absolut genial.

Wie hat Ihre gemeinsame Opernarbeit mit Strehler angefangen?

Ich war in der Zeit unserer Zusammenarbeit musikalischer Leiter der Scala, das war ab 1968. Die Vorschläge für bestimmte Opern, die ich gerne machen wollte, kamen immer von mir, beziehungsweise von Seiten der Scala. Dann einigte man sich auf den Regisseur. Für *Simone Boccanegra* und *Macbeth* schlug ich Strehler vor. So haben wir das erste Mal zusammen gearbeitet.

Konkret zu den einzelnen Inszenierungen: Wie hat sich Ihre gemeinsame Arbeit gestaltet?

Schon lange vor jeder Inszenierung haben wir gemeinsam nachgedacht. Er hat zunächst seine Konzeption erklärt, und ich ergänzte, was für mich von musikalischer Seite her wichtig war. Wir haben uns immer sehr gut verstanden. Wir hatten zwar nicht immer die gleichen Vorstellungen, aber im Endeffekt gingen wir in dieselbe konzeptionelle Richtung.
Ich war dann mit Beginn der ersten Proben anwesend. Nicht wie andere Dirigenten, die erst gegen Ende der szenischen Proben auftauchen. Ich wollte ganz bewußt von Anfang an dabeisein, die Bewegung der Sänger sehen, die szenischen Abläufe auf der Bühne

kennenlernen und verfolgen können. Ich wußte, daß alles im End-effekt nur aus einem Gespür für die Musik, aus dem „musikalischen Denken" entstehen kann, deswegen war es wichtig, daß ich mich nicht nur um meine musikalischen Proben kümmerte.

Simone Boccanegra ist wahrscheinlich die Inszenierung, die meine Opernarbeit an der Scala am besten repräsentiert. Die Arbeit mit Strehler daran war intensiv, außergewöhnlich und von einer für mich vollkommenen Essentialität. Diese Oper gehörte zu den weniger bekannten und beliebten Verdi-Opern, aber ich glaube, mit unserer Vorstellung an der Scala haben wir viele Vorurteile und Vorbehalte, die mehr aus der Unbekanntheit dieses Werkes herrührten, ausräumen können. *Simone Boccanegra* war eigentlich das Allerschönste, was wir zusammen gemacht haben, es war einfach einmalig – auch für Strehler, denke ich –, historisch!

Wie erklären Sie sich, daß 'Simone Bocca-negra' im Vergleich zu vielen anderen Verdi-Opern so selten aufgeführt wurde oder wird – außer Ihrer berühmten Fassung mit Strehler gibt es kaum Vergleichbares?

Ja, man muß sich wirklich fragen, weshalb eine so bedeutende Verdi-Oper nicht schon längst in das allgemeine Opernrepertoire aufgenommen wurde. Denn gerade *Simone Boccanegra* ist so überreich an musikalischen und psychologischen Themen. Innerhalb des Verdischen Gesamtwerks ist vor allem auch *Simone* von der großen Anstrengung der zweiten Überarbeitung von 1881 geprägt. Bei dieser Neufassung half ihm bekanntlich Boito, dessen umfassender Bildung und ständiger Ermunterung sicherlich einige der besten Partien dieser Komposition zu verdanken sind. In der musikalischen Darstellung gehört *Simone* für mich außer Zweifel zu den großen Opern des späteren Verdi.

Was ich besonders gerne bei dieser Oper betone, sind die naturalistischen, oft geradezu lautmalerischen Elemente, die sonst nicht so häufig bei Verdi sind. Ich denke zum Beispiel an die musikalisch sehr suggestive Gestaltung der Schlußszene, wo Simone sinnend am Meer steht: Das bebende Vibrieren im Orchester läßt hier fast physisch die Meeresbrise spüren. Dazu könnte man noch viele andere Beispiele nennen.

Ein Grund, daß *Simone* so selten aufgeführt wurde, mag vielleicht darin liegen, daß es hier kaum eine der berühmten Verdi-Arien gibt, wenn man einmal von dem „*Lacerato spirito*" des Basses und einigen Tenor- und Sopran-Arien absieht. Oft ziehen Sänger ja weit weniger wichtige Rollen vor, wenn sie nur zum Ausgleich populäre Arien singen

G. Strehler und C. Abbado in der Scala, 1971

können, das scheint ihnen immer die sicherste Garantie für Erfolg. Hier hingegen hat der Hauptdarsteller, also Simone, zwar eine Rolle von außerordentlicher Bedeutung, aber eben keine bekannten Arien. Ich erinnere mich noch an eine Besonderheit in dieser Inszenierung: Um Strehlers Idee einer sehr schönen Lichtstimmung zu realisieren, haben wir etwas für damalige Verhältnisse wirklich sehr Außergewöhnliches gemacht. Das war ganz neu vor zwanzig Jahren: Das Orchester blieb zeitweise ganz im Dunkeln, ohne Licht, mußte fast auswendig spielen, damit die Lichtabstufungen und Dunkelheiten auf der Bühne ganz zu ihrer Wirkung kommen konnten. So etwas kann man aber nur machen, wenn man wirklich eng zusammenarbeitet.

Bei *Macbeth* dann, unserer zweiten gemeinsamen Arbeit, gab es zunächst Auseinandersetzungen wegen der verschiedenen Fassungen. Giorgio wollte unbedingt die erste nehmen, während ich natürlich für die letzte Fassung war, die ja viel näherliegt. Verdi sprach immer von seinen „*kranken Opern*", für *Macbeth, Simone* und *Don Carlos* hat er deshalb verschiedene Fassungen geschrieben; bei allen ist die letzte Fassung immer die beste, ausgereifteste. Wahrscheinlich hatte irgendein Musikologe ihm diese Idee der ersten Fassung eingeredet...

In Verdis Partituren ist eigentlich alles in der Musik ausgedrückt, man muß die Partituren nur genau lesen. Auch in *Macbeth* ist alles schon vorhanden: der historische, der dramatische, der psychologische, der tragische Konflikt, die verschiedenen Ebenen der Macht, der Konflikt zwischen den Mächtigen und dem Volk – alles ist spürbar, gleichzeitig aber auch natürlich die Veränderung der Shakespeareschen Vorlage durch Verdis Handschrift und Prägung des 19. Jahrhunderts.

Mir fällt dazu ein, was Peter Brook in seinem Buch *Der leere Raum* über Shakespeare schreibt, wo er unserer heutzutage oft viel zu abstrakten, analytischen Annäherung an die Shakespeareschen Tragödien die Authentizität der Shakespeareschen Sprache gegenüberstellt, in der doch „*alles enthalten ist*". Der Interpret habe eigentlich die Aufgabe, alles zu lassen, wie es ist, und vor allem den Zauber dieses Reichtums nicht zu zerstören.

Was zunächst bei Macbeth beeindruckt, ist die unterschiedliche Stimmführung der verschiedenen Rollen. Für Macduff und Banquo gibt es die üblichen Gesangsarien, die einfach der Melodieführung folgen. Für Lady Macbeth und Macbeth hingegen schreibt Verdi fortwährend sehr ungewohnte dramaturgische Anweisungen: „*leise singen*", „*mit Ausrufen*", „*leise und hohl*", „*mit erstickter Stimme*",

„sprechend" usw. Aus vielen Briefen Verdis geht hervor, daß zum Beispiel der Bariton Varesi, also Macbeth, laut Verdi „*mehr dem Dichter als dem Komponisten*" dienen sollte. Auch wollte Verdi wegen ihrer „*engelhaften Stimme*" nicht die große Sopranistin Todolini, denn Lady Macbeth dürfe nicht „*vollendet singen*", sondern müsse eine „*rauhe, erstickte, hohle Stimme*", die „*etwas Teuflisches*" hat, besitzen. Wenn man bedenkt, welche Bedeutung in jenen Jahren der Gesangskult um seiner selbst willen hatte, so kann man Verdis Bestimmtheit in seinen Bühnen-Anweisungen gut begreifen. Heute allerdings kann man sicherlich auch mit einer schönen, vollen Stimme diese von Verdi geforderte Rauheit erzielen

Auch andere Elemente sind auffallend in dieser Oper: beispielsweise die Chromatik, die die ganze Oper über präsent ist, besonders in den Orchesterstimmen. Das verleiht dem Ganzen diesen nicht zu überhörenden unruhigen, flüchtigen und schmerzvollen Aspekt, den man niemals in dieser Form mit Worten einfangen könnte, sondern so nur in der Musik wiedergeben kann.

Strehlers Regie für *Macbeth* war sehr schön. Man hätte diese Inszenierung aber eigentlich in einem moderneren Opernhaus machen müssen, mit einer moderneren Maschinerie und mit mehr Zeit. Strehlers Grundidee war nämlich, alles von unten, sozusagen „aus der Hölle" kommen zu lassen, alle Auftritte, alle Requisiten, die ganze Bewegung – von unten herauf. Das war genial als Idee, aber technisch kaum konsequent durchzuhalten. Der damalige Bühnendirektor der Scala war viel zu altmodisch, und Damiani hat sich ständig mit ihm angelegt. Damiani war wie besessen auf der Bühne und wollte schließlich alles selbst machen. Oft verbrachte er noch Stunden nach den Proben alleine auf der Bühne, um irgendein Detail so einzurichten, wie er es haben wollte. Ich habe mich mit Damiani immer sehr gut verstanden. Er ist wirklich genial, steigt selbst auf die Bühne mit Hammer und Werkzeug und fängt an herumzuhämmern...

Auch Prokofjews *Liebe zu den drei Orangen*, die dritte Oper, die ich mit Strehler machte, war ein großer Erfolg. Auch ein sehr unbekanntes Werk. Leider gab es nur vier Vorstellungen, dann wurde es nie wieder gespielt.

Ihre bisher letzte gemeinsame Arbeit war 'Lohengrin' 1981, es war sowohl Ihre als auch Strehlers erste Auseinandersetzung mit einer Wagner-Oper, wie entstand diese Idee?

Mein erster Wagner war das natürlich nicht. Ich hatte bereits einige konzertante Wagner-Aufführungen dirigiert, wie die *Faust-Ouvertüre*, den zweiten Akt aus *Tristan*, Teile aus den *Meistersingern*, das Finale der *Walküre*, das *Siegfried-Idyll* und einiges andere. Aber es war meine erste Wagner-Inszenierung.

Die Idee kam von mir, ich liebe *Lohengrin*, auch wenn es sicherlich nicht die größte Wagner-Oper ist, aber dennoch wunderschön, vor allem, was die Darstellung der Liebe vom Musikalischen her betrifft. Strehler und ich wollten an der Scala bereits drei Jahre zuvor schon eine Wagner-Oper zusammen machen, damals dachten wir an *Tristan*; aber *Tristan* wollte Carlos Kleiber unbedingt an der Scala dirigieren, deswegen habe ich Strehler dann *Lohengrin* vorgeschlagen.

'Lohengrin' wird ja oft als die „italienische", sagen wir „verdische" Wagner-Oper bezeichnet, so wie umgekehrt Verdis 'Othello' oder 'Falstaff' wagnerianische Züge tragen. Spielte das auch eine Rolle für die Wahl von 'Lohengrin'?

Ich seh' das nicht so sehr, „das Deutsche" Wagners oder „das Italienische" Verdis. Für mich ist er einfach ein großer Komponist, ebenso wie Mahler oder Mozart. Natürlich ist das Wesentliche das Verständnis von uns Italienern für die deutsche Kultur; aber sowohl Strehler als auch ich haben eine große Liebe nicht nur für Wagner, sondern für die gesamte deutsche Kultur.

Es gibt natürlich verschiedene Parallelen zwischen Verdi und Wagner. Aber es gibt auch ganz andere Einflüsse auf Wagner im *Lohengrin*: Mendelssohn, Schumann, Weber sind alles kleine Gewürze, die Wagner benutzt hat, die auf ihn abgefärbt haben, obwohl Wagner immer schlecht über Schumann und Mendelssohn geschrieben und sie als zu konservativ, zu wenig modern bezeichnet hat. Natürlich, explizit war Liszt für Wagner der Größte, er war gleichzeitig Vorbild, Lehrer und Vertrauter.

Wie sind Sie und Strehler damals mit der sehr umstrittenen deutschen Ideologie Wagners, die auch im 'Lohengrin' natürlich sehr deutlich ist und vor allem im Kaiserreich deutsch-national usurpiert wurde, umgegangen: Wie haben Sie diese Oper nach Italien und in das Italien von 1981 übertragen?

Wenn ich Wagner liebe, gilt das in erster Linie für die Musik. Wagner spricht viel von Sonne und Liebe, die Liebe im *Lohengrin* aber kommt für mich in erster Linie aus der Musik, nicht aus dem Text. Auch bei Verdi sind die Texte oft miserabel im Vergleich zu seiner Musik. Operntexte werden manchmal überinterpretiert. Auch Wagners Musik wurde mißbraucht. Natürlich war er Rassist, aber das interessiert mich als Musiker bei seiner Musik nicht in erster Linie.

Wie sah die gemeinsame Probenarbeit mit Strehler aus, können Sie das ein bißchen ausführlicher beschreiben?

Ja, Giorgio hat während der Proben immer mitgesungen, ganz laut, wie er ja auch bei Theaterproben meistens den Text vom Zuschauersaal aus mitspricht. Er ist unglaublich musikalisch, man sieht sofort: Alles kommt bei ihm aus der Musik, ist aus Musik entstanden. Manchmal, wenn ich einen Gegenvorschlag hatte oder etwas anders haben wollte, hat Strehler immer zunächst erst einmal „nein" gesagt, aber am nächsten Tag sah ich dann, daß er im stillen doch darüber nachgedacht hatte und vielleicht auch darauf einging, aber er konnte es natürlich niemals zugeben. Das betraf zum Beispiel in erster Linie Änderungen für Lichtakzente auf den Sängern oder ähnliches. Er konnte schwer damit umgehen, daß ein anderer ihm sagte, was er machen sollte. Also lehnte er zunächst einfach einmal ab, oder aber er sagte: „Ja, Ja, ich weiß schon..." – Und dann mußte man ihm etwas Zeit lassen.

Meistens war es mehr ein psychologisches Problem, einen Gegenvorschlag zu machen und so zu tun, als käme er von ihm.

Nein. Leider nicht! Dabei hat er immer, wenn ich das Orchester dirigierte, mitdirigiert. Ich sagte dann immer: *„Komm, Giorgio, mach Du weiter!"*, aber er wollte dann doch nicht.

Wie hat sich Ihre Arbeit mit den Sängern ergänzt, wo sind Sie und Strehler unterschiedlich vorgegangen, wie arbeitet Strehler überhaupt mit Sängern?

Strehler konnte immer sehr gut mit den Sängern. Wahrscheinlich, weil er immer, auch in seiner Schauspielregieführung, so ein musikalisches Gespür hat.

G. Strehler bei Sängerproben zu 'Simone Boccanegra', La Scala, Mailand, 1971

Das einzige, was im Endeffekt zählt, ist ja immer nur das Resultat. Und Strehler hat immer gemacht und durchgesetzt, was er wollte, was seine Konzeption war. Ich versuchte dabei einfach immer nur zu verstehen, worum es ihm ging. Manchmal war das wirklich nicht einfach. Jeder hatte eigene Ideen und auch Gewohnheiten. Aber wenn ich den Eindruck hatte, daß eine neue Idee von ihm der Musik näherkam oder ihr mehr entsprach als etwas Altes, habe ich immer alles versucht, sie zu realisieren, auch wenn es noch so schwierig war.

Kannten Sie den Pianisten Rudolf Serkin? Für mich war er einer der größten Pianisten. Er war 88, als er starb. Aber er war wie ein Kind. Unglaublich schön in dieser großen Begeisterungsfähigkeit eines Kindes... wunderbar! Mit Giorgio ist das ganz ähnlich: Auch er kommt mir manchmal vor wie ein geniales Kind, im besten Sinne.

Und in den Proben wollte Strehler nicht manchmal selbst den Taktstock übernehmen, sein Traum war ja immer, Dirigent zu werden?

Ich erinnere mich zum Beispiel an die Proben mit Mirella Freni, die damals noch sehr jung war, ich glaube sogar, es war ihre erste Premiere an der Scala. Sie sollte bei ihrer Anfangsarie von ganz hinten kommen – ich fand die Idee sehr schön, so poetisch, mit einem großen Segel im Gegenlicht und davor die arme kleine Figur. Sie aber protestierte, sagte, das sei unmöglich, sie könne von so weit hinten auf der Bühne niemals den Einsatz finden, fühle sich sehr unsicher und so weiter. Andere Dirigenten hätten vielleicht nachgegeben beziehungsweise aufgegeben in einem solchen Fall und die Regie-Idee geopfert. Ich aber war so überzeugt von der Idee und wollte es deswegen unbedingt versuchen. Also habe ich alles darangesetzt, es zu ermöglichen. Wir haben die Dynamik zurückgenommen und die Instrumentation etwas leichter gemacht, damit man die Stimme von so weit hinten in jedem Fall hören konnte. Und ich sagte ihr immer wieder: *„Versuche es einfach. Du fängst mit dem Tempo der Introduktion an, hörst Dich ganz ein in das Tempo, dann erst gehst Du weiter, und ich begleite Dich, gehe mit Dir."* – Das war wieder eine große Vertrauenssache. Mit Vertrauen kann man so viel möglich machen, immer wieder.

Eine ähnliche Situation gab es mit dem Männerchor bei der Dogenwahl: Alle sollten mit den Gesichtern, das heißt mit dem Blick zum Palast stehen. Das mit einem Chor zu machen, ist natürlich fast unmöglich. Aber auch hier habe ich alles versucht, das zu realisieren. Ich probierte es mit einer neuen Technik für den Chor, und durch viele musikalische Extra-Proben und viel, viel Geduld habe ich versucht, den Chor als Ganzes sicher zu machen. Auf diesem Wege konnten wir gemeinsam viele für Sänger unübliche oder schwierige Regie-Einfälle verwirklichen.

Dafür aber war es, wie ich schon sagte, unerläßlich, bei allen Proben anwesend zu sein, einschließlich Beleuchtungsproben oder auch technische Proben. Nur in diesem Zusammensein kommt man gemeinsam auf Ideen, wächst das gegenseitige Verständnis.

Das war immer nur mit großen Regisseuren so, mit Giorgio, mit Klaus Grüber und auch mit Tarkowski. Mit Tarkowski habe ich in London *Boris Godunow* gemacht... Ich hatte seinen Film *Andrei Rubljow* gesehen, daraus entstand dann die Idee der Zusammenarbeit für diese Oper. Auch er hat diesen ungeheuren Respekt vor der Musik. Er sagte mir immer: *„Sag es mir sofort, wenn ich etwas mache, was die Musik stört, dann werde ich es ändern."* Tarkowski zum Beispiel war aber der einzige, der mich ausdrücklich gebeten hat, bei allen Proben dabeizusein, da es seine erste Operninszenierung war und er sich bei vielem noch unsicher fühlte und noch nicht so viel Erfahrung hatte.

Da Sie ihn gerade erwähnen, Klaus Michael Grüber: Sie haben gerade in Salzburg mit ihm zusammengearbeitet – spüren Sie bei Grüber noch Strehlers Einfluß oder, besser gesagt, eine Verwandtschaft zu Strehler?

Wir haben *Totenhaus* von Janáček gemacht. Klaus ist für mich ein ganz großer Mensch. Aber man sieht sofort: Er kommt aus Strehlers Schule. Er war ja sein Assistent in den sechziger Jahren. Natürlich ist Klaus ganz anders. Er ist eine enorm starke Persönlichkeit. Aber man sieht doch unverkennbar Gemeinsamkeiten, zum Beispiel in der Subtilität der Lichtführung, in den Lichtstimmungen auf der Bühne...

Dann im Sinn für Beschränkung, für alles, was zuviel ist und immer mehr reduziert werden muß. Klaus ist da ganz rigoros, alles Überflüssige muß sofort verschwinden. Manchmal ist das dann fast gar nichts, was noch übrigbleibt – nur Ruhe, Stille... Aber das ist gar nicht einfach, diese Reduktion auf das Essentielle.

Und dann dieser Geschmack, dieses Stilempfinden – das gibt es nicht bei vielen Regisseuren. Das kommt von Giorgio und seiner Schulung. Und eine weitere Gemeinsamkeit: die Liebe zur Musik. Diese vier Wochen gemeinsamer Probenarbeit mit Klaus waren

wunderschön. Er kann immer nur drei bis vier Stunden pro Tag proben. Deshalb haben wir vormittags die musikalischen Proben gemacht und nachmittags zusammen auf der Bühne probiert. Es war für mich wirklich ein Zusammen-Arbeiten wie im Paradies! Manchmal sagte er: *„Ich kann nicht mehr, bitte. Spielt Bach, das letzte Praelude!"* Und er hat dabei geweint wie ein Kind. Wir haben uns wunderbar verstanden!

Schade, daß ich mit Giorgio in letzter Zeit nicht mehr zusammengearbeitet habe. Ich glaube, er hatte auch Angst. Nach *Simone* zum Beispiel hat er gesagt, er wolle keine Oper mehr machen, weil so etwas einfach nicht zu wiederholen sei...

Aber wir haben noch ein gemeinsames Projekt – ein großes Geheimnis! Ich hoffe sehr, daß wir es realisieren können.

Strehler war jahrzehntelang überzeugter, engagierter Sozialist. Auch Sie waren immer, wenngleich keiner politischen Partei zugehörig, so doch einer der politisch bewußtesten und engagiertesten unter Ihren Dirigenten-Kollegen. Gab es zwischen Strehler und Ihnen auch politische Gemeinsamkeiten?

All diese Etiketten beziehungsweise Parteiformierungen bedeuten eigentlich in jedem Land immer etwas anderes. Sozialist bei uns ist zum Beispiel etwas ganz anderes als in Deutschland oder auch in Frankreich.

Strehler war Sozialist und aktives Parteimitglied, während ich nie einer Partei angehörte und auch kein Sozialist bin, Gott sei Dank.

Aber es ist schwer, wirklich zu verstehen, was in Italien nach dem Krieg passiert ist, politisch. Wenn ich von Italien ausgehe, waren alle Antifaschisten und Widerstandskämpfer und Partisanen zunächst einmal links. In diesem Sinne waren auch wir alle links. Aber dann ging mit der Zeit das Differenzieren immer mehr verloren. Viele Ideen oder Überzeugungen wurden von den Parteien ausgenutzt und damit entstellt. Die italienischen Parteien haben außerdem kaum für eine bessere politische Struktur des Landes gearbeitet.

Was schätzen Sie – zusammenfassend – an Strehler am meisten?

Seine Genialität! Und was wir alle, unsere ganze Generation und auch die nächste, von ihm gelernt haben: Er ist ein „capo scuola", eine Generation nach Visconti der Größte, der das Theater in Italien weiterentwickelt und vor allem auch angefangen hat, Opern wie Theater zu inszenieren.

nach einem Gespräch, Mailand, 18. September 1992

LIEBSTER GIORGIO

Nach Beendigung meiner Verpflichtungen an der Scala für April und vor meiner Abreise für eine längere Konzertserie mit den Wiener Philharmonikern möchte ich Dir noch liebevolle Gedanken der Freundschaft und der Bewunderung schicken.

Bei meiner Rückkehr im Juni erwartet mich, erwartet „uns" 'Falstaff'an der Scala; ich sage „uns", denn es wäre sehr schmerzlich für mich, das letzte Meisterwerk Verdis in Deiner Regie-Konzeption ohne Deine aktive, belebende, inspirierende Teilnahme aufzuführen.

Anläßlich des 100. Geburtstages dieser Oper hat die Scala bewußt nicht einen neuen Regisseur und eine neue Ausstattung gesucht, weil sie Deine Inszenierung [gemeint ist: 'Falstaff', inszeniert an der Scala 1980, in Wiederaufnahme 1993 - C.D.] für einen sehr wertvollen Beitrag zum Verständnis des Werkes hielt. Aber gerade weil das Ergebnis von großem Gehalt sein wird, brauchen wir Dich alle, brauchen wir Deine wunderbare Fähigkeit, einen Sänger in einen Schauspieler zu verwandeln, in einen lebendigen Sprecher, was gerade im 'Falstaff' fundamental ist.

Mir kommen die unvergeßlichen Erfahrungen während der Proben zur 'Hochzeit des Figaro' in den Sinn, wo es Dir damals gelang, einen unbekannten, unerfahrenen Samuel Ramey in einen Protagonisten mit beinahe unfehlbarer Darstellungskraft zu verwandeln.

Und was soll ich zu dem noch heute unverminderten Zauber Deines „Don Giovanni" sagen?

Du mußt zurückkommen zu uns an die Scala, denn unsere geplanten Projekte lassen sich realisieren! Erinnere Dich an unsere vielen Überlegungen zu einer eventuellen 'Aida' ohne unnötige Triumphzüge, in einer aufmerksamen und der Partitur treuen Lesart, darauf bedacht, die inbrünstige oder zarte Seele der verschiedenen Figuren in einer intimen und leidenschaftlichen, aber – wie es die Instrumentation verlangt – fast kammermusikalischen Atmosphäre herauszuheben?

Und was ist mit der 'Zauberflöte', die ich schon für Salzburg angekündigt habe, und für die weitere Vorschläge nötig sind, um ein festes Mozart-Repertoire, wie es jedes internationale Theater haben sollte, an der Scala weiterzuführen?

Und unsere verschiedenen Pläne zu den musikdramatischen Werken unseres Jahrhunderts?

Ich weiß, daß Du zur Zeit Tage voller Sorgen, zermürbenden Abwartens und tiefer Demütigung erlebst; aber ich bin sicher, daß bald alles geklärt sein wird und Du schließlich den unerschöpflichen Reichtum Deiner Kunst an Deine Schüler, an Dein Publikum – das nicht nur das des Piccolo und das der Scala in Mailand ist, sondern das der ganzen Welt – wieder weitergeben können wirst.

Mit der gleichen Zuneigung wie immer schicke ich Dir meine herzlichsten Wünsche und erwarte Dich im Juni für „unseren" Falstaff.

Riccardo Muti

Öffentlicher Brief Riccardo Mutis an Giorgio Strehler, in: La Repubblica, Rom, 27. April 1993

MILVA: BRECHT-SÄNGERIN

Mein erster indirekter Kontakt zu Strehler ist 1965 über das Piccolo Teatro entstanden, als Paolo Grassi noch Direktor war. Ich lebte in Turin, war seit vier Jahren verheiratet, mein Mann, Maurizio Cognati, hatte die Idee, eine Platte mit Freiheitsliedern aus aller Welt zu machen: die *„Carmagnole"*, die *„Marseillaise"*, die *„Cucaracha"* und andere. Diese Platte wurde von Gino Negri betreut, der auch als Musiker am Piccolo Teatro zusammen mit Fiorenzo Carpi arbeitete.

Damals war ich eine Sängerin vor allem von populären Liedern, von Schlagern; ich war sehr jung, die Ideen hatte immer mein Mann Maurizio, der auch ein Intellektueller war. Er wollte, daß ich immer wieder ganz besondere Dinge machte. So waren wir anläßlich des zwanzigsten Jahrestages der Beendigung des Krieges, in Erinnerung an die Resistenza, auf diese Platte gekommen. Sie wurde ein großer Erfolg. Daraufhin bekam ich eines Tages einen Anruf vom Piccolo Teatro von Paolo Grassi, der meine Platte gehört hatte und mich fragte, ob ich auch am Piccolo einen Abend mit diesen Liedern machen wollte. Ich fragte meinen Mann, was er zu dieser Idee sagte, ich selbst kannte mich damals im Theater kaum aus. Er sagte mir, daß das Piccolo Teatro praktisch der „clou" des italienischen Theaters sei, *„die* Kulturhochburg" in Italien... Also nahm ich an, wir fuhren nach Mailand, und ich begann die ersten Proben. Aber Strehler bekam ich nicht zu Gesicht. Nur Grassi sah man in dieser Zeit. Strehler war damals noch so etwas wie ein Schatten im Piccolo.

Die Regie für meinen Abend machte einer seiner Assistenten, ich glaube Maiello. Am Abend der Premiere war das Theater voll von Politikern, die ganze Politik, der ganze konstitutionelle Kreis, wie man sagt, war da, von der Democrazia Cristiana, den Liberalen, Sozialdemokraten bis zur kommunistischen Partei. Ich erinnere mich, daß es einen aufsehenerregenden Erfolg gab, wirklich enorm – das Theater lief über von Menschen. Auch Pertini war da, der Staatspräsident, ein alter Sozialist, der mir danach zwei wunderbare Briefe schrieb, in denen er sich bedankte für das, was ich dem italienischen Volk mit meiner Stimme gegeben hätte.

Eines Tages sagte mir dann Gino Negri, daß Strehler mich einige Brecht-Songs singen hören wollte, er dächte daran, daß ich vielleicht auch eine gute Brecht-Sängerin sein könnte. Das war unser eigentlicher Beginn. Ich kannte nichts von Brecht und seinen Liedern. Ich fand die Musik außergewöhnlich und die Texte sehr interessant.

Nach einer Woche Vorbereitung kam ich zu einer Audition ins Piccolo. Nein, es war das Lirico mit seinen zweitausend Plätzen, also riesig. Plötzlich hörte ich eine Stimme aus dem vollkommen dunklen Saal, gleichzeitig wurde ein Spot auf mich gerichtet und jemand sagte: *„Ciao! Ich bin Giorgio, ich bin hier unten. Sing!"* Ich war wahnsinnig aufgeregt, so, als ob ich noch ganz am Anfang meiner Karriere wäre.

Milva mit G. Strehler in ʼIo, B. B., No. 1ʻ, Piccolo Teatro, Mailand, 1965

In Wirklichkeit war ich ja bereits sehr berühmt und verdiente schon sehr viel.

Also fing ich an, in dieses Dunkel zu singen. Dann hörte ich Schritte im Saal, und auf einmal kam „er" auf die Bühne, stand zum ersten Mal vor mir: eine Erscheinung von einer unglaublichen Vitalität. Er nahm mich an der Hand, bewegte sich mit mir zu den Liedern, rief: *„Piano!... Forte!... Noch einmal!"* usw. Danach sagte er nur einen Satz, sehr einfach: *„Gut, Du kannst Brecht singen."*

Während der folgenden Proben arbeitete er dann wie ein Verrückter mit mir. Nach nur sieben Probentagen machten wir diese Aufführung, wieder mit überwältigendem Erfolg. *„Eine neue Milva! – Die Entdeckung: Milva mit Strehler als Brecht-Sängerin! Wer hätte das gedacht, Milva, die Schlagersängerin..."* usw. – so tönte es damals in allen Zeitungen. Auch Stehler war sehr zufrieden: *„Milvalein, brava, brava, nun gehen wir weiter..."*

So entstanden nach und nach die drei Brecht-Abende, *Io, Bertolt Brecht, No. 1, 2, 3* mit Brecht-Liedern, -Gedichten und -Texten, von

Milva mit G. Strehler bei Proben zu 'Io, B. B., No. 1', Piccolo Teatro, Mailand, 1965

Mit Strehler auf der Bühne aufzutreten, ist allerdings noch mal etwas ganz anderes, als nur mit ihm zu proben. Seine Schauspieler wissen, was es heißt, mit Strehler zu proben; wenn die Vorstellungen beginnen, können sie aufatmen und endlich alleine spielen. Ich dagegen sang mit ihm zusammen auf der Bühne, er war immer um mich, hinter mir, vor mir, neben mir. Unaufhörlich hörte ich sein: *„Piano! Forte! Piano!"*, selbst während der Aufführungen.

Als Strehler das Piccolo 1968 wegen einer großen Krise mit Grassi verließ, gründete er eine eigene Truppe, *„Gruppo Teatro e Azioni"*, mit seinen treuesten Schauspielern. Auch mich bat er mitzumachen: *„Milvalein, wir brauchen Dich, wir sind eine arme Truppe ohne öffentliches Theater. Aber wir können uns mit Auftritten selbst finanzieren."*
1968 war ein heißes politisches Klima in Italien, die vielen Streiks, die Studentenaufstände.., all dieses *„Die Phantasie an die Macht!"*, was Strehler immer gehaßt hat. Aber ich war ganz gepackt von allem, was mit „Kultur" zusammenhing, und war bereit, mich zu engagieren. Schluß mit den Schlagern! Ich wurde also auch ein Mitglied dieser Künstlertruppe. Zum ersten Mal habe ich mit anderen Leuten, mit Schauspielern, zusammengearbeitet und lauter Dinge gelernt, die ich vorher nicht kannte. Meine Unkenntnis, was Theater, was Kultur betraf, war damals noch sehr groß.
Natürlich kam das Publikum zu unseren Aufführungen, die beiden wichtigen Namen, Strehlers und meiner, waren Anziehung genug. Wir begannen in Rom mit der Inszenierung des *Lusitanischen Popanz* von Peter Weiss, keine überwältigende Inszenierung, aber sehr politisch. Wir hatten kaum Möglichkeiten zu proben; unsere Probenräume wurden ständig von Studenten besetzt, wir zogen also immer umher. Ich sang in dieser Aufführung wunderbare Lieder von Peter Weiss, die Fiorenzo

denen ich einen mit Tino Carraro, die anderen beiden mit Strehler zusammen machte. Mit *Brecht, No.1* haben wir sogar eine Wahlkampfkampagne für die Sozialisten in den Marche begleitet. So wurde ich mit der Zeit zum Symbol der italienischen Brecht-Sängerin.

Carpi vertont hatte.
Die zweite Inszenierung war Gorkis *Nachtasyl*, in dem es eigentlich keine Rolle für mich gab, deshalb nahm ich ein Angebot für eine Komödie mit Vannini an und verließ die Truppe.
1972, als Giorgio das Piccolo wieder übernahm, erreichte mich auf

einer Tournee in Japan eines Tages plötzlich ein Telegramm: *„Wir machen jetzt die Dreigroschenoper, Du bist Polly, ich erwarte Dich in Italien. Küsse. Dein Giorgio!"*

Ich war überglücklich. Kaum war ich zurück, begannen wir, die Lieder von Polly zu proben. Aber ziemlich bald brach Giorgio ab, er hatte sich getäuscht: *„Alles falsch, Du mußt Jenny sein. Du bist eine Jenny."*

So wurde ich Jenny, für immer. Nach dieser Entdeckung, bekam ich diese schwarze Perücke, ich wurde *„die kleine Schwarze"*, ein bißchen zwanziger Jahre. Bei einem Brecht-Geburtstag, wo die ganze Brecht-Welt zusammenkam, die Brecht-Tochter Barbara, Gisela May, Lotte Lenia aus New York, Anja Silja etc. etc. und natürlich auch alle großen Brecht-Sänger und -Schauspieler aus der ganzen Welt, wie Pia Colombo aus Frankreich, Nuria Esbert aus Katalonien, luden sie auch Strehler ein; aber er konnte nicht und sagte: *„Bringt Milva hin!"*.

Also begleiteten mich Paolo Grassi und Nina Vinchi im Zug nach Deutschland – ich erinnere mich: diese Nacht im Liegewagen, entsetzlich unbequem!

Als ich den Saal im Frankfurter Schauspielhaus für meinen Auftritt betrat, erhob sich das Publikum. Ich sang natürlich auf italienisch. Es war ein unglaublicher Erfolg. Die schon sehr alte Lotte Lenia kam danach zu mir und sagte: *„Compliments, you continue the tradition, you are the best in the world for the music of my husband Kurt Weill."*

Danach bekam ich von überall, von vielen Theatern in Deutschland, aus Zürich, aus Wien Angebote, mit meinen Brecht-Liedern aufzutreten.

Auch *Die Dreigroschenoper* haben wir dann mit Strehler in Paris und Mailand in zwei sehr unterschiedlichen Versionen gemacht. Die Besetzung in Paris war sehr international. Als Mackie Messer wollte Strehler unbedingt Yves Montand haben, der aber nicht konnte, also spielte ihn Michael Heltau. Barbara Sukowa als Polly, mit der Strehler sehr zufrieden war. Heinz Bennent als Peachum, der aber schon nach wenigen Tagen mit Strehlers Konzeption nicht einverstanden war und mitten in den Leseproben aufstand und ging. Ich war damals sehr wütend, weil Strehler nie mit mir probte. Da ich Jenny schon in Italien gemacht hatte, war er sich meiner sicher.

Milva (Seeräuberjenny) in der 'Dreigroschenoper', Piccolo Teatro, Mailand, 1973

Wenn ich heute, nach fast dreißig Jahren, zurückblicke und überdenke, was diese Erfahrung für mich bedeutet hat, so muß ich sagen, daß die Begegnung mit Strehler mein Leben verändert hat. Er hat mir sehr viel gegeben. Er ist ein großer Geist, ein großer Theatergeist vor allem. Meine Schulung als Schauspielerin verdanke ich ihm. Ich war wirklich eine Schlagersängerin, und mit Strehler machte ich plötzlich lauter Dinge, die ich nicht kannte, die alle neu für mich waren. Inzwischen habe ich mit vielen anderen Regisseuren gearbeitet, aber Strehler hat mir Dinge vermittelt, die mir kein anderer vermitteln konnte. Er gibt sich ganz, gibt alles auf der Bühne.

Dennoch ist er anders, als er sich in seinen Büchern darstellt. Seine Menschlichkeit, von der er so viel spricht und über die er immer schreibt, ist manchmal sehr klein. Menschlichkeit, was bedeutet das? Freundschaftliche Beziehungen zu den anderen haben, Achtung vor den Leuten haben, mit denen man arbeitet. Aber manchmal habe ich ihn gegenüber den Schauspielern so gemeine Worte gebrauchen hören, daß ich mich wirklich schämte. Einmal bin ich bei einer Probe aus dem Saal gelaufen, weil ich es nicht mehr aushielt. Es ging um einen Schauspieler, der nichts kapierte, den man aber behalten mußte, weil er schon sehr alt war, ihm gegenüber war Strehler außer sich. Das ist nicht menschlich!

Was ich dennoch vielleicht am meisten an seinem Theater bewundere, ist seine Strenge, seine Konsequenz im Künstlerischen, seine Reinheit, die formale, künstlerische Schönheit seiner Inszenierungen. Nichts ist dem Zufall überlassen! Das findet man heute so selten, die Stücke, die man heute sieht, sind oft wirklich peinlich. Ja, Strenge – ich glaube das ist das entscheidende Wort für Strehlers Stil.

nach einem Gespräch, München, 8. November 1992

„ICH BIN EIN MENSCH DER STRUKTUR"

Strehler als Theaterleiter

„Strehlers Lebenswerk, das Piccolo Teatro, ist beispiellos.

Für sein Theater hat er eigentlich alles andere abgesagt.

Es heißt dann immer: `Ich kann mein Theater...` oder:

`Ich kann meine Kinder nicht alleine lassen.`"

MICHAEL HELTAU

Paolo Grassi

KONTINUIERLICHE DIALEKTIK EINES UNGLEICHEN GESPANNS

Giorgio ist unendlich viel offener und aufmerksamer Meinungen anderer gegenüber, als man von einer so offensichtlich egozentrischen Person erwarten würde. Giorgio muß immer Hauptperson sein, und das hat sich im Laufe seiner Entwicklung immer mehr verstärkt. Aber gegenüber einigen wenigen Menschen, zu denen ganz sicherlich ich und ebenso Nina Vinchi und andere gehören, hat Giorgio einen geradezu masochistischen Zug, sich in der Begegnung zu entblößen, seine Fehler zu offenbaren, sich zur Diskussion zu stellen.

Zu mir sagte er niemals: *„Das wird so gemacht, weil ich es will"*, oder: *„weil ich, Giorgio Strehler, es für richtig halte"*. Das sind Sätze, die ihm vielleicht gegenüber anderen herausgerutscht sind mit jener charakteristischen Aggressivität, die Schüchterne an sich haben können (auch Giorgio ist ein Schüchterner, ein Einsamer), wenn sie versuchen, ihre Vorstellungen durchzusetzen. Mir gegenüber hat er sich nie so verhalten.

Wenn es etwas gibt, was Giorgio immer wieder über die Jahre hinweg beklagt hat, so war es die Unfähigkeit, einen kontinuierlichen Dialog zwischen uns aufrechtzuerhalten. Denn ich hatte die Angewohnheit, mich vor seinem Wort- und Ideenschwall zu verschließen, mich meinem Arbeitsbereich zu widmen und mir dabei seiner Autorität auf seinem Gebiet ganz sicher zu sein. Giorgio hat mich immer angefleht, an den Proben teilzunehmen, ihm Ratschläge zu geben oder die Wechselfälle der Bühne mehr mit ihm zu teilen. Statt dessen habe ich mein Leben in erster Linie in politischen Gremien oder Kulturausschüssen verbracht oder aber in meinem Büro im Piccolo Teatro, bin ihm also eher in dieser Form, in der Ergänzung zu ihm, zur Seite gestanden. Wenn ich mich zurückhielt, ihm nicht zu viel reinredete, dann deswegen, weil ich wußte, daß meine Ratschläge von ihm befolgt wurden. *Galilei* zum Beispiel ist sicherlich zunächst aus einer bestimmten Erwartung Giorgios entstanden, aber wirklich realisiert wurde das Stück, ähnlich wie damals auch das *Spiel der Mächtigen,* definitiv nur durch meine Überlegungen und mein Eingreifen, aber in vollkommenem gegenseitigen Einverständnis.

Bei diesen beiden Gelegenheiten haben wir alles aufs Spiel gesetzt, selbst auf die Gefahr hin, damit nicht wiedergutzumachende Fehler zu riskieren. Diese beiden Schlüssel-Stücke – das eine ausgesprochen geglückt und mit viel Beifall belohnt, das andere in erster Linie wichtig als Erfahrung, aber voller plötzlicher, unvorhergesehener Schwierigkeiten –, diese beiden Stücke sind ganz aus gegenseitiger, beispielhafter Übereinstimmung entstanden.

Giorgios große Themen sind Goldoni, die Wiederentdeckung der commedia dell'arte, das dialektische Theater mit Brecht, der ganze Shakespeare. Dagegen hat er nur eine einzige griechische Tragödie inszeniert, nie einen Aristophanes zum Beispiel, und nur einen einzigen Ibsen.

Auf Brecht sind wir durch unsere gemeinsame europäische Ausrichtung gestoßen: Die europäische Kultur war immer unser gemeinsamer Ausgangspunkt. Wir mußten uns gegenseitig nicht erst auf etwas einigen – natürlich hat jeder den anderen bereichert, ergänzt, angeregt, aber wir wußten immer um unsere gemeinsame kulturelle Basis als eine bestimmte kulturelle Konzeption von Theater.

Natürlich ist der Dialog mit Giorgio nicht einfach, weil er zu einer vollkommenen Überschwemmung mit Bildern, Ideen und Intuitionen neigt: Er ist ungeheuerlich in seinen intuitiven Fähigkeiten – er erfaßt

P. Grassi und G. Srehler im Foyer des Piccolo Teatro, Mailand, 1955

alles intuitiv, er hat seine Antennen überall, er-spürt die Dinge aus einem Schweigen, einem Halbsatz, einem Bild und kann damit alles re-konstruieren oder imaginieren. Im allgemeinen täuscht er sich nie. Er ist zunächst viel naiver und dann gleichzeitig viel gerissener und ge-schickter, als man denken würde.

Da ich mich immer um die Darstellung von Zu-sammenhängen, um „das Ganze" bemühte – worin ich mich ganz von ihm unterscheide –, habe ich mich oft Giorgio gegenüber zurück-nehmen müssen, mich auch manchmal ein-geigelt : Ich machte „den Hasen", wie er das nannte. (Anscheinend ähnelte in diesen Mo-menten mein Gesichtsausdruck dem eines Hasen, jedenfalls sagte er das immer.) Das waren die Momente, wenn wieder einmal Giorgios „Lawinen" heranrollten, mich voll-kommen überschwemmten, und ich meine Ideen erst einmal wieder neu ordnen mußte, um etwas Neues, Eigenes zu finden und ihm dann einen Kompromiß vorzuschlagen.

Sicherlich waren wir beide ein schwieriges, ein sehr schwieriges Gespann – das ging so weit, daß es mir manchmal wirklich an Verständnis fehlte. Es gab große Krisen, und dennoch ist unsere gemeinsame Arbeit für mich ein faszi-nierendes Vermächtnis, eine ungeheure Be-reicherung, an der wir, Tag für Tag, zwar nicht selten verschlissen, aber immer wieder her-ausgefordert wurden und an der wir beide – ich glaube sicherlich auch er – unglaublich gewachsen sind.

In einem seiner letzten Briefe urteilt er in einer Weise aufrichtig über mich, wie es niemand anderes je getan oder geschrieben hätte; man ist ja oft so schamhaft in solchen Dingen. Giorgio hat mich zwar gerne verhöhnt oder

P. Grassi und G. Srehler im Foyer des Piccolo Teatro, Mailand, 1955

gegen mich polemisiert. In den wirklich schwierigen Momenten und schwerwiegenden Entscheidungen aber hat er sich immer für mich stark gemacht und meinen Wert und meine Qualitäten verteidigt wie kein anderer.

Ohne falsche Bescheidenheit möchte ich sogar sagen, daß Giorgio mir manchmal Qualitäten zuschreibt, die ich meiner Meinung nach gar nicht habe. Er hält mich zum Beispiel für jemanden, der Zauber-kräfte entwickeln kann, wenn es darum geht, schwierige organisa-torische Situationen zu meistern. Das denken auch andere, und manchmal stärkt es mich, manchmal macht es mich aber auch ganz

verlegen, denn ich weiß viel zu sehr um meine ganze menschliche Begrenztheit.

Die kontinuierliche Dialektik zwischen uns war ungeheuer faszinie-rend; natürlich gab es auch schwarze Tage, große Schwierigkeiten und Bitterkeit, aber immer war es fruchtbar.

Paolo Grassi in: Quarant'anni di palcoscenico, Mailand, 1977.
S. 234 f. und 247 f., mit freundlicher Genehmigung des Verlages Musia

EIN THEATER FÜR ALLE

AN ALLE MAILÄNDER BÜRGER, DENEN WIR „IHR" THEATER, DAS PICCOLO TEATRO, DAS ERSTE ÖFFENTLICHE SPRECHTHEATER ITALIENS, VORSTELLEN WOLLEN:

Wir sind nicht der Meinung, daß das Theater nur eine mondäne Gewohnheit oder eine abstrakte Huldigung an die Kunst ist.

Wir wollen weder Vergnügen noch müßige und passive Kontemplation anbieten: Wir lieben die Erholung und nicht den Müßiggang! Wir lieben das Feiern und nicht den Zeitvertreib! Und noch weniger denken wir uns Theater als bloße Anthologie von bemerkenswerten Stücken der Vergangenheit oder Neuheiten der Gegenwart, wenn darin kein lebendiges und uns ernsthaft berührendes Interesse begründet liegt.

Wir glauben nicht, daß das Theater überholt ist, nur weil das Kino den mimischen Gestus und das Radio die gesprochene Sprache besser wiederzugeben scheinen, wenn im Theater doch beide Ebenen in der szenischen Handlung vereint werden können.

Das Theater wird das bleiben, was es in den ernsthaften Absichten seiner Gründer war: ein Ort, an dem eine freiwillig zusammengefundene Gemeinschaft sich selbst offenbart; ein Ort, an dem eine Gemeinschaft die Botschaften, die sie hört, entweder ablehnt oder akzeptiert. Denn selbst wenn sich die Zuschauer unter Umständen dessen nicht bewußt sind, wird ihnen diese Botschaft vielleicht helfen, in ihrem eigenen Leben wie in ihrer sozialen Verantwortung Entscheidungen zu treffen. Mittelpunkt des Theaters ist deshalb das Publikum als aufmerksamer Chor.

Erstes Plakat des Piccolo Teatro, Mailand, Mai 1947

Warum ein kleines Theater?
Das ist die Bedingung, die wir von Anfang an akzeptieren mußten. Aber auch in dieser Beschränkung wollen wir ein glückliches Zeichen sehen. Nach der großen Verbreitung des „Theaters der Zehntausend" und nach dem Konformismus der Propaganda glauben wir, daß es an der Zeit ist, zunächst in großer Konzentration zu arbeiten, um dann die Vergrößerung zu verdienen: Vielleicht wird der Kreis unserer heutigen Zuschauer später der lebendige Kern eines größeren Publikums sein; denn wenn wir uns nicht täuschen, verwirklicht sich jede Kultur in einem Prozeß, in dem eine Gruppe auf die andere trifft und alle zusammen sich schließlich in ein Ganzes integrieren. Deshalb werden wir so viele unserer Zuschauer wie möglich unter den Arbeitern und der Jugend, in den Werkstätten, in den Büros und in den Schulen suchen. Um die Beziehung zwischen Theater und Publikum von Anfang an zu festigen, werden wir einfache, überzeugende Abonnements-Formen einrichten und dafür Stücke von hohem künstlerischen Niveau zu möglichst niedrigen Preisen anbieten.
Wir wollen kein Experimentier-Theater und noch weniger ein Elite-Theater für einen kleinen Kreis von Eingeweihten! Nein, wir wollen statt dessen: Ein Theater für alle!
Wir haben den Ehrgeiz, mit unserem Theater ein Vorbild zu schaffen: Morgen schon könnte jede kleine oder große Gemeinde unser „Kleines Theater" nachmachen.
Deswegen bitten wir Euch um Eure Unterstützung und Solidarität!

Paolo Grassi, Giorgio Strehler
Mailand, Mai 1947

DER HORIZONT EUROPA

GEDANKEN ZUR GRÜNDUNG EINES ERSTEN EUROPÄISCHEN THEATERS IN PARIS

Die beste Form, national zu sein,
ist, international zu sein.
ANTONIO GRAMSCI

Ich glaube an Europa, ich glaube an die europäische Kultur. Aber ich glaube nicht an ein vereintes Europa im Sinne einer größeren Gleichschaltung, Egalisierung und langsamen Eliminierung der national bedingten Unterschiede und Gegensätze. Die Kraft Europas liegt in seiner Vielseitigkeit und in den kulturellen Eigenheiten seiner einzelnen Regionen. Wir müssen für unsere Unterschiedlichkeiten kämpfen, nicht gegen sie, nicht gegen das „andere", das „Fremde", sondern gemeinsam mit den anderen, und dabei muß jeder sein Bestes, Ureigenstes zu geben versuchen.

Mir ist allerdings bewußt geworden, daß wir alle unseren vielgepriesenen, so mit Erwartungen überladenen „Satelliten Europa" anstreben, ohne zu wissen, wie er eigentlich funktionieren soll. Es kann schließlich nicht nur um ein „Europa der Kühe" gehen, das heißt: um ein in erster Linie ökonomisches Kräftemessen und -potenzieren. Daraus entsteht noch keine gemeinsame Identität. Jeder einzelne hat meiner Meinung nach eine Verpflichtung, an diesem Konstrukt Europa mitzuarbeiten.

Aus diesem Grunde war ich mehrere Jahre Abgeordneter im Europa-Parlament in der Hoffnung, mit dieser Position im „europäischen Hausbau" etwas erreichen zu können. Doch ich blieb immer so eine Art schwarzes Schaf in den Versammlungen. Das Parlament war im großen und ganzen völlig desinteressiert an kulturellen Fragestellungen und Konzeptionen, das einzig realisierbare Kulturereignis schien das allgemeine europäische „Spiel ohne Grenzen"...

Sollen die anderen tun, was sie für richtig halten, wir als verantwortliche Theater- und Kulturmenschen werden schon etwas Sinnvolles zustande bringen!

War Mozart schon Europäer? Er war es, auf seine Art, denn er war universell. Er hat die musikalischen Richtungen seiner Zeit aufge-

nommen, akkumuliert und auf dieser Basis zum Beispiel für die Identität einer deutschen Oper gekämpft. Damit hat er eine Musik für die deutsche Sprache erfunden und bewiesen, daß sie sich genauso gut singt wie Französisch oder Italienisch. Als ich in Paris seine *Entführung aus dem Serail* inszenierte – eine deutsche Oper, als italienischer Regisseur, mit einem schwedischen Dirigenten, französischen, österreichischen und amerikanischen Interpreten –, war nicht zu übersehen: Musik überwindet alle Grenzen, nicht nur die sprachlichen.

Aber auch das Theater kann die (Sprach-)Grenzen überwinden. Als ich 1948 mit dem Piccolo Teatro das erste Mal nach Paris kam, haben wir ganze dreimal den *Corbeau* von Gozzi gespielt. Dieses Jahr konnten wir das Odéon mit dem *Sturm* für über zwei Wochen füllen und über zehn Tage mit *Minna von Barnhelm*.

In den letzten fünfunddreißig Jahren haben sich die Aufführungen ausländischer, fremdsprachiger Stücke rasant vervielfacht. Das Publikum ist heute viel offener für andere Kulturen geworden. Natürlich haben auch die Entwicklung der Kommunikationsmittel, der Medien, die Reisemöglichkeiten und der Tourismus diesen internationalen Austauschprozeß beschleunigt.

Aber auch das Theater als öffentlicher Ort des Austausches und der Kommunikation ist für mich eine Möglichkeit, um in Europa sich endlich zu vereinigen und etwas gemeinsames „Europäisches" zu schaffen.

Mitterrand, an den ich mich wandte – nicht so sehr an den Staatsmann, sondern an den großen Humanisten und homme-de-lettres –, und Jack Lang haben die Idee eines ersten europäischen Theaters mit Sitz in Paris gemeinsam mit mir entwickelt. Am Anfang eines solchen Projektes bedarf es immer auch des politischen Willens. Nun haben wir die Mittel für unser Theater, die Subventionen (nicht viel, aber etwas) und eines der schönsten Theater von Paris, das ehemalige Odéon.

Konkret geplant ist eine internationale Begegnungsstätte für erstklassiges Theater aus ganz Europa: eine Kombination aus Gastspielen aller europäischen Länder in Originalsprachen sowie Eigenproduktionen mit Theaterleuten verschiedenster Nationalitäten. Regisseure, Schauspieler, Bühnenbildner, Techniker und Musiker aus verschiedenen Ländern sollen in gemeinsamen Produktionen zusammenarbeiten. Vielleicht läßt sich auch eine europäisch-französische Schauspieltruppe formieren, die ihren Hauptsitz im Théâtre de l'Europe haben wird.

Die Inszenierungen werden von Leseabenden und Vorträgen begleitet werden. Auch eine multimediale Zusammenarbeit mit einem noch zu gründenden europäischen Fernsehsender, ein europäischer Theaterpreis und eine europäische Theaterschule in dem seit langem ungenutzt leerstehenden ehemaligen Theater Jean Copeaus, dem Vieux-Colombier, sind geplant.

Programmatisch könnten bestimmte geistesgeschichtlich wichtige europäische Epochen als thematische Schwerpunkte in einzelnen Aufführungszyklen bearbeitet werden.

Dieses europäische Theater soll schon Vorhandenes organisch verbinden und kollektiv zusammenfassen, denn die Beziehungen zwischen den europäischen Theatern müssen nicht erst geknüpft werden. Wir alle arbeiten im Grunde punktuell schon lange „europäisch". Auch die internationalen Festivals haben hier ihre Berechtigung und ihren Sinn, aber sie sind zu vergänglich. Das Théâtre de l'Europe dagegen soll ausdrücklich eine Kontinuität und dauernde Präsenz im europäischen Kultur-Dialog darstellen.

Dieses Theater entsteht aus einer großen Hoffnung und nicht aus politischem Kalkül – obwohl jeder kulturelle Akt immer auch einen politischen Aspekt hat. Wie es konkret aussehen wird, ist noch nicht in allen Details abzusehen. Möglich, wahrscheinlich oder vielleicht auch sicher ist nur, daß das Europa der Künstler klarer und komplexer sein soll als das der Politiker.

Ein Traum? Eine Utopie? – In jedem Fall ein Wille, eine menschliche Geste, ein Versuch, einen Ort der Begegnung, der Brüderlichkeit, des Friedens und der Sache über nationale Grenzen und Gewohnheiten hinweg zu schaffen: eine kulturelle Brücke für unser grenzensprengendes Europa.

Giorgio Strehler: Gedanken zur Gründung eines ersten eropäischen Theaters, Paris, 1984

Jack Lang

STREHLER IN PARIS

Strehler ist für mich einer der großen Meister des Theaters, vielleicht sogar *der* Meister. Am meisten beeindruckt hat mich sein *Sturm*: der einzige *Sturm* in der Theatergeschichte, der wirklich abhebt, sich loslöst, losreißt vom Boden, von Banalität und Erdenschwere, und beginnt zu fliegen.

Persönlich habe ich ihn erst sehr spät und über die Politik kennengelernt, nämlich bei dem ersten internationalen Treffen der Sozialisten für die Europa-Parlamentswahlen 1979 in Lille, wo wir mit allen wichtigen Führern der europäischen Sozialisten wie Willy Brandt, Filippe Gonzales und anderen zusammen diskutierten.

Ich sah Strehler und wußte sofort: Das ist ein Aristokrat, ein wirklicher Aristokrat – mit einer Vornehmheit und Noblesse in seinem Auftreten, in seinem Benehmen und in seinem Gedankengut –, ein Grandseigneur und dabei doch gleichzeitig noch ganz jugendlich. Seitdem sind wir befreundet.

Als ich unter Mitterrand Kultusminister wurde, wollte ich Strehler gerne in Paris haben. Er schlug uns seine Idee eines europäischen Theaters vor, um unser aller Vision „Europa" in einem kulturellen Symbol in Paris zu manifestieren: in einem zentralen Theaterhaus für europäische Theaterleute. Wenige Länder kümmern sich um nationale Institutionen im Ausland. Strehlers Idee war auch die Wiederbelebung der italienischen Theatertradition in Paris, die doch für die gesamte europäische Theaterentwicklung so maßgeblich war.

Was bot sich an für eine solche Institution im Herzen von Paris? Wir entschieden uns für das Odéon im Quartier Latin, dem Stadtviertel, in dem Mitterrand bei seinem Amtsantritt von den Studenten, Intellektuellen und Künstlern bei seinem Gang zum Panthéon so umjubelt worden war, dem Viertel der Menschenrechte und einer anderen großen europäischen Institution: der Sorbonne.

nach einem Gespräch, Paris, 18. Dezember 1993

F. Mitterrand und J. Lang mit G. Strehler bei der Verleihung des 'Commandeur de la Légion d'honneur' 1982 in Paris

194

Die zwölf Mitgliedstheater der von Strehler 1989 gegründeten europäischen Theaterunion

DAS TEATRO D'EUROPA: EIN ENTWURF

1964 verfaßten Paolo Grassi und ich ein Memorandum mit dem Titel *„Un teatro nuovo per un nuovo teatro – ein neues Theater für ein neues Theater"* und widmeten es den Verantwortlichen der Stadt-, Provinz- und Kommunalverwaltung, den Repräsentanten der politischen Macht, dem Publikum und den Einwohnern Mailands.
Dieser Text war damals sowohl Resümee der Vergangenheit als auch Bestandsaufnahme der Gegenwart und legte ebenso Vorschläge für die Zukunft dar. Unser Anliegen war, die Entwicklung und Vertiefung unserer Themen, mit denen wir uns seit dem Bestehen des Piccolo Teatro als ein künstlerisches, öffentliches, populäres, menschliches Theater auseinandergesetzt hatten, noch einmal deutlich zu skizzieren: Ein Theater-Organismus, der in seiner Art einzig war und ist, davon waren wir nach wie vor überzeugt.
Das aber, was wir damals schon als notwendige, existentielle Bedingungen unseres Weiterbestehens und -arbeitens für das Piccolo Teatro forderten, ist bis heute nur zu kleinen Teilen von Politik und Verwaltung unterstützt und realisiert worden.

Heute, 1984, nach weiteren zwanzig Jahren, in denen das Piccolo Teatro unermüdlich ein Stück nach dem anderen, immer in seinem kleinen Saal mit gerade 600 Plätzen, der Öffentlichkeit präsentierte und inzwischen ein nicht mehr zu leugnender Begegnungsort des europäischen Theaters geworden ist, scheint die Erfüllung der Bedingungen von damals endlich konkretere Form anzunehmen: Der „neue Sitz des Piccolo" ist im Entstehen.
Dabei geht es allerdings um sehr viel mehr als nur um ein neues, größeres Gebäude für das Piccolo, das trotz seiner räumlichen Beschränkung so erfolgreich überlebt hat. Es geht um einen großen, öffentlichen Theaterkomplex als Manifestation einer Theatervision, die so keinen Vergleich in der Theaterwelt hat: eine wirkliche „Theater-Traum- und -Realitäten-Fabrik", ein Ort der Arbeit und des Festes, wo Inszenierungen für ein möglichst breites Publikum entstehen werden, ein Ort für neue Ideen und Experimente, ein Ort, an dem soviel wie möglich von dem, was im Theater zu lernen ist, weitergegeben werden soll, nicht nur an zukünftige Schauspieler, sondern auch an Bühnenbildner, Techniker, Administratoren und Kulturverwalter, und schließlich ein Ort der Dokumentation von Theatergeschichte allgemein sowie der Geschichte des Piccolo Teatro, die so zum größtmöglichen kollektiven Nutzen für zukünftige Generationen bewahrt werden soll.
Der „neue Sitz des Piccolo" wird aber vor allem auch eines sein: eine europäische Theaterstadt, die „Città del Teatro d'Europa", im Herzen einer großen europäischen Stadt – Mailand.
Es ist kein Zufall, daß wir jetzt an eine solche europäische Institution denken: Frankreich hat auf Anregung der Regierung und des Kultusministers gerade ein europäisches Theater, das Théâtre de l'Europe, in Paris gegründet, zu dessen Direktor ich bestimmt wurde.

Als Ort für diesen Theaterkomplex in Mailand dachten wir an zwei ehemals berühmte Mailänder Straßen, die via Rivoli und die via Tivoli, die in den Erzählungen von der Unterwelt der Jahrhundertwende eine große Rolle spielen. An der via Tivoli gab es den großen Markt, den Luna-Park Mailands, genau dort wollte Bertolazzi den ersten Akt seines Stückes *Nost Milan*, das in der Geschichte des Piccolo Teatro und der italienischen Bühne einen wichtigen Punkt markiert, spielen lassen. An diesem kultur- und geschichtsträchtigen Ort, der zusätzlich inzwischen ein Verkehrsknotenpunkt Mailands geworden ist, soll, in unmittelbarer Nachbarschaft von anderen berühmten Mailänder Institutionen wie dem Brera-Museum, dem Botanischen Garten und dem Castello Sforzesco, unser Theaterkomplex entstehen.

DAS TEATRO STUDIO

Das ehemalige Teatro Fossati an der via Rivoli, 1858 als Volkstheater gegründet, schließlich in diesem Jahrhundert zum Kino degradiert und später vollständig heruntergekommen und ungenutzt, wurde als Teil unseres Projekts wieder aufgebaut. Der mit der Renovierung betraute Architekt Marco Zanuso ist in seinen Entwürfen von der alten Substanz ausgegangen und hat einen offenen und harmonischen, einfachen und poetischen Raum, ganz ohne Perimeter, Gold oder Stuck entworfen. Die Wände wurden als unverputzte Ziegelmauern hochgezogen und die Logen nach alten Entwürfen als Balkone mit Eisengeländern (den alten, vertrauten Geländern der Mailänder Häuser, die für viele auf dem Theater dargestellte Mailänder Hinterhöfe so charakteristisch sind) kopiert. Die Decke des Saales und der Bühne wurde nach alten Entwürfen mit Holzverstrebungen rekonstruiert und erinnert damit fast an die berühmten architektonischen Entwürfe der italienischen Theater der Vergangenheit.
Wir wollten für dieses Theater kein „teatro all'italiana", also keine Guckkastenbühne, obwohl der originale Bühnenraum und der Zuschauersaal noch erhalten waren, sondern einen variablen, offenen, vielseitig verwendbaren Theaterraum von 33 mal 19 Metern.
Dieses Theater soll Teatro Studio heißen: Theater des Studierens und Lernens, des Experiments, der Forschung und der Suche – eine Hommage an unsere Lehrer und Vorbilder Copeau, Jouvet und Brecht und ihre Vorstellung von Theater als kontinuierlicher Suche nach Meisterschaft.

196

Innenraum des Teatro Studio

In diesem Raum ist es möglich, sowohl vollendete als auch unfertige Stücke vorzuführen und neue Ideen auszuprobieren: Jungen Schauspielern soll im Teatro Studio die Möglichkeit zum Üben gegeben werden, angehenden oder bereits erprobten Regisseuren, die bisher weder die Zeit noch die Räumlichkeiten hatten, soll es als Experimentierspielraum zur Disposition stehen, und auch junge Autoren sollen hier ganz frei die szenische Dynamik und Bühnenwirksamkeit ihrer Stücke, ohne die einschränkenden Bedingungen der hohen Kosten einer öffentlichen Vorstellung, ausprobieren können.

Dieser Theaterraum wird die stilistisch unterschiedlichsten Stücke und Theaterereignisse möglich machen, denn für das Publikum wie für die szenische Umsetzung der Stücke stehen vielfältige Raumaufteilungen zur Verfügung. Das Publikum kann auf breiten Holzstufen sitzen, die den Saal im Halbkreis umgeben, oder auf den Balkonen stehen, die in verschiedenen Höhen an den Wänden entlanglaufen, oder aber auch auf Bänken in einer Art Parkett Platz nehmen, die zu beiden Seiten des Saales aufgestellt werden können.

Die ganze Arbeit der Techniker, Elektriker, Maschinisten und Tonmeister wird offen sichtbar sein, praktisch neben den Zuschauern stattfinden und so dem Zuschauer zusätzlich die Möglichkeit bieten, das zu sehen und kennenzulernen, was sonst im Theater immer hinter den Kulissen im Verborgenen geschieht.

EINE EUROPÄISCHE THEATERSCHULE

Schauspielen bedeutet, wie in der Musik, sein eigenes Instrument beherrschen. Aber diese Meisterschaft erfordert lange Lehrjahre. Die Jugend auf diesem Weg zu führen, ist für mich eine unverzichtbare Aufgabe in einem verantwortungsvollen Theaterschaffen. Die Jungen von heute sind die Menschen von morgen. Mit ihnen tragen wir unsere eigene Theatertradition weiter. Das Theater ist ein handwerklicher Beruf, der nur von einem zum anderen weitergegeben werden kann – wie eine Fackel von Hand zu Hand, um immer weiter zu brennen. Das Theater ist wie eine Familie, die im Herzen immer vereint bleibt, in der Gemeinsamkeit der Intentionen, auch wenn die Wege sich trennen.

diretta da Giorgio Strehler

Deswegen haben wir beschlossen, im Zusammenhang mit dem „großen Projekt" auch wieder eine eigene Theaterschule zu gründen, die, nur durch wenige Mauern von diesem getrennt, im Herzen des Teatro Fossati Platz finden wird.

Bereits 1951 hatte das Piccolo Teatro eine eigene Theaterschule, die nicht wenige Schauspieler ausgebildet hat; einige von ihnen sind heute sehr bekannt. Als Lehrer hatten wir Leute wie Etienne Decroux, Jacques Lecoq, Marise Flach und mich. Leider mußten wir uns aus verschiedenen, in erster Linie organisatorischen und finanziellen Gründen von diesem für einen Theaterorganismus doch so wichtigen Element trennen, so daß sich diese Schule *(Civica scuola d'arte drammatica)* unabhängig von uns machte, allerdings bis heute noch besteht.

Für den Unterricht haben wir etwa fünfundzwanzig Lehrer – wir wollen sie lieber „compagni anziani" nennen – vorgesehen, alles Theaterpraktiker und Professionelle, optimale Kenner der verschiedenen Theatersparten. Hier wollen wir in erster Linie Schauspieler, dann aber auch Bühnentechniker und Theatermanager ausbilden. Für drei Jahre sind sie in ein kleines Theateruniversum hineingestellt, das aber nicht lebensfern sein sollte. Denn unsere Schule soll Theater, Leben und Geschichte gleichermaßen vermitteln und verbinden.

Jeder Kurs hat seinen eigenen Namen und ist einer bestimmten Theaterpersönlichkeit wie Eleonora Duse, Stanislawski, Copeau, Jouvet, Sarah Bernhardt usw. gewidmet.

Diese Ausbildung ist über eine Ausschreibung für alle jungen Italiener zugänglich. Nach Aufnahmeprüfungen erhalten die Schüler ohne Unterschied ein Stipendium, das ihnen erlaubt, ihre ganze Zeit ohne Sorgen um ihren Lebensunterhalt der Theaterschule zu widmen.

Zusätzlich ist eine ausgewählte Gruppe junger Schauspielschüler aus verschiedenen europäischen Ländern vorgesehen. Sie müssen unsere Sprache lernen, ebenso wie die italienischen Schauspieler auch eine europäische Sprache ihrer Wahl – Französisch, Deutsch oder Englisch – lernen müssen. Zusätzlich müssen sie drei italienische Dialekte, den venezianischen, neapoletanischen und den mailanesischen, lernen, um auch die in diesen Dialekten charakteristischen Stücke spielen zu können.

Die Schule ist von Anfang an direkt mit dem Teatro Studio und dem Piccolo Teatro, also der Theaterpraxis, verbunden. Als wichtige Basis ist die Teilnahme der Schüler an den Proben der Inszenierungen des Piccolo Teatro vorgesehen, ebenso wie das Mitwirken an den abendlichen Vorstellungen als Statisten, Schauspieler, technische Assistenten oder ähnliches.

Über diese ersten „Begegnungen mit dem Publikum" hinaus werden sich die Schüler nach dem dritten Jahr zum Abschluß in einer frischen, jungen Kompagnie mit einer eigenen Theaterinszenierung vorstellen. Danach können sie entscheiden, ob sie entweder als Truppe zusammenbleiben und die gemeinsame Erfahrung weiterführen wollen oder aber jeder seine eigenen Wege gehen will. Einige werden auch in die Kompagnie des Piccolo Teatro übernommen.

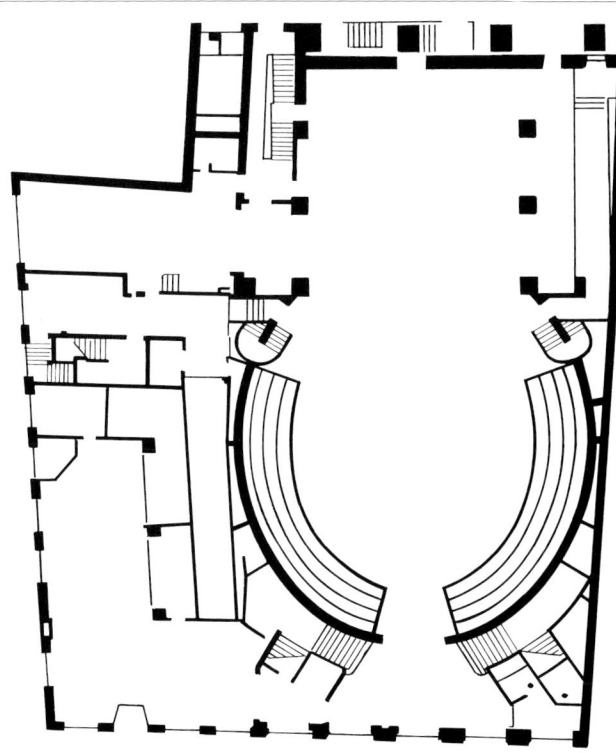

Grundriß des Teatro Studio

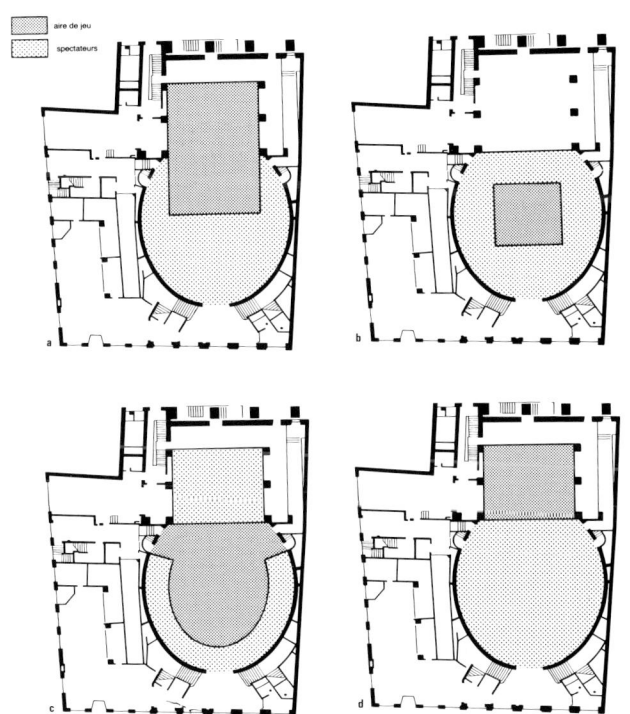

Die vier verschiedenen Gestaltungsmöglichkeiten der Bühne des Teatro Studio

DAS GRANDE TEATRO

Bisher fehlt uns für dieses Theater noch ein Name. Auch dieses Theater hat Marco Zanuso in Zusammenarbeit mit uns und mit der technischen Unterstützung Ezio Frigerios entworfen: eine große Guckkastenbühne, die allerdings flexibler als die herkömmliche Guckkastenbühnen konstruiert ist. Das große Theater hat eine Kapazität von 1100 Plätzen. Die Zuschauer sollen möglichst von allen Plätzen gleich gut sehen können. Deshalb haben wir anstelle eines langsam ansteigenden Parketts ein Theater mit Parkett und Galerie gewählt.

Charakteristikum ist eine neue Idee eines theatralen Ortes als „einheitlicher Organismus", der nicht nur aus dem abendlichen Ritual der Vorstellung oder den Proben besteht, sondern auch aus der kreativen Arbeit, dem Schöpfungsprozeß auf dem Weg zu einer Inszenierung. Deshalb wollten wir die beiden Momente des Theaters, das der künstlerischen und das der handwerklichen, organisatorischen, administrativen Arbeit, in einem Gebäude vereinen.

EIN KLEINER ZIRKUS

Ideal wäre, unser Projekt mit einem dritten Ort zu ergänzen; wir denken an eine Art kleinen Zirkus, den alten Zirkus unserer Kindertage, denn dabei haben wir vor allem an die Kinder als die immer aus dem Theater Ausgeschlossenen gedacht. Damit könnte man ihnen die Welt des Theaters mit uralten Theaterelementen wie Clown-Nummern, den Zauberer-Geheimnissen, mit Akrobaten und Tieren langsam nahebringen. Wir denken dann auch an einfache Stücke, wo Spiel und Theater in einem (für die Bildung der kindlichen Seele wichtigen) Austausch stehen. Dieser kleine Zirkus könnte mit seinem Zelt, seinen kleinen bunten Lämpchen, seiner Festluft und seiner ganzen Atmosphäre ein heiterer, ausgelassener, die Phantasie anregender Ort werden. Und auch hier geht es in erster Linie um ein dynamisches, kollektives, populäres, unterhaltsames und gleichzeitig verantwortungsbewußtes theatralisches Ereignis.

DIE PROGRAMMATION

Die Arbeitsplanung für die „Città del Teatro d'Europa" wird dreijährig sein, um den vorgesehenen Künstlern und Finanziers genügend Vorlauf zu geben, die Arbeit jeder Saison besser zu organisieren. Die Saison selbst dauert vom 1. November bis zum 30. Juni.

Das Repertoire wird, wie am Piccolo Teatro üblich, verschiedene Stile repräsentieren, klassische, moderne, aber auch in Italien noch nicht aufgeführte Stücke. Wir wollen versuchen, noch mehr als bisher aufzuführen, so etwa auch ein großes nationales Repertoire, um bisherige Versäumnisse und Leerstellen im Repertoire des Piccolo aufzufüllen.

Wir haben auch daran gedacht, jedes dritte Jahr eines der „historischen" Stücke des Piccolo wieder aufzuführen, damit die neue Generation die Möglichkeit hat, alte Inszenierungen des Piccolo kennenzulernen.

Auch Musiktheater ist vorgesehen: Melodrama, italienische opera buffa, Monteverdi, Mozart, moderne Werke. Dafür werden wir uns mit den Mailänder Musikinstitutionen wie etwa der Scala zusammentun.

Ein Teil der Theatersaison, etwa vierzig Tage im Jahr, soll Europa gewidmet sein: Damit wollen wir unseren Teil zur Entwicklung eines Europa beitragen, das auch ein Kontinent der Kultur und Poesie sein soll.

Einige unserer Inszenierungen werden wir hinaus in die Welt schicken, und natürlich sollen in der Zeit europäische Theater auch auf unseren Bühnen spielen. Mit den europäischen Theatern, die sich daran beteiligen wollen, wird es einen kontinuierlichen Gastspiel-Austausch geben.

Die Erfahrung für Europa, die wir gerade mit dem Théâtre de l'Europe in Paris machen, ist nicht umsonst. Fast jeden Tag stellen wir fest, daß man, über Können, Phantasie und Erfahrung hinaus, mit einer entsprechenden Struktur und den notwendigen Mitteln auch mit Theater einen Teil zu Europa beitragen kann. Heute Paris, morgen Mailand... Auch andere Städte können sich an diesem Unternehmen für eine weiterreichende politische Kultur Europas beteiligen.

Natürlich können wir nicht das ganze Gewicht dieser Aufgabe alleine tragen. Deswegen bitten wir die qualifiziertesten

Eingang des Piccolo Teatro in der via Rovello

Theaterleute, uns zu unterstützen, und bieten ihnen dafür im Austausch ein gutes Theater, eine moderne Bühne und lange Probenzeiten mit Schauspielern und Technikern von höchster Qualifikation und dazu das interessierte Publikum Mailands mit vor allem auch jungen Leuten.

Unsere Freunde im europäischen Theater, Kollegen von phantastischem Niveau, hatten schon seit langem den Wunsch geäußert, bei uns, mit uns zu arbeiten. Aber was konnten wir ihnen bisher bieten: ein winziges Theater mit 600 Plätzen und einer Bühne von 8 x 6 Metern?

Regisseure mit unterschiedlichen Ideen und Stilrichtungen, aber einer gemeinsamen oder ähnlichen kulturellen Basis, können gemeinsam das Programm dieses Theaters mit unterschiedlichen Inszenierungen gestalten.

Auch die vielen direkten oder indirekten Schüler des Piccolo Teatro, Regisseure, Bühnenbildner, Techniker und Musiker, die inzwischen über die ganze Welt verstreut sind, die bei uns gearbeitet haben oder durch unsere Arbeit angeregt wurden, werden wir wieder hierher einladen.

Das gleiche gilt für die Schauspieler: Über eintausend sind von 1947 bis heute über unsere Bühnen gegangen. Wenn wir nur einen kleinen Teil dieser Arbeitskollegen wieder hier versammeln könnten, hätten wir die größte Theatertruppe unseres Landes. Wir sind sicher, daß viele von ihnen bereit sein werden, in der Città del Teatro d'Europa zu arbeiten.

Es muß allerdings klar sein, daß ein solches Projekt nicht mit der ständigen Unsicherheit hinsichtlich seiner Zukunft leben kann, das heißt mit den großen Verspätungen der sowieso geringen Subventionen. Auch kann es sicherlich nicht mit den bisherigen Subventionen des Piccolo auskommen. Für eine entscheidende Qualitätssteigerung bedarf es auch einer Steigerung der Unterstützungsbereitschaft der staatlichen und für Theater verantwortlichen Organe.

Wir glauben noch an die öffentlichen Institutionen. Für sie haben wir einmal gekämpft. Für sie kämpfen wir heute! Vielleicht mit mehr Kraft und mehr Vernunft.

Wir wollen in Mailand das, was wir im Theater und mit dem Theater über so viele Jahre gelernt haben, an die neue Generation weitergeben.

Wir wollen in Mailand und von Mailand aus mit der Città del Teatro d'Europa ein zentraler Motor einer menschlichen und volksnahen Theater-Poesie für die Zukunft sein.

Die Città del Teatro d'Europa ist der Entwurf für das Piccolo Teatro der Zukunft, das sich in seinen verschiedenen Instanzen und in seiner Gesamtheit in den Dienst des Kollektivs stellt.

Giorgio Strehler, Entwurf für das Teatro d'Europa, Mailand, April 1984

„SOZIALISMUS ALS LEBENSHALTUNG"

Strehlers politisches Engagement

„Der Friseur meiner Mutter

war der erste Sozialist in meinem Leben...

er stellte mir die ersten sozialen Fragen,

und ich fing an, nachzudenken über

die Welt um mich herum..."

GIORGIO STREHLER

Warum Europa wählen?

Mut zur Naivität

Warum Europa wählen? Weil Europa, ohne daß wir es bemerkt haben, bereits ein Teil von uns ist, ein Teil unserer Lebensweise, unserer täglichen Gewohnheiten und unserer Gedanken.
Wir können nicht mehr zurück. Wir können nur versuchen, den Weg nach Europa zu vollenden, den wir zur Hälfte schon gegangen sind, um gegenüber den gigantischen Supermächten in eigenen Lebensformen existieren und bestehen zu können.

Warum einen Menschen der Kunst in das europäische Parlament wählen?

Weil es bestimmte Themen gibt, menschliche Themen, die über die Tagespolitik hinausreichen!

Weil bestimmte Fragen zur Diskussion gestellt werden müssen und das von jemandem, der etwas davon versteht, der sich sein ganzes Leben lang damit beschäftigt hat und der heute feststellt, daß in Straßburg zu viel über ökonomische, landwirtschaftliche und finanzielle Probleme und zu wenig über „andere", ebenso wichtige Dinge gesprochen wird:
Zum Beispiel über den Frieden, über unsere Natur, über Blumen und Tiere, die zu schützen sind, über Kultur, was auch meint, in Würde und einem bißchen Glück zu leben.

Ich habe mich mit all diesen Dingen auseinandergesetzt, die nicht Träume eines Künstlers sind, sondern vielmehr die Basis eines bürgerlichen Lebens und Voraussetzungen des Begriffes „menschlich".

Darin liegt der Sinn meiner Mitarbeit im europäischen Parlament.

Eine Stimme, eine Möglichkeit mehr für ein besseres Europa, in dem Werte und Menschen durch das, was sie sind und tun, durch ihr Bewußtsein und ihre Ernsthaftigkeit, bestehen können.

G. Strehler, Kandidatur für die Europa-Parlamentswahlen 1984

Vielschichtige Überlegungen und Betrachtungen und ganz persönliche Einsichten sind es, die mich heute, in einem Moment, den manche für ungünstig halten, zu einer Entscheidung veranlaßt haben, die mich viel Kampf und Überwindung gekostet hat, die aber seelisch, gefühls- und verstandesmäßig nun unvermeidbar für mich geworden ist. Vierzig Jahre Treue zu einer Partei will schließlich etwas heißen. Aber den eigenen Ideen ideologisch und gefühlsmäßig treu zu bleiben, bedeutet auch etwas. Und es ist diese Form der Treue, die heute in mir siegt, ohne Rücksicht oder Spekulation auf den Zeitpunkt oder andere Opportunitäten – diese Treue zu sich selbst, von der Mozart immer sprach, die mit äußerster Kraft in jenem Kämmerchen des Herzens erlitten wird, das das Eigenste, Wertvollste von einem selbst, auch die eigenen Träume und Illusionen, bewahren soll.
Natürlich können große Geschäftemacher, die an die Realität nur in ihrer armseligen äußeren Erscheinungsform glauben, an nichts anderes denken als an dunkle Machenschaften, mit denen sie sich ein kleines bißchen Macht erschwindeln in dieser verbitterten Besitzgesellschaft, in der das Sein kaum mehr existiert, nicht einmal mehr als vages Ideal oder als mißbrauchter Zweck. Was sind das doch alles für kaum zu verstehende Künstler, im Großen wie im Kleinen! Was sind das doch für Arlecchini, die noch mehr als nur zwei Herren dienen! Was sind sie denn anderes als lauter kleine Pirandelli auf der Suche nach ihrer verlorenen Identität!

Ich habe zu lange in der Kunst und in der Politik gelebt – zwar nicht als Berufspolitiker, aber als Mann in der Geschichte, mit einer klaren, unverrückbaren Aufgabe und einem leidenschaftlichen Wahrheitssinn –, um nicht in der Lage zu sein, mich selbst kritisch sehen und mich in entscheidenden Handlungen korrigieren zu können, wenn es mir richtig erscheint. Und dies, ohne mich deswegen ständig nur um mich selbst zu drehen, wie das berühmte Fähnlein aus der *„casa dei doganiere"*, dem *Zöllnerhaus* von Montale, und ohne mich deswegen schämen zu müssen.

Ich weiß sehr gut, daß das Leben aus Menschen gemacht ist und daß auch die Parteien aus Menschen bestehen. Menschen sind manchmal etwas ganz Armseliges und manchmal etwas Wunderbares. Ich bejahe das Leben, auch wenn ich es mir bisweilen, ebenso wie mich selbst, besser wünschte.

An dem derzeitigen Verfall so vieler fundamentaler gesellschaftlicher Werte tragen wir alle die Schuld. Aber es gibt Grenzen. Und es muß, wie mir scheint, nun wirklich eine Grenze geben für die Schamlosigkeit und Erbarmungslosigkeit, in die ein viel zu großer Teil der italienischen Politik hineingeraten ist und in der sich heute auch die sozialistische Partei bewegt – zum einen aus fehlender Ernsthaftigkeit und Rigorosität, zum anderen aus mangelnder Brüderlichkeit und mangelndem Idealismus, fehlenden dialektischen Fähigkeiten und fehlenden wirksamen politischen Aktionen gemäß einem ernsthaft durchdachten politischen Konzept.

Diese und andere Tatsachen haben aus meiner Sicht das wahre Gesicht des italienischen Sozialismus, wie er von unseren Vorgängern an uns weitergegeben wurde, vollkommen entstellt – ein vielleicht verletzbares, gelegentlich verzerrtes, oft genug unsicheres, aber ein ursprünglich ehrliches und und in vieler Hinsicht unzerstörbares Gesicht einer menschlichen Partei.

Einer Partei, in der das, was gesagt, auch getan wurde, und das, was getan wurde, für eine sozialistische Idee getan wurde, die, Gott sei Dank, nie in sich einstimmig war und deshalb oft zwangsläufig widersprüchlich erscheinen mußte, aber dennoch immer transparent blieb. Eine Partei, in der man nicht etwas tat, nur um einen wichtigen Posten zu besetzen, um Prestige zu gewinnen oder um (wirkliche oder auch nur eingebildete) Macht zu erringen oder um jene, die anders dachten, einfach zum Schweigen zu bringen.

Wenn man sich nun fragt, warum diese sozialistische Partei, die so auf den phantasievollen, manchmal inkohärenten, aber niemals monolitischen, immer antidogmatischen Italiener zugeschnitten schien, es nicht geschafft hat, im Laufe der Zeit jene Unterstützung zu finden, die sich andere Parteien gesichert haben und seit Jahrzehnten rein zahlenmäßig in unserem Land erhalten konnten, dann wird man zu der Überzeugung kommen müssen, daß dieser Partei zweifellos etwas Fundamentales abhanden gekommen sein muß.

Meiner Meinung nach ist es vor allem ihre Menschlichkeit und humane Identität, die der sozialistischen Partei heute fehlt. Dieser Mangel an konzeptioneller Integrität und strategischer Klarheit hat die Partei zwangsläufig in einen Sumpf von Kompromissen und schließlich in Korruption gestürzt, die heute in unserem Land so offensichtlich ist. Die großen „sozialen" Reformen, die immer angekündigt wurden, hätten real und volksnah sein müssen, wenn man sich schon als Reformer bezeichnet – als gäbe es nicht einen Reformismus der Rechten wie der Linken.

„Auch die Rechte ist zu Reformen fähig! Das macht noch kein Parteiprogramm...", sagte ich damals auf dem Kongreß in Verona.

Doch ein sozialistisches Reformprojekt ist etwas ganz anderes, dann nämlich, wenn diese Reformen jene erreichen sollen, die keine Arbeit haben, die alleingelassen ohne Unterstützung leben, weil diese Gesellschaft des Spät- und des Neo-Kapitalismus nicht in der Lage war, ihnen die Grundlagen eines menschenwürdigen Lebens zu verschaffen.

„Eine sozialistische Reform muß von der Linken ernstgemeint sein. Sie muß die linke Konzeption und das linke Bewußtsein erweitern und schließlich zu einer Bündelung aller linksgerichteten Kräfte beitragen, ebenso wie zu allgemeinem Fortschritt, zu Brüderlichkeit und Gerechtigkeit in der Gesellschaft – um sie zu verändern, um aus ihr eine andere, bessere zu machen."

Das und noch vieles mehr sagte ich damals in den frühen Morgenstunden zu den wenigen, noch verschlafenen oder bereits lärmenden Delegierten. Kaum jemand hörte mir zu. Aber ich sagte sie trotzdem, diese einfachen Dinge.

Niemand nahm meine Worte damals ernst, aber ich wiederholte sie, und ich wiederhole sie auch heute denjenigen gegenüber, die jetzt so tun, als seien sie überrascht und hätten keine Ahnung gehabt von meiner inneren Bewußtseinsentwicklung.

Sie alle hatten sehr wohl Gelegenheit, meine Position zur Kenntnis zu nehmen und meinen Tenor, der oft genug verzweifelt war, wahrzunehmen. Ich muß heute keine Zeile, kein Wort von dem zurücknehmen, was ich damals sagte.

Ich habe mich nicht verändert, die PSI dagegen ist eine andere geworden. In einer Entwicklung, die immer mehr zur Inhumanität statt zur Einigkeit führt, die immer mehr despotische, rohe und brutale Züge angenommen und die nicht mehr das geringste mit der ursprünglichen Idee des Sozialismus zu tun hat. Das ist es, was mich am meisten schmerzt.

Heute wende ich mich an die alten Genossen, an die Männer und Frauen, die an die wahre Idee des Sozialismus geglaubt haben und es auch heute noch tun, und ich sage mit großem Schmerz, daß ich – als überzeugter Sozialist – nicht bereit bin zu glauben, daß Politik von Moral, menschlicher Korrektheit, Klarheit, Intelligenz und Kultur losgelöst sein darf. Deshalb kann ich keine sozialistische Partei akzeptieren, die nicht Geradlinigkeit, Brüderlichkeit und Güte als Grundlagen hat.

Meine Sicht ist vielleicht vereinfachend oder naiv, ich weiß. Sie ist nicht unbedingt politisch. Ich spreche von Dingen, die von den „Wissenden", den Politik-Spezialisten, belächelt werden.

Gut, gerade denen aber sage ich: Erst sollen sie wieder die Fähigkeit zur Naivität entwickeln, nämlich die Fähigkeit, wirklich an etwas zu glauben, an einige absolute, vielleicht sehr hohe und vielleicht auch in Bezug auf das Glück der Menschen utopische Werte.

Dann werden auch sie mich nicht mehr belächeln.

Strehler anläßlich seines Austritts aus der PSI, in: La Repubblica, Rom, 9. Mai 1987

ICH WERDE PDS WÄHLEN

Neulich abends hörte ich Bettino Craxi bei der Kalkulation der Wählerstimmen lächelnd erklären, daß man die PSI wählen müsse und daß nach den zu erwartenden Zahlen die DC unumgänglich mit der PSI koalieren müsse, um regieren zu können.

Ich, der ich nicht Lotto spiele und wenig von Zahlen verstehe und die „Regierbarkeit" Italiens, so wie sie sich in den letzten Jahren entwickelt hat, für ein nationales Unglück halte, möchte hier erklären, warum ich statt dessen in den kommenden Wahlen PDS wählen werde und nichts anderes.

Vor wenigen Wochen habe ich mich zu meinem Verzicht auf eine weitere Kandidatur für den Senat geäußert. Ich erklärte, daß das nicht die Aufkündigung meines politischen, öffentlichen und künstlerischen Engagements bedeutete, das meine ganze Existenz bestimmt, sondern daß mein Entschluß sich letztendlich auf den Eindruck gründete, in einem Parlament oder einem Senat ohne jegliche kulturelle Interessen, in dem das Wort und die Anwesenheit eines Künstlers nicht zählen, nicht wirksam werden zu können.

Bei dieser Gelegenheit habe ich die Leute auch ermuntert – ohne zu viel Wenn und Aber –, PDS zu wählen, eine Partei, die in ihren Vor- und Nachteilen noch am ehesten dem bürgerlichen Bewußtsein eines jeden von uns entsprechen kann.

Ein Grund, warum ich für die demokratische Partei der Linken stimme: Ich werde sie wählen – obwohl ich sie nicht für perfekt erachte –, weil ich nichts von einer noch größeren Aufsplitterung unserer bereits so zersplitterten Demokratie halte. Ich glaube nicht an „antiparteiliche" Alternativen. Meiner Meinung nach gibt es in Italien schon eine so große Parteien-Skala, daß bereits die Nuancen der Nuancen möglicher Parteispaltungen vertreten sind.

Warum reagiert das Land erst jetzt mit allgemeiner Entrüstung und Ablehnung gegenüber so viel politischer Vereinzelung?

Weil wir an eine kritische Grenze gekommen sind. Und das nicht erst heute, sondern schon seit langem, in eine wirkliche Krise, für die viele, leicht auszumachende Personen und Parteien verantwortlich sind, die unser Land mit ihrem korrupten, ineffizienten Machtverhalten, das nichts mit den wirklichen Bedürfnissen des Volkes zu tun hat, gedemütigt haben.

Der allgemeine Aufruhr heute gegen „die Parteien" schlechthin müßte sich gezielter gegen bestimmte Parteien richten, das heißt: primär gegen die direkt Verantwortlichen aus den Ministerien, Banken und Unternehmen, die Italien in dieses Unglück gestürzt haben.

Man darf allerdings diese vielen unmoralischen Fehlentscheidun-

gen auf allen Ebenen nicht mit jenen in Verbindung bringen, die daran gar keinen Anteil hatten, wie zum Beispiel die PDS.

Und diese ganze Misere trotz einer – allerdings sehr kurzen – Phase der Oppositionspolitik in der Zeit der Ersten Republik, die nun allerdings keinerlei Anstalten macht, zur Zweiten Republik zu werden.

Ich spreche hier ohne jede Scheu und ohne jedes Zögern vom historischen Kompromiß und der Vereinigungstendenz der Ex-PCI und ihrer Politik zu Zeiten der leuchtenden Gestalt Enrico Berlinguers. Meiner Meinung nach irrten sich Berlinguer und die Kommunistische Partei Italiens aber. Sie irrten sich ganz tragisch. Doch ihr Ansatz war eine „große politische Idee": die beiden so unterschiedlichen italienischen Volkskräfte, den Katholizismus und den Kommunismus, zu solidarisieren.

Trotz dieses schwerwiegenden Fehlers werde ich PDS wählen, die Partei – das sei deutlich gesagt –, die nicht einfach die Ex-PCI ist, aber aus dieser entstanden ist und einige ihrer unveräußerlichen Werte nicht leugnet, niemals leugnen darf.

Wer kann jetzt, da das Alibi der „kommunistischen Gefahr" nur noch für traurige Politologen der Stunde gilt, wirklich behaupten, daß die PDS nur einfach die getarnte, noch dazu schlecht getarnte PCI sei? Wer kann behaupten, daß die PDS keine soziale, sozialistische und zugleich demokratische Partei sei? Eine Partei ohne innere dialektische Demokratie? Fehlt der PDS etwa etwas Fundamentales: die moralische Sauberkeit, die lange von so vielen, heute korrupten Politikern verlacht wurde?

Meiner Meinung nach besteht für die PDS von heute, wenn überhaupt, die entgegengesetzte Gefahr: die des dialektischen Exzesses, der sehr leicht in einen unheilvollen, allzu bekannten internen Kampf der Partei ausarten kann. Es fehlt dieser Partei unter Umständen noch an geradlinigen, durchschlagenden politischen Aktionen, an Klarheit in der Aufgabenverteilung und Programmatik. Aber diese Gefahr birgt jeder dialektische Prozeß. Man muß nur mit ihr umzugehen wissen.

Ich habe immerhin ziemlich lange die PSI erlebt, in der es auch immer wieder große interne Diskussionen gab und nicht etwa nur charismatische Einstimmigkeit, sondern wo, im Gegenteil, in der großen „sozialistischen Furche" die unterschiedlichsten Menschen wie Morandi, Mazzali, Nenni, Basso, Lombardi, Pertini und viele andere mit den verschiedensten Ideen integriert waren. Ich habe in dieser Partei sowohl marginale als auch essentielle politische Divergenzen erlebt und mich selbst nicht nur einmal in Opposition zu verschiedenen Mehrheiten befunden, oft auch denjenigen gegenüber, die ich am meisten liebte und bewunderte und die, trotz unserer Meinungsverschiedenheiten, fortfuhren, ebenso wie ich sie, mich zu lieben und zu bewundern.

Ich kenne deshalb den Preis solcher Prozesse, dieses innere Unbehagen, diese gedankliche Unruhe. Aber gerade in diesen Ausein-

204

andersetzungen und Reibungen war die PSI eine sozialistische und lebendige Partei. Ich habe mich erst in dem Augenblick von ihr getrennt, als sie eine andere wurde, eine Art Monarchie oder Oligarchie, in der „unterschiedliche Stimmen" politisch nicht mehr existieren durften.

Deswegen verteufele ich die PSI nicht, auch wenn ich sie für ihre politische Verblendung und anmaßende Führung verurteile. Doch die PSI besteht nicht nur aus korrupten Menschen. Die *rifondazione communista* war nicht nur als Instrument der Stalinisten für Bürokraten der Nomenklatura und andere gemacht, sondern für Genossen mit legitimen Ämtern, die für Werte einstanden, die nicht zur Kenntnis zu nehmen der PDS heute schlecht anstünde, auch wenn sie einen anderen Weg gewählt hat.

In der PSI gibt es auch heute Genossen mit „sauberen Händen" und reinem Herzen, die jederzeit fähig wären, der PSI wieder zu Ansehen zu verhelfen. Doch gerade diese Politiker zählen heute nicht und werden kaum beachtet. Ihnen aber gäbe ich auch heute meine Stimme, ihnen ja – nur nicht der sozialistischen Partei in ihrer Gesamtheit und in der Verfassung, in der sie sich im Moment befindet.

Ein weiterer Grund, warum ich PDS wählen werde: Weil – ob man es wahrhaben will oder nicht – es heute die einzige wirklich sozialistische Partei in Italien ist. Bald wird das nicht mehr so sein, hoffe ich, wenn nämlich auch die PSI den Mut haben wird, ernsthaft Selbstkritik zu üben und sich zu reformieren.

Bis jetzt hat allerdings in der weitverbreiteten Feigheit in Italien allein die PCI den Mut gehabt, sich zu erneuern und eine andere zu werden. Sie hat ihre Verdienste wie auch ihre Fehler in der Vergangenheit zur Kenntnis genommen und ist damit das Risiko der Selbstauflösung eingegangen, hat die Unvermeidbarkeit der internen Spaltung und die Trennung von alten Gesinnungsgenossen und gemeinsamer Geschichte ebenso wie den unweigerlichen Stimmenverlust bewußt in Kauf genommen.

Ist das etwa nicht auch ein Grund, dieser neuen demokratischen Partei der Linken Vertrauen zu schenken? Um so mehr, als diese ehrliche Katharsis, die politisch tödlich hätte sein können, nicht nur wenige Wochen oder Monate und gerade pünktlich zu einem Wahltermin stattfand, sondern ein Prozeß von Jahren war.

Genau aus diesem Grund kann mich heute die republikanische Partei mit ihrer plötzlichen Suche nach der verlorenen Jungfräulichkeit nicht überzeugen, nach so langer Zeit des stillen Einverständnisses mit der Majorität der Regierung, die heute wirklich entlarvt ist. Ihre politisch wenig überzeugende Unschlüssigkeit steht für mich im krassen Gegensatz zu der „Beständigkeit" so vieler „parzellierter" Republikaner, die noch heute in Hunderten von Ämtern, Banken, in der Industrie oder sonstwo sitzen.

Von einem „neuen Italien" zu sprechen, einem „Italien der Ehrlichen", genügt mir nicht. Ich bin nicht nur für ein ehrliches, sondern für ein anderes Italien. Nicht für eine nur ausgebesserte, sondern für eine „andere" Gesellschaft.

Hinter dem gutmütigen Lächeln von Craxi mit seinen Zahlenspekulationen und seinem Vorsatz, sich die Regierungsfähigkeit mit Hilfe der DC zu sichern, liegt die ganze Realität dieser Partei, ohne die angeblich nichts zu machen ist in Italien.

Es ist wahr: Die DC ist der Schlüssel der italienischen Demokratie. Sie ist ihre Stärke, aber auch ihre große Schwäche. Die DC hat zuviel Verantwortung, mit der sie neben beachtlichen auch viel zu viele unwürdige Dinge in die Welt gesetzt hat. Sie hat sich regierungsfähiger als alle anderen Parteien erwiesen und hat dennoch im Ergebnis schlecht regiert, denn sie hat an allererster Stelle dazu beigetragen, daß sich Italien heute so vollständig in ökonomischer und moralischer Auflösung befindet. Es gibt kaum einen schlimmeren Vorwurf gegen eine Partei von dieser Bedeutung im demokratischen Leben eines Landes.

Noch ist der Tag nicht gekommen, wo man sich fragen wird, wie in einer einzigen Partei so viele intelligente, rechtschaffene, tolerante Menschen, die alle meine Bewunderung und auch meine Freundschaft haben, inmitten eines Sumpfes von Menschen ohne Herz, ohne Ideale existieren und mit bloßen Stimmen-, Posten- oder Intrigenverwaltern mehr oder weniger harmonisch zusammenarbeiten konnten, und wo man sich fragen wird, warum es offenbar nicht schwer wog, daß gerade letztere einen beträchtlichen Teil der DC ausmachten.

Nun konkret zur PDS selbst: Persönlich stehe ich so gut wie vollkommen hinter Occhettos Programm. Hier konstituiert sich für mich der ideologische Kern der PDS.

Aber warum nicht auch von den Fehlern und Grenzen dieses Programmes sprechen? Mir fehlt zum Beispiel in diesem Diskurs jeglicher kulturelle Bezug. Wie kann eine sozialistische Partei der demokratischen Linken die „kulturelle Frage" nicht stellen und damit alles Künstlerische, Schöne und Humane nicht unter den vorrangigen Aspekten der Auseinandersetzung sehen wollen?

Weiterhin fehlt mir auch eine klarere Aussage zur politischen Konstitution. Für mich reicht es nicht, die Republik, die bei uns aus dem Widerstand heraus entstanden ist, nur verbal zu verteidigen. Man muß die Realisierung der Verfassung wirklich wollen und nicht schon von einer „Zweiten Republik" sprechen, wenn die erste noch gar nicht wirklich realisiert worden ist. Diese Verfassung muß mit ihren ersten zwölf Artikeln das „politische Herz" einer linken Partei sein.

Vielleicht fehlt es zusätzlich noch an anderem. Aber im großen und ganzen teile ich die formulierten Grundsätze der PDS, die nun zum konkreten täglichen Programm werden müssen. Denn sie stehen tatsächlich für einen demokratischen, links verankerten Sozialismus als einem neuen Entwurf des Sozialismus im Rahmen der italienischen Demokratie.

Ist es der PDS denn schon gelungen, dieses Programm konkret umzusetzen? Meiner Meinung nach bis jetzt nur sporadisch, in vielfachen Oszillationen und mit einigen Mängeln. Die Aufstellung der Wahllisten beispielsweise erscheint mir wie eine Art Triumph eines neuen kleinen Beamtentums der Partei. Ich konnte im Wahl-Panorama der PDS keinen langen Atem, keine Erleuchtung, keine bedeutenden Kandidaten finden. Doch vielleicht reicht das nicht aus, um die momentanen Schwierigkeiten, die Frage nach dem internen Gleichgewicht der Partei, richtig zu beurteilen. Ich sehe ein großes Risiko für die Zukunft der PDS, wenn sie auf diesen Methoden und diesem Weg beharrt. Aber eine Sache ist sicher, und das ist nicht wenig: In dieser Wahlliste der PDS gibt es keine Angeklagten oder Verdächtigen und keine – noch so ehrlichen oder korrekten – Großindustriellen oder Geschäftsleute.

Aber ich habe auch den Eindruck, daß im Namen der großen Erneuerung zu viele „Alte" „kaltgestellt" wurden, was nachhaltig von Nachteil sein kann, denn gerade die – an Jahren, aber nicht an Herz und Verstand – „Alten" machen das historische Bewußtsein einer Partei aus, stehen für die Kontinuität von Erfahrung, für Weisheit und für das schwer erkämpfte innere Gleichgewicht.

Ich bin trotz allem mit der Gesamtheit der Partei, die sich noch auf der Suche nach ihrer Identität befindet, einverstanden. Ich will sie auf jeden Fall in dieser ihrer Identitätsfindung unterstützen.

Ich wäre auch mit der Aussicht auf eine Vereinte Linke von PDS und einer anderen PSI einverstanden, mit dem Zusammenschluß aller linken Demokraten – Katholiken ebenso wie Atheisten –, die für eine nicht nur formale, sondern reale Demokratie einstünden, die an eine weniger habgierige, weniger ungerechte und weniger dunkle Gesellschaft denken als die, in der wir jetzt leben. Bei denen im Endeffekt das Sein und nicht das Haben zählt, selbst wenn der alte Satz von Fromm in diesem Kontext zu einfach erscheinen mag. Aber manchmal muß man ganz einfach sein können, um das Konstruktiv-Vereinende zu unterstützen und nicht das Destruktiv-Trennende.

Darin liegt die Zukunft Italiens und – da bin ich sicher – auch die Europas, das eine andere soziale Ausrichtung haben oder aber kein wirklich „vereintes Europa" werden wird: ein Kontinent der Gerechtigkeit, Schönheit und des Humanismus.

Giorgio Strehler in: Corriere della Sera, Mailand, 28. März 1992

ZWERGENDÄMMERUNG

Voller Scham und Verachtung betrachten wir heute den jüngsten Verlauf unserer Geschichte und ihrer Darsteller, ihren allgemeinen Abgang aus dem Rampenlicht der Tagespolitik in das Dunkel der Hinterbühnen: ohne Applaus, ohne Gruß!

Manchmal hinterläßt ein Niedergang ein Gefühl der Traurigkeit, vor allem dann, wenn man der Vergangenheit tatsächlich endgültig Lebewohl sagen muß. Eine Art Respekt noch vielleicht für jene, die ihre kleine oder große Rolle vor dem „Fallen des Vorhangs" der Geschichte gut zu spielen versucht haben...

Was wir erleben, ist eine „Zwergendämmerung", die ihre Nebel allerdings nicht über die Trümmer von Walhalla senkt, sondern über Paläste aus – wie sich jetzt zeigt – Pappmaché, in denen schlecht gelebt und ebenso schlecht regiert wurde. Zusammen mit diesen „Zwergen" verdienen jene, die Italien nicht auf Europa vorbereitet, sondern es an dessen äußersten Rand verbannt, es quasi auf die Ebene eines Entwicklungslandes deklassiert haben, nichts anderes als unsere schweigende Verachtung. Durch ihr Verhalten und ihre Politik haben sie Italien unglaubwürdig, ja sogar lächerlich werden lassen und ihm dabei alles Liebenswerte genommen, selbst seine originäre Lebensart, die nun in die bloße Arroganz der Neureichen ausgeartet ist.

Aber es bedarf heute auch einer ernsthaften Selbstkritik aller italienischen Bürger, die nicht so unschuldig sind, wie sie vielleicht glauben wollen. Denn sie sind es, die diese immer gleichen Macht-Zwerge mit Begeisterung für Jahrzehnte wieder und wieder gewählt haben, die diese Schauspieler für Persönlichkeiten mit Entscheidungskraft hielten, ihnen Weisheit zutrauten und ihnen glaubten, daß sie sich nur um das öffentliche Wohl sorgten. Außerdem hielt man sie ernsthaft für das einzige Bollwerk gegen das Pandämonium des Kommunismus.

In all dem zeigt sich die italienische Unfähigkeit, Verantwortung zu übernehmen, die Gewohnheit, sich unterzuordnen und immer bereit zu sein, aus Furcht vor dem größeren Übel das Bestehende, so wie es ist, einfach hinzunehmen. Das entspricht der Mentalität des Sklaven, der an nichts mehr glaubt und auf keine Verbesserung mehr hofft. [...]

Ich weiß nicht, ob diese allgemeine Dämmerung der Vernunft in Italien nicht plötzlich explodieren wird. Aber ich weiß, daß das Schlimmste erst noch passieren muß. Das italienische System als solches muß sich wohl wirklich konkret ad absurdum führen. Die Preise müssen weiter schamlos steigen, die Inflation muß nie dagewesene Höhen erreichen, die Börse muß noch mehr abstürzen, die

Lire sich noch mehr entwerten, die Arbeitslosigkeit noch mehr ansteigen, die Korruption noch mehr ausufern als bisher schon..., so daß es schließlich wirklich unmöglich sein wird, auch nur mit einem Minimum an Würde in diesem Land zu (über)leben.

Das ist anscheinend der Preis, den wir zahlen müssen, um einen wirklichen Volksaufstand anstelle des bisherigen bloßen Murrens auszulösen.

Die gegenwärtige weitverbreitete „Unzufriedenheit" des Volkes ist allenfalls dazu fähig, eine „Protest"-Stimme an die Lega abzugeben – für mich eine Stimme absoluter politischer Unwissenheit, ja Unfähigkeit, die Realität richtig einzuschätzen, denn keine Lega wird jemals die Probleme einer unglücklichen und geplünderten Nation wie der unseren lösen, noch die grundsätzliche Feigheit eines Volkes überwinden können, das fähig war, zwanzig Jahre Faschismus zu ertragen, ohne auch nur ein Wörtchen dagegen zu sagen. Viel Blut mußte damals fließen, ungeheure Zerstörungen, Tausende von Toten, der totale Ruin des Landes bis zur allgemeinen Niederlage in Schande waren nötig, weil das Bewußtsein der Majorität sich einzugestehen weigerte, was es da mit Beifall über Jahrzehnte hinweg akzeptiert hatte.

Giorgio Strehler bei einer Parteitagsrede der PSI, Rom, 1986

Das ist heute Italiens Realität: Der vollkommene Mangel an Zivilcourage, an Geradlinigkeit im Verhalten. Es schmerzt mich tief, wenn ich mir diese Dinge eingestehen muß. Aber es ist einfach zu bequem, die Schuld immer den anderen zu geben. Jedes Volk hat im Grunde immer die Regierung, die es verdient.

Auch ich fühle mich schuldig. Denn es kommt ein Moment, wo – wie in Montales Gedicht von *La primavera hitleriana* – plötzlich ein Bote der Hölle mit einem „alalà" vorbeifliegt.

Niemand ist mehr unschuldig. [...] Meine Sorge als Intellektueller ist groß. Ich habe so viele Wirklichkeiten auf der Bühne erschaffen, die sich im Leben niemals bewahrheitet haben, ich habe mit allem, was mir zu Gebote stand – mit Worten, Bildern, Klängen, Gesten, Licht und Musik –, versucht, mich jeden Tag dem Verfall des Geschmacks und der Lebensgewohnheiten zu widersetzen, und ich werde mir dennoch bewußt, wie wenig das alles genützt hat.

Dieses schreckliche Italien voll so viel Gemeinheit, Geschwätz, Kompromissen, dieses mediokre, entwertete und grausame Italien... –

ich liebe es trotzdem. Ich liebe dieses Land, denn es könnte noch eine letzte Nische von Menschlichkeit, Frieden, Harmonie, Kreativität und Zärtlichkeit auf der Welt sein.

Von dem Ort aus, an dem ich dies alles schreibe, blicke ich direkt auf einen Ausschnitt seiner lieblichsten Natur. Hinter diesen Bäumen an der Hausecke gibt es zum Beispiel einen für jedermann zugänglichen Raum: Dort befindet sich die absolute Schönheit im Blau der Madonna von Masaccio. Das ist auch ein Teil unserer Kultur, den ich sehen, den ich fast berühren kann, wann immer ich möchte.

Das ist das Italien, das ich liebe. Ein Italien, das es kaum noch gibt und das zu verschwinden droht. Das andere Italien aber, das so habgierige und egoistische Italien, hasse ich zutiefst.

Die Begleitmusik zur Zwergendämmerung wird nicht als Trauermarsch im Rhythmus riesiger Trommeln von Hörnern, Streichern und Trompeten gespielt, sondern gleicht eher dem Gesäusel einer armseligen Fernsehshow, in der selbst die allerletzten traurigen Karikaturen mit ihren unanständigen Späßen zu spät kommen...

Italien lacht, denn es glaubt, so etwas wie das allgemeine Wohlergehen und die Freiheit wiedererlangt zu haben, während es dabei gleichzeitig die Nachrichten der letzten Erpressung, des letzten Widerrufs, der letzten Unehrlichkeit, des letzten Betrugs vernimmt.

Das jedenfalls weiß ich: Mit den Worten *„geliebtes Italien..."* auf den Lippen würde heute der große Künstler Amadeo Modigliani nicht mehr, wie damals in dem eisigen Krankenhaus in Paris, sterben können....

Giorgio Strehler in: Corriere della Sera, Mailand, 13. September 1992

„....Weil es notwendig ist, das Unmögliche
herauszufordern, weil es an einem gewissen Punkt
des eigenen Lebens und der eigenen Erkenntnis
eine Verpflichtung für Theaterleute ist, sich direkt
mit dem Unmöglichen auseinanderzusetzen,
auch auf die Gefahr hin, beim Erzwingen oder beim
Versuch des Erzwingens einer anderen Wahrheit
der Welt zu zerbrechen."

GIORGIO STREHLER

BIOGRAFISCHE DATEN

1921 Strehler wird am 14. August als Sohn von Bruno Strehler (österreichischer Abstammung) und der Geigerin Alberta Lovric (slawischer Abstammung mit französischer Mutter) in Barcola in der Nähe von Triest geboren.

1924 Tod des Vaters, Strehler zieht mit seiner Mutter nach Triest.

1928 Tod des Großvaters, Umzug nach Mailand.

1933 Strehler besucht Proben des *Sommernachtstraums* von Shakespeare in der Inszenierung von Max Reinhardt in den Boboli-Gärten in Florenz.

1936 Erster Theaterbesuch Strehlers: *Una delle ultime sere del carnevale* von C. Goldoni im Odeon in Mailand; danach beschließt er, zum Theater zu gehen.

1938 Strehler schreibt sich als Schauspieler in der Accademia dei Filodrammatici in Mailand ein.

1939 Erste Begegnung mit Paolo Grassi.

1940 Er heiratet Rosita Lupi (Mitschülerin der Schauspielschule) und schließt im dritten Jahr der Schauspiel-Ausbildung mit dem Premio d'Oro ab.

1941-43 Er spielt als Schauspieler in verschiedenen freien italienischen Theatertruppen.

1942 Schreibt Artikel für *Posizione* und *Spettacolo*.

1943 Er wird eingezogen und geht in die Resistenza. Internierung in Mürren (Schweiz).

1945 Unter dem Pseudonym Georges Firmy (dem Nachnamen seiner französischen Großmutter) gründet er eine eigene Theatertruppe und inszeniert *Mord im Dom* von T. S. Eliot und *Caligula* von A. Camus in der Comédie in Genf. Bei Kriegsende Rückkehr nach Mailand. Schreibt jetzt in der Theaterrubrik für *Milano-Sera*, verfaßt Gedichte und gründet mit Alberto Messa die Zeitschrift *Ribaltà*. Er inszeniert im Teatro Odeon *Trauer muß Elektra tragen* von O'Neill.

1946 Er inszeniert mit der Compagnia Renzo Ricci *Caligula* in Florenz und spielt mit Vittorio Gassmann und Tino Carraro im *Circlo Diogene* Szenen von G. Kaiser. Erste Operninszenierung im Teatro Lirico: *Johanna auf dem Scheiterhaufen* von A. Honegger.

1947 17. Mai: Gründung des Piccolo Teatro mit Paolo Grassi.

1951 Gründung der ersten Theater-Schule des Piccolo Teatro.

1955 Strehler wird Co-Direktor des Piccolo Teatro. Erste Begegnung Strehlers mit Brecht in Berlin. Premio San Genesio für *Bernada Albas Haus* von G. Lorca; Medaglia d'Oro (zusammmen mit Paolo Grassi) für die Gründung des Piccolo Teatro.

1957 Premio I.D.I. für *Die Jakobiner* von F. Zardi.

1961 Premio maschera di tragedia beim 7. internationalen Kinotreffen in Messina und Taormina.

1962 Auszeichnung für die beste Inszenierung von *El nost Milan* (Théâtre des Nations/Paris).

1963 Premio San Genesio (zusammen mit Luciano Damiani) für *Leben des Galilei*.

1964 Strehler veröffentlicht zusammen mit Paolo Grassi das Manifest *Un teatro nuovo per un nuovo teatro*.

1965 Medaglia d'Oro für *Spiel der Mächtigen* in Florenz.

1966 Premio Luigi Illica („Oscar der Oper"); Auszeichnung der besten Inszenierung für *Baruffe chiozzotte* (Théâtre des Nations/Paris).

1967 Premio I.D.I. für *I giganti della montagna;* Auszeichnung der besten Inszenierung für *I giganti della montagna* (Théâtre des Nations/Paris).

1968 Premio San Genesio für *I giganti della montagna*. Strehler verläßt das Piccolo Teatro und gründet mit einigen Schauspielern des Piccolo Teatro die Truppe *Teatro e Azioni*.

1969 Er schreibt an einem Szenario für die R.A.I. über das Leben C. Goldonis.

1972 Strehler kehrt als alleiniger Direktor an das Piccolo Teatro zurück, während Grassi Intendant der Scala wird. Goethe-Preis in Hamburg.

1973 Premio Intenationale Pirandello in Rom; Preis der Theater- und Musikkritikergemeinde in Paris für *Die Hochzeit des Figaro*. Doctor honoris causa der philosophischen Fakultät der Universität Rom; Maschera d'Argenta in Rom; Max-Reinhardt-Zepter bei den Salzburger Festspielen.

1974 Strehlers Textsammlung *Per un teatro umano* erscheint bei Feltrinelli, Mailand. Bundesverdienstkreuz Deutschland.

1975 Auszeichnung in München für *König Lear;* Grande Ufficiale dell'ordine al Merito della Repubblica Italiana. Strehler kandidiert für die PSI für den consiglio-regionale.

1976 Premio E.U.R in Rom; Maschera d'Oro für Theater; Sigmund-Freud-Preis für Inszenierung in Darmstadt. Strehler wird zum Präsidenten des Kulturausschusses der PSI für Mailand gewählt.

1977 Feier „30 Jahre Piccolo Teatro".
Strehler wird zum künstlerischen Berater der Scala Mailand ernannt.

1978 Er nimmt am internationalen Sozialisten-Kongreß in Lille teil.

1979 Französischer Kritikerpreis für *Trilogie der Sommerfrische;* Stendhal-Preis in Lecco.
Strehler kandidiert für das Europa-Parlament.

1980 Er heiratet die deutsche Schauspielerin Andrea Jonasson.
Baubeginn des neuen Sitzes des Piccolo Teatro.
Montecitorio-Preis in Rom und Taormina-Arte-Preis.
Strehler wird künstlerischer Direktor des Teatrino in Portofino.

1981 Abbiati-Preis als bester Opernregisseur in Bergamo.

1982 Jack Lang ernennt Strehler zum Direktor des Théâtre de l'Europe im Odéon/Paris.
Cavagliere di Gran Croce della Repubblica Italiana; Commandeur de la Légion d'Honneur française.
Er gibt seinen Posten als künstlerischer Berater an der Scala auf.

1983 Eröffnung des Théâtre de l'Europe in Paris.
Grand prix der französischen Theaterkritikergemeinschaft für *Der Sturm*; Premio Lorenzo il Magnifico in Florenz.

1984 Strehler eröffnet das internationale Tschechow-Kolloquium der Universität Mailand.
Er wird von Jack Lang zum Conseil d'orientation du Centre Pompidou in Paris ernannt.

Er nimmt am 43. Parteikongreß der PSI in Verona teil und kandidiert für die Wahlen zum Europa-Parlament.
Taormina-Arte-Preis und Premio Montecitorio.

1985 Eröffnung des Teatro Studio in Mailand im ehemaligen Teatro Foscati im Brera-Viertel.
Internationaler Mondello-Theater-Preis; Internationaler Theaterkritiker-Preis.

1986 Premio Alcide Gaspari; Prisma d'Oro; Viotti d'Oro; Premio Vittorio De Sica.

1987 Strehler tritt aus der PSI aus, kandidiert auf der unabhängigen Liste der PCI und wird Senator.
Erwin Piscator Award in New York.
Eröffnung des ersten Jahrgangs der neuen Theaterschule des Piccolo Teatro im Teatro Studio.

1988 Strehler legt einen Entwurf für ein neues italienisches Theatergesetz vor.
Goethe-Medaille; Premio Renato Simone.

1989 Er wird von Jack Lang zum Direktor der Europäischen Theaterunion (Zusammenschluß von zwölf europäischen Theaterhäusern) ernannt.

1990 Medaglia d'Oro Lombardi Illustri der Region Lombardei; Premio Europa von Taormina-Arte; Premio Apollo d'Oro für *Don Giovanni.*

1991 Prix Molière, Paris; Friedrich-Gundolf-Preis der Deutschen Akademie für Sprache und Dichtung.

1992 Premio Teatrale Le Fenici für die *Faust*-Regie.

INSZENIERUNGSÜBERSICHT

1943 **Teatro G.U.F., Novara** (erste Inszenierungen Strehlers):
L'uomo dal fiore in bocca; All'uscita;
Sogno, ma forse no von L. Pirandello;
Un cielo von F. Gaudisio und *Il cammino* von B. Joppolo.

1944 **Im Lager in Mürren:** *L'imbecille, L'uomo dal fiore in bocca;*
La patente von L. Pirandello.

1945 **Comédie, Genf:** *Mord im Dom* von T. S. Eliot und *Caligula*
von A. Camus.
Teatro Odeon, Mailand: *Trauer muß Elektra tragen*
von E. O'Neill.

1946 **Compagnia Renzo Ricci, Florenz:** *Caligula* von A. Camus.
Teatro Odeon, Mailand: *Thérèse Raquin* von E. Zola;
Eine freie Frau von A. Salacrou;
Dezembertag von M. Anderson.
Teatro Lirico: erste Operninszenierung
(nicht von ihm gezeichnet):
Johanna auf dem Scheiterhaufen von A. Honegger.
Teatro Excelsior (Compagnia Grassi), Mailand:
La guerra spiegata ai poveri von E. Flaiano;
La rivolta contro i poveri von D. Buzzati;
Die Kleinbürger von M. Gorki (anläßlich Gorkis zehnjährigem
Todesjahr).
Teatro Nuovo (Compagnia Ruggeri-Adani), Mailand:
Pick-up girl von Elsa Shelley.

1947 **Teatro Olimpia, Mailand:** *Der Soldat Tanaka* von G. Kaiser
(von Mario Landi zu Ende geführt).
Eröffnung des Piccolo Teatro, Mailand mit:
Nachtasyl von M. Gorki;
Die Nächte des Zorns von A. Salacrou;
Der wundertätige Magus von Calderón de la Barca;
Arlecchino, Diener zweier Herren von C. Goldoni;
Die Riesen vom Berge von L. Pirandello;
Das Gewitter von A. Ostrowski.

1948 **Piccolo Teatro, Mailand:** *Schuld und Sühne*
von Gatson Baty (nach Dostojewski);
Richard II. von W. Shakespeare;
Die Möwe von A. Tschechow; *La famiglia Antropus* (nach:
Wir sind noch einmal davongekommen) von T. Wilder.

Boboli-Gärten, Florenz: *Der Sturm* von W. Shakespeare.
Teatro Romano, Verona: Zusammenarbeit mit Renato
Simoni für *Romeo und Julia* von W. Shakespeare.
San Miniato in der Kirche von San Francesco:
Mord im Dom von T. S. Eliot.
Teatro La Fenice, Venedig (zum 9. internationalen
Theaterfestival): *Il corvo* von C. Gozzi.
Erste Auslandstournee des Piccolo Teatro.

1949 **Piccolo Teatro, Mailand:** *Der Widerspenstigen Zähmung*
von W. Shakespeare;
Gente nel tempo von Ivo Chiesa;
Klein Eyolf von H. Ibsen.
La Scala, Mailand: *Il matrimonio segreto* von D. Cimarosa;
Pelléas et Mélisande von C. Débussy mit der Truppe der
Opéra Comique, Paris;
Il cordovano von Petrassi (nach Cervantes).
Teatro La Fenice, Venedig (zum 12. internationalen
Festival für moderne Musik): *Lulu* von Alban Berg.
Schauspielhaus Zürich: *Die Riesen vom Berge*
von L. Pirandello.
Théâtre des Champs-Elysées, Paris:
(auf Einladung Jouvets): *Heute abend wird aus*
dem Stegreif gespielt von L. Pirandello und *Il corvo*
von C. Gozzi.

1950 **Piccolo Teatro, Mailand:** *Die Pariserin* von H. Becque;
Richard III. von W. Shakespeare;
Die Gerechten von A. Camus;
Alcesti di Samuele von A. Savinio (nach Euripides);
Der steinerne Engel von T. Williams;
Dantons Tod von G. Büchner.
Schauspielhaus Zürich: *Don Juan* von Molière (auf deutsch).
La Scala, Mailand: *L'allegra brigata* von G. F. Malipiero;
Don Pasquale von G. Donizetti;
Ariadne auf Naxos von R. Strauss;
Il Nazareno von L. Perosi.
Campo San Trovaso, Venedig (zum 11. internationalen
Theaterfestival): *Der steinerne Engel* von T. Williams.
Teatro Olimpico, Vicenza: *Sofonisba* von G. Trissino.
Teatro Sociale, Lecco: *Die Verliebten* von C. Goldoni;
Der Misanthrop von Molière.

1951 **Piccolo Teatro, Mailand:** *Nora oder Ein Puppenheim*
von H. Ibsen;
L'oro matto von S. Giovaninetti;
Il ne faut jurer de rien von A. de Musset;
Frana allo scalo Nord von U. Betti;
L'amante militare von C. Goldoni;
Le médecin volant von Molière;
Hoppla, wir leben von E.Toller.

La Scala, Mailand: *Cecchina o la buona figliola maritata* von N. Piccinni (nach Goldoni) und *Der Liebestrank* von G. Donizetti; *Werther* von J. Massenet; *La collina* von M. Peragallo; *Judith* von A. Honegger; *Il credula* von D. Cimarosa.

Teatro Romano, Verona: *Heinrich IV.* von W. Shakespeare.

Palazzo Grassi, Venedig: *Heinrich IV.* von W. Shakespeare.

1952 **Piccolo Teatro, Mailand:** *Macbeth* von W. Shakespeare; *Emma* von F. Zardi; *Il cammino sulle acque* von O. Vergani; *Elisabeth von England* von F. Bruckner und *Der Revisor* von N. Gogol.

La Scala, Mailand: *Proserpina e lo straniero* von J. J. Castro.

Teatro Quirino, Rom und Théâtre de Paris, Paris: *Arlecchino, Diener zweier Herren* von C. Goldoni (zweite Version).

Teatro La Fenice, Venedig (zum 15. internationalen Festival für moderne Musik): *La favola del figlio cambiato* von G. F. Malipiero (nach L. Pirandello).

1953 **Piccolo Teatro, Mailand:** *Im Räderwerk* von J.-P. Sarte; *Sacrilegio massimo* von S. Pirandello; *Lulù* von C. Bertolazzi; *Ein klinischer Fall* von D. Buzzati; *Julius Cäsar* von W. Shakespeare; *I sei giorni* von E. D'Errico.

Théâtre Marigny, Paris: *Sechs Personen suchen einen Autor* von L. Pirandello.

Teatro La Fenice, Venedig (zum 14. internationalen Theaterfestival): *La vedova scaltra* von C. Goldoni.

Große Auslandstournée des Piccolo Teatro (Frankreich, Skandinavien, Ost-Berlin) mit *Arlecchino, Diener zweier Herren* von C. Goldoni.

1954 **Piccolo Teatro, Mailand:** *Il corvo* von C. Gozzi; *L'imbecille, La patente, La giara* von L. Pirandello; *Die Irre von Chaillot* von J. Giraudoux; *La mascherata* von A. Moravia; *La moglie ideale* von E. Praga; *La trilogia della villeggiatura* von C. Goldoni.

Teatro Odéon, Buenos Aires: *Nostra dea* von M. Bontempelli.

1955 **Piccolo Teatro, Mailand:** *Der Kirschgarten* von A. Tschechow; *Bernada Albas Haus* von F. Garcia Lorca; *Die Maßnahme* von B. Brecht (mit den Schülern des Piccolo Teatro; Strehlers erste Brecht-Inszenierung); *Tre quarti di luna* von L. Squarzina; *El nost Milan* von C. Bertolazzi.

Teatro La Fenice, Venedig (zum 18. internationalen Festival moderner Musik): *Der feurige Engel* von S. Prokofjew.

La Scala, Mailand: *Il matrimonio segreto* von D. Cimarosa.

1956 **Piccolo Teatro, Mailand:** *Die Dreigroschenoper* von B. Brecht (italienische Erstaufführung); *Dal tuo al mio* von G. Varga; *Heute abend wird aus dem Stegreif gespielt* von L. Pirandello (zweite Version).

Festival von Edinburgh: *Arlecchino, Diener zweier Herren* von C. Goldoni (dritte Version mit Schauspielern des Piccolo Teatro).

Große Auslandstournee (Skandinavien, Ostdeutschland, Italien, Westdeutschland, Polen, England, Marokko, Amerika, Rumänien, Sowjetunion) des Piccolo Teatro in den folgenden Jahren mit *Arlecchino, Diener zweier Herren.*

La Scala, Mailand: *Der feurige Engel* von S. Prokofjew.

1957 **Piccolo Teatro, Mailand:** *Die Jakobiner* von F. Zardi; *Coriolan* von W. Shakespeare; *Goldoni e le sue sedici commedie nove* von P. Ferari.

La Scala, Mailand: *Louise* von G. Charpentier.

Piccolo Scala, Mailand: *L'histoire du soldat* von I. Strawinsky.

1958 **Piccolo Teatro, Mailand:** *Der gute Mensch von Sezuan* von B. Brecht.

Schauspielhaus Düsseldorf: *Die Riesen vom Berge* von L. Pirandello (auf deutsch, mit deutschen Schauspielern, zweite Version).

Piccola Scala, Mailand: *Der Strohhut* von Nino Rota.

1959 **Piccolo Teatro, Mailand:** *Platonow* von A. Tschechow.

Teatro della Cometa, Rom: *L'histoire du soldat* von I. Strawinsky (zweite Version).

1960 **Piccolo Teatro, Mailand:** *Der Besuch der alten Dame* von F. Dürrenmatt; *L'egoista* von C. Bertolazzi.

1961 **Piccolo Teatro, Mailand:** *Schweyk im zweiten Weltkrieg* von B. Brecht.

1962 **Piccolo Teatro, Mailand:** *Die Ausnahme und die Regel* von B. Brecht; *Erinnerungen an zwei Montage* von A. Miller.

1963 **Piccolo Teatro, Mailand:** *Leben des Galilei* von B. Brecht (unter größten politischen und ökonomischen Schwierigkeiten); *Arlecchino, Diener zweier Herren* von C. Goldoni (vierte Version, nach dem Tod Morettis nun mit F. Soleri als Arlecchino-Darsteller).

La Scala: *Peter und der Wolf* von S. Prokofjew.

1964 **Teatro Lirico** (wird zweiter Saal des Piccolo Teatro), **Mailand:** *Baruffe chiozzotte* von C. Goldoni; *Der Fall Oppenheimer* von H. Kipphardt.

Piccolo Scala, Mailand: *Aufstieg und Fall der Stadt Mahagonny* von B. Brecht und K. Weill.

1965 **Piccolo Teatro, Mailand:** Brecht-Lieder und -Gedichte (zum erstenmal mit Milva); *Spiel der Mächtigen* (1. Teil: *Ein*

Thron und ein Volk; 2. Teil: *Der Rosenkrieg*) von
W. Shakespeare.
Kleines Festspielhaus, Salzburg: *Die Entführung aus dem
Serail* von W. A. Mozart.

1966 **Piccolo Teatro, Mailand:** *Duecentomila e uno* von S. Cappelli.
La Scala, Mailand: *Cavalleria rusticana* von P. Mascagni.
Teatro Lirico, Mailand: *Die Riesen vom Berge* von
L. Pirandello (dritte Version).

1967 **Piccolo Teatro, Mailand:** *Io, Bertolt Brecht, No. 1:* Brecht-
Lieder und -Gedichte (gesungen und gesprochen von Milva
und G. Strehler).

1969 **Teatro Quirino, Rom** (mit der Gruppe Teatro e Azioni):
Der Gesang des lusitanischen Popanz von P. Weiss.
Teatro della Pergola, Florenz (zum Maggio Musicale):
Die Entführung aus dem Serail von W. A. Mozart;
Fidelio von L. v. Beethoven.

1970 **Teatro della Pergola, Florenz** (zum Maggio Musicale):
Die heilige Johanna der Schlachthöfe von B. Brecht.
Teatro Metastasio, Prato (mit der Gruppe Teatro e Azioni):
Nachtasyl von M. Gorki (zweite Version).

1971 **Piccolo Teatro, Mailand** (in Zusammenarbeit mit
Lamberto Pugelli): *Invito al referendum per l'assoluzione o la
condanna di un criminale di guerra* von G. Vené und
R. Pallavicini.
La Scala, Mailand: *Simone Boccanegra* von G. Verdi.

1972 **Piccolo Teatro, Mailand:** *König Lear* von W. Shakespeare.

1973 **Teatro Metastasio, Prato:** *Die Dreigroschenoper* von
B. Brecht (zweite Version).
Opéra Royal, Versailles: *Die Hochzeit des Figaro* von
W. A. Mozart (Übernahme an die Opéra, Paris).
Teatro Lirico, Mailand: *Die Verurteilung des Lukullus* von
B. Brecht und P. Dessau.
Felsenreitschule, Salzburg: *Spiel der Mächtigen* von
W. Shakespeare (zweite Version, auf deutsch).

1974 **Piccolo Teatro, Mailand:** *Der Kirschgarten* von
A. Tschechow (zweiteVersion).
Großes Festspielhaus, Salzburger Festspiele:
Die Zauberflöte von W. A. Mozart.
La Scala, Mailand: *Die Liebe zu den drei Orangen* von
S. Prokofjew.
Burgtheater, Wien: *Trilogie der Sommerfrische* von
C. Goldoni (auf deutsch).

1975 **Teatro Fraschini, Pavia:** *Io, Bertolt Brecht, No. 2*
(Brecht-Lieder und -Gedichte mit Tino Carraro und Milva).
Piccolo Teatro, Mailand: *Il Campiello* von C. Goldoni.
Burgtheater, Wien: *Spiel der Mächtigen* von
W. Shakespeare (Wiederaufnahme der Produktion der
Salzburger Festspiele).

1976 **Piccolo Teatro, Mailand:** *Le balcon* von J. Genet.
Piccola Scala, Mailand: *La storia della bambola
abandonnata* von G. Strehler nach Sastre/Brecht (eine
Produktion mit Kindern).

1977 **Schauspielhaus, Hamburg:** *Der gute Mensch von Sezuan*
von B. Brecht (zweite Version, auf deutsch).
Théâtre de l'Odéon, Paris: *Arlecchino, Diener zweier
Herren* von C. Goldoni (fünfte Version).

1978 **Teatro Lirico, Mailand:** *Der Sturm* von W. Shakespeare.
Théâtre de l'Odéon, Paris: *La trilogia della villeggiatura*
von C. Goldoni (auf französisch, mit Schauspielern der
Comédie Française).

1979 **Teatro Lirico, Mailand** (anläßlich des Gastspiels des
Berliner Ensembles in Mailand): *Io, Bertolt Brecht, No. 3*
(Brecht-Lieder und -Gedichte, mit G. Strehler und Milva);
El nost Milan von C. Bertolazzi (zweite Version).

1980 **Piccolo Teatro, Mailand:** *Temporale* von A. Strindberg.
La Scala: *Falstaff* von G. Verdi.

1981 **Piccolo Teatro, Mailand:** *Der gute Mensch von Sezuan* von
B. Brecht (Wiederaufnahme).
La Scala: *Die Hochzeit des Figaro* von W. A. Mozart
(Wiederaufnahme) und *Lohengrin* von R. Wagner.

1982 **Piccolo Teatro, Mailand:** *Akt ohne Worte* und *Glückliche
Tage* von S. Beckett.

1983 **Piccolo Teatro, Mailand:** *Minna von Barnhelm* von
G. E. Lessing.
Théâtre de l'Europe, Paris: *Der Sturm* von W. Shake-
speare (Wiederaufnahme).

1984 **Zu den Olympischen Spielen der Künste in Los Angeles:**
Tournee des Piccolo Teatro mit *Der Sturm* von
W. Shakespeare; *Arlecchino, Diener zweier Herren* von
C. Goldoni; Milva-Recital.
Théâtre de l'Europe, Paris: *Minna von Barnhelm* von
G.E. Lessing (Wiederaufnahme); Gedichtabend:
Strehler liest Leopardi; *L'Illusion* von P. Corneille.

1985 **Teatro Lirico, Mailand:** *L'Illusion* von P. Corneille
(Wiederaufnahme).
Piccolo Teatro, Mailand: *La Grande Magia* von E. de Filippo.
Théâtre de l'Europe, Paris: *L'Illusion* von P. Corneille
(Wiederaufnahme mit teilweise neuer Besetzung).

1986 **Teatro Studio, Mailand** (Eröffnung): *Elvira o la passione
teatrale* nach Probenskizzen von L. Jouvet zu
Molières *Don Juan.*
Châtelet, Paris: *Die Dreigroschenoper* von
B. Brecht (mit internationaler Besetzung).

1987 **Piccolo Teatro, Mailand:** *Come tu mi vuoi* von L. Pirandello.
Beginn des zweijährigen Programms (*Incontri*) zu *Faust*
und Goethe.

1988: **Piccolo Teatro, Mailand:** *Il tempo stringe* von A. Tabucchi; *Libero* von R. Sarti.
Théâtre de l'Europe: *Come tu mi vuoi* von L. Pirandello (Wiederaufnahme).

1989 **Teatro Studio, Mailand:** *Faust, frammenti parte prima* von J. W. Goethe;
Arlecchino, Diener zweier Herren von C. Goldoni (sechste Version).

1990 **Teatro Studio, Mailand:** *Faust, frammenti parte prima* von J. W. Goethe (Wiederaufnahme);
Arlecchino, Diener zweier Herren von C. Goldoni (siebte Version, mit Schülern der Theaterschule des Piccolo Teatro).

1991 **Teatro Studio, Mailand:** *Faust, frammenti parte seconda* von J. W. Goethe (Wiederaufnahme): *Come tu mi vuoi* von L. Pirandello.

1992 **Teatro Studio, Mailand:** *Faust, frammenti parte prima + seconda* (Wiederaufnahme).
Sevilla (zur Weltausstellung): *Baruffe chiozzotte* von C. Goldoni (anläßlich des 200. Todestages C. Goldonis).

1993 **Auf Tournee** (Düsseldorf, München, Paris, Italien): *Baruffe chiozzotte.*
Piccolo Teatro, Mailand, und **Théâtre de l'Europe, Paris:** *Campiello* von C. Goldoni (anläßlich des 200. Todestages C. Goldonis).

1994 **Teatro Lirico, Mailand:** *Die Riesen vom Berge* von L. Pirandello.
Teatro Studio, Mailand: *Die Sklaveninsel* von P. C. de Marivaux (in Planung).
Burgtheater, Wien: *Die Riesen vom Berge* von L. Pirandello (auf deutsch, in Planung).

AUSWAHL - BIBLIOGRAFIE

Giorgio Strehler (Selbstzeugnisse)

- G. Strehler: *'Per un teatro umano'*, Sinah Kessler (Hrsg.), Mailand 1974
  auf deutsch: *'Für ein menschlicheres Theater'*, Frankfurt 1975
  auf französisch: *'Un théâtre pour la vie'*, Paris 1982
- G. Strehler (conversazioni con Ugo Ronfani): *'Io, Strehler – una vita per il teatro'*, Mailand 1986

Publikationen zu Giorgio Strehler (allgemein)

- O. Aslan (Hrsg.): *'Strehler'*, in der Reihe: Les voies de la création théatrale, Nr. 16, Paris 1989
- E. Fechner: *'Strehler inszeniert'*, Berlin, 1963
- E. Gaipa: *'Strehler'*, Berlin 1963
- F. Battistini: *'Giorgio Strehler'*, Rom 1980
- I. Moscati: *'Strehler. Vita e opere di un regista europeo'*, Mailand 1985
- S. Porto: *'Strehler e il teatro dell' europa'*, Mailand 1987
- L. Lunari: *'Il Maestro e gli altri'*, Genua 1991
- D. L. Hirst: *'Giorgio Strehler'*, Cambridge 1993

Publikationen zum Piccolo Teatro (allgemein)

- Piccolo Teatro (Hrsg.): *'Il Piccolo Teatro 1947 -1958'*, Mailand 1958
- Piccolo Teatro (Hrsg.): *'Piccolo Teatro: 1947 - 1967'*, Mailand 1967
- P. Grassi: *'Quarant'anni di palcoscenico'*, Mailand 1977
- Piccolo Teatro (Hrsg.): *'Il lavoro teatrale di 40 anni del Piccolo Teatro 1947 - 1955'* (Neuauflage), Mailand 1987
- Piccolo Teatro (Hrsg.): *'Il Piccolo Teatro d'Arte - qua-rant'anni di lavoro teatrale: 1947 - 1987'*, Mailand 1987
- F. Battistini u.a (Hrsg.): *'Gli spazi dell'incanto - bozzetti e figurini del Piccolo Teatro 1947 - 1987'*, Mailand 1987
- G. Guazzotti: *'Teoria e realtà del Piccolo Teatro di Milano'*, Turin 1965
- C. Godard und E.Malka (Hrsg.): *'Union des théâtres de l'Europe'*, Paris 1992

Artikel und Interviews von/mit Giorgio Strehler zum Piccolo Teatro und zum Theater allgemein

- G. Strehler: *'Responsibilità della regia'*, in: Posizione, 10.10.1942
- G. Strehler: *'Per un teatro postumo'*, in: Spettacolo, Mailand, Nr. 2, Januar, 1943, S.23
- G. Strehler: *'Disumano e teatro'*, in: Eccoci, Cremona, 1. 4.1943

- G. Strehler: *'Li limiti di un platea'*, in: Eccoci, Cremona, Juni 1943
- G. Strehler: *'Vita e carattere del teatro espressionista in Germania'*, in: Società nuova, Mailand, Oktober 1945
- G. Strehler: *'Cerchiamo un pubblico'*, in: Ribaltà, (Zeitschrift, Hrsg: G. Strehler und A. Messa), Nr. 1, 15.11.1945
- G. Strehler: *'Come dirigo'*, in: Tutti, Turin, 8. Mai 1955
- G. Strehler: *'Presa di posizione sul teatro nazionale italiano'*, in: La Notte, Mailand, 21. 11.1955
- G. Strehler und P. Grassi: *'Per un teatro nazionale italiano'*, in: Il Ponte, Florenz, August/September 1957
- G. Strehler und P. Grassi: *'Notre théâtre'*, in: Théâtre populaire, Nr. 33, 1959, S. 1-46
- G. Vigo (Interview mit G. Strehler): *'Strehler.Il teatro vive col tempo'*, in: Junior, Mailand, Februar/März 1959
- L. Trezzini (Interview mit G. Strehler): *'Perchè i narratori italiani non scrivono per il teatro?'*, in: Il Paese, Rom, 7.5.1961
- L. Lunari: *'Organisatorische und künstlerische Arbeits-prinzipien des Piccolo Teatro'*, in: Theater der Zeit, Berlin-Ost, Januar 1962
- G. Strehler und P.Grassi: *'Dichiarazione sulla situazione della scena di prosa italiana'* in: Il Popolo, Rom, 4.2.1963
- A. Lazzari (Interview mit G. Strehler): *'L'avanguardia in teatro non è un fatto formale'*, in: L'Unità, Mailand, 7.11.1965
- B. Schacherl (Interview mit G. Strehler): *'G. Strehler fa il punto sul Piccolo. Drammaturgia e teatro popolare'*, in: Rinascità, Rom, November 1965
- S. Melchinger: *'Resignation oder Indolenz'*, in: Theater Heute, Zürich, April 1967
- G. Calagno (Interview mit G. Strehler): *'Faccio del teatro per aiutare gli uomini a capirsi'*, in: La Stampa, Turin, 26.10.1967
- L. Barbara (Interview mit G. Strehler): *'Strehler - Teatro e cinema'*, in: Corriere della Sera, Mailand, 24.7.1968
- Tullio Kezich (Interview mit G. Strehler): *'Strehler dice perché se ne va'*, in: L'Europeo, Mailand, 1.8.1968
- M. Raimondo: *'Manifesto Strehler'*, in: Il Dramma, Turin, Oktober 1968
- D. Maraina: *'Dacia Maraina a tu per tu con Strehler'*, Il regista parla degli studenti, del teatro, dei socialisti', in: Paese Sera, Rom, 22./23.3.1969
- F. Perego (Interview mit G. Strehler):*'Strehler promette a Roma uno stabile europeo'*, in: Gazetta del Popolo, Turin, 18.7.1969
- Verf. unbek.: *'Strehler e il Gruppo Teatro e Azioni'*, in: Corriere della Sera, Mailand, 11.11.1969
- S. Kessler: *'Ausland: Italien-Report'*, in: Theater Heute, Zürich, Februar 1972
- S. Dini (Interview mit G. Strehler):*'Strehler: Ecco le condizioni per un mio ritorno al Piccolo'*, in: Il Tempo, Rom, 23.2.1972
- G. Strehler: *'Creare gli strumenti per una cultura che interpreti le esigenze popolari'*, in: Avanti, Rom, 23. 4.1972
- E. Pozzi (Interview mit G. Strehler): *'A Milano voglio fare un teatro d'arte'*, in: Sipario, Rom, Juni 1972
- S. Kessler: *'Strehlers Pläne'*, in: Theater Heute, Zürich, August 1972

- S. Kessler (Interview mit G. Strehler): *'"Welches Theater ich will", Volkstheater - Elitetheater: G. Strehler gibt Auskunft'*, in: Frankfurter Allgemeine Zeitung, Frankfurt, 16.6.1973
- G. Strehler: *'Caro spettatore che ti lamenti'*, in: Il Giorno, Mailand, 29.3.1974
- G. Strehler: *'Urge la riforma degli Stabili'*, in: Corriere della Sera, Mailand, 16.4.1974
- A. Lazzari: *'Giorgio Strehler'*, in: Travail Théâtral, XXII, Paris, Winter 1976, Nr. 4, S. 5 -16
- G. Strehler: *'Teatri stabili : Crisa o agonia?'*, in: Scena, Mailand, Nr.3-4, 1976
- G. Strehler: *'Il Piccolo Teatro di Milano celebra il suoi trent'anni di storia 1947 - 1977'*, in: Arte-cultura-Splendor, Mailand, Juni 1977
- E. Florin (Interview mit G. Strehler): *'Zaungast bei Strehler'*, in: Theater der Zeit, Heft 34, Berlin-Ost, Februar 1979
- G. Strehler: *'Un teatro nuova per affirmare la vita'*, in: Sipario, Lecco, Nr.399-400, August/September 1979
- G. Strehler: *'Il teatro alla portata di tutti i lavoratori'*, in: L'Ottagone, Mailand, Oktober/November 1979
- D. Kranz: *'Positionen - Gespräche mit Regisseuren des europäischen Theaters'*, Berlin 1981, S. 10 ff.
- G. Strehler: *'Il teatro mi ha brucciato la vita'*, in: Corriere d'Informazione, 4. April 1981
- G. Polacco (Interview mit G. Strehler): *'Grassi. Un uomo feroce col cuore d'oro'*, in: Epoca, Rom, 26.3.1981
- G. Strehler: *'La TV mi piace quando aiuta cinema e teatro'*, in: Sorrisi e Canzoni, Mailand,12.7.1981
- G. Strehler: *'Lettre posthume à Paolo Grassi'*, in: théâtre public, Nr. 40/41, Paris, Juli/Oktober 1981
- J.-P. Leonardini (u.a.): *'Giorgio Strehler'*, in: Festival D'Automne, Temps actuels, Paris 1982, S. 68 ff.
- V. Cayla und M. Perez (Interview mit G. Strehler): *'Pour une culture européenne'*, in: Le Matin Magazin, Paris, 24.4.1982
- Verf. unbek.: *'Strehler für Europa'*, in: Theater Heute, Zürich, September 1982
- G. Strehler: *'Un théâtre pour l'europe'*, in: Le Figaro, Paris, 6.10.1982
- M. T.: *'Le Théâtre de l'Europe est lancé - les intentions de Giorgio Strehler'*, in: Le Figaro, Paris, 16.2.1983
- C. Goddard: *'L'europe à Paris: Giorgio Strehler'*, in: Le Monde, Paris, 17.2.1983
- Verf. unbek.: *'Strehler sur les planches de l'europe'*, in: Le Monde/supplément, Paris, 13./14.5.1984
- C. Goddard: *'Un député en habits de théâtre'*, in: Le Monde, Paris, 14.5.1984
- G. Strehler: *'Interview imaginaire de Strehler par Strehler'*, in: Théâtre en Europe, Nr. 4., Paris, Oktober 1984
- G. Strehler: *'Le Théâtre est la plus belle tentative'*, in: Le Monde, Paris, 8.11.1984
- H. Mainusch: *'Regie und Interpretation - Gespräche mit Regisseuren'*, München, 1985, S. 119 - 130
- G. Strehler: *'Il teatro come qualcosa che può cambiare il mondo'*, in: Avanti, Mailand, 12./13.5.1985
- J.-P. Thibaudat: *'Strehler dans le grand air de l'Europe'*, in: Libération, Paris, 29.9.1986
- E. Pozzi: *'Il segreto di un sodalizio'*. in: Teatro in Europa, Nr. 1, Rom 1987, S. 66 - 69

- R. Tian: *'Sul teatro D'Europa'*, in: Teatro in Europa, a.a.O., S. 6-9
- R. Tian (Interview mit G, Strehler): *'L'indice sul futuro'*, in: Teatro in Europa, a.a.O., S. 75-83
- G. Strehler: *'Schegge di memorie'*, in: Teatro in Europa, a.a.O., S. 70-74
- versch. Verfasser: *'La grande storia del Piccolo Teatro - 1947- 1987'*, in: La Repubblica/supplemento, Rom, Mai 1987
- versch. Verfasser: *'1947 Piccolo Teatro di Milano 1987'*, in: Corriere della Sera/supplemento, Mailand, Mai 1987
- F.H.: *'Das Theater um das Europa-Theater - was ist los mit dem Théâtre de l'Europe'*, in: Theater Heute, Zürich, Oktober 1988
- C. Dvorák:*'Auf der Bühne zu sterben, Jetzt wird er siebzig, dann kommt der Faust: Giorgio Strehler, Theatermann'*, in: Die Presse/Spektrum, Wien, 10./11.8.1991
- C. Dvorák: *'Er nimmt's mit Faust auf, 70jähriger Giorgio Strehler wieder selbst auf der Bühne'*, in: Augsburger Allgemeine, Augsburg, 14.8.1991
- C. Thomas: *'Keine Spitzentheater, aber Europa-Bühnen - Anmerkungen zum Schauspiel-Festival der Theaterunion in Düsseldorf'*, in: Süddeutsche Zeitung, München, 3.12.92

Artikel und Interviews von/mit Giorgio Strehler zum Schaupielerberuf

- G. Strehler: *'Lettera a tutti gli attori italiani'*, in: Il Dramma, Mailand, Juli/August 1963
- G. Strehler: *'I demiurghi e il mestiere dell'attore, Teatro e metodo epico'*, in: Sipario, Mailand, Dezember 1965
- G. Strehler: *'Ma i fondo un'attore, cos'è ?'*, in: L'Espresso, Rom, 18.3.1974
- C. Dvorák: *' "Teatro é un mestiere d'anima"*, Notizen zu Strehlers Probenarbeit', in: Musik und Theater, Zürich, Juni 1992

Artikel, Rezensionen und Interviews zu einzelnen Dramatikern/Inszenierungen (chronologisch-thematisch)

Zu Shakespeare

- G. Strehler (Interview): *'Parla solo Strehler all'atteso dibattito sul 'suo' "Coriolano"'*, in: Il Popolo, Rom, 8.12.1957
- G. Strehler: *'Shakespeare und wir'* in: Theater der Zeit, Berlin-Ost, 16.3.1964
- G.Strehler: *'Coriolan au Piccolo Teatro'*, in: Revue d'Histoire du Théâtre, Paris, Januar-März 1965, S. 93-100
- Verf. unbek.: *'Die Spiele der Mächtigen'*, in: Theater Heute, Nr. 13, Zürich 1965
- R. Rebera: *'Strehler 8 1/2'*, in: Sipario, Mailand, Juli 1965
- S. Kessler: *'Tod auf höheren Willen'*, in: Die Welt, Hamburg, 9.7.1965
- D. Wittenberg: *'Das Spiel der Mächtigen'*, in: Frankfurter Rundschau, Frankfurt, 8.7.1965
- S. Melchinger: *'Das Spiel der Mächtigen'*, in: Stuttgarter Zeitung, Stuttgart, 3.7.1965
- G. Strehler (Interview): *'Ho accettato con Lear la grande prova della maturità'*, in: Il Giorno, Mailand, 1.11.1972
- H.v. Buttlar: *'Sein Signal strahlt sehr hell'*, in: Deutsches Allgemeines Sonntagsblatt, Hamburg, 26.11.1972
- H. Karasek: *'Lear lernt leiden'*, in: Die Zeit, Hamburg, 24.11.1972
- Verf. unbek.: *'Das Wunder von Mailand'*, in: Süddeutsche Zeitung, München, 13.11.1972
- M. v. Zitzewitz: *'Tragödie des Alters'*, in: Die Welt, Hamburg, 13.11.1972
- S. Kessler: *'Strehlers großer Lear'*, in: Frankfurter Allgemeine Zeitung, Frankfurt, 10.11.1972
- L. Barbara: *'Ritrovata la voce, Carraro può fare il re'*, in: Corriere della Sera, Mailand, 8.11.1972
- A. Lazzari: *'Il grande spettacolo dell'uomo incastrato tra odi e tenerezze'*, in: L'Unità, Mailand, 7.11.1972
- P. Radice: *'Carraro, splendide Re Lear'*, in: Corriere della Sera, Mailand, 7.11.1972
- C. L.: *Jan Kott: 'Lear, il meglior spettacolo europeo'*, in: Sipario, Rom, Mai 1973
- A. Lombardo: *'Das Menschenmögliche, wie es sich immer wieder ereignen mag'*, in: Theater Heute, Zürich, Januar 1973
- O. Bertani: *'E Strehler è già nella Tempesta'*, in: Avvenire, Mailand, 9.2.1978
- M. Po: *'Un more di seta celeste per La Tempesta'*, in: L'Unità, Mailand, 2.6.1978
- T. Missigoi u. S. Borelli: *'Per dodeci ore nella Tempesta'*, in: La Notte, Mailand, 6.6.1978
- P. Paganini (Interview mit G. Strehler): *'Un'ondo sulla platea'*, in: La Notte, Mailand, 6.6.1978
- M. Porro: *'Che Tempesta perfetta?'*, in: Avvenire, Mailand, 15.6.1978
- C.M. Renza: *'La Tempesta di Strehler'*, in: Sipario, Mailand, August/September 1978
- L. Lunari: *'Appunti per un interpretazione della Tempesta di Strehler'*, in: Lingue e Letteratura, Mailand, November 1984, S. 48-67
- G. Strehler: *'Shakespeare oltre La Tempesta'*, in: Nuova Rivista Europea, Trient, Mai 1987
- G. Strehler: *'Come vedo La Tempesta'*, in: Il Resto del Carlino, Mailand, 13. 6.1987

Zu Goldoni

- G. Strehler: *'La villeggiatura: Diario in tre puntate'*, in : Il Dramma, Turin, November 1954, S.93 f.
- Verf. unbek.: *'Comédie humaine - zur Europatournee des Piccolo Teatro mit Goldonis Baruffe Chiozzotte*, in: Theater Heute, Zürich, Februar 1972
- G. Manzini (Interview mit G. Strehler):*'Il „Campiello" secondo Strehler'*, in: Paese Sera, Rom, 11.5.1975
- L. Lunari: *'Le regie Goldoniane di Giorgio Strehler'*, in: Studii Goldoniani, Quaderno Nr. 4, Venedig 1976
- P. Calabrese (Interview mit G. Strehler): *'Un kolossal TV su Carlo Goldoni'*, in: Il Messaggero, Rom, 2.11.1977
- G. Strehler: *'Ora vi svelo il mio Goldoni segreto da 10 anni nel casetto'*, in: Corriere della Sera, Mailand,13.3.1982
- G. Polacco (Interview mit G. Strehler): *'C'è un solo film che vorrei fare, la vita di Goldoni'*, in: La Stampa, Turin, 12.6.1982
- F. Battistini (Interview mit G.Strehler): *' La mia battaglia per Carlo Goldoni'*, in: Quaderni di Hystrio, Mailand, 1989
- Verf. unbek.: *'Strehler torna al suo Goldoni'*, in: Corriere della Sera/vivi Milano, Mailand, 11.-17.11.1992
- F. Cappa: *'I vecchi ricordano con nostalgia'*, in: La Notte, Mailand, 14.11.1992
- G. Raboni: *'C'è, qualcosa di nuovo sulla scena: Goldoni'*, in: Corriere della Sera, Mailand, 15.11.1992
- A. Bandettini: *'Gran festa per il caro amico Goldoni'*, in: La Repubblica, Rom, 5.2.1993
- G. Rabani: *'Nuovo, vecchio Campiello'*, in: Corriere della Sera, Mailand, 8.2.1993
- G. Geron: *'Bandi caro Campiello: un coro da dicci e loda'*, in: il Giornale, Mailand, 8.2.1993
- A. Savioli: *'Strehler re dei Campielli'*, in: L'Unità, Mailand, 8.2.1993
- U. Ronfani. *'Intrighi, baruffe e amori di una grande commedia plebea'*, in: Hystrio, Mailand, April/Juni 1993
- G. Gliewe: (Interview mit G. Strehler): *'Kunst muß immer versuchen unsere Welt zu verbesern'*, in: Abendzeitung, München, 8./9.5.1993
- Verf. unbek.: (Interview mit G. Strehler): *'Ich will ein Theater, das man lieben kann'*, in: Süddeutsche Zeitung, München, 25.6.1993
- J.K.: *'100 000 Volt-Typen in Chioggia'*, in: Süddeutsche Zeitung, München, 25./26.6.1993

Zu Brecht

- B. Dort (Interview mit G. Strehler): *'Notre travail sur l'opéra de quat'sous'*, in: Théâtre populaire, Nr. 33, Paris 1958
- E. Pozzi (Interview mit G. Strehler): *'I gerarchi nazi di Schweyk montano sui trampoli'*, in: Il Giorno, Mailand, 23.1.1961
- G. Strehler: *'Schwejk nella seconda guerra mondiale'*, in: Il Paese. Rom, 26.4.1961
- G. Strehler: *'Pubblico, fortuna e problemi del teatro di Bertolt Brecht'*, in: Libri, Mailand/Rom, 22.12.1961
- Brecht e Strehler: *'Un colloquio sull'Opera da tre soldi'*, in: Film critica, Rom, Nr. 117, Februar1962
- A.Lazzari: *'Strehler prova Brecht e Miller'*, in: L'Unità, Rom, 5.5.1962
- U. Eco: *'Lezione morale di Brecht'*, in. Corriere della Sera, Mailand, 24.3.1963
- A. Lazzari: *'Ma qual' è il vero volto di Galileo?'*, in: L'Unità, Mailand, 29.3.1963
- E. Pozzi: *'Galileo costa 55 millioni-rivela Paolo Grassi, direttore del Piccolo Teatro di Milano'*, in: Il Giorno, Mailand, 11.4.1963
- S. Melchinger: *'Der andere Galilei - Premiere bei Strehler'*, in: Stuttgarter Zeitung, Stuttgart, 23.4.1963
- E. Brock-Sulzer: *'Strehlers neue Tat für Brecht - Galileo Galilei in Mailand'*, in: Frankfurter Allgemeine Zeitung, Frankfurt, 24.4.1963
- Verf. unbek.: *'Proprio per il Galileo si fa risuscitare l'inquisizione?'*, in: Avanti, Mailand, 24.4.1963
- P. Grassi: *'Una messa a punto di Paolo Grassi a propo sito della Vita di Galileo'*, in: Avanti, Mailand, 25.4.1963
- H. Kessler: *'Brecht exemplarisch bei Strehler'*, in: Die Presse, Wien, 26.4.1963
- Verf. unbek.: *'Vita di Galileo - italienische Erstaufführung von Brechts Leben des Galilei in Mailand'*, in: Neue Zürcher Zeitung, Zürich, 26.4.1963
- G. Bertolucci: *'Il Galileo al Piccolo - cinque domande a Grassi e Strehler'*, in: Sipario, Mailand, April1963

- R. Rebora: *'Epicità e autobiografia in uno spettacolo memorabile'*, in: Sipario, Mailand, Mai1963
- T. Otto: *'Die Arbeit mit Giorgio Strehler an der Dreigroschen-Oper'*, in: Neue Zürcher Zeitung, Zürich, 25.5.1963
- S. Kessler: *'Genialer noch als Bertolt Brecht'*, in: Die Welt, Hamburg, 29.5.1963
- J. Jacobi: *'Bertolt Brecht in Mailand - das italienische Theater lernt vom deutschen-und macht es manchmal besser'*, in: Die Zeit, Hamburg, 7.6.1963
- O. Trilling: *'Piccolo Teatro: Leben des Galilei'*, in: Theater der Zeit, Berlin-Ost, 16/63
- Verf. unbek.: *'Leben des Galilei am Piccolo Teatro'*, in: Die Bühne, Wien, Juni 1963
- E. Copfermann (Interview mit G. Strehler): *'G. Strehler: Jouer Mahagonny à la Scala c'est aussi la contaminer!'*, in: Les Lettres Françaises, Paris, 30.1./5.2.1964
- Internationaler Runder Tisch zu: *'L'opera teatrale di Bertolt Brecht'*, Venedig, 25./26. 9.1966 (Dokumentation: Archiv/Piccolo Teatro)
- G. Strehler: *'Strehler erinnert sich an B. Brecht'*, in: Theater der Zeit, Berlin-Ost, 1967
- Verf. unbek..: *'Io, Bertolt Brecht con Strehler e Milva'*, (anläßlich Io, Bertolt Brecht, No.1), in: Corriere della Sera, Mailand, 11.6.1967
- V.B.:*'Ha trovato in se stesso il miglior interprete'*, (anläßlich Io, Bertolt Brecht, No. 1), in: L'Avanti, Mailand, 11.6.1967
- S. Kessler: *'Strehler und seine Kreation - Brecht-Abend beschloß die Saison des Piccolo Teatros'*, in: Die Presse, Wien, 10.7.1967
- G. Strehler: *'Il pudding di Brecht e il teatro stabile di Roma'*, in: Il Dramma, Mailand, Oktober 1969
- R. de Monticelli (Interview mit G. Strehler): *'Strehler teso agli echi di Brecht'*, in: Il Giorno, Mailand, 2.7.1970
- Kolloquium: *'Brecht perché'*, Florenz, 16. - 18.4.1971 (Dokumentation: Archiv/Piccolo Teatro)
- R. Palazzi (Interview mit G. Strehler): *'Pourquoi Sainte Jeanne aujourd'hui'*, in: Cahiers Théâtre Louvain, Nr. 12-13, Paris 1971
- G. Strehler.: *'Begegnungen mit Brecht'*, in: Theater der Zeit, Berlin-Ost, Nr. 11, 1974
- P. Guadagnolo: *'Il Brecht vero di Strehler'*,(anläßl. Io, Bertolt Brecht, No.2) in: Avanti, Mailand, 8.3.1975
- G. Strehler: *'Strehler rifinisce il suo ritratto di Brecht'*, (anläßl. Io, Bertolt Brecht, No.2), in: L'Unità, Mailand, 8.3.1975
- R. de Monticelli: *'Milva e Carraro, passione e ragione'*, (anläßlich Io, Bertolt Brecht, No. 2), in: Corriere della Sera, Mailand, 25.4.1975
- G. Prosperi (Interview mit G. Strehler): *'Il discorso su Brecht è ancora tutto da fare'*, in: Il Tempo, Rom, 27.12.1975
- J.-P. Leonardini (Interview mit G. Strehler): *'Je n'oublie jamais que la vérité est concrète'*, in: L'Humanité, Paris, 10.9.1974
- A. Centis (Interview mit G. Strehler): *'Insegnerò ai tedeschi che Brecht si fa così*, in: Il Giorno, 20.2.1977
- G. Zehm: *'Wie eine Fliege im Bernstein - Strehler inszenierte in Hamburg Brechts Guten Menschen von Sezuan'*, in: Die Welt, Hamburg, 27.9.1977

- J. Kaiser: *'Wie Strehler Brechts Dialektik verspielte'*, in: Süddeutsche Zeitung, München, 27.9.1977
- K. Wagner: *'Brecht-Theater zwischen Ratlosigkeit und Dilettantismus'*, in: Frankfurter Allgemeine, 27.9.1977
- H. Wickert: *'Ins Wasser gefallen - G. Strehler inszeniert Brechts Guten Menschen von Sezuan in Hamburg'*, in: Theater Heute, Zürich, November 1977
- N. Polacco (Interview mit G. Strehler): *'Tutto Brecht ma visto in modo nuovo'*, in: La Repubblica, Rom, 26.8.1978
- G. D. Bonino (Interview mit G. Strehler): *'Strehler, solo in scena, a racontare Brecht'*, in: La Stampa, Turin, 12.9.1978
- T. Chiaretti: *'Onore a una grande vittima di vizi vecchi e assurdi'*, (anläßlich Io, Bertolt Brecht, No. 3), in: La Repubblica, Rom, 26.9.1979
  S. Borelli: *'Strehler e Milva "amici al mondo"'*, (anläßlich Io, Bertolt Brecht, No.3), in: L'Unità, Mailand, 28.9.1979
- R. Palazzi: *'Strehler e Milva riprendono il loro viaggio brechtiano'*, in: Corriere della Sera, Mailand, 28.9.1979
- C. M. C. (Interview mit G. Strehler): *'...e da questa sera al Lirico il 'Berliner Ensemble'*, in: La Notte, Mailand, 27.9.1979
- O. Bertani (Interview mit G. Strehler): *'Brecht, l'uomo e la storia'*, in: Avvenire, Mailand, 14.8.1981
- R. Tian (Interview mit G. Strehler): *'Piazza Brecht, la fabbrica dei sogni'*, in: Il Messaggero, Rom, 11.10.1981
- U. Ronfani: *'Bertolt fra il teatro e la realtà - L'Opera da tre soldi di Brecht a Parigi'*, in: Il Giorno, Mailand, 12.11.1986
- B. Sucher: *'Eine Musical-Satire für vier Sous'*, in: Süddeutsche Zeitung, München, 14.11.1986
- C. Goddard: *'La complainte de Mackie'*, in: Le Monde, Paris, 14.11.1986
- M. G. Gregori (Interview mit G. Strehler): *'Il mio Brecht oltre il muro'*, in: L'Unità, Mailand, 3.12.1982
- G. Strehler: *'Comme les troyens, donc, nous aussi'*, in: théatre/public, Nr. 48, Paris, November/Dezember 1982
- G. Strehler: *'Quelques réflexions apropos d'une nouvelle édition de l'opéra de quat'sous'*, in: Théâtre en Europe, Nr. 12, Paris, Oktober 1986
- B. Dort: *'Fastes et mirages de l'Opéra de quat'sous au Piccolo Teatro'*, in Théâtre en Europe, Nr. 12, Paris, Oktober 1986
- G. Bonino: *'Il regista e le sue perle'* (anläßlich der Dreigroschenoper in Paris), in: La Stampa, Turin, 29.10.1986
- J. Duhm-Heitzmann: *'Und ein Schiff mit acht Segeln...'*, in: Zeit-Magazin, Hamburg, 16.1.1987
- C. Dvořák (Interview mit G. Strehler): *'Le choix de la cuisine'*, in: *'Brecht après la chute, confessions, mémoires, analyses'*, Paris, 1993, S. 107-121

Zu Tschechow

- R. de Monticelli: *'Alla ric erca del Giardino perduto'*, in: Corriere della Sera, Mailand, 3.5.1974
- C. Fontana: *'Nel Giardino di Strehler il caleidoscopio della vita umana'*, in: Avanti, Mailand, 23.5.1974
- A. Lazzari: *'Una politica riflessione sulla dialettica del vivere'*, in: L'Unità, Mailand, 23.5.1974

- A. Blondi: *'Strehler tra i ciliegi'*, in: La Stampa, Turin, 23.5.1974
- S. Kessler: *'Strehler dichtet den Kirschgarten'*, in: Frankfurter Allgemeine Zeitung, Frankfurt, 27.5.1974
- M. v. Zitzewitz: *'Endlich einmal alle drei Schachteln'*, in: Die Welt, Hamburg, 27.5.1974
- K. Klinger: *'Der Garten der altgewordenen Kinder'*, in: Theater Heute, Zürich, Juli 1974
- M. Raimondo: *'Un giardino bianco con signore vestite di bianco'*, in: Sipario, Rom, Juli 1974
- J. Casalino-Vasori (Interview mit Carlo Battistoni/ Assistent Strehlers): *'La Cerisaie'*, in: Collection Théâtre et Mises en scène, Paris, 1986
- P.E. Poesio: *'Quattro Cechov al Piccolo Teatro'*, in: Teatro in Europa, Nr. 1, Mailand, 1987, S. 56 - 65

Zu Pirandello

- G. Strehler: *'Il mito dei Giganti'*, in: Posizione, Mailand, 10.1.1943
- G. Strehler: *'Note per I Giganti della montagna'*, unveröffentlicht, (Archiv des Piccolo Teatro)
- S. Kessler: *'Strehlers neuer Gang zu den Riesen'*, in: Frankfurter Allgemeine Zeitung, Frankfurt, 30.11.1966
- M.v. Zitzewitz: *'Zwischen Schein und Sein'*, in: Die Welt, Hamburg, 23.12.1966
- L. Jorio (Interview mit G. Strehler): *'Dopo 19 anni Strehler ripropone 'I Giganti della montagna'*, in: Corriere d'Informazione, Mailand 26.11. 1966
- Verf. unbek.: *'Über die Riesen vom Berge: Theater über Theater'*, in: Theater Heute/Sonderheft, Zürich, Februar 1967
- M. Abba (Interview mit G. Strehler): *'Meritiamo più rispetto'*, in: La Stampa, Turin, 13.11.1982
- F. Heribert: *'Wie wirklich ist die Wirklichkeit - wie Du mich willst am Mailänder Piccolo Teatro'*, in: Theater Heute, Zürich, Juli 1988
- U. Volli: *'Strehler, come tu mi voi'*, in: La Repubblica, Rom, 17.3.1988
- M. Porro: *'Strehler - uno Pirandello che parla europeo'* in: Corriere della Sera, Mailand, 18.3.1988
- P.A. Paganini (Interview mit A. Jonasson): *'Sono come tu mi voi'*, in: La notte, Mailand, 24.3.1988
- G. Spinato: *'Mi voleva Pirandello'*, in: La Repubblica/ supplemento, Rom, 24.3.1988
- M. G. Gregori: *'E adesso io torno a Pirandello'*, in: L'Unità, Mailand, 25.3.1988
- U. Ronfani (Interview mit G. Strehler): *'Il Pirandello di Strehler: la mia Ignota è l'Europa'*, in: Il Giorno, Mailand, 28.3.1988
- G. Raboni: *'Concerto pirandelliano di Strehler'*, in: Corriere della Sera, Mailand, 29.3.1988
- C. Wolter: *'Freilegung des Eigentlichen'*, in: Neue Zürcher Zeitung, Zürich, 19.4.1988

Zu Strindberg

- G. Strehler (Interview): *'G. Strehler sucht einen Durchbruch für Strindberg'*, in: Basler Zeitung, Basel, 19.6.1980
- R. Palazzi: *'La prima volta di Strehler'*, in: Corriere della Sera, Mailand, 20.6.1980
- R. de Monticelli: *'Campi di speranze nel temporale dei folli ricordi'*, in: Corriere della Sera, Mailand, 21.6.1980

- F. Chiaretti: *'Tutti quei simboli per un solo fantasma: la follia borghese'*, in: La Repubblica, Rom, 21.6.1980
- A. Savioli: *'La teatra calma dopo il temporale'*, in: L'Unità, Mailand, 21.6.1980
- M. v. Zitzewitz: *'Der Liebhaber in der Beletage'*, in: Die Welt, Hamburg, 28.6.1980
- R. Klett: *'Psychothriller - G. Strehler inszeniert Strindbergs Wetterleuchten'*, in: Theater Heute, Zürich, Juni 1980
- P. Kammerer (Interview mit G. Strehler): *'Im Haus des Schweigens'*, in: Frankfurter Rundschau, Frankfurt, 1.7. 1980

Zu Beckett
- C. Douel-Del'Agnola: *'Lo spazio scenico in Giorni Felici di Beckett'*, in: Lingua e letteratura, Mailand, Nr. 16,1991
- C. Fruttero u. F. Lucentini: *'Ventidue secondi con Strehler'*, in: La Stampa, Turin, 1.5.1982
- G. Geron (Interview mit G. Strehler): *'Con Strehler ne deserto di Beckett'*, in: Il Giornale nuovo, Mailand, 4.5.1982
- U. Volli: *'Beckett - Strehler è la prima volta'*, in: La Repubblica, Rom, 4.5.1982
- A. Savioli: *'Ma in quel deserto qualcosa si muove'*, in: L'Unità, Mailand, 7.5.1982
- R. de Monticelli: *'Nel gran Circo di Strehler l'infinito di Beckett'*, in: Corriere della Sera, Mailand, 7.5.1982
- D. Polaczek: *'Die fröhliche Verzweiflung'*, in: Frankfurter Allgemeine Zeitung, Frankfurt, 11.5.1982
- R. G. Trevico (Interview mit G. Strehler): *'Un inferno piccolo borghese'*, in: Il Sipario, Mailand, August/September 1982
- P. Iden: *'Hier, Jenseits der Trauer'*, Theater Heute, Zürich, Februar 1983
- M. Porro: *'Si gioca l'inizio di partita tra Strehler e Beckett'*, in: Corriere della Sera, Mailand, 25.4.1982
- M.G. Gregori: *'Beckett come tragico Charlot'*, in: L'Unità, Mailand, 1.5.1982
- U. Ronfani: *'Giorni felici per Strehler'*, in: Il Giorno, Mailand, 4. 5.1982
- E. Gaipa: *'Lieben das Leben zutiefst'*, in: Theater Heute, Zürich, Februar 1983

Zu Lessing
- G. Bonino: *'La mia Minna, feminista del'700'*, in: La Stampa, Turin, 26.5.1983
- G. Geron: *'Minna, un po' più di ironia'*, in: La Stampa, Turin, 27.5.1983
- M. G. Gregori: *'Così Minna mi ha fatto inammorare'*, in: L'Unità, Mailand, 28.5.1983
- U. Ronfani: *'Le prove del fuoco col tornado Strehler'*, in: Il Giornale, Mailand, 28.5.1983
- T. Chiaretti: *'Dramma di un soldato'*, in: La Repubblica, Rom. 2.6.1983
- D. Polaczek: *'Sittenbilder aus dem barbarischen Norden'*, in: Frankfurter Allgemeine Zeitung, Frankfurt, 13.6.1983
- P. Iden: *'Das Wunschbild einer schönen Versöhnung'*, in: Frankfurter Rundschau, Frankfurt, 18.6.1983
- R. de Monticelli: *'Minna von Strehler'*, in: Corriere della Sera, Mailand, 28.5.1983

- M. Sinhuber: *'Das Fräulein von Barnhelm aus Meissner Porzellan - Notizen zur Mailänder Inszenierung'*, in: Theater Heute, Zürich, September 1983
- P.v. Becker: *'Minna von Barnhelm in Mailand - bei der Arbeit beobachtet: Giorgio Strehler - Regiediktator und Theaterbestie'*, in Theater Heute, Zürich, September 1983
- G. Strehler: *'Convegno Lessing, Cari amici...'*, im Piccolo Teatro, Mailand, 26.10.1983, in: Sipario, Mailand, Januar/Februar 1984

Zu Corneille
- R. Bonacina (Interview mit G. Strehler): *'Grande Corneille con mille specchi'*, in: Il Sabbato, 3.11.1984
- B. Rafalli (Interview mit G. Strehler): *'L'Illusion au Théâtre de l'Europe'*, in: Le Monde, Paris, 8.11.1984
- P. Iden: *'Liebe und Leben - ein Schattenspiel'*, in: Frankfurter Rundschau, Frankfurt, 16.11.1984
- A. Mohal: *'Pendant zur Watteau-Ausstellung: Strehler inszeniert Corneilles Illusion im Pariser Europa-Theater'*, in: Süddeutsche Zeitung, München, 20./21.11.1984
- M. Tanant: *'Théâtre de l'Europe - L'Illusion'*, in: Acteurs, Paris, Dezember 1984
- U. Seelmann-Eggebert: *'Pariser Aufführung der Illusion'*, in: Neue Zürcher Zeitung, Zürich, 5.12.1984
- R. Michaelis: *'Schweigemusik für drei Stimmen: G.Strehler Corneilles Illusion im Odéon'*, u.a. in: Die Zeit, Hamburg, 7.12.1984
- L. Keller: *'Illusion comique oder Illusion d'amour'*, in: Neue Zürcher Zeitung, Zürich, 4.1.1985
- O. Bertani: *'L'illusion: Il fantastico regno di Corneille svelato dalla magia di Strehler'*, in: Avvenire, Mailand, 12.1.1985
- M. G. Gregori (Interview mit G. Strehler): *'Questa difficile Illusion'*, in: L'Unità, Mailand, 12.1.1985
- U. Volli: *'E il mago Strehler incanta la sua Milano'*, in: La Repubblica/supplemento, Rom, 11/17.1.1985

Zu Eduardo de Filippo
- G. Strehler: *'Una grande voce che aveva reso universale il dialetto'*, in. Corriere della Sera, Mailand, 2.11.1984
- G. Strehler: *'Addio a un maestro - così lo ricorda G. Strehler'*, in: La Stampa, Turin, 2.11.1984
- E. Fiore (Interview mit G. Strehler): *'Per rendere omaggio ad Eduardo vi raconto un suo amore deluso'*, in: Il Matino, 7.4.1985
- D. Polaczek: *'Der Zauberer als Zauberlehrling'*, in: Frankfurter Allgemeine Zeitung, Frankfurt, 9.5.1985
- C. Wolter: *'Im Banne der Illusion'*, in: Neue Zürcher Zeitung, Zürich, 24.5.1985
- R. Cirio: *'Dimenticare Eduardo'*, in: L'Espresso, Rom, 2.6.1985
- P. Iden: *'Glück und Elend unserer Fiktionen'*, in: Frankfurter Rundschau, Frankfurt, 5.6.1985
- N. Rudnitzky: *'Illusion, du schöne Schimäre...'*, in: Theater Heute, Zürich, Juni 1984
- A. Rossmann: *'Zeit der Zauberkünstler'*, in: Süddeutsche Zeitung, München, 26.6.1985

Zu Jouvet
- G. Strehler: *'Con Jouvet nel mistero della scena'*, in: Corriere della Sera, Mailand, 18.6.1986
- P. Calgano: *'La voce di Strehler ha „assaggiato" il nuovo teatro'*, in: Corriere della Sera, Mailand, 16.5.1986
- M. G. Gregori: *'Lezione da Strehler'*, in: L'Unità, Mailand, 16.5.1986
- U. Ronfani: *'Una reincarnazione di Jouvet'*, in: Il Giorno, Mailand, 18.6.1986
- G. Bonino: *'Io, Strehler, vi recito Jouvet cioè l'anima buona del Teatro'*, in: La Stampa, Turin, 22.6.1986
- O. Rota: (Interview mit G. Lazzarini): *'E' la mia onorificenza'*, in: La Stampa, Turin, 22.6.1986
- P. Paganini (Interview mit G. Strehler): *'E' inscena Strehler'*, in: La Notte, Mailand, 27.6.1986
- M. Porro: *'Si apre il Teatro Studio recita Strehler'*, in: Corriere della Sera, Mailand, 20.6.1986
- P. Iden: *'Das Geheimnis der Verwandlung'*, in: Theater Heute, Zürich, Nr. 10, Oktober 1986

Zu Goethe
- M. Porro: *'Strehler: „Il mio patto di sangue con Faust"'*, in: Corriere della Sera, Mailand, 10.3.1989
- P. Paganini: *'La titanica impresa di Strehler'*, in: La Notte, Mailand, 10.3.1989
- M. D'Amico: *'Il Faust nel paradiso di Strehler'*, in: Corriere della Sera, Mailand, 21.3.1989
- G. Raboni: *'Audace e grandioso Faust di Strehler'*, in: Corriere della Sera, Mailand, 21.3.1989
- A. Savioli: *'Parola di Giorgio Faust'*, in: La Repubblica, Rom, 21.3.1989
- F. Quadri: *'Strehler diventa Faust - il viaggio dell'uomo con il suo demone'*, in: La Repubblica, Rom, 21.3.1989
- D. Polaczek: *'Faust, ein Bruchstück'*, in: Frankfurter Allgemeine Zeitung, Frankfurt, 28.3.1989
- P. Iden: *'Wie eine Summe des Lebens'*, in: Frankfurter Rundschau, Frankfurt, 30.3.1989
- W. Prosinger: *'Der ganze Faust'*, in: Süddeutsche Zeitung, München, 11.4.1989
- M. Kadereit: *'Des Fauststrehlers Blutspakt'*, in: Weltwoche Zürich, Zürich, 30.3.1989
- U. Jenny: *'Ein Ruf, dem ich nicht widerstehen konnte'*, in: Der Spiegel, Nr.13, Hamburg, April 1989
- F. Fioradini: *'Mephisto im Pool'*, in: Die Bühne, Wien, Mai 1989
- R. Becher: *'Das Wagnis als Ereignis - Annäherungen an ein großes Thema'*, in: Bühnenkunst, Stuttgart, Juli 1989
- M. v. Zitzewitz (Inteview mit G. Strehler): *'Der Mensch ist mal ein Engel, und mal ist er ein Monster'*, in: Welt am Sonntag, Hamburg, 12. 2.1990
- P. Kruntorad: *'Giorgio Strehler: ein Leben für den Faust'*, in: Welt am Sonntag, Hamburg, 27.5.1990
- B. Sucher (Interview mit G. Strehler): *'Der ganze Faust - und ein Europa der Kunst'*, in: Süddeutsche Zeitung, München, 29.6.1990
- I. Chiusano: *'Un giocattolo per Goethe'*, in: La Repubblica, Rom, 26.1.1991
- D. Righetti: *'Il mio Faust finirà piccolo e nudo'*, in: Il Giornale, Mailand, 7.4.1991
- U. Volli: *'Faust, una vita d'Inferno'*, in: Corriere della Sera /supplemento, Mailand, 25.4.1991

- M. Porro: *'Ecco la mia odissea nello spazio con Faust'*, in: Corriere della Sera, 26.4.1991
- G. Strehler: *'Vi presento il mio Faust'*, in: La Repubblica, Rom, 28./29.4.1991
- C. Magris - G. Strehler: ein Gespräch: *'L'attimo eterno di Faust'* - in: Corriere della Sera, Mailand, 25.4.1991
- P. Iden. *'Das Vergängliche und die schönen Bilder'*, In: Frankfurter Rundschau, Frankfurt, 4.5.1991
- D. Polaczek: *'Rückblicke eines Gereiften - Strehler's Faust II.Fragmente im Teatro Studio: gerettet?'*, in : Frankfurter Allgemeine Zeitung, Frankfurt, 10.5.1991

Artikel, Rezensionen und Interviews zu Oper und Musik

- S. Melchinger: *'Musiktheater: Drei Beispiele - Strehler - Rennert - Felsenstein'*, in: Theater Heute, Zürich, Chronik der Bilanz des Bühnenjahres 1964
- P.M. Paoletti (Interview mit G. Strehler): *'Modella sulla musica il gesto del cantante'*, in: il Giorno, Mailand 27.11.1971
- Interview von C. Baignères: *'G. Strehler présente Les Noces de Figaro à Versailles'*, in: Le Figaro Littéraire, Paris, 24.3.1973
- G. Strehler: *'Les Noces de Figaro, - lorsque'on touche des chefs-d'oeuvre absolus'*, in: Le Monde, Paris, 30.3. 1973
- G. Strehler: *'A Salisburgo mi hanno reso la vita impossibile'*, in: Corriere della Sera, Mailand, 27.10.1974
- E. Petta (Interview mit G. Strehler): *'Polemica con Karajan,Strehler rompe i ponti col festival di Salisburgo'*, in: Corriere della Sera, Mailand, 26.10.1974
- G. Strehler: *'Dramma incoscencio del potere'*, (Notizen zu Macbeth), in: Corriere della Sera, Mailand, 8.12.1975
- M. Porro (Interview mit G. Strehler): *'Strehler col giovane Mozart'*, in: Corriere della Sera, Mailand, 5.2.1978
- G. Strehler: *'Che problema la regia d'opera'*, in: Musica viva, Mailand, Februar 1978
- G. Strehler: *'Questo Falstaff così allegro quasi tragico'*, in: La Stampa, Turin, 6.12.1980
- P. Paganini (Interview mit Riccardo Muti): *'Dopo Mozart forse Verdi'*, in: La Notte, Mailand, 26.5.1981
- G. Vannucchi (Interview mit Riccardo Muti): *'Sul leggio a due piazze'* (anläßlich der „Hochzeit des Figaro") in: Radiocorriere, Turin, 31.5.1981
- G. Porro (Interview mit G. Strehler): *'Debutto con Wagner grande emarginato'* (anläßlich Lohengrin), in: Il Giorno, Mailand, 8.11.1981
- L. Fusi (Interview mit G. Strehler): *'Servir la musique'*, in: Opéra, Paris, Dezember 1981
- G. Polacco (Interview mit Claudio Abbado): *'Con Abbado e Strehler scopriamo il Lohengrin segreto'*, in: La Stampa, Turin, 5.12.1981

- G. Strehler: *'Così ho visto Falstaff'*, in: Corriere della Sera, Mailand, 13.3.1982
- D. Courir (Interview mit Claudio Abbado): *'Alla Scala da Verdi a Debussy'*, in: Corriere della Sera, Mailand, 11.9. 1989
- S. Giacomoni: *'Questo è Strehler quello è Muti... - Le Nozze della Scala, come nacque un'edizione-capolavoro'*, in: La Repubblica, Rom, 20.5.1987
- P. Rizzi (Interview mit Riccardo Muti): *'Ecco i miei Mozart'* (anläßlich der Übernahme von Nozze di Figaro an die Scala),in: L'Unità, Turin, 14.6.1987
- M. Pasi (Interview mit Riccardo Muti): *'Torna Mozart con Muti e Strehler angeli custodi'*, in: Corriere della Sera, Mailand, 16.6.1987
- L. Curino (Interview mit Riccardo Muti): *'Vi presento una simpatica canaglia'* (anläßlich der Scala-Eröffnung mit „Don Giovanni"), in: La Stampa,Turin, 27.11.1987
- C.M. Cella (Interview mit Riccardo Muti): *'Quanto mistero in Don Giovanni'*, in: Il Giorno, Mailand, 27.11.1987
- C. Casini: *'Don Giovanni e l'odor di femina'*, in: La Repubblica/supplemento, Rom, 27.11.1987
- E. Cavallotti (Interview mit Riccardo Muti: *'Una perfetta sintonia con la regia di G. Strehler'*, (anläßlich des „Don Giovanni") in: Il Tempo, 5.12.1987
- G. Vergani: *'Muti - Strehler, felici'*, in: La Repubblica, Rom, 9.12.1987
- G. Strehler: *'Il mio itinerario mozartiano'*, in: La Rivista Illustrata del Museo teatrale alla Scala, Nr. 2, Mailand, 1989
- J. Longchampt: *'Le mur de Fidelio'*, in: Le Monde, Paris, 14.11.1989
- R. Visco (Interview mit Riccardo Muti): *'Maledetti registi vi amerò'*, in: La Repubblica, Rom, 21.8.1992

Artikel und Aufsätze zur Politik

- G. Strehler.: *'Politica a teatro'*, in: Vie Nuove, Mailand, 19.6.1969
- G. Strehler.: *'Perché sono nella lista del P.S.I.'*, in: Avanti, Mailand, 1.6.1975
- G. Strehler.: *'Les differents partis socialistes savent ce qui'ils veulent pas'*, in: Le Monde, Paris, 7.11.1978
- G. Strehler.: *' Per un Europa umana'*, in: Libertà, Piacenza, 6.6.1979
- G. Strehler.: *'La force de L'Europe c'est son héritage et ses liens culturels'*, in: Culture et communication, Paris, Dezember 1979
- G. Strehler: *'Un uomo troppo solo: Lucca Lombardi'*, in: La Stampa, Turin, 23.9.1984
- G. Strehler: *'Ai cittadini in una Piazza D'Italia'*, (anläßlich des Angriffs der USA auf Lybien), unveröffentlicht, 15.4.1985
- Fr. Merlo: *'C'eravamo tanto amati: così Strehler lascia il PSI'*, in. Corriere della Sera, Mailand, 5.5.1987

- G. Strehler: *'Il coraggio di essere ingenuo'* (anläßl. des Parteiaustrittes aus der PSI), in: La Repubblica, Rom, 9.5.1987
- G. Strehler: *'Polvere di Stelle'*, in: La Stampa, Turin, 19.5.1985
- M.G. Gregori (Interview mit G. Strehler): *'La politica non è teatro - così il regista G. Strehler spiega la sua candidatura come independente nelle l liste PCI'*, in: L'Unità, Mailand, 23.5.1987
- G. Strehler: *'Per una Legge del teatro'*, Communicato alla Presidenza del Senato, 20.2.1989
- G. Strehler: *'Per un giornale nato a Trieste'*, unveröffentlicht, 24.5.1989
- G. Strehler: *'Sotto Le Nevi Di Yalta'*, in: La Repubblica, Rom, 11.1.1990
- G. Strehler: *'Riccordo di Pertini'*, unveröffentlicht, 25.2.1990
- G. Strehler: *'Parole in Senato'*, Assemblea (stenografisches Protokoll/Archiv Piccolo Teatro), 4.8.1990
- G. Strehler: *'Una rosa è una rosa: sarà un mito ma crederò sempre nell'unità della sinistra'*, in: L'Unità, Mailand, 27.8.1990
- G. Strehler: *'Una piccola, umana schiera - La parodia dell'Italia'* in: La Repubblica, Rom, 29.11.1991
- G. Strehler: *'Quella multa la paghiamo noi'*, in: L'Unità, Mailand, 30.1.1992
- G. Strehler: *'Il perché di un no - Addio al Senato'*, in: La Repubblica, Rom, 23.2.1992
- G. Strehler: *'Il perché di un si - voterò P.D.S., un partito imperfetto che parla alla mia coscienza civile'*, in: L'Unità, Mailand, 28.3.1992
- G. Strehler: *'Quale Italia e quale Europa in un'Epoca dominata dallo smarrimento e dall'indifferenza'*, in: L'Unità, Mailand, 24.4.1992
- G. Strehler. *'Bobbio Presidente'*, in: La Repubblica, Rom, 10.5.1992
- G. Strehler: *'Crimi e Misfatti'*, in: La Repubblica, Rom, 6.8.1992
- G. Strehler: *'I limiti dell'imprudenza'*, in: La Repubblica, Rom, 27.8.1992
- G. Strehler: *'Crepuscolo dei nani - carissima Italia non ti amo piu'*, in: Corriere della Sera, Mailand, 13.9.1992
- G. Strehler. *'Il silenzio dell'intellighenzia - Non tradite Gorbaciov'*, in: La Stampa, Turin, 21.10.1992
- G. Strehler: *'Per Milano: E io allora lancio il manifesto della nuova Milano'*, in: La Repubblica, Rom, 24.10.1992
- G. Strehler: *'Soluzione finale - io mi dimetto di questa Italia, è la mia vera soluzione finale...'*, in: La Repubblica, Rom, 28.11.1992
- G. Strehler: *'Fratelli contro fratelli: In Italia troppo fascismo, come modo di essere e di pensare, addio'*, in: Corriere della Sera, Mailand, 21.12.1992

BILDNACHWEIS

Alle Fotos sind dem Archiv des Piccolo Teatro/
Luigi Ciminaghi entnommen,
mit Ausnahme folgender Bilder:

Daniel Sauerstrom, Bonn: S. 19, 20, 21, 22, 30
Alessandro Becchetti, Rom: S. 23
Emilio Colella, Mailand: S. 24, 25
Emilio Piccagaliani, Mailand: S. 181
Mireille Legobien, Paris: S. 60, 61
service photographique, Paris: S. 194
Hans Joachim Witkowski, Düsseldorf: S. 53
Steinmetz-Archiv/Salzburger Festspiele:
S. 168, 169, 170, 171
Axel Zeininger, Wien: S. 183
Stadtarchiv Zürich: S. 57

*Am Ende dieser Theaterreise möchte ich noch einmal
der vielen Menschen gedenken, die mich auf dem langen Entstehungsweg
begleitet und unterstützt haben:*

Ich danke
Eva Maria von Wietersheim, Alexander Rüdell und *Henning Brockhaus,*
die vor über zwei Jahren bei einem Abendessen auf die spontane, folgenreiche Idee kamen,
mich mit *Giorgio Strehler* bekannt zu machen.

Ich danke *Lars Karbe,*
der wichtigster Geburtshelfer bei der Idee zu diesem Buch war und mich lange intensiv begleitet hat.

Ich danke
Claudio Abbado, Andrea Jonasson, Giulia Lazzarini, Tino Carraro, Valentina Cortese, Feruccio Soleri,
Gerard Désarthe, Nadar Strancar, Didier Sandre, Denise Gence, Nicole Roethel, Bernhard Minetti, Michael Heltau,
Will Quadflieg, Klaus Michael Grüber, Lluis Pasqual, Walter Pagliaro, Nina Vinchi-Grassi, Luciano Damiani,
Ezio Frigerio, Josef Svoboda, Milva Biolcati und *Jack Lang*
für ihre Offenheit und Bereitwilligkeit, über ihre Erfahrungen mit Giorgio Strehler
und seinem Theater zu sprechen.
Die vielen, so unterschiedlichen Gespräche gehörten zu den anregendsten
Augenblicken in meiner Arbeit und wurden zu wirklichen menschlichen Begegnungen.

Besonders denke ich an dieser Stelle auch noch einmal an *Ettore Gaipa,*
der mitten in unserem Dialog im Dezember 1992 vollkommen unerwartet in Mailand gestorben ist.

Auch *Andrea Levi* sowie *Laura Sedda, Marco Montemarano* und *Ugo Dossi*
gilt mein Dank für ihre große Hilfe und Mühe bei der nicht immer einfachen Übersetzung der Texte.

Ich danke
den Mitarbeitern des Piccolo Teatro, insbesondere *Franco Viespro* und *Silvia Colombo,*
für ihre kameradschaftliche Unterstützung bei der langwierigen Text- und Bildmaterialsuche.

Ich danke
Pasquale Pasquino und *Raimondo Santucci* und seiner Familie, die bei meinen vielen
Mailand-Aufenthalten zu wunderbaren Verbündeten vor Ort wurden.

Besondere Erwähnung und Dankbarkeit gebührt *Florian Eichberger*
für seine Bereitwilligkeit, sich dem mühsamen Prozeß der Digitalisierung
des Textmaterials auf Computer auszusetzen.

Da mir von Anfang an auch die visuelle Präsenz eines der wichtigsten Anliegen
dieses Buches war, bin ich sehr glücklich über die so produktive,
bereichernde Zusammenarbeit mit den Berliner Grafikern *Linde* und *Michael de Maizière.*

Auch dem Henschel Verlag Berlin, insbesondere Herrn Horst Wandrey und Frau Mechthild Frick,
gilt mein Dank für das Zustandekommen dieses Buches.

Meinen Freunden
Waldemar Kamer, Wolfgang Walliczek, Richard von Schirach und *Bettina Leuze* möchte ich noch einmal innig
für den immer wieder neu stimulierenden Austausch und die ständige Ermutigung danken.

Und nicht zuletzt gilt meine Dankbarkeit *Giorgio Strehler* für sein großes, intuitives Vertrauen in meine Person.

München, April 1994

Cordelia Dvořák